**CONFESSO
QUE VIVI**

PABLO NERUDA

CONFESSO QUE VIVI

Tradução
Olga Savary
Luis Carlos Cabral

43ª edição

Rio de Janeiro | 2025

Copyright © Fundación Pablo Neruda, 1947, 2017

Título original: *Confieso que he vivido*

Texto revisado segundo o
Acordo Ortográfico da Língua Portuguesa de 1990

2025
Impresso no Brasil
Printed in Brazil

CIP-BRASIL. CATALOGAÇÃO NA PUBLICAÇÃO
SINDICATO NACIONAL DOS EDITORES DE LIVROS, RJ

N367c
43ª ed.

Neruda, Pablo, 1904-1973
 Confesso que vivi: memórias / Pablo Neruda; tradução Olga Savary, Luis Carlos Cabral. – 43ª ed. – Rio de Janeiro: Bertrand Brasil, 2025.
 ; 23 cm.

 Tradução de: Confieso que he vivido
 Inclui índice
 ISBN 978-85-28623-96-3

 1. Neruda, Pablo, 1904-1973. 2. Poetas chilenos – Autobiografia. I. Savary, Olga. II. Cabral, Luis Carlos. III. Título.

19-55720

CDD: 928.61
CDU: 929:821.134.2

Vanessa Mafra Xavier Salgado – Bibliotecária – CRB-7/6644

Todos os direitos reservados. Não é permitida a reprodução total ou parcial desta obra, por quaisquer meios, sem a prévia autorização por escrito da Editora.

Direitos exclusivos de publicação em língua portuguesa somente para o Brasil adquiridos pela:
EDITORA BERTRAND BRASIL LTDA.
Rua Argentina, 171 – 3º andar – São Cristóvão
20921-380 – Rio de Janeiro – RJ
Tel.: (21) 2585-2000

Atendimento e venda direta ao leitor:
sac@record.com.br

Grandes negócios	74
Meus primeiros livros	77
A palavra	81

CADERNO 3: OS CAMINHOS DO MUNDO

• O vagabundo de Valparaíso	83
Cônsul do Chile num buraco	93
Montparnasse	95
Viagem ao Oriente	100
Álvaro	104

CADERNO 4: A SOLIDÃO LUMINOSA

Imagens da selva	107
Congresso na Índia	111
Os deuses reclinados	112
Desventurada família humana	113
Tango do viúvo	117
O ópio	117
Ceilão	119
A vida em Colombo	124
Cingapura	128
Batávia	134

CADERNO 5: ESPANHA NO CORAÇÃO

Como era Federico	141
Miguel Hernández	144
Caballo Verde	146
O crime foi em Granada	149
• Os *Sonetos do amor obscuro*	153
• O último amor do poeta Federico	154
Meu livro sobre a Espanha	159

SUMÁRIO

A autobiografia persistente   15
- Hoje lhes trago   21

Confesso que vivi   23

CADERNO 1: O JOVEM PROVINCIANO

O bosque chileno   25
Infância e poesia   26
A arte da chuva   34
Meu primeiro poema   39
A casa das três viúvas   42
O amor junto ao trigo   47
- A garota da volta   50
- O cavalo da selaria   51

CADERNO 2: PERDIDO NA CIDADE

As pensões   57
A timidez   61
A federação de estudantes   64
Alberto Rojas Giménez   66
Loucos de inverno   69

A guerra e Paris	160
Nancy Cunard	161
Um congresso em Madri	163
As máscaras e a guerra	168

CADERNO 6: EM BUSCA DOS VENCIDOS

Escolhi um caminho	171
Rafael Alberti	173
• O presente de névoa	174
Nazistas no Chile	176
Isla Negra	178
Traga-me espanhóis	178
Um personagem diabólico	180
Um general e um poeta	183
O *Winnipeg*	184

CADERNO 7: MÉXICO FLORIDO E ESPINHOSO

Os pintores mexicanos	192
Napoleão Ubico	194
Antologia de pistolas	196
Por que Neruda	197
A véspera de Pearl Harbor	197
Eu, o malacólogo	200
Araucanía	201
Magia e mistério	202

CADERNO 8: A PÁTRIA EM TREVAS

Machu Picchu	205
O pampa salitreiro	206
González Videla	211
• Retrato de um arrivista	213

"O corpo repartido"	214
Um caminho na selva	217
A montanha andina	222
San Martín de los Andes	226
Em Paris e com passaporte	227
Raízes	232

CADERNO 9: PRINCÍPIO E FIM DE UM DESTERRO

Na União Soviética	235
• A Pushkin	240
A Índia revisitada	242
Minha primeira visita à China	247
Os versos do capitão	254
Fim do desterro	260
Oceanografia dispersa	261

CADERNO 10: NAVEGAÇÃO COM REGRESSO

Um carneiro em minha casa	265
De agosto de 1952 a abril de 1957	268
• O jovem poeta Barquero	269
Preso em Buenos Aires	270
Poesia e polícia	272
O Ceilão reencontrado	273
Segunda visita à China	275
Os macacos de Sujumi	285
Armênia	287
O vinho e a guerra	289
Os palácios reconquistados	292
Tempo de cosmonautas	296

CADERNO 11: O PODER DA POESIA

O poder da poesia	299
• A persistente influência das árvores	305
A poesia	307
Vivendo com o idioma	308
Os críticos devem sofrer	309
Versos curtos e longos	311
A originalidade	313
Garrafas e carrancas	315
• Religião e poesia	318
Livros e caracóis	321
Cristais partidos	324
Matilde Urrutia, minha mulher	324
Um inventor de estrelas	325
Éluard, o Magnífico	327
Pierre Reverdy	329
Jerzy Borejsza	329
Somlyó György	332
Quasimodo	332
Vallejo sobrevive	334
• León Felipe	334
Gabriela Mistral	335
Vicente Huidobro	337
Inimigos literários	339
O literário antagônico	340
• Se o atingirem, cante	347
Crítica e autocrítica	347
Outro ano começa	352
O Prêmio Nobel	354
Chile Chico	364
• A paisagem do Sul	365
Bandeiras de setembro	367
• Andrés Bello	369

- Recabarren 371
- Lafertte 372
  Prestes 374
  Codovila 377
- Maiakovski 379
  Stalin 381
  Lição de simplicidade 384
  Fidel Castro 385
  A carta dos cubanos 389

CADERNO 12: PÁTRIA DOCE E DURA

Extremismo e espiões 395
Os comunistas 398
Poética e política 400
Candidato à presidência 402
A campanha de Allende 403
Embaixada em Paris 404
Retorno ao Chile 408
Frei 410
Tomic 411
Allende 413
- Despedida 417

Apêndices

As conferências na Universidade do Chile 419
Segunda conferência, 21 de janeiro de 1954 421
Terceira conferência, 22 de janeiro de 1954 436
Quinta e última conferência, 24 de janeiro de 1954 448

Outros textos autobiográficos

Pablo Neruda, esse desconhecido   450

Nota editorial. Textos adicionados a esta edição

1. Viagem ao redor de minha poesia   457
2. A garota da volta   457
3. O cavalo da selaria   458
4. "Valparaíso fica muito perto de Santiago..."   459
5. Os *Sonetos do amor obscuro* e
O último amor do poeta Federico   459
6. O presente de névoa   460
7 Retrato de um arrivista   460
8. A Pushkin   460
9. O jovem poeta Barquero   461
10. A persistente influência das árvores   461
11. Religião e poesia   461
12. León Felipe   461
13. O literário antagônico   462
14. Se o atingirem, cante   462
15. A paisagem do Sul   462
16. Andrés Bello   462
17. Recabarren   463
18. Lafertte   463
19. Maiakovski   463

Cronologia

I. O jovem provinciano   465
II. Perdido na cidade   467
III. Os caminhos do mundo   468
IV. A solidão luminosa   469
V. Espanha no coração   470
VI. Em busca dos vencidos   473

VII. México florido e espinhoso 475
VIII. A pátria em trevas 477
IX. Princípio e fim de um desterro 479
X. Navegação com regresso 481
XI. O poder da poesia 484
XII. Pátria doce e dura 488

Índice onomástico 493

A escrita destas memórias de Pablo Neruda foi interrompida por sua morte. Matilde Urrutia e Miguel Otero Silva cuidaram da ordenação do material para a primeira edição, publicada em 1974.

Entre 2016 e 2017 foi produzida esta nova edição, incorporando material autobiográfico inédito encontrado nos arquivos da Fundação Pablo Neruda.

Os textos que foram incluídos têm tamanho de fonte e recuo de parágrafo diferentes do restante do livro para que o leitor possa identificá-los sem dificuldade.

A edição desses novos textos, o prólogo e as notas são de Darío Oses.

A AUTOBIOGRAFIA PERSISTENTE

Confesso que vivi — o livro de memórias em que Pablo Neruda trabalhou até pouco antes de sua morte, em setembro de 1973 — é uma obra de longa e singular concepção. Em parte, é uma reelaboração de textos, revisões e reflexões autobiográficas de várias épocas e procedências.

Em meados de 1972, quando era embaixador na França, Neruda, com a ajuda de Homero Arce, estava trabalhando sistematicamente em suas memórias. "Trata-se de completar o texto de *O Cruzeiro* até construir um livro importante", escreveu em agosto desse ano, em uma carta endereçada ao seu amigo Volodia Teitelboim. Assim, a base destas memórias foram as dez crônicas autobiográficas que, sob o título de "As vidas do poeta", apareceram, em 1962, na revista *O Cruzeiro Internacional*. Como os espaços de uma publicação periódica são sempre limitados, os temas precisavam ser mais desenvolvidos, desdobrados e, por isso, Neruda escreveu novos textos e acrescentou outros, escritos em diversos momentos de sua vida, como alguns trechos da série de conferências sobre sua vida e obra, pronunciadas na Universidade do Chile em janeiro de 1954.

Há quem diga que a obra poética de Neruda também alimenta as suas memórias. O próprio poeta, no texto que usamos como preâmbulo desta edição, escreveu: "O que é a minha poesia? Não sei. É mais fácil perguntar à minha poesia quem sou eu."

Na realidade, Neruda esteve sempre escrevendo suas memórias em poesia e prosa. A autobiografia dele percorre grande parte de sua obra e podemos encontrá-la não apenas naquela poesia deliberada e sistematicamente autobiográfica. A intenção de registrar o que acontecia já está em seu primeiro livro, sobre o qual escreveu: "*Crepusculário* se assemelha muito a alguns de meus livros mais maduros. É, em parte, um diário de tudo o que acontecia dentro e fora de mim mesmo, de tudo o que chegava à minha sensibilidade."

Embora recorra a textos de diferentes épocas e procedências, o poeta não constrói suas memórias apenas pela simples sobreposição desses escritos. Em *Confesso que vivi*, percebem-se diversas formas de fazer o relato autobiográfico. Uma delas é a narração sequencial de fatos. É o caso da viagem à propriedade dos Hernández, que, além disso, ajusta-se ao modelo de viagem do herói que sai da casa familiar e vive experiências nas quais texturas e atmosferas oníricas se misturam com outras reais, para chegar à culminação — neste caso, a iniciação sexual do protagonista — e depois à viagem de volta à realidade cotidiana. A narração da passagem pela cordilheira dos Andes também tem esse caráter de viagem iniciática: o périplo físico também implica uma mudança de estado, é o trânsito do homem perseguido ao homem livre e a abertura do poeta para "o grande caminho do mundo".

Além disso, várias partes de *Confesso que vivi* são escritas como os livros de viagens.

Outra forma de exercer este ofício da memória é reunindo episódios, descrições de lugares, retratos, evocações e reflexões. A décima primeira sessão, "A poesia é um ofício", por exemplo, é, em sua maior parte, uma miscelânea. Em outras partes do livro, encontramos uma galeria de personagens ou um inventário, recurso que Neruda também usa em alguns de seus livros de poesia. Nestas memórias, por exemplo, está o registro dos "loucos de inverno" que viviam na boêmia da Santiago dos anos 1920 ou dos personagens magníficos e extravagantes que o poeta conheceu na juventude em Valparaíso, ou de homens e mulheres excepcionais, dispersos ao longo do livro: Rojas Giménez, Acario Cotapos, Nancy Cunard, seres que, de alguma maneira, correspondem à simpatia pelas "pessoas intranquilas e insatisfeitas" que o poeta declara no prólogo de seu romance *El habitante e su esperanza*.

O próprio poeta, no breve texto introdutório de *Confesso que vivi*, aponta algumas das singularidades deste livro: "As memórias do memorialista não são as memórias do poeta. Aquele viveu talvez menos, mas fotografou muito mais e nos diverte com a minuciosidade dos detalhes. Este nos entrega uma galeria de fantasmas sacudidos pelo fogo e pelas sombras de sua época." Como vimos, a memória poética de Neruda é uma espécie de depósito que foi se formando desde seus primeiros livros, e é essa longa e lenta sedimentação que dá consistência e solidez a esta memória.

A outra singularidade que Neruda aponta em sua introdução se refere à pluralidade de suas vidas: "Minha vida é uma vida feita de todas as vidas: as vidas do poeta." Na obra de Neruda, as alusões a esse eu plural são muitas. Só a título de exemplo: "Sou povo, povo inumerável" (*Canto geral*); "Não posso/sem a vida viver, /sem o homem ser homem..." (*Odes elementares*); "meu canto os reúne: o canto do homem invisível que canta com todos os homens..." (*idem*).

Assim, *Confesso que vivi* seria também a autobiografia deste poeta uno e múltiplo, de um homem que se reconhece em todos os homens.

Ainda que, como se disse, o impulso autobiográfico já esteja presente em *Crepusculário*, há momentos em que esse impulso se plasma em certos marcos, como na sessão "Eu sou", de *Canto geral*. Depois, temos as cinco conferências que Neruda pronunciou na Escola de Verão da Universidade do Chile, como parte das comemorações pelo seu quinquagésimo aniversário, a já mencionada série de artigos "As vidas do poeta", de 1962, e, em 1964, *Memorial de Isla Negra*, sua principal autobiografia poética, escrita para celebrar seus 60 anos.

Neruda se referiu a ela no discurso improvisado com o qual, nesse mesmo ano, abriu um seminário sobre sua obra na Biblioteca Nacional de Santiago de Chile. O poeta disse, então, sobre *Memorial...*: "Nesta obra voltei também, deliberadamente, aos inícios sensoriais da minha poesia, a *Crepusculário*, ou seja, a uma poesia da sensação de cada dia. Embora haja um fio biográfico, não procurei nesta longa obra, que consta de cinco volumes, nada além da expressão venturosa ou sombria de cada dia. É verdade que este livro está encadeado como um relato que se dispersa e que volta a se unir, relato perseguido pelos acontecimentos de minha própria vida e pela natureza que continua me chamando com todas as suas inúmeras vozes."

Neruda concluiu esse discurso manifestando sua vontade de continuar escrevendo uma autobiografia até o fim de seus dias. "Não sei se será pecar por arrogância dizer, à minha idade, que não renuncio a continuar entesourando todas as coisas que eu tenha visto ou amado, tudo o que tenha sentido, vivido, lutado, para continuar escrevendo o longo poema cíclico que ainda não terminei, porque o concluirá minha última palavra no instante final de minha vida."

Confesso que vivi deveria ter sido publicado como parte da celebração dos 70 anos de Neruda, em 1974, porém sua morte, precipitada pelo golpe militar de 11 de setembro de 1973, aconteceu no dia 23 desse mês. O livro surgiu de fato em 1974, mas como obra póstuma.

Uma cuidadosa pesquisa nos arquivos da Fundação Pablo Neruda permitiu encontrar material relacionado com as memórias. O primeiro foi um caderno, datado de junho de 1973, com interessantes anotações manuscritas de Neruda sobre os temas que deveria incluir em *Confesso que vivi*. Depois foram encontradas duas pastas com textos autobiográficos inéditos. Entre esses, havia alguns, como o de "A garota da volta", que se encaixavam quase com tanta exatidão como a peça perdida de um quebra-cabeça em algum trecho das memórias. Outros ampliavam os conteúdos de algum capítulo. Outros, como "O último amor do poeta Federico", continham a explicação de por que não haviam sido publicados em seu momento. "O público está suficientemente desprovido de preconceitos para admitir a homossexualidade de Federico sem menosprezar seu prestígio?", perguntara-se Neruda. Depois, vinha a declaração de Matilde Urrutia: "Eu também hesitei e não incluí esse fato nas memórias. Aqui o deixo; creio que já não tenho o direito de revelá-lo." Com esse "aqui o deixo", Matilde entregava aquele capítulo ao tempo; deixava-o para que, em um futuro mais propício a valorizar a diversidade humana, alguém encontrasse e resgatasse esse texto. Foi o que fizemos.

Os motivos pelos quais não foram incluídos outros dos textos que agora agregamos podem ser atribuídos às difíceis circunstâncias em que foi concluída a primeira edição de *Confesso que vivi*. Recordemos que Neruda passou seus últimos dias na Clínica Santa María de Santiago, enquanto se impunha violentamente a mais cruenta ditadura militar da história de seu país. Duas de suas casas, La Chascona, em Santiago, e La Sebastiana, em Valparaíso, haviam sido vandalizadas e muitos de seus amigos foram presos, executados, estavam foragidos ou asilados.

Depois da morte do poeta, Matilde, sua viúva, conseguiu tirar as memórias do Chile, enviando-as por mala diplomática venezuelana para Caracas, para onde ela viajou depois a fim de encontrar Miguel Otero Silva, com quem trabalhou na edição da obra.

Finalmente encontramos também os textos das três conferências autobiográficas de 1954 que permaneciam inéditas; elas foram uma das fontes das quais o poeta extraiu elementos para construir *Confesso que vivi*.

Embora Neruda tivesse dito que colocaria a última palavra do longo poema cíclico de sua vida no instante final desta, os novos textos de valioso conteúdo autobiográfico adicionados a esta edição permitem agora sugerir novas leituras de suas memórias e, dessa forma, prolongar e enriquecer o persistente relato das vidas do poeta.

Hoje lhes trago parte das essências devoradoras da minha poesia, do frio e do fogo que me acompanham pelo caminho, adiantando-se muitas vezes a meus passos, impregnando-se de tudo o que encontraram aberto, golpeando as fechadas matrizes do mundo em sua extensão.

Conheço muitas das objeções e das discussões que ardem em torno das minhas palavras e se apagam a cada dia: não vamos percorrer nada disso nesta viagem: nestes momentos quero ser para vocês apenas um bom companheiro que os acompanha por uma região que eu às vezes também desconheço.

O que é a minha poesia? Não sei. É mais fácil perguntar à minha poesia quem sou eu. Ela me tem guiado na noite escura da alma, ela tem me desencadeado e encadeado, ela tem me conduzido através das solidões, através do amor, através dos homens.

Sinto terrivelmente ser eu o tema da minha voz hoje. Aceitem-me entre vocês como um homem a mais, como um homem comum, às vezes dolorido e às vezes alegre, um homem que entra com vocês nos bosques e nas bibliotecas, nos comícios populares e nos lugares secretos do coração.

Ao sul da minha poesia está a solidão; ao norte, o povo. A solidão é a mãe da minha primeira poesia. Em seus golfos e labirintos lanço as redes do jovem e solitário pescador, do homem que quer quebrar os mistérios da noite. Nessa época cósmica, apaixonada e estrelada de minha vida, as interrogações se levantam com grandes voos amargos, na indecisão crepuscular, na solidão do mundo (...).

Então, como um incêndio no fundo dos bosques, surgem as luzes do amor, as chamas desordenadas da primeira ternura, a descoberta do gozo e da delícia. Entre os interstícios do prazer soa ainda o vento escuro da solidão, e os chamamentos do amor têm em seu fundo um resumo de desesperada experiência. O homem perdido na maré da origem se agarra às espinhas do amor com uma ansiedade de pequeno ser que se afoga na água da noite profunda.

Pablo Neruda,
"Viagem ao redor de minha poesia"

CONFESSO QUE VIVI

PABLO NERUDA

Estas memórias ou lembranças são intermitentes e, por momentos, me escapam porque a vida é exatamente assim. A intermitência do sonho nos permite suportar os dias de trabalho. Muitas de minhas lembranças se toldaram ao evocá-las, viraram pó como um cristal irremediavelmente ferido.

As memórias do memorialista não são as memórias do poeta. Aquele viveu talvez menos, porém fotografou muito mais e nos diverte com a perfeição dos detalhes; este nos entrega uma galeria de fantasmas sacudidos pelo fogo e a sombra de sua época.

Talvez não tenha vivido em mim mesmo, talvez tenha vivido a vida dos outros.

Do que deixei escrito nestas páginas se desprenderão sempre — como nos arvoredos de outono e como no tempo das vinhas — as folhas amarelas que vão morrer e as uvas que reviverão no vinho sagrado.

Minha vida é uma vida feita de todas as vidas: as vidas do poeta.

CADERNO 1

O JOVEM PROVINCIANO

O BOSQUE CHILENO

... Ao pé dos vulcões, junto aos ventisqueiros, entre os grandes lagos, o fragrante, o silencioso, o emaranhado bosque chileno... Os pés afundam na folhagem morta, um ramo quebradiço crepita, os gigantescos raulíes* *levantam sua estatura encrespada, um pássaro da selva fria atravessa o ar, esvoaça e se detém entre as ramagens sombrias — e logo, de seu esconderijo, soa como um oboé... O aroma selvagem do loureiro e o aroma obscuro do boldo me penetram pelas narinas até a alma... O cipreste das Guaitecas intercepta meus passos... É um mundo vertical: uma nação de pássaros, uma multidão de folhas... Tropeço em uma pedra, escarvo a cavidade descoberta, e uma aranha imensa de pelo vermelho me olha fixamente, imóvel, grande como um caranguejo. Um besouro dourado me lança sua emanação mefítica enquanto desaparece como um relâmpago seu radiante arco-íris... Ao passar, atravesso um bosque de samambaias muito mais altas do que eu; caem no meu rosto sessenta lágrimas de seus verdes olhos frios e atrás de mim ficam por muito tempo agitando seus leques... Um tronco podre, que tesouro!... Fungos negros*

---

* *Raulí* (Bot., Chile): árvore da família das Fagáceas, que chega a 50m de altura e cuja madeira é empregada em todo tipo de móveis e, em arquitetura, para portas, janelas e assoalhos. (N. T.)

e azuis deram-lhe orelhas, plantas parasitas vermelhas cobriram-no de rubis, outras plantas preguiçosas emprestaram-lhe seus filamentos, e brota, veloz, uma cobra de suas entranhas podres como uma emanação, como se do tronco morto lhe escapasse a alma... Mais adiante cada árvore se separou de suas semelhantes... Erguem-se sobre a alfombra da selva secreta, e cada uma de suas folhas, linear, encrespada, ramosa, lanceolada, tem um estilo diferente, como cortada por uma tesoura de movimentos infinitos... Um barranco; a água transparente desliza sobre o granito e o jaspe... Voa uma mariposa pura como um limão, dançando entre a água e a luz... A meu lado as calceolárias infinitas me saúdam com suas cabecinhas amarelas... Lá no alto, como gotas arteriais da selva mágica, vergam-se os copihues* vermelhos (Lapageria rosea)... O copihue *vermelho é a flor do sangue*, o copihue *branco é a flor da neve*... Num tremor de folhas, a velocidade de uma raposa atravessa o silêncio, mas o silêncio é a lei destas folhagens... Apenas o grito distante de um animal confuso... A interseção penetrante de um pássaro escondido... O universo vegetal apenas sussurra até que uma tempestade ponha em ação toda a música terrestre.

Quem não conhece o bosque chileno não conhece este planeta.

Daquelas terras, daquele barro, daquele silêncio, eu saí a andar, a cantar pelo mundo.

INFÂNCIA E POESIA

Começarei por dizer, sobre os dias e anos de minha infância, que meu único personagem inesquecível foi a chuva. A grande chuva austral que cai como uma catarata do Polo, desde o céu do Cabo de Hornos até a fronteira. Nesta fronteira, o *Far West* de minha pátria, nasci para a vida, para a terra, para a poesia e para a chuva.

Por muito que tenha andado, acho que se perdeu essa arte de chover que se exercia como um poder terrível e sutil em minha Araucanía natal. Chovia

---

* *Copihue*: planta ornamental da família das Liliáceas, que dá uma flor vermelha e, mais raramente, branca. A flor do *copihue* é chamada no Chile "flor de la nacionalidad". (N. T.)

meses inteiros, anos inteiros. A chuva caía em fios como compridas agulhas de vidro que se partiam nos tetos, ou chegavam em ondas transparentes contra as janelas, e cada casa era uma nave que dificilmente chegava ao porto naquele oceano de inverno.

Esta chuva fria do Sul da América não tem as rajadas impulsivas da chuva quente que cai como um látego e passa deixando o céu azul. Pelo contrário, a chuva austral tem paciência e continua sem fim, caindo do céu cinzento.

Em frente à minha casa a rua converteu-se num imenso mar de lodo. Através da chuva, vejo pela janela que uma carroça atolou no meio da rua. Um camponês, com manta de lã negra, fustiga os bois que não podem mais avançar entre a chuva e o barro.

Pelas veredas, pisando em uma pedra e outra, contra o frio e a chuva, andávamos até o colégio. O vento levava os guarda-chuvas. Os impermeáveis eram caros, as luvas me incomodavam, os sapatos se encharcavam. Sempre recordarei as meias molhadas junto à lareira e muitos sapatos expelindo vapor como pequenas locomotivas. Depois vinham as inundações sobre os povoados onde vivia a gente mais pobre, junto ao rio. Também a terra se sacudia, trêmula. Outras vezes, na cordilheira assomava um penacho de luz terrível: o vulcão Llaima despertava.

Temuco é uma cidade pioneira, dessas cidades sem passado, mas com lojas de ferragem. Como os índios não sabem ler, as lojas de ferragem ostentam nas ruas seus emblemas exagerados: um imenso serrote, uma panela gigantesca, um cadeado ciclópico, uma colher antártica. Mais adiante, as sapatarias: uma bota colossal.

Se Temuco era o posto avançado da vida chilena nos territórios do Sul do Chile, isto significava uma longa história de sangue.

Acossados pelos conquistadores espanhóis, depois de trezentos anos de luta, os araucanos se retiraram até aquelas regiões frias. Mas os chilenos continuaram o que se chamou "pacificação da Araucanía", isto é, a continuação de uma guerra a sangue e fogo para desapossar nossos compatriotas de suas terras. Contra os índios todas as armas foram usadas com generosidade: disparos de carabina, incêndio de suas choças, e depois, de forma mais paternal, empregou-se a lei e o álcool. O advogado se tornou especialista também na espoliação de seus campos, o juiz os condenou quando protestaram, o sacerdote os ameaçou com o fogo eterno. E, por fim, a aguardente consumou o aniquilamento de uma raça soberba cujas proezas, valentia e beleza Alonso de Ercilla, em seu *Araucana*, deixou gravadas em estrofes de ferro e jaspe.

Meus pais chegaram de Parral, onde nasci. Ali, no centro do Chile, crescem as vinhas, e o vinho é abundante. Sem que me lembre, sem saber que a olhei com meus olhos, morreu minha mãe, Dona Rosa Basoalto. Nasci em 12 de julho de 1904, e, um mês depois, esgotada pela tuberculose, minha mãe já não vivia.

A vida era dura para os pequenos agricultores do centro do país. Meu avô, Dom José Ángel Reyes, tinha pouca terra e muitos filhos. Os nomes de meus tios me pareciam nomes de príncipes de reinos distantes. Chamavam-se Amós, Oseas, Joel, Abadías. Meu pai se chamava simplesmente José del Carmen. Saiu muito moço das terras paternas e trabalhou como operário nos diques do porto de Talcahuano, terminando como ferroviário em Temuco.

Era maquinista de um trem de lastro. Poucos sabem o que é um trem de lastro. Na região austral, de grandes vendavais, as águas arrastariam os trilhos se não fossem colocadas pedrinhas britadas entre os dormentes.

É preciso tirar em cestos o lastro das pedreiras e despejar a pedra miúda nos vagões. Há quarenta anos a tripulação de um trem desses tinha que ser formidável. Vinham dos campos, dos subúrbios, das prisões. Eram peões gigantescos e musculosos. Os salários da empresa eram miseráveis, e não se pediam antecedentes aos que queriam trabalhar nos trens de lastro. Meu pai era o maquinista do trem. Estava acostumado a mandar e a obedecer. Às vezes me levava com ele. Quebrávamos pedra em Boroa, coração silvestre da fronteira, cenário de terríveis combates entre espanhóis e araucanos.

A natureza ali me dava uma espécie de embriaguez. Atraíam-me os pássaros, os escaravelhos, os ovos de perdiz. Era milagroso encontrá-los nas quebradas, brônzeos, escuros e reluzentes, com uma cor parecida com a do cano de uma espingarda. Assombrava-me a perfeição dos insetos. Recolhia as *madres de la culebra*. Com esse nome extravagante se designava o maior coleóptero, negro, luzidio e forte, o titã dos insetos do Chile. Dava calafrios vê-lo de repente nos troncos dos arbustos, das macieiras silvestres e das estevas, mas eu sabia que era tão forte que se podia ficar com os pés sobre ele que não se romperia. Com sua grande dureza defensiva não precisava de veneno.

Estas minhas explorações enchiam de curiosidade os trabalhadores. Logo começaram a se interessar pelas minhas descobertas. Assim que meu pai se descuidava, largavam-se pela selva virgem e, com mais destreza, mais inteligência e mais força que eu, encontravam para mim tesouros incríveis. Havia um que se chamava Monge. Segundo meu pai, um perigoso *cuchillero*.* Tinha duas grandes linhas na cara morena. Uma era a cicatriz vertical de uma facada, e a outra seu sorriso branco, horizontal, cheio de simpatia e picardia. Monge me trazia *copihues* brancos, aranhas peludas, filhotes de pombas, e uma vez descobriu para mim a coisa mais deslumbrante: o coleóptero do *cohiue*** e da *luma*.*** Não sei se vocês já o viram alguma vez. Eu só o vi naquela ocasião. Era um relâmpago vestido de arco-íris. O vermelho e o violeta e o verde e o amarelo deslumbravam em sua carapaça. Como um relâmpago me fugiu das mãos e voltou à selva. Monge já não estava perto para recapturá-lo. Nunca me refiz daquela aparição deslumbrante. Tampouco esqueci aquele amigo. Meu pai contou-me sua morte: caiu do trem e rolou por um precipício. O trem parou; porém, disse meu pai, já era só um saco de ossos.

É difícil dar uma ideia de uma casa como a minha, casa típica da fronteira há sessenta anos.

Em primeiro lugar, as casas se intercomunicavam. Pelo fundo dos pátios os Reyes e os Ortegas, os Candias e os Masons trocavam entre si ferramentas e livros, bolos de aniversário, unguentos para fricções, guarda-chuvas, mesas e cadeiras.

Essas casas pioneiras bastavam para todas as atividades de um povoado. Dom Carlos Mason, norte-americano de melenas brancas, parecido com Emerson, era o patriarca desta família. Seus filhos eram profundamente *criollos*. Dom Carlos Mason tinha valores e Bíblia. Não era um imperialista, mas um pioneiro nato. Desta família, sem que ninguém tivesse dinheiro, surgiam

---

* *Cuchillero*: que é hábil, em brigas, no manejo da faca (*cuchillo*) como arma. (N. T.)
** *Cohiue*: (Bot.) variedade de esteva pequena, própria dos Andes Patagônicos. (N. T.)
*** *Luma*: (Bot.) árvore chilena, da família das Mirtáceas, que cresce até 20m de altura, de madeira dura, pesada, resistente; madeira desta árvore. (N. T.)

oficinas gráficas, hotéis, açougues. Alguns filhos eram diretores de jornais, e outros trabalhavam nas oficinas gráficas. Tudo acabava com o tempo, e todo mundo ficava tão pobre como antes.

Só os alemães mantinham essa preservação irredutível de seus bens, que os caracterizava na fronteira.

Nossas casas tinham, portanto, algo de acampamento. Ou de empresas precursoras. Ao se entrar, viam-se barricas, utensílios agrícolas, arreios e objetos indescritíveis.

Sempre ficavam casas por terminar, escadas inconclusas. Falava-se toda a vida de continuar a construção. Os pais começavam a pensar na universidade para seus filhos.

Na casa de Dom Carlos Mason, celebravam-se as grandes festas.

Nos dias santos havia perus com aipo, carneiros assados no espeto e ovos nevados de sobremesa. Faz muitos anos que não provo ovos nevados. O patriarca, de cabelos brancos, sentava-se à cabeceira da mesa interminável com sua esposa, Dona Micaela Candia. Atrás dele havia uma imensa bandeira chilena, à qual haviam prendido com um alfinete uma minúscula bandeirola americana. Essa era também a proporção do sangue: prevalecia a estrela solitária do Chile.

Na casa dos Masons havia um salão onde nós, crianças, não podíamos entrar. Nunca soube qual a verdadeira cor dos móveis porque estiveram cobertos com panos brancos até que foram devorados por um incêndio. Havia ali um álbum com fotografias da família. Essas fotos eram mais finas e delicadas que as terríveis ampliações coloridas que invadiram depois a fronteira.

Ali havia um retrato de minha mãe. Era uma senhora vestida de negro, delgada e pensativa. Disseram-me que escrevia versos, mas nunca os vi. Dela, só vi aquele belo retrato.

Meu pai havia se casado em segundas núpcias com Dona Trinidad Candia Marverde, minha madrasta. Parece-me incrível ter que dar este nome ao anjo tutelar de minha infância. Era diligente e doce, tinha um senso de humor camponês, uma bondade ativa e infatigável.

Mal chegava meu pai, ela se transformava numa sombra suave como todas as mulheres de então e de lá.

Naquele salão vi dançar mazurcas e quadrilhas.

Havia em minha casa também um baú com objetos fascinantes. No fundo resplandecia um maravilhoso papagaio de calendário. Um dia em que minha mãe remexia aquela arca sagrada, caí de cabeça dentro ao tentar alcançar o papagaio. Mas, quando fui crescendo, abria-a secretamente. Havia lá uns leques preciosos e impalpáveis.

Conservo outra lembrança daquele baú. A primeira história de amor que me apaixonou. Eram centenas de cartões-postais, enviados por alguém que os assinava não sei se Henrique ou Alberto, e todos dirigidos a María Thielman. Esses cartões eram maravilhosos. Eram retratos das grandes atrizes da época com pedacinhos de vidro engastados e às vezes com cabeleira colada. Havia também castelos, cidades e paisagens distantes. Durante anos me contentei somente com as figuras. Mas, à medida que fui crescendo, fui lendo aquelas mensagens de amor escritas com uma caligrafia perfeita. Sempre imaginei que o galã era um homem de chapéu-coco, bengala e brilhante na gravata. Mas aquelas linhas eram de paixão arrebatadora. Foram enviadas de todos os pontos da terra pelo viajante, cheias de frases deslumbrantes, de audácia enamorada. Comecei a enamorar-me também de María Thielman. Imaginava-a como uma atriz desdenhosa, coroada de pérolas. Como haviam chegado ao baú de minha mãe essas cartas? Nunca pude saber.

O ano de 1910 chegou à cidade de Temuco. Nesse ano memorável entrei no liceu, um vasto casarão com salas desarrumadas e subterrâneos sombrios. Do alto do liceu, na primavera, se divisava o ondulante e delicioso rio Cautín, com suas margens cheias de maçãs silvestres. Fugíamos das aulas para mergulhar os pés na água fria que corria sobre as pedras brancas.

Mas o liceu era um território de perspectivas imensas para meus 6 anos de idade. Tudo tinha possibilidade de mistério: o laboratório de Física (onde não me deixavam entrar), cheio de instrumentos deslumbrantes, de retortas e pequenas cubas; a biblioteca, eternamente fechada. (Os filhos dos pioneiros não gostavam da sabedoria.) No entanto, o lugar de maior fascínio era o subterrâneo. Havia ali um silêncio e uma escuridão muito grandes. À luz das velas brincávamos de guerra. Os vencedores amarravam os prisioneiros nas velhas colunas. E conservo na memória o cheiro de umidade, de lugar escondido, de túmulo, que emanava do subterrâneo do liceu de Temuco.

Fui crescendo. Os livros começaram a me interessar. Nas façanhas de Buffalo Bill, nas viagens de Salgari, foi-se estendendo meu espírito pelas regiões do sonho. Os primeiros amores, os puríssimos, se desenvolveram em cartas enviadas a Blanca Wilson. Esta menina era filha do ferreiro, e um dos rapazes, perdido de amor por ela, pediu-me que escrevesse por ele suas cartas amorosas. Não me lembro de como seriam essas cartas que foram talvez meus primeiros trabalhos literários, pois, certa vez, ao encontrar-me com a estudante, esta me perguntou se era eu o autor das cartas que seu namorado levava para ela. Não me atrevi a renegar minhas obras e muito perturbado respondi que sim. Então ela me deu uma marmelada que, é claro, não quis comer e guardei como um tesouro. Afastado assim meu companheiro do coração da menina, continuei escrevendo intermináveis cartas de amor e recebendo marmeladas.

Os meninos no liceu não conheciam nem respeitavam minha condição de poeta. A fronteira tinha esse caráter maravilhoso de *Far West* sem preconceitos. Meus companheiros se chamavam Schnakes, Schlers, Hausers, Smiths, Taitos, Seranis. Éramos iguais entre os Aracenas e os Ramírez e os Reyes. Não havia sobrenomes bascos. Havia sefarditas: Albalas, Francos. Havia irlandeses: McGyntis. Poloneses: Yanichewkys. Brilhavam com luz escura os sobrenomes araucanos, com um perfume de madeira e água: Melivilus, Catrileos.

Combatíamos, às vezes, no grande galpão fechado, com bolotas de azinheira. Só quem levou um bolotaço sabe o quanto dói. Antes de chegar ao liceu, enchíamos os bolsos de munição. Eu tinha habilidade escassa, nenhuma força e pouca astúcia. Sempre levava a pior. Enquanto me entretinha observando a maravilhosa bolota, verde e perfeita com sua carapuça rugosa e cinzenta, enquanto tratava desajeitadamente de fabricar com ela um desses pitos que logo me arrebatavam, já me havia caído um dilúvio de bolotaços na cabeça. Quando estava no segundo ano me ocorreu usar um chapéu impermeável verde bem vivo. Esse chapéu pertencia a meu pai, assim como sua manta de lã, suas lanternas de sinais verdes e vermelhos que estavam carregados de fascínio para mim, que, sempre que podia, levava ao colégio para me pavonear... Certa vez chovia implacavelmente, e nada parecia mais formidável que o chapéu de oleado verde como um papagaio. Apenas cheguei à sacada, meu chapéu voou como um papagaio. Eu o perseguia, e, quando ia pegá-lo, voava de novo entre a gritaria mais ensurdecedora que jamais escutei. Nunca mais voltei a vê-lo.

Nestas recordações não vejo bem a precisão periódica do tempo. Confundem-me acontecimentos minúsculos que tiveram importância para mim, e parece que esta foi minha primeira aventura erótica, estranhamente misturada à história natural. Talvez o amor e a natureza tenham sido desde muito cedo as jazidas de minha poesia.

Em frente à minha casa viviam duas meninas que continuamente lançavam olhares que me ruborizavam. O que tinha eu de tímido e de silencioso, tinham elas de precoces e diabólicas. Uma vez, parado à porta de minha casa, tratava de não olhar para elas, mas tinham nas mãos algo que me fascinava. Aproximei-me com cautela e me mostraram um ninho de pássaro silvestre, tecido com musgo e pluminhas, que guardava em seu interior maravilhosos ovinhos de cor turquesa. Quando fui tomá-lo, uma delas disse que primeiro deviam tirar minhas roupas. Tremi de terror e escapuli rapidamente, perseguido pelas jovens ninfas que exibiam o instigante tesouro. Na perseguição entrei por um beco até uma padaria fechada de propriedade de meu pai. As assaltantes conseguiram me alcançar e começaram a tirar minhas calças quando pelo corredor se ouviram os passos de meu pai. Era uma vez um ninho. Os maravilhosos ovinhos se quebraram na padaria abandonada enquanto, debaixo do balcão, assaltado e assaltantes contínhamos a respiração.

Lembro também que uma vez, buscando os pequenos objetos e os minúsculos seres de meu mundo no fundo da casa, achei um buraco na tábua da cerca. Olhei através do vão e vi um terreno igual ao de minha casa, baldio e silvestre. Recuei uns passos porque adivinhei que ia acontecer alguma coisa. Súbito apareceu uma mão. Era a mão pequenina de um menino da minha idade. Quando me aproximei, a mão já não estava e, em seu lugar, havia uma pequena ovelha branca.

Era uma ovelha de lã desbotada. As rodas com que deslizava haviam sumido. Nunca tinha visto uma ovelha tão linda. Fui em casa e voltei com um presente que deixei no mesmo lugar: uma pinha de pinheiro entreaberta, cheirosa e balsâmica, que eu adorava.

Nunca mais vi a mão do menino. Nunca mais voltei a ver uma ovelhinha como aquela. Perdi-a num incêndio. E ainda agora, nestes anos todos, quando passo por uma loja de brinquedos, olho furtivamente as vitrinas. Mas é inútil. Nunca mais se fez uma ovelha como aquela.

A ARTE DA CHUVA

Assim como se desencadeiam o frio, a chuva e o barro das ruas, quer dizer, o insolente e arrasador inverno do Sul da América, o verão também chegava a essas regiões, amarelo e abrasador. Estávamos rodeados de montanhas virgens, porém eu queria conhecer o mar. Por sorte, meu pai, voluntarioso, conseguiu uma casa emprestada de um de seus numerosos compadres ferroviários. Meu pai, o condutor, na escuridão completa das quatro da noite (nunca soube por que se diz quatro da manhã), despertava toda a casa com seu apito. Desse minuto em diante não havia mais paz nem tampouco havia luz, e entre velas, cujas chamazinhas bruxuleavam por causa das rajadas que se filtravam por toda parte, minha mãe, meus irmãos Laura e Rodolfo e a cozinheira corriam de um lado para o outro enrolando grandes colchões que se transformavam em bolas imensas envoltas em tecido de juta que eram despachadas às pressas pelas mulheres. Era preciso embarcar as camas no trem. Os colchões estavam ainda quentes quando partiam para a estação próxima. Enfermiço e fraco por natureza, sobressaltado na metade do sonho, eu sentia náuseas e calafrios. Entretanto, na casa os carregamentos continuavam sem terminar nunca. Não havia coisa que não levassem para essas férias de pobres. Até secadores de vime, que eram colocados sobre os fogareiros acesos para secar lençóis e a roupa perpetuamente umedecida pelo clima, eram etiquetados e colocados na carroça que esperava os volumes.

O trem percorria um pedaço daquela província fria desde Temuco até Carahue. Atravessava extensões imensas e desabitadas, sem cultivo, atravessava os bosques virgens, soava como um terremoto por túneis e pontes. As estações ficavam ilhadas no meio do campo, entre acácias e macieiras floridas. Os índios araucanos, com seus trajes rituais e sua majestade ancestral, esperavam nas estações para vender aos passageiros carneiros, galinhas, ovos e tecidos. Meu pai sempre comprava algo com interminável regateio. Com sua barbicha loura, erguia uma galinha em frente a uma araucana impenetrável que não baixava nem meio centavo o preço de sua mercadoria.

Cada estação tinha um nome mais bonito, quase todos herdados das antigas possessões araucanas. Essa foi a região dos combates mais encarniçados entre os invasores espanhóis e os chilenos primitivos, filhos profundos daquela terra.

Labranza era a primeira estação; Boroa e Ranquilco a seguiam. Nomes com aroma de plantas selvagens, que me cativavam com suas sílabas. Sempre estes nomes araucanos significavam algo delicioso: mel escondido, lagoas ou rio perto de um bosque, ou monte com nome de pássaro. Passávamos pela pequena aldeia de Imperial, onde o poeta Dom Alonso de Ercilla quase foi executado pelo governador espanhol. Nos séculos XV e XVI aqui foi a capital dos conquistadores. Os araucanos, na guerra pela sua pátria, inventaram a tática de "terra arrasada". Não deixaram pedra sobre pedra da cidade descrita por Ercilla como bela e soberba.

E, em seguida, a chegada à cidade fluvial. O trem dava seus apitos mais alegres, escurecia o campo e a estação com imensos penachos de fumaça de carvão, tilintavam os sinos, e já se percebia o curso amplo, azul e tranquilo do rio Imperial, que se acercava do oceano. Descer as inúmeras bagagens, organizar a pequena família e dirigir-nos em carro de bois até o vapor que desceria pelo rio Imperial era um espetáculo dirigido pelos olhos azuis e pelo apito ferroviário de meu pai. Metíamo-nos com as bagagens no barquinho que nos levava ao mar. Não havia camarotes. Eu me sentava perto da proa. As rodas moviam com suas pás a corrente fluvial, as máquinas da pequena embarcação resfolegavam e rangiam, os taciturnos sulinos ficavam como mobílias imóveis dispersas pelo convés.

Um acordeão lançava seu lamento romântico, uma incitação ao amor. Não há nada mais envolvente para um coração de 15 anos que navegar por um rio amplo e desconhecido, entre ribeiras montanhosas, a caminho do mar misterioso.

Bajo Imperial era só uma fileira de casas de tetos vermelhos. Estava situada sobre a frente do rio. Da casa que nos esperava e, ainda antes, dos cais desconjuntados onde atracou o vaporzinho, escutei ao longe o estrondo marinho, uma comoção distante. O marulhar entrava em minha vida.

A casa pertencia a Dom Horacio Pacheco, agricultor gigantesco que, durante esse mês de nossa estada em sua casa, ia e levava pelas colinas e pelos caminhos intransitáveis seu trator e sua debulhadora. Com a máquina colhia o trigo dos índios e dos camponeses, isolados na povoação costeira. Era um homenzarrão que de repente irrompia em nossa família ferroviária falando com voz estentórea e coberto de pó e palha de cereais. Depois, com o mesmo estrondo, voltava às suas tarefas nas montanhas. Foi para mim mais um exemplo das vidas duras de minha região austral.

Tudo era misterioso para mim naquela casa, nas ruas maltratadas, nas existências desconhecidas que me rodeavam, no som profundo da distância marinha. A casa tinha o que me pareceu um imenso jardim desordenado, com um caramanchão central castigado pela chuva, caramanchão de vigas brancas cobertas pelas trepadeiras. A não ser minha insignificante pessoa, ninguém entrava nunca na solidão sombria onde cresciam as heras, as madressilvas e minha poesia. É certo que havia naquele jardim estranho outro objeto fascinante: um bote, órfão de grande naufrágio, que jazia ali no jardim sem ondas nem tormentas, encalhado entre as amapolas.

O mais estranho naquele jardim selvagem era que, intencionalmente ou por descuido, havia somente amapolas. As outras plantas tinham se retirado do lugar sombrio. Algumas eram grandes e brancas como pombas; outras, escarlates como gotas de sangue, ou roxas e negras como viúvas esquecidas. Eu nunca tinha visto tanta quantidade de amapolas e nunca mais voltei a ver. Ainda que as olhasse com muito respeito, com certo supersticioso temor que só elas infundem, entre todas as flores, não deixava de cortar de vez em quando alguma, cujo talo quebrado deixava um leite áspero em minhas mãos e uma lufada de perfume inumano. Acariciava e guardava em um livro as pétalas suntuosas de seda. Para mim eram asas de grandes mariposas que não sabiam voar.

Quando estive pela primeira vez diante do oceano fiquei atônito. Ali, entre duas grandes elevações (o Huilque e o Maule), desencadeava-se a fúria do grande mar. Não eram só as imensas ondas nevadas que se erguiam a muitos metros sobre nossas cabeças, como também um estrondo de coração colossal, a palpitação do universo.

Ali a família dispunha suas toalhas de mesa e seus bules de chá. Os alimentos chegavam à boca cobertos de areia, o que não importava muito. O que me assustava era o momento apocalíptico em que meu pai nos ordenava o banho de mar de cada dia. Longe das ondas gigantescas, a água nos salpicava, a minha irmã Laura e a mim, com seus látegos de frio. E acreditávamos, trêmulos, que o dedo de uma onda nos arrastaria até as montanhas do mar. Quando, com os dentes batendo e as costelas arroxeadas, nos dispúnhamos minha irmã e eu, de mãos dadas, a morrer, soava o apito ferroviário e meu pai nos mandava sair do martírio.

Contarei outros mistérios daquele lugar. Um eram os cavalos percherões, e outro a casa das três mulheres encantadas.

No extremo da aldeola erguiam-se alguns casarões, provavelmente curtumes. Pertenciam a bascos franceses. Quase sempre estes bascos controlavam as indústrias de couro no Sul do Chile. O que me interessava era ver como saíam dos portões, a certa hora do entardecer, grandes cavalos que atravessavam o vilarejo.

Eram cavalos percherões, potros e éguas de estatura gigantesca. Suas grandes crinas caíam como cabeleiras sobre os altíssimos lombos. Tinham patas imensas também cobertas de tufos de pelos que, ao galopar, ondulavam como penachos. Eram alazões, brancos, rosilhos poderosos. Assim teriam andado os vulcões se pudessem trotar e galopar como aqueles cavalos colossais. Como um abalo de terremoto, caminhavam sobre as ruas poeirentas e pedregosas. Relinchavam asperamente, fazendo um ruído subterrâneo que estremecia a atmosfera tranquila.

Arrogantes, incomensuráveis e estatuários, nunca voltei a ver cavalos como esses em minha vida, a não ser os que vi na China, talhados em pedra como monumentos tumulares da dinastia Ming. Porém, a pedra mais venerável não pode dar o espetáculo daquelas tremendas vidas animais que pareciam, aos meus olhos de menino, sair da escuridão dos sonhos em direção a outro mundo de gigantes.

Em realidade, aquele mundo silvestre estava cheio de cavalos. Pelas ruas, cavaleiros chilenos, alemães e *mapuches*,* todos com ponchos de lã negra, subiam ou desciam de suas montarias. Os animais, magros ou bem-tratados, esquálidos ou opulentos, ficavam ali onde os cavaleiros os deixavam, ruminando o capim dos caminhos e deitando fumaça pelas ventas. Estavam acostumados a seus amos e à vida solitária do povoado. Voltavam mais tarde, carregados com bolsas de mantimentos ou de ferramentas, para as intrincadas alturas, subindo por caminhos péssimos ou galopando infinitamente pela areia junto ao mar. De vez em quando saía de uma casa de penhores ou de uma taberna sombria algum cavaleiro araucano que, com dificuldade, montava o seu cavalo imutável e logo tomava o caminho de regresso à sua casa entre os montes, cambaleando de um lado para o outro, bêbado até a inconsciência. Ao vê-lo começar e continuar seu caminho me parecia que o centauro alcoolizado ia cair ao solo a cada vez que se curvava perigosamente, mas me enganava: sempre voltava a erguer-se para logo inclinar-se outra vez dobrando-se até o outro lado e sempre se recuperando, grudado à montaria. Continuaria assim montado sobre o cavalo por quilômetros e quilômetros, até fundir-se na natureza selvagem como um animal vacilante, obscuramente invulnerável.

Voltamos em outros verões, com as mesmas cerimônias domésticas, à região fascinante. Fui crescendo, lendo, enamorando-me e escrevendo com o passar do tempo, entre os amargos invernos de Temuco e a misteriosa estiagem do litoral.

Acostumei-me a andar a cavalo. Minha vida foi ficando mais elevada e ampla pelas rotas de barro íngreme, por caminhos de curvas imprevistas. Ao meu encontro saíam os vegetais emaranhados, o silêncio e o som dos pássaros selvagens, o estalido súbito de uma árvore florida, vestida de escarlate como um arcebispo imenso das montanhas ou nevada por uma batalha de flores

---

* *Mapuche*: natural de Arauco, pertencente a esta zona ou província do Chile; araucano. (N. T.)

desconhecidas. Ou de vez em quando também inesperada, a flor do *copihue*, selvagem, indomável, irredutível, pendente das matas como uma gota fresca de sangue. Fui me habituando ao cavalo, à montaria, aos duros e complicados arreios, às esporas cruéis que tilintavam em meus calcanhares. Começou por praias infinitas e montes emaranhados uma comunicação entre minha alma, quer dizer, entre minha poesia e a terra mais solitária do mundo. Isso foi há muitos anos, mas essa comunicação, essa revelação, esse pacto com o espaço têm continuado ao longo de minha vida.

MEU PRIMEIRO POEMA

Agora vou contar-lhes uma história de pássaros. No lago Budi, os cisnes eram perseguidos com ferocidade. Aproximavam-se deles sorrateiramente nos botes e, em seguida, rápido, rápido, remavam... Os cisnes, como os albatrozes, devem correr patinando sobre a água, empreendendo dificilmente o voo e levantando com dificuldade as grandes asas. Alcançados, eram exterminados a pauladas.

Trouxeram-me um cisne meio morto. Era uma dessas aves maravilhosas que não voltei a ver no mundo: o cisne de pescoço negro, uma nave de neve com o pescoço esbelto como que metido em uma estreita meia de seda negra, o bico alaranjado e os olhos vermelhos.

Isso foi perto do mar, em Porto Saavedra, Imperial do Sul.

Entregaram-no a mim quase morto. Lavei suas feridas e lhe empurrei pedacinhos de pão e peixe pela garganta. Devolvia tudo. No entanto, foi se refazendo de seus ferimentos, começou a perceber que eu era seu amigo. E comecei a compreender que a nostalgia o matava. Então, carregando o pesado pássaro em meus braços pelas ruas, levei-o ao rio. Ele nadava um pouco, perto de mim. Eu queria que ele pescasse e lhe indicava as pedrinhas do fundo, as areias por onde deslizavam os peixes prateados do Sul. Mas ele assistia a distância com olhos tristes.

Assim diariamente, por mais de vinte dias, levei-o ao rio e o trouxe à minha casa. O cisne era quase tão grande quanto eu. Uma tarde ficou mais alheio, nadou perto de mim, mas não se distraiu com os insetinhos com que eu queria ensiná-lo novamente a pescar. Ficou muito quieto e o tomei de novo nos braços para levá-lo para casa. Então, quando o tinha à altura do peito, senti que se desenrolava uma tira, algo como um braço negro que me roçasse o rosto. Era seu comprido e ondulante pescoço que caía. Assim aprendi que os cisnes não cantam quando morrem.

O verão é abrasador em Cautín. Queima o céu e o trigo. A terra quer recuperar-se de sua letargia. As casas não estão preparadas para o verão, como não estiveram para o inverno. Vou pelo campo e ando, ando. Perco-me no monte Ñielol. Estou só, tenho o bolso cheio de escaravelhos. Numa caixa levo uma aranha peluda recém-caçada. Não se vê o céu no alto. A selva está sempre úmida. Resvalo. De repente grita um pássaro: é o grito fantasmagórico do *chucao*.* Sou trespassado por um arrepio. Apenas se distinguem os *copihues* como gotas de sangue. Sou somente um ser minúsculo debaixo das samambaias gigantes. Junto à minha boca voa uma *torcaza*** com um ruído seco de asas. Mais acima outros pássaros riem de mim com riso áspero. Encontro com dificuldade o caminho. Já é tarde.

Meu pai não chegou ainda. Chegará às três ou quatro horas da madrugada. Subo ao meu quarto. Leio Salgari. A chuva desaba como uma catarata. Em um minuto a noite e a chuva cobrem o mundo. Ali estou só e em meu caderno de aritmética escrevo versos. Na manhã seguinte me levanto muito cedo. As ameixas estão verdes. Vou até os montes. Levo um pacotinho com sal. Subo numa árvore, me instalo comodamente, mordo com cuidado uma ameixa e tiro dela um pedacinho, empapando-a com sal. Como até cem ameixas. Já sei que é demais.

Incendiou-se nossa casa, notícia misteriosa. Subo a cerca e olho os vizinhos. Não há ninguém. Levanto alguns pedaços de pau. Nada mais que umas miseráveis aranhazinhas. No fundo do terreno está o reservado. As árvores junto dele têm lagartas. As amendoeiras mostram sua fruta forrada de felpa branca. Sei como caçar os moscardos sem fazer-lhes dano, com um lenço.

---

* *Chucao* (Zool., Chile): pássaro de plumagem parda, que habita a espessura dos bosques. (N. T.)
** *Torcaza*: espécie de pomba, chamada "paloma torcaz", que vive no campo e se aninha nas árvores mais elevadas. (N. T.)

Mantenho-os presos por um momento e os aproximo dos meus ouvidos. Que zumbido magnífico!

Que solidão a de um pequeno menino poeta, vestido de negro, na fronteira espaçosa e terrível. A vida e os livros pouco a pouco vão me deixando entrever mistérios esmagadores.

Não posso esquecer o que li essa noite: a fruta-pão salvou Sandokan e seus companheiros numa Malásia distante.

Não gosto de Buffalo Bill porque mata os índios. Mas que bom cavaleiro! Que lindas as pradarias e as tendas cônicas dos peles-vermelhas!

Muitas vezes me perguntaram quando escrevi meu primeiro poema, quando nasceu em mim a poesia.

Tratarei de lembrar. Há muito tempo, na minha infância, mal sabia escrever. Senti uma vez uma intensa emoção e tracei algumas palavras semirrimadas, mas estranhas a mim, diferentes da linguagem diária. Passei a limpo num papel, preso de uma ansiedade profunda, de um sentimento até então desconhecido, espécie de angústia e tristeza. Era um poema dedicado à minha mãe, isto é, a que conheci como tal, a madrasta angelical, cuja sombra suave protegeu toda a minha infância. Completamente incapaz de julgar minha primeira produção, levei-a a meus pais. Eles estavam na sala de jantar, mergulhados em uma dessas conversas em voz baixa que dividem mais que um rio o mundo dos meninos e dos adultos. Desdobrei o papel com as linhas, trêmulo ainda com a primeira visita da inspiração. Meu pai, distraidamente, tomou-o em suas mãos, leu distraidamente e distraidamente o devolveu, dizendo:

— De onde o copiaste?

E continuou conversando em voz baixa com minha mãe seus assuntos importantes e remotos.

Parece-me recordar que assim nasceu meu primeiro poema e que assim recebi a primeira mostra distraída da crítica literária.

Entretanto avançava no mundo do conhecimento, no desordenado rio dos livros como um navegante solitário. Minha avidez de leitura não descansava de dia nem de noite. Na costa, no pequeno Porto Saavedra, encontrei uma biblioteca municipal e um velho poeta, Dom Augusto Winter, que se admirava de minha voracidade literária.

— Já os leu? — dizia, passando-me um novo Vargas Vila, um Ibsen, um Rocambole. Como um avestruz, eu tragava sem discriminar.

Por esse tempo chegou a Temuco uma senhora alta, com vestidos muito compridos e sapatos de saltos baixos. Era a nova diretora do liceu de meninas. Vinha de nossa cidade austral, das neves de Magallanes. Chamava-se Gabriela Mistral.

Eu a olhava passar pelas ruas do povoado com seus vestidões até os tornozelos e tinha medo dela. Mas, quando me levaram para visitá-la, achei-a simpática. No rosto queimado em que o sangue índio predominava como um belo cântaro araucano, seus dentes branquíssimos mostravam-se num sorriso pleno e generoso que iluminava a casa.

Eu era jovem demais para ser seu amigo — e tímido e ensimesmado demais. Poucas vezes a vi — mas o bastante para a cada vez sair com alguns livros que me presenteava. Eram sempre novelas russas, que ela considerava o máximo da literatura mundial. Posso dizer que Gabriela me iniciou nessa séria e terrível visão dos novelistas russos e que Tolstoi, Dostoievski e Tchecov passaram a ter minha predileção mais profunda. Continuam me acompanhando.

A CASA DAS TRÊS VIÚVAS

Uma vez me convidaram para uma festa de debulha num lugar alto, nas montanhas, bastante distante da cidade. Gostei da aventura de ir só, adivinhando o caminho naquelas serranias. Pensei que, se me perdesse, alguém me ajudaria. Com meu cavalo nos distanciamos de Bajo Imperial e atravessamos com dificuldade a barra do rio. O Pacífico ali se inicia e investe intermitentemente contra as rochas e as matas do monte Maule, última colina, muito alta. Logo me desviei pelas margens do lago Budi. O marulhar assaltava os pedestais do outeiro. Tinha que aproveitar aqueles minutos em que uma onda se desfazia e recuava para recobrar força. Então atravessamos às pressas o trecho entre o outeiro e a água, antes que uma nova onda nos esmagasse a mim e a minha montaria contra a áspera encosta.

Passado o perigo, para o lado do poente começava a lâmina imóvel e azul do lago. O areal da costa se estendia interminavelmente até a desembocadura do lago Toltén, bem longe dali. Essas costas do Chile, muitas vezes escarpadas e rochosas, transformam-se logo em faixas intermináveis e se pode viajar por dias e noites sobre a areia, rente à espuma do mar.

São praias que parecem infinitas. Estendem-se ao longo do Chile como o anel de um planeta, como um aro envolvente acossado pelo estrondo dos mares austrais: uma pista que parece dar a volta pela costa chilena até além do Polo Sul.

Do lado dos bosques me saudavam as aveleiras de ramagens verde-escuras e brilhantes, salpicadas às vezes por cachos de frutas, avelãs que pareciam pintadas de zarcão, tão vermelhas são nessa época do ano. As colossais samambaias do Sul do Chile eram tão altas que passávamos debaixo de seus ramos sem tocá-los, eu e meu cavalo. Quando minha cabeça roçava seus verdes, caía sobre nós uma descarga de orvalho. À minha direita se estendia o lago Budi: uma lâmina constante e azul que ia até os bosques distantes.

Somente no final vi alguns habitantes. Eram estranhos pescadores. Naquele trecho em que se unem ou se beijam ou se agridem o oceano e o lago, ficavam entre duas águas alguns peixes marinhos, expelidos pelas águas violentas. Especialmente cobiçadas eram as *lisas*, grandes peixes prateados, que nesses baixos se debatiam extraviadas. Os pescadores, um, dois, quatro, cinco, verticais e ensimesmados, espreitavam o rastro dos peixes perdidos e, súbito, com um golpe formidável deixavam cair um tridente comprido sobre a água. Depois levantavam no alto as ovaladas polpas de prata que tremiam e brilhavam ao sol antes de morrer no cesto dos pescadores. Entardecia. Abandonei as margens do lago e me internei buscando o caminho nas encrespadas encostas dos montes. Escurecia palmo a palmo. O lamento de um desconhecido pássaro selvagem cruzava o céu de repente como um sussurro áspero. Uma águia ou condor da altura crepuscular parecia imobilizar suas asas negras, assinalando minha presença, seguindo-me com pesado voo. Uivavam, ladravam, atravessavam o caminho velozes raposas de cauda vermelha, ou animais ignorados do bosque secreto.

Compreendi que tinha me perdido. A noite e a selva, que me fascinaram, agora me ameaçavam e me enchiam de pavor. Um único e solitário viajante cruzou de repente comigo na crepuscular solidão do caminho. Quando nos aproximamos, detendo-me, vi que era um desses camponeses desengonçados de poncho pobre e cavalo magro, que de vez em quando emergiam do silêncio.

Contei-lhe o que se passava comigo.

Respondeu que naquela noite eu não conseguiria chegar. Ele conhecia em detalhes toda a região e sabia o lugar exato onde acontecia a debulha. Disse-lhe que não queria passar a noite ao relento, que me desse algum conselho para que eu me abrigasse até amanhecer. Laconicamente me indicou que seguisse por duas léguas um pequeno atalho transversal. "De longe vai ver as luzes de uma casa grande de madeira, de dois andares", disse.

— É um hotel? — perguntei.

— Não, mocinho, mas o receberão muito bem. São três senhoras francesas, madeireiras, que vivem aqui há trinta anos, muito boas com todo mundo. Elas o acolherão.

Agradeci ao camponês os parcimoniosos conselhos, e ele se afastou, trotando no cavalinho xucro. Continuei pela trilha estreita, como uma alma penada. Uma lua virginal, curva e branca como um fragmento de unha recém-cortada, começava a subir no céu.

Por volta das nove da noite divisei as inconfundíveis luzes de uma casa. Apressei meu cavalo antes que ferrolhos e trancas me vedassem a entrada daquele santuário milagroso. Passei as porteiras da propriedade e, evitando troncos cortados e montes de serragem, cheguei à porta ou pórtico branco daquela casa tão insolitamente perdida naquela solidão. Chamei à porta, primeiro suavemente, e depois com mais força. Quando se passaram alguns minutos e, apavorado, imaginei que não havia ninguém, apareceu uma senhora de cabelos brancos, delgada e de luto. Examinou-me com olhos severos e entreabriu a porta para interrogar o viajante intempestivo.

— Quem é você e o que deseja? — disse uma voz suave de fantasma.

— Perdi-me na selva. Sou estudante. Convidaram-me para a debulha dos Hernández. Estou muito cansado. Disseram-me que a senhora e suas irmãs são muito bondosas. Desejo somente dormir em qualquer canto e seguir ao amanhecer meu caminho.

— Entre — respondeu. — Sinta-se em casa.

Levou-me a um salão escuro e ela mesma acendeu dois ou três lampiões. Observei que eram belas luminárias *art nouveau* de opalina e bronze dourado. O salão cheirava a umidade. Grandes cortinas vermelhas resguardavam as janelas altas. As poltronas estavam cobertas por um pano branco que as preservava. De quê?

Aquele era um salão de outro século, indefinível e inquietante como um sonho. A nostálgica dama de cabeleira branca, vestida de luto, movia-se sem que eu visse seus pés, sem que se ouvissem seus passos, tocando com as mãos uma coisa ou outra, um álbum, um leque, de cá para lá, dentro do silêncio.

Pareceu-me haver caído no fundo de um lago e em sua fundura sobreviver sonhando, muito cansado. Apressadamente entraram duas senhoras idênticas à que me recebeu. Era tarde e fazia frio. Sentaram-se ao meu redor, uma com leve sorriso de longínqua garbosidade e a outra fitando-me com os mesmos olhos melancólicos da que me abriu a porta.

A conversa se estendeu subitamente para muito longe daquele campo distante, longe também da noite aturdida por mil insetos, coaxar de rãs e cantos de pássaros noturnos. Indagavam sobre meus estudos. Falei inesperadamente de Baudelaire, dizendo-lhes que havia começado a traduzir seus versos.

Foi como uma chispa elétrica. As três damas apagadas se inflamaram. Seus olhos transidos e os rostos rígidos se transformaram, como se tivessem caído três máscaras antigas de suas antigas feições.

— Baudelaire! — exclamaram. — É talvez a primeira vez, desde que o mundo existe, que se pronuncia esse nome nestes ermos. Temos aqui suas *Fleurs du mal*. Somente nós podemos ler suas maravilhosas páginas num raio de 500 quilômetros. Ninguém sabe francês nestas montanhas.

Duas das irmãs tinham nascido em Avignon. A mais jovem, também francesa de sangue, era chilena de nascimento. Os avós, os pais, todos os parentes tinham morrido havia muito tempo. Elas três se acostumaram à chuva, ao vento, à serragem da serraria, ao contato de um número pequeníssimo de camponeses primitivos e criados rústicos. Decidiram ficar ali, única casa naquelas montanhas hirsutas.

Entrou uma empregada índia e sussurrou algo ao ouvido da senhora mais velha. Saímos então, através de corredores gelados, para chegar à sala de jantar. Fiquei atônito. No centro do aposento, uma mesa redonda com toalhas compridas e brancas era iluminada por dois candelabros de prata cheios de velas acesas. A prata e o cristal brilhavam juntos naquela mesa surpreendente.

Fui invadido por uma timidez extrema, como se houvesse sido convidado pela rainha Vitória para comer em seu palácio. Chegava desgrenhado, fatigado e empoeirado, e aquela mesa parecia estar esperando um príncipe — o que eu estava muito longe de ser. Melhor aspecto teria um tropeiro suado que deixasse à porta a sua boiada.

Poucas vezes comi tão bem. Minhas anfitriãs eram mestras na cozinha e haviam herdado dos avós as receitas da doce França. Cada guisado era uma surpresa no sabor e no cheiro. Da adega trouxeram vinhos velhos, conservados por elas segundo as leis do vinho da França.

Apesar do cansaço que me cerrava de repente os olhos, eu as ouvia contar coisas estranhas. O maior orgulho das irmãs era o refinamento culinário; a mesa era para elas o cultivo de uma herança sagrada, de uma cultura a que nunca mais voltariam, separadas de sua pátria pelo tempo e por mares imensos. Mostraram-me, como zombando de si mesmas, um curioso fichário.

— Somos umas velhas maníacas — disse a mais moça.

Durante trinta anos haviam sido visitadas por 27 viajantes que chegaram até esta casa distante, uns a negócios, outros por curiosidade, alguns, como eu, por acaso. O incrível era que guardavam uma ficha relativa a cada um deles com a data da visita e o menu que haviam preparado em cada ocasião.

— Conservamos o menu para não repetir um único prato caso voltassem esses amigos.

Fui dormir e caí na cama como um saco de cebolas num mercado. Ao alvorecer, ainda escuro, acendi uma vela, me lavei e me vesti. Clareava quando um dos criados me encilhou o cavalo. Não tive coragem de me despedir das três senhoras gentis e enlutadas. No fundo algo me dizia que tudo aquilo tinha sido um sonho estranho e encantador e que eu não devia despertar para não quebrar o encanto.

Faz já 45 anos deste fato, acontecido no começo de minha adolescência. O que aconteceu com as três senhoras desterradas com suas *Fleurs du mal* no meio da mata virgem? Que fim terão levado suas velhas garrafas de vinho e suas mesas resplandecentes iluminadas por vinte castiçais? Que destino terão tido a serraria e a casa branca perdida entre as árvores?

Deve ter acontecido o mais simples de tudo: a morte e o esquecimento. Provavelmente a selva devorou aquelas vidas e aqueles salões que me acolheram numa noite inesquecível. Mas em minha lembrança continuam vívidos como no fundo transparente do lago dos sonhos. Honra seja feita a essas três mulheres melancólicas que em sua solidão selvagem lutaram sem utilidade nenhuma para manter uma antiga dignidade. Defendiam o que souberam fazer as mãos de seus antepassados, isto é, as últimas gotas de uma cultura deliciosa, lá longe, no limite máximo das montanhas mais impenetráveis e mais solitárias do mundo.

O AMOR JUNTO AO TRIGO

Cheguei ao acampamento dos Hernández antes do meio-dia, descansado e alegre. Minha cavalgada solitária pelos caminhos desertos, o descanso do sono, tudo isso refulgia em minha juventude taciturna.

A debulha do trigo, da aveia e da cevada se fazia ainda com éguas. Não há nada mais alegre no mundo que ver girar as éguas, trotando ao redor da mó do grão, debaixo do grito instigante dos cavaleiros. Havia um sol esplêndido, e o ar era um diamante silvestre que fazia brilhar as montanhas. A debulha é uma festa de ouro. A palha amarela se acumula em montes dourados. Tudo é atividade e movimento: sacos que deslizam e são enchidos, mulheres que cozinham, cavalos que tomam o freio nos dentes, cachorros que ladram, crianças que a cada instante têm que escapar — como se fossem frutos da palha — das patas dos cavalos.

Os Hernández eram um clã singular. Os homens hirsutos e com barba por fazer, em mangas de camisa e revólver no cinto, estavam quase sempre sujos de azeite, de pó de cereal, de barro, ou molhados até os ossos pela chuva. Pais, filhos, sobrinhos, primos, tinham todos a mesma catadura. Permaneciam horas inteiras ocupados debaixo de um motor, em cima de um telhado ou sobre uma máquina de debulhar. Nunca conversavam. Falavam de tudo em tom de brincadeira, a não ser quando brigavam. Para lutar eram que nem trombas-d'água: arrasavam com tudo o que havia pela frente. Eram também os primeiros nos churrascos em pleno campo, no vinho tinto e nas guitarras chorosas. Eram homens da fronteira, a gente de que eu gostava. Eu, estudante e pálido, me sentia diminuído junto daqueles ativos, bárbaros, e eles, não sei por quê, me tratavam com certa delicadeza que em geral não tinham com ninguém.

Depois do assado, das guitarras, do cansaço cegante do sol e do trigo, a gente tinha que se preparar para passar a noite. Os casais e as mulheres sozinhas se acomodavam no andar térreo, dentro do acampamento levantado com tábuas recém-cortadas. Quanto aos rapazes, fomos destinados a dormir no celeiro. O celeiro tinha um monte de palha e podia alojar um povoado inteiro em sua maciez amarela.

Para mim tudo aquilo era um incômodo inusitado. Não sabia como me esticar. Coloquei cuidadosamente meus sapatos debaixo de uma camada de palha de trigo, a qual deveria servir-me de travesseiro. Tirei a roupa, me cobri com o poncho e me afundei no monte de palha. Fiquei longe de todos os outros que, de imediato e de maneira unânime, trataram de roncar.

Fiquei muito tempo estendido de costas, com os olhos abertos, o rosto e os braços cobertos pela palha. A noite era clara, fria e penetrante. Não havia lua, mas as estrelas pareciam recém-molhadas pela chuva e, sobre o sono cego de todos os outros, somente para mim cintilavam no regaço do céu. Em seguida dormi. Despertei bruscamente porque alguma coisa se aproximava de mim, um corpo desconhecido se movia debaixo da palha e se acercava do meu. Tive medo. Esse algo se achegava lentamente. Sentia se partirem os talos da palha, afastados pela forma desconhecida que avançava. Todo o meu corpo estava alerta, esperando. Devia talvez levantar-me e gritar. Fiquei imóvel. Ouvi uma respiração muito perto de minha cabeça.

Súbito uma mão avançou sobre mim, uma mão grande, calejada, mas mão de mulher. Percorreu-me a fronte, os olhos, todo o rosto com doçura. Depois uma boca ávida se colou à minha e senti, ao longo de todo o meu corpo, até os pés, um corpo de mulher que se agarrava comigo.

Pouco a pouco meu temor se tornou um prazer intenso. Minha mão percorreu sua cabeleira com tranças, uma fronte lisa, os olhos de pálpebras fechadas, suaves como amapolas. Minha mão continuou buscando e toquei dois seios grandes e firmes, nádegas amplas e redondas, pernas que me entrelaçavam, e mergulhei os dedos em um púbis como musgo das montanhas. Nem uma palavra saía nem saiu daquela boca desconhecida.

Como é difícil fazer amor sem causar ruído em um monte de palha, compartilhado por mais sete ou oito homens, homens adormecidos que por nada no mundo devem ser despertados. Mas o certo é que tudo se pode fazer, ainda que custe cuidados infinitos. Um pouco mais tarde, também a desconhecida caiu bruscamente adormecida junto de mim, e eu, exaltado pela situação, comecei a ficar aterrorizado. Logo amanheceria, pensava, e os primeiros trabalhadores encontrariam a mulher nua no celeiro, estendida a meu lado. Mas também eu adormeci. Ao despertar estendi a mão sobressaltado e só encontrei um côncavo tênue, sua morna ausência. Depois um pássaro começou a cantar, e logo a selva inteira se encheu de gorjeios. Soou o apito de motor, e homens e mulheres começaram a transitar e a se atarefar junto ao celeiro em suas ocupações. O novo dia de debulha se iniciava.

Ao meio-dia almoçávamos reunidos ao redor de compridas mesas. Eu olhava de soslaio enquanto comia, procurando entre as mulheres a que pudesse ter sido a visitante noturna. Mas umas eram velhas demais, outras demasiado magras, muitas eram mocinhas delgadas como sardinhas. E eu procurava uma mulher compacta, de bons seios e tranças compridas. De repente entrou uma senhora que trazia um pedaço de assado para seu marido, um dos Hernández. Esta, sim, podia ser. Ao contemplá-la do outro extremo da mesa, acho que notei naquela bela mulher de grandes tranças um olhar rápido e um sutilíssimo sorriso. E me pareceu que esse sorriso se fazia maior e mais profundo, se abria dentro de meu corpo.

A GAROTA DA VOLTA

Dias depois tive que voltar pegando outro caminho para não me perder. Me acompanharia uma família que também voltava das montanhas e ia para o povoado da costa. Dois cavalos andavam atrás de mim, com mulheres, crianças e cestas. Por excesso de passageiros, me pediram que levasse na anca do meu cavalo uma garota da família. Depois de me acomodar na montaria, colocaram no lombo do meu cavalo a moça em questão. Teria uns 20 anos e só consegui ver umas pernas bronzeadas e sem meias, umas bochechas vermelhas de maçã silvestre sobre uma boca cheia de riso. Ria sem dúvida da falta de jeito com que eu comecei a conduzir minha montaria. Minha vaidade ficou ferida: com minhas solitárias expedições, já me considerava o rei dos caminhos.

Contornando o lago, dirigimo-nos à costa, para a desembocadura do lago Toltén. Chegando ao litoral, mudaríamos de rumo e seguiríamos pelas praias até voltar a Bajo Imperial.

Com idêntica paisagem montanhosa entre árvores portentosas, cisnes de pescoço preto e flamingos vermelhos que povoavam os meandros lacustres, íamos em cavalgada lenta, passo a passo, três cavalos carregados de gente. Havíamos partido muito cedo. Antes do meio-dia, o mar impetuoso nos advertiu com seu distante trovão que logo mudaríamos de rumo.

Diante da espuma do mar, nos detivemos, sem descer dos cavalos, para comer pão, queijo e beber um gole de vinho.

Depois, ao retomar o caminho, conseguimos ir mais depressa e eu, com minha passageira, me afastei insensivelmente de meus acompanhantes. Logo estávamos bem distantes. O sol batia com seus raios desnudos em nossas cabeças e meu pobre cavalo suava sob meu peso adolescente e o de minha robusta companheira de viagem. Para nos distanciarmos dos que vinham, continuamos trotando. Era bonito ver a extensão despovoada, as ondulações da espuma marinha, as praias molhadas cuja areia interminável tocada pelo sol resplandecia como sal ou cristais. À direita, ao longe, podia-se ver os montes. Pelo nosso caminho, nem uma sombra, nem uma árvore, nada, a não ser os areais marinhos.

Nas oscilações da marcha, minha companheira de viagem se agarrava na montaria, em minha cintura ou em meus quadris, mas, de repente, percebi que suas mãos eram curiosas. Senti-as frescas e determinadas, tocando-

-me como se ao acaso, inequivocamente empenhadas em se informar sobre minha anatomia. Virei a cabeça e a olhei, mas só ouvi seu riso, uma gargalhada saudável e alegre, como o relincho de uma égua muito jovem.

Segurando as rédeas com minha mão esquerda, empreendi com a direita minha própria investigação no que conseguia alcançar de seu corpo. Uma de suas pernas ao menos me oferecia, apertando-se mais e mais em mim, uma superfície tensa e morna. Pouco a pouco essas carícias foram ficando mais intensas. Eu, já sem refletir, alongava e alongava minha mão para trás. Por sua vez, ela não havia encontrado resistência em mim e alcançava o alvo mais sensível de minha juventude.

Precisava acabar com aquela situação. As areias da orla marinha eram uma cama ideal. Porém, onde amarrar o cavalo? Não havia um galho, nem uma madeira expulsa pelo mar, nem um mísero matagal. Resolvemos encontrá-lo. Sem isso, a festa seria impossível. O cavalo, semisselvagem como todos os da região, desapareceria rapidamente procurando água e ervas nas montanhas distantes, e ali ficaríamos, ela e eu descobertos e abandonados como Adão e Eva expulsos do paraíso. No entanto, a onda de desejo que ela me provocara percorria minhas veias. Enquanto isso, tudo continuava igual: o sol, a praia e nem um maldito galho para amarrar o cavalo e consumar o prazer.

E assim foi entardecendo. Os retardatários nos alcançaram. Já se podia ver as colinas que protegiam a aldeia. Entramos de novo por aquela vereda entre as ondas e as rochas. Já se avistava o teto vermelho e o campanário da igreja. Já não havia nada a fazer. Não me restou nada além de maldizer a invenção da areia do mar e a falta de iniciativa da vegetação da costa.

Ainda me lembro, sorrindo, depois de cinquenta anos. Creio que aquele dia foi um dos mais frustrantes e desesperadores de minha longa vida.

O CAVALO DA SELARIA

Temuco, esta cidade do Sul da minha pátria que agora volto a ver, representou toda a realidade e todo o mistério do mundo para minha longa infância. Longa infância porque, nas regiões de chuva e frio, as idades são estáticas.

As árvores do Sul do Chile demoram séculos para crescer. Por isso, ao regressar, vejo quase toda a paisagem destruída. Os fazendeiros queimam implacavelmente os maravilhosos bosques antigos. A cobiça intervém nessa destruição imensa. São necessárias árvores que cresçam velozmente. É uma exigência do comércio de madeiras.

Restam poucas coisas da cidade de meus sonhos infantis. Naturalmente, nenhum rosto humano. Outras crianças, outros velhos, outra gente de olhos desconhecidos.

Encontrei apenas um rosto que reconheci imediatamente e que pareceu me reconhecer. É a cabeça de um grande cavalo de madeira, na velha selaria do povoado. Ali estava, entre as mercadorias de sempre, selas, laços de couro para enlaçar o gado, imensas esporas para estimular o galope, largos cinturões para os corajosos jóqueis.

Porém, de toda aquela multidão de fascinantes objetos camponeses, só os olhos de vidro do grande cavalo de madeira voltaram a me fascinar. Olhavam-me com infinita tristeza, reconhecendo o menino que dera mais de uma volta ao mundo e que agora regressava para saudá-lo. Ele e eu havíamos envelhecido. Com certeza teríamos muito para contar um ao outro.

Na Temuco de cinquenta anos atrás, os comerciantes anunciavam suas mercadorias com uma grande figura que pendia das portas. De longe os índios araucanos que vinham de seus afastados e misteriosos redutos podiam ver, sem se equivocar, onde tinham que comprar óleo, pregos, sapatos. Um enorme martelo em uma esquina os avisava que ali eram vendidas ferramentas. Também poderiam fazê-lo na ferraria El Candado, que se anunciava com um gigantesco cadeado azul. Os sapateiros os atraíam com imensas botas no alto das sapatarias. Colheres e chaves de madeira de três metros de altura lhes mostravam de forma irrefutável onde poderiam comprar arroz, café e açúcar.

Eu passava com calças curtas e extraordinário respeito sob aqueles símbolos colossais. Para mim, pareciam fazer parte de um mundo desmesurado, estranho e inóspito, da mesma maneira que as samambaias gigantes e os cipós que pendiam das altíssimas árvores na selva vizinha. Pertenciam ao vento tempestuoso que fazia trepidar as pobres casas de madeira e à manifestação dos vulcões que, de repente, começavam a cantar com palavras de fogo.

Isso não acontecia com o cavalo da selaria. Todos os dias, ao ir para a escola, parava por um momento diante da janela para ver se ainda estava ali. Por que não havia se pendurado nas portas? Revestido de couro autêntico, cascos e cauda verdadeiros, era muito precioso para ser exposto ao vento e à chuva gelada do Sul do mundo. Não, estava ali, bem quieto e orgulhoso de sua lustrosa pele e dos arreios de primeira qualidade. Quando eu já estava seguro de sua presença, de que não partira galopando ou voando para as montanhas, então entrava, esticava minha pequena mão e a passava por seu focinho suave. O grande cavalo de madeira sabia que, com sol ou chuva, o pequeno estudante passaria para acariciá-lo. Senti isso muitas vezes em seu olhar de vidro.

A cidade mudou de tal maneira que é como se a outra tivesse partido. As casas de madeira, cor de inverno, se transformaram em grandes casas de tristíssimo cimento. Há mais gente andando pelas ruas. Menos cavalos e menos carroças param diante das portas das serralherias. Esta era a única cidade do Chile com araucanos nas ruas. Fico satisfeito que continue sendo. As índias com suas mantas roxas, os índios com seus ponchos pretos nos quais uma estranha faixa branca se repete como um relâmpago. Antes vinham só para comprar e vender suas pequenas mercadorias: tecidos, ovos, galinhas. Agora, há algo novo. Contarei minha surpresa.

Todo o povoado veio ao estádio para ouvir minha poesia. Era uma manhã de domingo e sentia-se o grande salão lotado vibrar com gritos e risadas de crianças. As crianças são os grandes interruptores e não há poesia que resista ao grito de uma criança que se lembra bem nessa hora de seu café da manhã. Eu subi no tablado, enquanto o público me saudava, e senti essa vaga inclinação a Herodes que pode atacar o ser mais paternal. Então ouvi que se fazia silêncio. E dentro desse silêncio vi elevar-se a mais estranha, a mais primordial, a mais antiga, a mais áspera música do planeta, que surgiu de um grupo que estava no fundo do recinto.

Eram os araucanos, que tocavam seus instrumentos e cantavam para mim suas doloridas melodias. Nunca na história se havia presenciado tal coisa: que meus ariscos compatriotas participassem com sua arte ritual de uma cerimônia poética e política. Nunca acreditei que me caberia presenciá-la, e o fato de essa ação comunicativa ser dirigida a mim me comovia ainda mais. Meus olhos se embaçaram enquanto seus velhos tambores de couro e suas flautas soavam em uma escala anterior a toda a música. Abafada e aguda ao mesmo tempo, monótona e dilacerante; era como a voz da chuva combatida pelo vento ou o gemido de um animal antigo, martirizado debaixo da terra.

Isso para contar como a Araucanía, o que resta dela, se comove, parece sair de seu sonho imemorial e quer participar do mundo que até agora lhe foi negado.

Os campos mudaram de fisionomia. Desapareceram em grande parte as montanhas brutalmente queimadas. Em muitas colinas altas, pode--se ver a cabeça calva, os ossos da terra. A erosão caminha com passo desapiedado. Por outro lado, muitas casas e construções de aldeias e povoados da região do Sul foram sacudidas e destruídas pelo terremoto. Passa o tempo e não se reconstrói a não ser no centro das cidades, nos bairros da administração pública e do luxo. Em alguns lugarejos novos, recém-reconstruídos e atraentemente pintados, vê-se em letras pretas sobre branco a seguinte legenda: "Este povoado foi reconstruído com dinheiro do povo norte-americano."

Muitos países, inumeráveis ajudas, chegaram em socorro do Chile em sua última e aterradora desgraça. No entanto, só os norte-americanos se vangloriam de seus poucos grupos de casas bem pintadas. Não dizem, é claro, que, com o dinheiro que levaram apenas com a exploração do cobre, seria possível fazer de novo todas as cidades, todas as estradas e ferrovias, todas as pontes e fábricas, ou seja, tudo o que o homem edificou em meu país durante sua história.

Enquanto o velho cavalo imóvel que viu tantas mudanças me olha, eu também preciso lhe dizer o quanto mudei.

Meu velho amigo: quando saí desta cidade eu escrevia versos sobre o amor e sobre a noite, cantos ensimesmados que em mim se produziam como a semente lenta dos cereais ou a água secreta que corre debaixo destas montanhas. Vou contar, cavalo, que minha poesia mudou muitas vezes. Tingiu-se com a fumaça das cidades, tomou a voz das reuniões humanas, serviu também de arma e de bandeira.

Estou feliz, velho amigo.

Mas não quero ser definitivamente catalogado, enfiado na gaveta dos dogmas de nossa época. Quero mudar perpetuamente, nascer perpetuamente, crescer perpetuamente. Quero cantar com a intimidade que tive, com a chuva e com a terra. Voltei a você, amigo velho, para lhe dar conta de que mudei como ninguém pode mudar, e de que continuo sendo o mesmo.

Ditas essas palavras com meus olhos, já que minha boca não podia pronunciá-las, quis me despedir acariciando mais uma vez seu focinho de madeira e notei que ali onde passei minha mão, a pele do focinho, o belo focinho revestido de couro, havia se desgastado e já se podia tocar a madeira. Era como tocar a alma do velho cavalo.

Até agora pensei sempre que só eu, em minha infância, havia tido esse gesto de acariciar o cavalo da selaria, mas aquele desgaste me provava que muitos, muitíssimos, haviam feito a mesma coisa. Compreendi que muitos meninos, muitíssimos, continuaram passando por aquela rua indo para casa ou para a escola.

E compreendi que mesmo um velho cavalo de madeira perdido em uma aldeia remota do imenso mundo pode contar com a ternura. A ternura das crianças que passam muitas vezes pelo longo caminho que nos leva a ser homens.

CADERNO 2

PERDIDO NA CIDADE

AS PENSÕES

Depois de muitos anos de liceu, em que tropecei sempre no mês de dezembro com o exame de matemática, fiquei exteriormente pronto para enfrentar a universidade, em Santiago do Chile. Digo exteriormente porque, por dentro, minha cabeça estava cheia de livros, de sonhos e de poemas que zumbiam em mim como abelhas.

Provido de um baú de folha de flandres, com o indispensável traje negro de poeta, delgadíssimo e afilado como uma faca, entrei na terceira classe do trem noturno que levava um dia e uma noite intermináveis para chegar a Santiago.

Este comprido trem que atravessava zonas e climas diferentes, e no qual viajei tantas vezes, guarda para mim ainda um encanto estranho. Camponeses de ponchos molhados e cestos com galinhas, taciturnos mapuches, toda uma vida se desenvolvia no vagão de terceira. Eram muitos os que viajavam sem pagar, debaixo dos bancos. Ao surgir o inspetor, produzia-se uma metamorfose. Muitos desapareciam, e alguns se ocultavam debaixo de um poncho sobre o qual logo dois passageiros fingiam jogar cartas, sem que esta mesa improvisada chamasse a atenção do inspetor.

Entretanto, o trem passava dos campos com carvalhos e araucárias e das casas de madeira molhada aos álamos do centro do Chile, às empoeiradas construções de adobe. Muitas vezes fiz aquela viagem de ida e volta entre a capital e a província, mas sempre me senti oprimido quando saía dos grandes bosques, da madeira maternal. As casas de adobe e as cidades com passado pareciam-me cheias de teias de aranha e de silêncio. Até agora continuo sendo um poeta do céu aberto e da selva fria que perdi então.

Vinha recomendado a uma pensão da rua Maruri, 513. Não esqueço este número de maneira nenhuma. Esqueço todas as datas e até os anos, mas este número 513 ficou galvanizado na minha cabeça, onde o meti há tantos anos com medo de não chegar nunca a essa pensão e me perder na capital grandiosa e desconhecida. Na rua mencionada me sentava na sacada para olhar a agonia de cada tarde, o céu embandeirado de verde e carmim, a desolação dos telhados suburbanos ameaçados pelo incêndio do céu.

A vida daqueles anos na pensão de estudantes era de fome completa. Escrevi muito mais do que até então, mas comi muito menos. Alguns dos poetas que conheci naqueles dias sucumbiram por causa das dietas rigorosas da pobreza. Entre estes recordo um poeta da minha idade, porém muito mais alto e mais desconjuntado do que eu, cuja lírica sutil estava cheia de essência e impregnava todo lugar onde era ouvida. Chamava-se Romeo Murga.

Eu e Romeo Murga fomos ler nossas poesias na cidade de San Bernardo, perto da capital. Antes que aparecêssemos no cenário, tudo se havia desenvolvido num ambiente de grande festa: a rainha dos Jogos Florais com sua corte branca e loura, os discursos das autoridades da cidade e os conjuntos vagamente musicais daquele lugar. Mas, quando entrei e comecei a recitar meus versos com a voz mais queixosa do mundo, tudo mudou: o povo tossia, lançava piadas e se divertia muitíssimo com minha poesia melancólica. Vendo esta reação dos bárbaros, apressei minha leitura e dei o lugar a meu companheiro Romeo Murga. Foi memorável. Ao ver entrar aquele Quixote de dois metros de altura, de roupa escura e surrada, começar sua leitura com voz ainda mais queixosa que a minha, o público em peso não pôde conter sua indignação e começou a gritar: "Poetas famintos! Fora! Não estraguem a festa!"

Da pensão da rua Maruri saí como um molusco que sai de sua concha. Despedi-me daquela carapaça para conhecer o mar, isto é, o mundo. O mar desconhecido eram as ruas de Santiago, apenas entrevistas enquanto caminhava entre a velha escola universitária e o quarto ermo da pensão.

Eu sabia que minhas fomes anteriores aumentariam com esta aventura. As senhoras da pensão, remotamente ligadas à minha província, me ajudaram algumas vezes com algumas batatas ou cebolas misericordiosas. Mas não havia mais remédio: a vida, o amor, a glória, a emancipação me chamavam. Pelo menos assim me parecia.

O primeiro alojamento independente que tive foi alugado na rua Argüelles, perto do Instituto de Pedagogia. Numa janela dessa rua cinzenta aparecia um letreiro: "Alugam-se quartos." O dono da casa ocupava os quartos da frente. Era um homem de cabelos grisalhos, de aparência nobre e de olhos que me pareceram estranhos. Era loquaz e eloquente. Ganhava a vida como cabeleireiro de senhoras, ocupação a que ele não dava importância. Suas preocupações, segundo me disse, diziam respeito mais ao mundo invisível, ao além.

Tirei meus livros e minhas poucas roupas da maleta e do baú que viajavam comigo desde Temuco e me estendi na cama para ler e dormir, orgulhoso de minha independência e de minha preguiça.

A casa não tinha pátio, mas tinha um alpendre para o qual davam vários quartos fechados. Explorando os desvãos da mansão solitária, na manhã do dia seguinte, observei que em todas as paredes e até na privada surgiam letreiros que diziam mais ou menos a mesma coisa: "Conforma-te. Não podes te comunicar conosco. Estás morta." Advertências inquietantes que se prodigalizavam em cada quarto, na sala de jantar, nos corredores, nas saletas.

Era um desses invernos frios de Santiago do Chile. A herança colonial da Espanha deixou a meu país o desconforto e o menosprezo até dos rigores naturais. (Cinquenta anos depois do que estou contando, Ilya Ehrenburg me dizia que nunca sentiu tanto frio como no Chile, ele que chegava das ruas nevadas de Moscou.) Aquele inverno havia recoberto os vidros. As árvores da rua tiritavam de frio. Os cavalos das velhas carruagens deitavam vapor pelos focinhos. Era o pior momento para se viver naquela casa, entre obscuras insinuações do além.

O dono da casa, *coiffeur pour dames* e ocultista, explicou com serenidade, enquanto me olhava profundamente com seus olhos de louco:

— Minha mulher, Charito, morreu há quatro meses. Este momento é muito difícil para os mortos, que continuam frequentando os mesmos lugares em que viviam. Não os vemos, mas eles não se dão conta de que não os vemos. É preciso fazê-los saber para que não nos creiam indiferentes e para que não sofram com isso. Por isso coloquei estes cartazes que tornarão mais fácil para ela compreender seu estado atual de defunta.

Mas o homem de cabeça grisalha me julgava talvez demasiado vivo. Começou a vigiar minhas entradas e saídas, a regulamentar minhas visitas femininas, a espionar meus livros e minha correspondência. Entrasse eu intempestivamente no quarto e deparava com o ocultista explorando meu mobiliário exíguo, fiscalizando meus pobres pertences.

Tive que procurar em pleno inverno, levando tombos pelas ruas hostis, um novo alojamento onde albergar minha independência ameaçada. Encontrei-o a poucos metros dali em uma lavanderia. Saltava aos olhos que aqui a proprietária não tinha nada a ver com o além. Através de pátios frios, com fontes de água estagnada que o musgo aquático recobria de espessas alfombras verdes, alongavam-se jardins abandonados. No fundo havia um quarto de pé-direito muito alto, com bandeiras sobre a trave das altas portas, o que aumentava a meus olhos a distância entre o chão e o teto. Nessa casa e nesse quarto fiquei.

Tínhamos, os poetas estudantis, uma vida extravagante. Defendi meus hábitos provincianos trabalhando em meu quarto, escrevendo vários poemas por dia e tomando intermináveis xícaras de chá que eu mesmo preparava. Porém, fora do quarto e de minha rua, a turbulência da vida dos escritores da época tinha um fascínio especial. Estes não frequentavam o café, mas sim as cervejarias e as tabernas. As conversas e os versos iam e vinham até de madrugada. Meus estudos se ressentiam com isso.

A empresa da estrada de ferro dava a meu pai, para suas tarefas a céu aberto, uma capa de grosso pano cinzento que ele nunca usou. Destinei essa capa à poesia. Três ou quatro poetas começaram a usar também capas semelhantes à minha que passava de mão em mão. Essa peça provocava a fúria da boa gente e da não tão boa. Era a época do tango que chegava ao Chile não só com seus compassos e sua *tijera** rasgada, seus acordeões e seu ritmo, mas também com

---

* *Tijera*: tesoura, passo de tango. (N. T.)

um cortejo de vadios que invadiram a vida noturna e os lugares em que nos reuníamos. Essa gente da malandragem, bailarinos e valentões, criava conflitos contra nossas capas e nossas vidas. Nós, os poetas, reagíamos com firmeza.

Por aqueles dias fiz amizade inesperada com uma viúva indelével, de imensos olhos azuis que se velavam ternamente na lembrança de seu recém-falecido marido. Este havia sido um jovem novelista, célebre por seu belo porte. Juntos faziam um par memorável, ela com sua cabeleira cor de trigo, o corpo perfeito e os olhos ultramarinos, e ele muito alto e atlético. O novelista havia sido aniquilado por uma tuberculose das que chamamos galopante. Depois pensei que a loura companheira teve também sua participação de Vênus galopante e que a época pré-penicilínica mais a loura fogosa levaram deste mundo o marido monumental num par de meses.

A bela viúva não havia se despojado ainda para mim de seus vestidos de luto, sedas negras e cor de violeta, que a faziam parecer uma fruta nevada envolta numa aura de dor. Essa aura deslizou uma tarde no meu quarto, ao fundo da lavanderia, e pude tocar e percorrer inteiramente a fruta de neve ardente. Ia consumar-se o arrebatamento natural quando vi que, debaixo de meus olhos, ela cerrava os seus e exclamava: "Oh, Roberto, Roberto!", suspirando ou soluçando. (Pareceu-me um ato litúrgico. A vestal invocava o deus desaparecido antes de entregar-se a um novo rito.)

No entanto, e apesar de minha juventude abandonada, essa viúva me pareceu excessiva. Suas invocações se faziam cada vez mais urgentes, e seu coração fogoso me conduzia lentamente a um aniquilamento prematuro. O amor, em tais doses, está em desacordo com a desnutrição. E minha desnutrição se tornava cada dia mais dramática.

A TIMIDEZ

A verdade é que vivi muitos de meus primeiros anos, e talvez de meus segundos e de meus terceiros, como uma espécie de surdo-mudo.

Ritualmente vestido de negro desde muito jovem, como se vestiam os verdadeiros poetas do século passado, tinha uma vaga impressão de não estar tão mal de aspecto. Porém, em vez de me aproximar das moças, certo de que gaguejaria ou enrubesceria diante delas, preferia passar ao largo e distanciar-me, mostrando um desinteresse que estava muito longe de sentir. Todas eram um grande mistério para mim. Queria morrer abrasado nessa fogueira secreta, me afogar nesse poço de profundidade enigmática, mas não me atrevia a atirar-me no fogo ou na água. E, como não encontrava ninguém que me desse um empurrão, passava pelas margens da fascinação sem olhar sequer e muito menos sorrir.

O mesmo acontecia com os adultos, gente humilde, empregados da estrada de ferro e dos correios e suas "senhoras esposas", assim chamadas porque a pequena burguesia se escandaliza, intimidada, ante a palavra mulher. Eu escutava as conversas à mesa de meu pai. Mas, no dia seguinte, se esbarrava na rua com os que haviam jantado à noite anterior em minha casa, não me atrevia a saudá-los e até mudava de calçada para evitar o mau pedaço.

A timidez é uma condição estranha da alma, uma categoria e uma dimensão que se abre para a solidão. Também é um sofrimento inseparável, como se a gente tivesse duas epidermes, e a segunda pele interior se irritasse e se contraísse diante da vida. Entre as estruturações do homem, esta qualidade ou este defeito são parte do amálgama que vai fundamentando, numa longa circunstância, a perpetuidade do ser.

Meu excessivo acanhamento, meu ensimesmamento prolongado durou mais que o necessário. Quando cheguei à capital fiz, aos poucos, amigos e amigas. Quanto menos importância me concediam, mais facilmente lhes dava minha amizade. Não tinha nesse tempo grande curiosidade pelo gênero humano. Não posso chegar a conhecer todas as pessoas deste mundo, me dizia. Mesmo assim surgia em certos meios uma curiosidade pálida por este novo poeta de pouco mais de 16 anos, rapaz reticente e solitário, a quem viam chegar e partir sem dar "bom-dia" nem se despedir. Além do mais, eu vestia uma longa capa espanhola que me fazia parecer um espantalho. Ninguém suspeitava de que minha vistosa indumentária era diretamente produzida por minha pobreza.

Entre as pessoas que me procuravam estavam dois grandes esnobes da época: Pilo Yáñez e sua mulher, Mina. Encarnavam o exemplo perfeito da bela ociosidade em que eu gostaria de viver, mais distante que um sonho. Pela primeira vez entrei numa casa com calefação, luzes suaves, poltronas confortáveis, paredes repletas de livros, cujas lombadas multicores significavam uma primavera inacessível. Os Yáñez me convidaram muitas vezes, gentis e discretos, sem fazer caso de minhas diversas camadas de mutismo e isolamento. Voltava contente de sua casa, eles o notavam e voltavam a me convidar.

Naquela casa vi pela primeira vez quadros cubistas e entre eles um Juan Gris. Disseram-me que Juan Gris havia sido amigo da família em Paris. Porém o que mais me chamou a atenção foi o pijama de meu amigo. Aproveitava toda ocasião para olhá-lo de soslaio, com admiração intensa. Estávamos no inverno, e aquele era um pijama de fazenda grossa, como de tecido de bilhar, mas de um azul ultramarino. Eu não concebia então outros pijamas que não fossem os listrados como os dos uniformes dos presos. O de Pilo Yáñez fugia de todos os padrões. Sua fazenda espessa e seu azul resplandecente excitavam a inveja de um poeta pobre que vivia nos subúrbios de Santiago. Porém, em verdade, jamais em cinquenta anos encontrei um pijama como aquele.

Perdi de vista os Yáñez por muitos anos. Ela abandonou o marido, abandonando igualmente as luminárias suaves e as poltronas excelentes, pelo acrobata de um circo russo que passou por Santiago. Mais tarde vendeu entradas, da Austrália às Ilhas Britânicas, para colaborar com as exibições do acrobata que a deslumbrou. Por fim, foi Rosacruz ou algo parecido num acampamento místico do Sul da França.

Quanto a Pilo Yáñez, o marido, mudou de nome para Juan Emar e se converteu com o tempo em um escritor poderoso e secreto. Fomos amigos toda a vida. Silencioso e gentil, porém pobre, assim morreu. Seus numerosos livros ainda não foram publicados, mas sua germinação é certa.

Finalizarei sobre Pilo Yáñez ou Juan Emar (e voltarei à minha timidez) recordando que, durante a época estudantil, meu amigo Pilo se empenhou em apresentar-me a seu pai. "Conseguirá para ti uma viagem à Europa com toda a certeza", disse. Nessa época todos os poetas e pintores latino-americanos tinham os olhos fixos em Paris. O pai de Pilo era uma pessoa muito importante, um senador. Vivia numa dessas casas enormes e feias, numa rua perto da praça principal e do palácio da presidência, sem dúvida o lugar onde ele teria preferido viver.

Meus amigos ficaram na antessala, depois de despojar-me de minha capa para que eu parecesse mais normal. Abriram-me a porta da sala do senador e a fecharam às minhas costas. Era uma sala imensa, talvez em outros tempos um grande salão de recepções, mas estava vazia. Só lá no fundo, no extremo do aposento, debaixo de um abajur de pé, distingui uma poltrona com o senador em cima. As páginas do jornal que lia ocultavam-no totalmente como um biombo.

Ao dar o primeiro passo sobre o assoalho polido e criminosamente encerado, resvalei como um esquiador. Minha velocidade crescia vertiginosamente. Freava para me deter e somente lograva dar solavancos e cair várias vezes. Minha última queda foi justamente aos pés do senador, que me observava agora com olhos frios, sem soltar o jornal.

Consegui sentar-me em uma cadeirinha a seu lado. O grande homem me examinou com um olhar de entomologista fatigado a quem trouxessem um exemplar que já conhece de memória, uma aranha inofensiva. Perguntou-me vagamente por meus projetos. Eu, depois da queda, era ainda mais tímido e menos eloquente do que de costume.

Não sei o que lhe disse. Ao cabo de vinte minutos me estendeu uma mão pequenina em sinal de despedida. Pensei ouvi-lo prometer, com uma voz muito suave, que me daria notícias suas. Depois voltou a tomar seu jornal e empreendi o regresso, através do perigoso piso, exagerando nas precauções que deveria ter tido quando entrei. É claro que nunca o senador, pai de meu amigo, me procurou. Por outro lado, uma revolta militar, estúpida e reacionária por certo o fez saltar mais tarde de seu assento juntamente com seu jornal interminável. Confesso que me alegrei.

A FEDERAÇÃO DE ESTUDANTES

Eu tinha sido em Temuco o correspondente da revista *Claridad*, órgão da Federação de Estudantes, que vendia de vinte a trinta exemplares entre meus companheiros de liceu. No ano de 1920, as notícias que chegaram a Temuco marcaram a minha geração com cicatrizes sangrentas. A "juventude dourada", filha da oligarquia, havia assaltado e destruído o local da Federação de Estudantes. A justiça, que desde a colônia até agora tem estado a serviço dos ricos, não prendeu os assaltantes, mas sim os assaltados. Domingo Gómez Rojas, esperança jovem da poesia chilena, enlouqueceu e morreu torturado em um calabouço. A repercussão desse crime, dentro das circunstâncias nacionais de um pequeno país, foi tão profunda e vasta como haveria de ser o assassinato de Federico García Lorca em Granada.

Quando cheguei a Santiago, em março de 1921, para incorporar-me à universidade, a capital chilena não tinha mais de quinhentos mil habitantes. Cheirava a gás e a café. Milhares de casas estavam ocupadas por gente desconhecida e por percevejos. O transporte nas ruas era feito por pequenos e desconjuntados bondes, que se moviam penosamente com grande clangor de ferros e campainhas. Era interminável o trajeto entre a avenida Independência e o outro extremo da capital, perto da Estação Central, onde estava meu colégio.

No local da Federação de Estudantes entravam e saíam as mais famosas figuras da rebelião estudantil, ideologicamente vinculadas ao poderoso movimento anarquista da época. Alfredo Demaría, Daniel Schweitzer, Santiago Labarca, Juan Gandulfo eram os dirigentes de mais prestígio. Juan Gandulfo era sem dúvida o mais formidável deles, temido por sua atrevida concepção política e por sua coragem a toda prova. Tratava-me como se eu fosse um menino, que em realidade era. Uma vez cheguei tarde a seu escritório, para uma consulta médica, olhou-me com o cenho cerrado e falou: "Por que não veio na hora? Há outros pacientes esperando." "Não sabia a hora", respondi. "Tome para que saiba da próxima vez", disse, e tirou seu relógio do jaleco e me deu de presente.

Juan Gandulfo era de pequena estatura, de rosto redondo e prematuramente calvo. Sem dúvida sua presença era sempre imponente. Em certa ocasião um militar golpista, com fama de valentão e de espadachim, o desafiou para um duelo. Gandulfo aceitou, aprendeu esgrima em quinze dias e deixou vexado e assustadíssimo seu contendor. Nessa época gravou em madeira o frontispício e todas as ilustrações de *Crepusculário*, meu primeiro livro, gravuras impressionantes feitas por um homem que ninguém nunca relaciona com a criação artística.

Na vida literária revolucionária, a figura mais importante era Roberto Meza Fuentes, diretor da revista *Juventud*, que também pertencia à Federação de Estudantes, ainda que mais antológica e deliberada que *Claridad*. Ali se destacavam González Vera e Manuel Rojas, gente para mim de uma geração muito mais velha. Manuel Rojas chegara fazia pouco da Argentina, depois de muitos anos, e nos deixava assombrados com a imponente estatura e as palavras que deixava cair com um quê de menosprezo, orgulho ou dignidade. Era linotipista. Conheci González Vera em Temuco, foragido, após o assalto policial à Federação de Estudantes. Veio ver-me diretamente da estação da estrada de ferro, que ficava a alguns passos de minha casa. Sua aparição foi forçosamente memorável para um poeta de 16 anos. Nunca vi um homem tão pálido. Seu rosto macérrimo parecia talhado em osso e marfim. Vestia-se de negro, um negro puído nas bainhas das calças e das mangas, sem que por isso perdesse a elegância. Sua palavra me soou irônica e aguda desde o primeiro momento. Sua presença me comoveu naquela noite de chuva que o levou à minha casa, sem que eu tivesse sabido antes de sua existência, tal como a chegada do revolucionário niilista à casa de Sacha Yegulev, o personagem de Andreiev que a juventude rebelde latino-americana via como exemplo.

ALBERTO ROJAS GIMÉNEZ

Na revista *Claridad*, à qual me incorporei como militante político e literário, quase tudo era dirigido por Alberto Rojas Giménez, que seria um de meus mais queridos companheiros de geração. Usava chapéu cordobês e longas costeletas de líder. Elegante e aprumado, apesar da miséria em que parecia dançar como pássaro dourado, resumia todas as qualidades do novo dandismo, uma atitude desdenhosa, uma compreensão imediata dos numerosos conflitos e uma alegre sabedoria (e apetite) de todas as coisas vitais. Livros e mulheres, garrafas e barcos, itinerários e arquipélagos, tudo ele conhecia e utilizava até em seus mínimos gestos. Circulava no mundo literário com ar displicente de perdulário perpétuo, de esbanjador profissional de seu talento e encanto. Suas gravatas eram sempre esplêndidas mostras de opulência, dentro da pobreza geral. Mudava de casa e de cidade constantemente, e desse modo sua alegria vibrante, sua boêmia perseverante e espontânea alegravam por algumas semanas os surpresos habitantes de Rancagua, Curicó, Valdivia, Concepción, Valparaíso. Ia embora como havia chegado, deixando versos, desenhos, gravatas, amores e amizades onde esteve. Como tinha uma índole de príncipe de conto de fadas e um desprendimento inacreditável, dava tudo de presente: o chapéu, a camisa, a jaqueta e até os sapatos. Quando não sobrava nada de material, escrevia uma frase num papel, um verso ou qualquer pensamento engraçado, e com um gesto magnânimo te obsequiava ao partir, como deixando-te nas mãos uma joia sem preço.

Escrevia seus versos na última moda, seguindo os ensinamentos de Apollinaire e do grupo ultraísta da Espanha. Havia fundado uma nova escola poética com o nome de "Agu", que, segundo ele, era o grito primário do homem, o primeiro verso do recém-nascido.

Rojas Giménez nos impôs pequenas modas no traje, na maneira de fumar, na caligrafia. Caçoando de mim, com infinita delicadeza, ajudou a me despojar do tom sombrio. Nunca me contagiou com sua aparência cética nem com seu alcoolismo torrencial, mas até agora recordo com emoção intensa sua figura que iluminava tudo, que fazia aparecer a beleza de todos os lugares, como se animasse uma mariposa escondida.

Com Dom Miguel de Unamuno tinha aprendido a fazer passarinhos de papel. Construía um de longo pescoço e asas estendidas que depois soprava. A isto chamava dar-lhes o "impulso vital". Descobria poetas da França, garrafas escuras sepultadas nas adegas, dirigia cartas de amor às heroínas de Francis Jammes.

Seus belos versos andavam amassados nos bolsos sem que jamais, até hoje, fossem publicados.

Tanto chamava a atenção sua personalidade dissipada que, um dia, num café, aproximou-se um desconhecido e lhe disse: "Senhor, tenho escutado suas conversas e acho-o muito simpático. Posso lhe pedir uma coisa?" "Que será?", respondeu com displicência Rojas Giménez. "Que me permita saltá-lo", disse o desconhecido. "Mas como?", respondeu o poeta. "O senhor é tão poderoso que pode saltar por cima de mim aqui sentado nesta mesa?" "Não, senhor", respondeu com voz humilde o desconhecido. "Quero saltar mais tarde, quando o senhor estiver tranquilo em seu caixão. É a maneira de render minha homenagem às pessoas interessantes que encontrei na vida: saltar por cima delas, se me permitem, depois de mortas. Sou um homem solitário, e este é meu único *hobby*." E tirando uma caderneta disse: "Aqui levo a lista das pessoas que saltei." Rojas Giménez aceitou, louco de alegria, aquela estranha proposta.

Alguns anos depois, no inverno mais chuvoso de que se teve lembrança no Chile, morria Rojas Giménez. Havia deixado sua jaqueta, como de costume, em algum bar do centro de Santiago. Em mangas de camisa, naquele inverno antártico, atravessou a cidade até chegar à Quinta Normal, à casa de sua irmã Rosita. Dois dias depois uma broncopneumonia levou deste mundo um dos seres mais fascinantes que conheci. Foi-se o poeta com seus passarinhos de papel voando pelo céu e debaixo da chuva.

Porém, aquela noite os amigos que o velavam receberam uma visita insólita. A chuva torrencial caía sobre os telhados, os relâmpagos e o vento iluminavam e sacudiam os grandes plátanos da Quinta Normal, quando se abriu a porta e entrou um homem de luto rigoroso e encharcado pela chuva. Ninguém o conhecia. Diante da expectativa dos amigos que o velavam, o desconhecido tomou impulso e saltou sobre o ataúde. Em seguida, sem dizer uma palavra, se retirou, desaparecendo na chuva e na noite, tão surpreendentemente como havia chegado. E assim foi como a surpreendente vida de Alberto Rojas Giménez foi selada com um rito misterioso que ninguém pôde explicar ainda.

Eu estava recém-chegado à Espanha quando recebi a notícia de sua morte. Poucas vezes senti uma dor tão intensa. Foi em Barcelona. Comecei de imediato a escrever minha elegia "Alberto Rojas Giménez vem voando", que a *Revista de Ocidente* publicou depois.

Mas, além disso, devia fazer algo ritual para a sua despedida. Morrera tão distante, no Chile, numa ocasião de chuva tão tremenda que inundou o cemitério. Não poder estar junto a seus restos mortais, não poder acompanhá-lo em sua última viagem me fez pensar em uma cerimônia. Aproximei-me de um amigo, o pintor Isaías Cabezón, e fomos à maravilhosa basílica de Santa María del Mar. Compramos duas velas imensas, quase tão altas quanto um homem, e entramos com elas na penumbra daquele estranho templo. Santa María del Mar era a catedral dos navegantes. Pescadores e marinheiros construíram-na pedra por pedra há muitos séculos. Depois foi decorada com milhares de ex-votos: barquinhos de todos os tamanhos e formas, que navegam na eternidade, forram inteiramente os muros e os tetos da bela basílica. Ocorreu-me que aquele seria o grande cenário para o poeta desaparecido, seu lugar de predileção se o tivesse conhecido. Acendemos as velas grandes no centro da basílica, junto às nuvens do teto pintado, e sentado com meu amigo, o pintor, na igreja vazia, com uma garrafa de vinho verde junto a cada um, pensamos que aquela cerimônia silenciosa, em que pese nosso agnosticismo, aproximava-nos de alguma maneira misteriosa de nosso amigo morto. As velas, no mais alto da basílica vazia, eram algo vivo e brilhante como se nos olhassem das sombras e entre os ex-votos os dois olhos daquele poeta louco, cujo coração havia se extinguido para sempre.

LOUCOS DE INVERNO

A propósito de Rojas Giménez direi que a loucura, certa loucura, anda muitas vezes de braço dado com a poesia. É tão difícil as pessoas razoáveis se tornarem poetas quanto os poetas se tornarem razoáveis.

No entanto, a razão ganha a partida e é a razão, base da justiça, que deve governar o mundo. Miguel de Unamuno, que gostava muito do Chile, disse certa vez: "O que não me agrada é esse lema. Que é isso de *por la razón o la fuerza*?* Pela razão e sempre pela razão."

Entre os poetas loucos que conheci outrora, falarei de Alberto Valdivia. O poeta Alberto Valdivia era um dos homens mais magros do mundo e era tão macilento como se tivesse sido feito só de osso, com uma rebelde mecha grisalha e um par de óculos que cobriam seus olhos míopes, de olhar distante. Nós o chamávamos "o cadáver Valdivia".

Silenciosamente entrava e saía de bares e restaurantes, de cafés e concertos, sem fazer ruído e com um misterioso pacotinho de jornais debaixo do braço. "Querido cadáver", lhe dizíamos, abraçando seu corpo etéreo com a sensação de abraçar uma corrente de ar.

Escreveu preciosos versos carregados de sentimento sutil, de doçura intensa, como estes: "Tudo acabará, a tarde, o sol, a vida:/ será o triunfo do mal, o irreparável./ Só tu ficarás, inseparável/ irmã do ocaso de minha vida."

Um verdadeiro poeta era aquele a quem chamávamos "o cadáver Valdivia" e o chamávamos assim com carinho. Muitas vezes dissemos para ele: "Cadáver, fica para comer conosco." Nosso apelido nunca o incomodou. Às vezes havia

---

* "Pela razão ou pela força", inscrição contida no brasão de armas do Chile. (N. T.)

um sorriso em seus delgadíssimos lábios. Suas frases eram escassas, porém carregadas de intensidade. Levá-lo todos os anos ao cemitério transformou-se num ritual. Na noite anterior ao 1º de novembro era oferecido a ele um jantar tão suntuoso quanto o permitiam os esquálidos bolsos da nossa juventude estudantil e literária. Nosso "cadáver" ocupava o lugar de honra. À meia-noite em ponto nos levantávamos da mesa e, em alegre procissão, íamos até o cemitério. No silêncio noturno se pronunciava algum discurso celebrando o poeta "defunto". Depois cada um de nós se despedia dele com solenidade e partíamos deixando-o completamente só à porta do campo santo. O "cadáver Valdivia" já tinha aceito essa tradição, em que não havia nenhuma crueldade, uma vez que ele compartilhava da farsa até o último minuto. Antes de irmos, eram entregues a ele alguns pesos para que comesse um sanduíche na cova.

Dois ou três dias depois não surpreendia a ninguém que o poeta cadáver circulasse de novo, discretamente, em grupos e cafés. Sua tranquilidade estava assegurada até o próximo 1º de novembro.

Em Buenos Aires conheci um escritor argentino, muito excêntrico, que se chamava ou se chama Omar Vignole. Não sei se vive ainda. Era um homem grandão, com uma bengala grossa na mão. Uma vez, num restaurante do centro onde me havia convidado para almoçar, ao chegar à mesa dirigiu-se a mim com um gesto de oferecimento e disse com voz estentórea que se escutou em toda a sala repleta de fregueses: "Senta-te, Omar Vignole!" Sentei-me com certo incômodo e perguntei logo: "Por que me chamas Omar Vignole, sabendo que tu é que és Omar Vignole e eu sou Pablo Neruda?" "Sim, respondeu, mas neste restaurante há muitos que só me conhecem de nome e, como vários deles querem me dar uma sova, prefiro que deem em ti."

Vignole havia sido agrônomo em uma província argentina e de lá trouxe uma vaca com a qual travou uma amizade estranha. Passeava por toda Buenos Aires com sua vaca, puxando-a por uma corda. Publicou então alguns de seus livros que sempre tinham títulos alusivos: *O que pensa a vaca, Minha vaca e eu* etc. etc. Quando se reuniu pela primeira vez em Buenos Aires o congresso do Pen Clube mundial, os escritores presididos por Victoria Ocampo tremiam ante a ideia de que chegasse ao congresso Vignole com sua vaca. Explicaram às autoridades o perigo que os ameaçava, e a polícia colocou cordões de isolamento nas ruas ao redor do Hotel Plaza para impedir que chegasse, ao luxuoso recinto onde se celebrava o congresso, meu amigo excêntrico com sua ruminante. Foi tudo inútil. Quando a festa estava no auge e os escritores examinavam as relações entre o mundo clássico dos gregos e o sentido moderno da história, Vignole irrompeu no salão de conferências com sua vaca inseparável, a qual como complemento começou a mugir como se quisesse tomar parte no debate. Ele a trouxe ao centro da cidade dentro de enorme furgão fechado que burlou a vigilância policial.

O mesmo Vignole desafiou um lutador de *catch-as-can*. Aceito o desafio pelo profissional, chegou a noite do encontro num Luna Park repleto. Meu amigo apareceu pontualmente com a vaca, amarrou-a a uma quina do ringue, despojou-se de seu roupão elegantíssimo e enfrentou "O Estrangulador de Calcutá".

Mas aqui de nada servia a vaca nem o adorno suntuoso do poeta lutador. "O Estrangulador de Calcutá" se lançou sobre Vignole e num minuto o deixou convertido em um nó indefeso e colocou, além de tudo, em sinal de humilhação, um pé sobre sua garganta de touro literário entre a vaia tremenda de um público feroz que exigia a continuação do combate.

Poucos meses depois publicou um novo livro: *Conversações com a vaca*. Nunca esquecerei a originalíssima dedicatória impressa na primeira página da obra. Dizia assim, se não me engano: "Dedico este livro filosófico aos quarenta mil filhos da puta que me vaiavam e pediam minha morte no Luna Park na noite de 24 de fevereiro."

Em Paris, antes da última guerra, conheci o pintor Álvaro Guevara, que na Europa sempre era chamado de Chile Guevara. Telefonou-me um dia com urgência. "É um assunto de suma importância", disse.

Eu vinha da Espanha, e nossa luta de então era contra o Nixon daquela época: Hitler. Minha casa tinha sido bombardeada em Madri, e vi homens, mulheres e crianças destroçados pelos bombardeios. A guerra mundial se aproximava. Com outros escritores nos pusemos a combater o fascismo à nossa maneira: com nossos livros que exortavam com urgência a se reconhecer o grave perigo.

Meu compatriota se havia mantido à margem dessa luta. Era um homem taciturno e um pintor muito dedicado a seu trabalho. Porém, o ambiente era explosivo. Quando as grandes potências impediram a chegada de armas para os espanhóis republicanos se defenderem, e depois quando em Munique abriram as portas ao exército hitlerista, a guerra chegava.

Acudi ao chamado de Chile Guevara. Era muito importante o que ele queria me comunicar.

— De que se trata?

— Não há tempo a perder — respondeu. — Não tens por que ser antifascista. Não se tem que ser anti nada. É preciso ir ao cerne da questão e, esse cerne, eu o encontrei. Quero comunicar-te isso com urgência para que deixes teus congressos antinazistas e ponhas mãos à obra. Não há tempo a perder.

— Bom, diga do que se trata. A verdade, Álvaro, é que ando com muito pouco tempo livre.

— A verdade, Pablo, é que meu pensamento está expresso numa obra de teatro, em três atos. Trouxe aqui para lê-la.

E, com sua cara de sobrancelhas espessas, de antigo boxeador, me olhava fixamente enquanto desembolsava um volumoso manuscrito.

Aprisionado pelo terror e pretextando minha falta de tempo, convenci-o a me explicar verbalmente as ideias com as quais pensava salvar a humanidade.

— É o ovo de Colombo — disse. — Vou te explicar. Quantas batatas saem de uma batata que é semeada?

— Bom, umas quatro ou cinco — disse, para dizer alguma coisa.

— Muito mais — respondeu. — Às vezes quarenta, às vezes mais de cem batatas. Imagina que cada pessoa plante uma batata no jardim, na sacada, onde quer que seja. Quantos habitantes tem o Chile? Oito milhões. Oito milhões de batatas plantadas. Multiplica, Pablo, por quatro, por cem. Acabou-se a fome, acabou-se a guerra. Quantos habitantes tem a China? Quinhentos milhões, não é? Cada chinês planta uma batata. De cada batata semeada saem quarenta batatas. Quinhentos milhões vezes quarenta batatas. A humanidade está salva.

Quando os nazistas entraram em Paris não levaram em conta essa ideia salvadora: o ovo de Colombo, ou melhor, a batata de Colombo. Detiveram Álvaro Guevara numa noite de frio e névoa em sua casa de Paris. Levaram-no a um campo de concentração e lá o mantiveram preso, com uma tatuagem no braço, até o fim da guerra. Feito um esqueleto humano saiu do inferno, mas nunca mais se recuperou. Veio pela última vez ao Chile, como para despedir-se de sua terra, dando-lhe um beijo final, um beijo de sonâmbulo, e retornou à França, onde acabou de morrer.

Grande pintor, amigo querido, Chile Guevara, quero dizer-te uma coisa: já sei que estás morto, que não te serviu de nada o apolitismo da batata. Sei que os nazistas te mataram. No entanto, no mês de junho do ano passado, entrei na National Gallery. Ia somente para ver os Turners, porém antes de chegar à sala grande encontrei um quadro impressionante: um quadro que era para mim tão belo como os Turners, uma pintura deslumbrante. Era o retrato de uma dama, de uma dama famosa: Edith Sitwell. E este quadro era uma obra tua, a única obra de um pintor da América Latina que conseguiu alcançar o privilégio de estar entre as obras-primas daquele grande museu de Londres.

Não importa o lugar, nem a honra, e no fundo pouco me importa também aquele belo quadro. O que me importa é que não nos tenhamos conhecido mais, entendido mais, e que tenhamos cruzado nossas vidas sem nos entendermos por culpa de uma batata.

Fui um homem simples demais: esta é minha honra e minha vergonha. Acompanhei a farândola de meus companheiros e invejei sua plumagem brilhante, suas atitudes satânicas, seus passarinhos de papel e até essas vacas, que talvez tenham a ver com a literatura de forma misteriosa. De qualquer maneira, acho que não nasci para condenar, mas para amar. Até os divisionistas que me atacam, os que se agrupam em montes para me arrancar os olhos e que antes se nutriram de minha poesia merecem pelo menos meu silêncio. Nunca tive medo de me contagiar penetrando na mesma massa de meus inimigos porque os únicos que tenho são os inimigos do povo.

Apollinaire disse: "Piedade para nós, que exploramos as fronteiras do irreal", cito de memória, pensando nas histórias que acabo de contar, histórias de gente que por ser extravagante não é menos querida, por ser incompreensível não é menos valorosa.

GRANDES NEGÓCIOS

Nós, os poetas, sempre pensamos ter grandes ideias para ficarmos ricos, que somos gênios para projetar negócios, ainda que gênios incompreendidos. Lembro que, impelido por uma dessas combinações florescentes, vendi a meu editor no Chile, em 1924, a propriedade de meu livro *Crepusculário*, não para uma edição, mas para a eternidade. Acreditei que ia enriquecer com essa venda e assinei o contrato no tabelião. O sujeito me pagou quinhentos pesos, que eram pouco menos que cinco dólares naquela época. Rojas Giménez, Álvaro Hinojosa, Homero Arce me esperavam à porta do cartório para dar-nos um grande banquete em honra deste êxito comercial. Com efeito comemos no melhor restaurante da época, La Bahía, com vinhos suntuosos, charutos e licores. Previamente tínhamos mandado lustrar os sapatos que luziam como espelho. Os que tiveram proveito com o negócio: o restaurante, quatro engraxates e um editor. A prosperidade não chegou até o poeta.

Quem dizia ter olho de águia para todos os negócios era Álvaro Hinojosa. Impressionava-nos com seus planos grandiosos que, ao serem postos em prática, fariam chover dinheiro sobre nossas cabeças. Para nós, boêmios desastrados, seu domínio do inglês, seu cigarro de tabaco refinado, seus anos universitários em Nova York garantiam o pragmatismo de seu grande cérebro comercial.

Certo dia me convidou para conversar muito secretamente, para me fazer partícipe e sócio de uma tentativa formidável de conquistar nosso enriquecimento imediato. Eu seria seu sócio em cinquenta por cento, bastando trazer uns poucos pesos que recebesse de algum lugar. Ele colocaria o restante. Naquele dia nos sentimos capitalistas sem Deus nem lei, decididos a tudo.

— De que mercadoria se trata? — perguntei com timidez ao incompreendido rei das finanças.

Álvaro fechou os olhos, soltou uma baforada de fumaça que subiu em pequenos círculos e finalmente respondeu com voz sigilosa:

— Couros!

— Couros? — repeti assombrado.

— De leão-marinho. Para ser mais preciso, de leão-marinho peludo.

Não me atrevi a averiguar mais detalhes. Ignorava que as focas ou leões-marinhos pudessem ser peludos. Quando os contemplei sobre uma rocha, nas praias do Sul, vi neles uma pele reluzente que brilhava ao Sol, sem perceber indício algum de pelo em suas barrigas preguiçosas.

Tratei de receber o que me deviam com a velocidade do raio, sem pagar o aluguel nem a conta do alfaiate nem o recibo do sapateiro, e coloquei minha participação monetária nas mãos de meu sócio financista.

Fomos ver os couros. Álvaro os havia comprado de uma tia sua, sulista, que era dona de inúmeras ilhas improdutivas. Sobre as ilhotas de penhascos desolados os leões-marinhos costumavam praticar suas cerimônias eróticas. Agora estavam diante de meus olhos, em grandes fardos de couros amarelos, perfurados pelas carabinas dos empregados da tia maligna. Subiam até o teto os pacotes de couro no porão alugado por Álvaro para deslumbrar os presumíveis compradores.

— E que faremos com essa enormidade, com essa montanha de couros? — perguntei-lhe timidamente.

— Todo o mundo precisa de couros desse tipo. Verás.

E saímos do porão, Álvaro soltando faíscas de energia, eu cabisbaixo e calado.

Álvaro ia de um lado para o outro com uma pasta, feita de uma de nossas peles autênticas de "leão-marinho peludo", pasta que recheou de papéis em branco para dar-lhe aparência comercial. Nossos últimos centavos foram embora em anúncios nos jornais. Bastava que um magnata interessado e compreensivo os lesse, e seríamos ricos. Álvaro, muito atilado, queria mandar fazer meia dúzia de ternos de casimira inglesa. Eu, bem mais modesto, me contentaria em adquirir um bom pincel de barbear, já que o atual estava a caminho de uma calvície inaceitável.

Por fim apareceu o comprador: um seleiro de corpo robusto, de estatura baixa, com olhos impávidos, muito sóbrio de palavras e com certo alarde de franqueza que a meu ver se aproximava da grosseria. Álvaro recebeu-o com displicência protetora e lhe marcou, três dias depois, uma hora apropriada para mostrar nossa mercadoria fabulosa.

No correr desses três dias, Álvaro adquiriu esplêndidos cigarros ingleses e alguns charutos cubanos "Romeu e Julieta" que colocou de maneira ostensiva no bolso externo de sua jaqueta quando chegou a hora de esperar o interessado. No chão havíamos espalhado as peles que estavam em melhor estado.

O homem chegou pontualmente à entrevista. Não tirou o chapéu e nos saudou apenas com um grunhido. Olhou desdenhosamente e com rapidez as peles estendidas no chão. Depois passou os olhos astutos e inflexíveis pelas estantes atulhadas. Levantou uma mão gorducha e uma unha duvidosa para indicar um embrulho de peles, um daqueles que estavam mais acima e mais afastados, justo onde eu tinha metido as peles piores.

Álvaro aproveitou o momento culminante para oferecer-lhe um de seus autênticos havanas. O comerciantezinho pegou-o rapidamente, deu uma dentada na ponta e o encaixou entre as mandíbulas. Mas continuou imperturbável, indicando o pacote que desejava inspecionar.

Não havia remédio senão mostrar-lhe. Meu sócio subiu na escada e, sorrindo como um condenado à morte, baixou o grande envoltório. O comprador, interrompendo-se para tirar mais e mais fumaça do havana de Álvaro, revistou uma por uma as peles do pacote.

O homem levantava uma pele, esfregava, dobrava e a rejeitava e em seguida passava a outra, que por sua vez era arranhada, raspada, cheirada e posta de lado. Quando finalmente terminou sua inspeção, passou de novo o olhar de abutre pelas estantes cheias com nossas peles de leão-marinho peludo e finalmente deteve os olhos sobre meu sócio e *expert* em finanças. O momento era emocionante.

Disse então com voz firme e seca uma frase imortal — pelo menos para nós:
— Meus senhores, *não quero nada com esses couros*. — E foi-se para sempre, com o chapéu colocado como tinha entrado, fumando o soberbo charuto de Álvaro, sem despedir-se, matador implacável de todos os nossos sonhos milionários.

MEUS PRIMEIROS LIVROS

Refugiei-me na poesia com ferocidade de tímido. Adejavam sobre Santiago as novas escolas literárias. Na rua Maruri, 513, terminei de escrever meu primeiro livro. Escrevia de dois a cinco poemas por dia. De tarde, ao pôr do sol, defronte à sacada, desenrolava-se um espetáculo diário que eu não perdia por nada deste mundo. Era o poente com grandiosos esbanjamentos de cores, distribuição de luz, leques imensos de alaranjado e escarlate. O capítulo central de meu livro chama-se "Os crepúsculos de Maruri". Ninguém nunca me perguntou o que era Maruri. Talvez muito poucos saibam que se trata apenas de uma rua humilde, visitada pelos crepúsculos mais extraordinários.

Em 1923 foi publicado meu primeiro livro: *Crepusculário*. Para pagar a impressão tive dificuldades e vitórias a cada dia. Vendi meus poucos móveis. Na casa de penhores foi parar rapidamente o relógio que solenemente me havia presenteado meu pai, relógio em que ele tinha mandado pintar duas bandeirinhas entrelaçadas. O relógio foi seguido pelo meu traje negro de poeta. O impressor era inexorável e, por fim, pronta totalmente a edição e coladas as capas, disse com ar sinistro: "Não. Não levará um só exemplar sem antes me pagar tudo." O crítico Alone proporcionou generosamente os últimos pesos, que foram tragados pelas mandíbulas de meu impressor; e saí para a rua com meus livros debaixo do braço, com os sapatos rotos e louco de alegria.

Meu primeiro livro! *Sempre sustentei que a tarefa do escritor não é misteriosa nem mágica, mas que, pelo menos a do poeta, é uma tarefa pessoal, de benefício público. O que mais se parece com a poesia é um pão ou um prato de cerâmica ou uma madeira delicadamente lavrada, ainda que por mãos rudes.* No entanto, creio que nenhum artesão pode ter, como o poeta tem, por uma única vez durante a vida, esta sensação embriagadora do primeiro objeto criado por suas mãos, com a desorientação ainda palpitante de seus sonhos. É um momento que não voltará nunca mais. Virão muitas edições mais cuidadas e belas. Chegarão suas palavras vertidas na taça de outros idiomas como um vinho que cante e exale perfume em outros lugares da terra. Mas esse minuto em que o primeiro livro sai, com tinta fresca e papel novo, esse minuto de arrebatamento e embriaguez, com som de asas que revoluteiam e de primeira flor que se abre na altura conquistada, esse minuto é único na vida do poeta.

Um de meus versos pareceu desprender-se daquele livro imaturo e fazer seu próprio caminho: é o "Farewell", que até hoje muita gente sabe de memória por onde vou. Nos lugares mais inesperados recitavam-no de memória ou me pediam que eu o fizesse. Ainda que muito me aborrecesse, mal era apresentado numa reunião uma moça começava a elevar a voz com aqueles versos obsedantes, e às vezes ministros de Estado me recebiam perfilando-se militarmente diante de mim e espetando-me a primeira estrofe.

Anos mais tarde, Federico García Lorca, na Espanha, me contava que com ele acontecia o mesmo com seu poema "A casada infiel". A prova máxima de amizade que Federico poderia dar era repetir sua popularíssima e bela poesia. Há uma alergia pelo êxito extático de um só de nossos trabalhos. Esse é um sentimento saudável e até biológico. Tal imposição dos leitores pretende imobilizar o poeta em um minuto único quando na verdade a criação é uma constante roda que gira com maior técnica e consciência, ainda que talvez com menos frescor e espontaneidade.

Já deixava *Crepusculário* para trás. Inquietações tremendas moviam minha poesia. Em rápidas viagens ao Sul renovava minhas forças. Em 1923 tive uma curiosa experiência. Havia voltado à minha casa em Temuco. Era mais de meia-noite. Antes de me deitar abri as janelas de meu quarto. O céu me deslumbrou. Todo o céu vivia povoado por uma multidão pululante de estrelas. A noite estava recém-lavada, e as estrelas antárticas se desdobravam sobre minha cabeça.

Senti-me embargado por uma embriaguez de estrelas, celeste, cósmica. Corri à minha mesa e escrevi de maneira delirante, como se recebesse um ditado, o primeiro poema de um livro que teria muitos nomes e que finalmente se chamaria *El hondero entusiasta*.* Movia-me como se estivesse andando em minhas verdadeiras águas.

No dia seguinte li cheio de prazer meu poema noturno. Mais tarde, quando cheguei a Santiago, o mago Aliro Oyarzún ouviu com admiração aqueles versos. Com voz profunda me perguntou depois:

— Estás seguro de que esses versos não têm influência de Sabat Ercasty?

---

* Em português, "O fundibulário entusiasta".

— Creio que estou seguro. Escrevi-os num impulso.

Então me ocorreu enviar meu poema ao próprio Sabat Ercasty, um grande poeta uruguaio, agora injustamente esquecido. Nesse poeta havia visto realizada minha ambição de uma poesia que englobasse não só o homem, mas também a natureza, as forças escondidas; uma poesia épica que se confrontasse com o grande mistério do universo e também com as possibilidades do homem. Comecei a me corresponder com ele. Enquanto eu prosseguia e amadurecia minha obra, lia com muita atenção as cartas que Sabat Ercasty dedicava a um jovem poeta tão desconhecido.

Mandei o poema daquela noite para Sabat Ercasty, em Montevidéu, e perguntei se nele havia ou não influência de sua poesia. Respondeu-me logo uma carta generosa: "Poucas vezes li um poema tão bem realizado, tão magnífico, porém tenho que dizer-lhe: sim, há algo de Sabat Ercasty em seus versos."

Foi um golpe noturno, de claridade, que até agora agradeço. Estive muitos dias com a carta nos bolsos, amarfanhando-se até que se desfez. Estavam em jogo muitas coisas. Mais que tudo me obsedava o delírio estéril daquela noite. Havia caído em vão numa submersão de estrelas, havia recebido em vão sobre meus sentidos aquela tempestade austral. Estava enganado. Devia desconfiar da inspiração. A razão devia guiar-me passo a passo pelos pequenos caminhos. Tinha que aprender a ser modesto. Rasguei muitos originais, perdi outros. Somente dez anos depois reapareceriam estes últimos, que foram publicados.

Com a carta de Sabat Ercasty terminou minha ambição cíclica de uma poesia ampla, fechei a porta a uma eloquência que para mim seria impossível de seguir, reduzi deliberadamente meu estilo e minha expressão. Buscando meus impulsos mais simples, meu próprio mundo harmônico, comecei outro livro de amor. O resultado foram os *Vinte poemas*.

Os *Vinte poemas de amor e uma canção desesperada* são um livro doloroso e pastoril que contém minhas mais atormentadas paixões adolescentes, misturadas com a natureza envolvente do Sul de minha pátria. É um livro que amo porque, apesar de sua aguda melancolia, está presente nele o prazer de viver. Ajudaram-me a escrevê-lo um rio e sua desembocadura: o rio Imperial. Os *Vinte poemas* são o romance de Santiago, com as ruas estudantis, a universidade e o cheiro de madressilva do amor compartilhado.

Os trechos de Santiago foram escritos entre a rua Echaurren e a avenida Espanha, e no interior do antigo edifício do Instituto Pedagógico, mas o panorama são sempre as águas e as árvores do Sul. Os cais da "Canção desesperada" são os velhos cais de Carahue e de Bajo Imperial, os pranchões apodrecidos e os toros como cotos golpeados pelo amplo rio. O esvoaçar de gaivotas era sentido e continua sendo naquela desembocadura.

Em um esbelto e comprido bote abandonado, de não sei que barco naufragado, li todo o *Jean-Christophe* e escrevi a "Canção desesperada". Acima de minha cabeça o céu tinha um azul tão violento como jamais vi igual. Eu escrevia no bote, escondido na terra. Acho que não voltei a ser tão elevado e tão profundo como naqueles dias. Acima o céu azul impenetrável. Em minhas mãos o *Jean-Christophe* ou os versos nascentes de meu poema. Perto de mim, tudo o que existiu e continuou existindo para sempre em minha poesia: o ruído distante do mar, o grito dos pássaros selvagens e o amor ardendo sem consumir-se como uma sarça imortal.

Sempre me perguntaram quem é a mulher dos *Vinte poemas*, pergunta difícil de responder. As duas ou três que se entrelaçam nesta melancólica e ardente poesia correspondem, digamos, a Marisol e a Marisombra. Marisol é o idílio da província encantada com imensas estrelas noturnas e olhos escuros como o céu úmido de Temuco. Ela surge com sua alegria e sua beleza vivaz em quase todas as páginas, rodeada pelas águas do porto e pela lua nascente sobre as montanhas. Marisombra é a estudante da capital, boina cinzenta, olhos suavíssimos, o cheiro constante de madressilva do errante amor estudantil, do apaziguamento físico, dos apaixonados encontros nos esconderijos da cidade.

Enquanto isso, mudava a vida do Chile.

Clamoroso, levantava-se o movimento popular chileno buscando entre os estudantes e os escritores um apoio maior. Por um lado, o grande líder da pequena burguesia, dinâmico e demagógico, Arturo Alessandri Palma, chegava à Presidência da República, não sem antes ter sacudido o país inteiro com sua oratória chamejante e ameaçadora. Apesar de sua extraordinária personalidade, uma vez no poder, converteu-se no clássico governante de nossa América; o setor dominante da oligarquia, que ele combateu, abriu a goela e tragou seus discursos revolucionários. O país continuou debatendo-se nos conflitos mais terríveis.

Ao mesmo tempo, um líder operário, Luis Emilio Recabarren, com uma atividade prodigiosa organizava o proletariado, formava centrais sindicais, fundava nove ou dez jornais operários em toda a extensão do país. Uma avalanche de desemprego abalou as instituições. Eu escrevia semanalmente em *Claridad*. Os estudantes apoiávamos as reivindicações populares e éramos espancados pela polícia nas ruas de Santiago. À capital chegavam milhares de operários despedidos das minas de salitre e de cobre. As manifestações e a repressão correspondente paralisavam tragicamente a vida nacional.

Desde aquela época e com intermitências se infiltrou a política em minha poesia e em minha vida. Não era possível fechar-me em meus poemas, assim como tampouco o era fechar a porta ao amor, à vida, à alegria ou à tristeza em meu coração de jovem poeta.

A PALAVRA

... Sim senhor, tudo o que queira, mas são as palavras as que cantam, as que sobem e baixam... Prosterno-me diante delas... Amo-as, uno-me a elas, persigo-as, mordo-as, derreto-as... Amo tanto as palavras... As inesperadas... As que avidamente a gente espera, espreita até que de repente caem... Vocábulos amados... Brilham como pedras coloridas, saltam como peixes de prata, são espuma, fio, metal, orvalho... Persigo algumas palavras... São tão belas que quero colocá-las todas em meu poema... Agarro-as no voo, quando vão zumbindo, e capturo-as, limpo-as, aparo-as, preparo-me diante do prato, sinto-as cristalinas, vibrantes, ebúrneas, vegetais, oleosas, como frutas, como algas, como ágatas, como azeitonas... E então revolvo-as, agito-as, bebo-as, sugo-as, trituro-as, adorno-as, liberto-as... Deixo-as como estalactites em meu poema, como pedacinhos de madeira polida, como carvão, como restos de naufrágio, presentes da onda... Tudo está na palavra... Uma ideia inteira muda porque uma palavra mudou de lugar ou porque outra se sentou como uma rainha dentro de uma frase que não a esperava e que obedeceu a ela... Têm sombra, transparência, peso, plumas, pelos, têm tudo o que se lhes foi agregando de tanto vagar pelo rio, de tanto transmigrar de pátria, de tanto ser raízes... São antiquíssimas e recentíssimas. Vivem no féretro escondido e na flor apenas desabrochada... Que bom idioma

o meu, que boa língua herdamos dos conquistadores torvos... Estes andavam a passos largos pelas tremendas cordilheiras, pelas Américas encrespadas, buscando batatas, butifarras,* feijõezinhos, tabaco negro, ouro, milho, ovos fritos, com aquele apetite voraz que nunca mais se viu no mundo... Tragavam tudo: religiões, pirâmides, tribos, idolatrias iguais às que eles traziam em suas grandes bolsas... Por onde passavam, a terra ficava arrasada... Mas caíam das botas dos bárbaros, das barbas, dos elmos, das ferraduras, como pedrinhas, as palavras, as palavras luminosas que permaneceram aqui resplandecentes... o idioma. Saímos perdendo... Saímos ganhando... Levaram o ouro e nos deixaram o ouro... Levaram tudo e nos deixaram tudo... Deixaram-nos as palavras.

---

* *Butifarra*: espécie de chouriço ou linguiça feita principalmente na Catalunha, Valência e Baleares. (N. T.)

CADERNO 3

OS CAMINHOS DO MUNDO

O VAGABUNDO DE VALPARAÍSO

Valparaíso fica muito perto de Santiago. São separadas somente pelas montanhas hirsutas em cujos cimos se erguem, como obeliscos, grandes cactos hostis e floridos.

 Mas a verdade é que algo infinitamente indefinível distancia Valparaíso de Santiago, capital do Chile. Santiago é uma cidade prisioneira, cercada por muros de neve. Valparaíso abre as portas ao mar infinito, aos gritos das ruas e aos olhos das crianças: tudo ali é diferente. No momento mais desordenado de nossa juventude nos metíamos apressadamente em um trem, sempre de madrugada, sempre sem ter dormido, sempre em um vagão de terceira classe, sempre sem um centavo nos bolsos, guiados pela estrela de Valparaíso. Éramos poetas ou pintores de pouco mais ou pouco menos de 20 anos, e entre aqueles quatro ou cinco viajantes reuníamos uma carga valiosa de loucura inconsequente que queria transbordar, estender-se, estalar. Valparaíso nos chamava com sua força magnética.

 Somente anos depois voltei a sentir o mesmo chamado inexplicável, de outra cidade. Foi durante meus anos em Madri. Inesperadamente, em uma cervejaria, saindo de um teatro à noite ou simplesmente andando pelas ruas, ouvia a voz de Toledo que me chamava, a muda voz de seus fantasmas, de seu silêncio. E a essas altas horas, junto com os amigos tão loucos quanto os de minha juventude, nos largávamos para a antiga cidadela calcinada e retorcida. Outra vez visitantes sem dinheiro e sem conhecidos, dormíamos vestidos sobre as areias do Tajo, debaixo das pontes de pedra.

Não sei por que, entre minhas fantasiosas viagens a Valparaíso, uma ficou gravada, impregnada por um aroma de ervas arrancadas à intimidade dos campos. Contarei a história.

Íamos nos despedir de um poeta e de um pintor que viajariam para a França na terceira classe de uma embarcação da P.S.N.C. (Pacific Steam Navegation Company) atracada na baía. Ali estava o navio cheio de luzes e despejando fumaça pela sua grossa chaminé: não havia dúvida de que partiria.

Como nenhum de nós tinha com que pagar nem o mais ínfimo dos hotéis, procuramos Novoa, um de nossos loucos favoritos da grande Valparaíso. Sabíamos que ele não desapareceria e sua casa nas colinas estava sempre aberta à loucura. Já era tarde da noite quando iniciamos a caminhada. Não era tão simples. Subindo e resvalando por colinas até o infinito, víamos na escuridão a silhueta imperturbável de Novoa que nos guiava. Era um homem imponente, de barba cerrada e grossos bigodões. As abas de sua roupa escura batiam como asas nas alturas misteriosas daquela cordilheira que subíamos cegos e trôpegos.

Ele não parava de falar. Era um santo louco, canonizado exclusivamente por nós, os poetas. Não dava importância a esta consagração, exceto às relações secretas que só ele conhecia entre a saúde corporal e as dádivas naturais da terra. Era, naturalmente, um naturista. Era um vegetariano vegetal, e ele, pregando para nós enquanto marchava, dirigia para trás uma voz estrondosa como se fôssemos seus discípulos, avançava imponente como um São Cristóvão nascido nos subúrbios noturnos e solitários.

Finalmente chegamos à sua casa, uma cabana de duas peças. A cama do nosso São Cristóvão ocupava uma delas. A outra era tomada em grande parte por uma imensa poltrona de vime profusamente entrecruzada por supérfluos florões de palha e gavetinhas estranhas, embutidas nos braços — uma obra-prima do estilo vitoriano.

A poltrona grande me foi destinada para dormir naquela noite.

Meus amigos estenderam no chão os jornais da tarde e se deitaram precariamente sobre as notícias da época.

Logo soube, por respirações e roncos, que todos já dormiam. Sentado naquele móvel monumental, era difícil dormir sentado. O cansaço me manteve acordado.

Ouvia-se um silêncio de altura, de cumes solitários. Só alguns latidos de cães austrais que cruzavam a noite, só um apito longíssimo de navio que chegava ou saía me davam conta da noite de Valparaíso.

De repente senti um poder estranho e arrebatador me invadindo: uma fragrância montanhosa, um cheiro de pradaria, de vegetações que tinham crescido com a infância e que eu tinha esquecido no fragor da vida da cidade. Senti-me reconciliado com o sonho, envolto pelo acalanto da terra maternal. De onde poderia vir aquela palpitação silvestre da terra? Estava impregnando-me, se apoderava de meus sentimentos uma fragrância invasora composta por uma puríssima virgindade de aromas. No escuro, apalpei a armação de vime da poltrona colossal.

Metendo os dedos por entre os vãos descobri com o tato inúmeros compartimentos. E ali, sem ver na escuridão, com as minhas mãos toquei plantas secas e lisas, ramos ásperos, espinhosos, redondos, folhas lanceoladas, tenras ou enrijecidas. Todo o arsenal medicinal de nosso anfitrião vegetariano, o modelo inteiro de uma vida consagrada a recolher arbustos com as grandes mãos de São Cristóvão exuberante e andarilho.

Revelado o mistério, foi fácil dormir entre aquelas ervas guardiãs.

Hoje, na manhã deste mês de agosto de 1973, em Isla Negra, ao recordar, constato que todos os meus amigos daquela noite estranha e aromática já partiram para a morte, cumprindo cada um seu trágico ou tranquilo destino.

Faz muitos anos que desapareceram Novoa e seus bigodões. Também morreram aqueles que, no dia seguinte, embarcaram para Paris. Um furacão proveniente do oceano varreu para sempre a cabana e a poltrona que me abrigou e me adormeceu naquela aventura.

Tudo se foi. Só persiste, e me atormenta às vezes durante a noite, um aroma de ervas secas e selvagens que entra em meu sonho e que só eu sei de onde vem.

Morei algumas semanas numa rua estreita de Valparaíso, em frente à casa de Dom Zoilo Escobar. Nossas sacadas quase se tocavam. Meu vizinho saía cedo para o balcão e praticava uma ginástica de anacoreta que revelava a harpa de suas costelas. Sempre vestido com um capote pobre ou com jaquetões surrados, meio marinho, meio arcanjo, havia se retirado faz tempo das navegações, da aduana, da marujada. Todos os dias escovava o traje de gala com perfeição meticulosa. Era uma roupa ilustre de fazenda negra que nunca, por longos anos, envergou, uma roupa que sempre guardou no armário vetusto entre seus tesouros.

Mas seu tesouro mais agudo e mais dilacerador era um violino Stradivarius, conservado zelosamente durante toda a vida, sem tocá-lo nem permitir que ninguém o tocasse. Dom Zoilo pensava vendê-lo em Nova York, onde dariam uma fortuna pelo instrumento ilustre. Às vezes, tirava-o do armário pobre e permitia que o contemplássemos com emoção religiosa. Um dia Dom Zoilo Escobar viajaria para o Norte e voltaria sem violino, mas carregado de anéis faustosos e com dentes de ouro que substituiriam em sua boca as falhas que o prolongado correr dos anos foi deixando.

Uma manhã não saiu à sacada para a ginástica. Nós o enterramos lá em cima, no cemitério da colina, com a roupa negra que pela primeira vez cobriu seu pequeno esqueleto de ermitão. As cordas do Stradivarius não puderam chorar-lhe a partida. Ninguém sabia tocá-lo. E, além de tudo, o violino não apareceu quando foi aberto o armário. Talvez tenha voado até o mar ou até Nova York para consumar os sonhos de Dom Zoilo.

Valparaíso é secreta, sinuosa, enovelada. A pobreza se derrama nos morros como uma cascata. Sabe-se quanto come e como veste (e também quanto não come e como não veste) a gente inumerável dos morros. A roupa secando embandeira cada casa, e a proliferação incessante de pés descalços, que formam uma colmeia no barro, denuncia o amor inextinguível.

Mas perto do mar, na baixada, há casas com sacadas e janelas fechadas onde entra pouca gente. Entre elas a mansão do explorador. Bati muitas vezes seguidas com a aldraba de bronze até que me ouviram. Finalmente, aproximaram-se passos leves, e um rosto inquiridor entreabriu uma janelinha na porta com desconfiança, com intenção de me deixar de fora. Era a velha criada da casa, uma sombra com xale e avental que apenas sussurrava seus passos.

O explorador, muito velho também, vivia sozinho com a criada na casa espaçosa de janelas fechadas. Eu tinha ido conhecer sua coleção de ídolos. Enchiam corredores e paredes as criaturas vermelhas, as máscaras estriadas de branco e cinza, as estátuas que reproduziam desaparecidas anatomias de deuses oceânicos, as ressequidas cabeleiras polinésias, os escudos hostis de madeira revestidos de pele de leopardo, colares de dentes ferozes, os remos de botes que cortaram talvez a espuma das águas tormentosas. Facas violentas estremeciam os muros com folhas prateadas que serpenteavam na sombra.

Observei que os deuses masculinos de madeira tinham sido censurados. Os falos estavam cuidadosamente cobertos com tangas de fazenda, a mesma fazenda que tinha servido de xale e avental à criada. Era fácil comprovar.

O velho explorador se movia discretamente entre os troféus. Sala após sala, deu explicações — entre peremptórias e irônicas — de quem viveu muito e continua vivendo no rescaldo de suas imagens. Sua barbicha branca parecia a de um fetiche de Samoa. Mostrou as espingardas e as pistolas com as quais perseguiu o inimigo ou com que abateu o antílope e o tigre. Contava as aventuras sem alterar o tom de seu murmúrio. Era como se o Sol entrasse, apesar das janelas fechadas, e deixasse somente um pequeno raio, uma pequena mariposa viva que revoluteasse entre os ídolos.

Ao partir, participei-lhe um projeto de viagem às Ilhas, o desejo de sair breve rumo às areias douradas. Então, depois de olhar para todos os lados, aproximou seus ralos bigodes brancos do meu ouvido e me confidenciou tremulamente: "Que ela não saiba nem que venha a saber, mas eu também estou preparando uma viagem."

Ficou assim um instante, com um dedo nos lábios, escutando a provável pisada de um tigre na selva. E logo a porta foi fechada, escura e súbita, como quando cai a noite sobre a África.

Perguntei aos vizinhos:

— Há algum excêntrico novo? Valeu a pena ter regressado a Valparaíso?

Responderam-me:

— Não temos quase nada de bom. Mas seguindo por esta rua toparás com Dom Bartolomé.

— E como vou conhecê-lo?

— Não tem como errar. Viaja sempre numa carroça.

Poucas horas depois eu comprava maçãs numa quitanda quando parou à porta um carro puxado a cavalos, e uma figura alta, desmazelada e vestida de negro desceu dele.

Vinha também comprar maçãs. Levava no ombro um papagaio totalmente verde que logo voou até mim e se empoleirou em minha cabeça sem nenhum constrangimento.

— O senhor é Dom Bartolomé?

— É a pura verdade. Chamo-me Bartolomé. — E, tirando uma espada longa que levava debaixo da capa, passou-a para mim enquanto enchia a cesta com as maçãs e as uvas que comprou. Era uma espada antiga, longa e aguda, com cabo trabalhado por ourives famosos, um cabo que parecia uma rosa aberta.

Não o conhecia e nunca mais voltei a vê-lo. Mas acompanhei-o respeitosamente até a rua, abri em silêncio a porta de sua carruagem para que passasse com sua cesta de frutas e coloquei em suas mãos, com solenidade, o pássaro e a espada.

Pequenos mundos de Valparaíso, abandonados, sem razão e sem tempo, como caixas que ficaram no fundo de uma adega sem nunca ninguém reclamar, sem se saber de onde vieram nem se sairiam dali. Talvez nestes domínios secretos, nestas almas de Valparaíso, ficaram guardadas para sempre a soberania perdida de uma onda, a tormenta, o sal, o mar que zumbe e estremece. O mar de cada um, ameaçador e contido: um som incomunicável, um movimento solitário que passou a ser farinha e espuma dos sonhos.

Nas vidas excêntricas que descobri me surpreendeu a unidade suprema que mostravam com o porto dilacerador. Acima, pelos morros floresce a miséria em borbotões frenéticos de alcatrão e alegria. Os guindastes, os embarcadouros, o trabalho do homem cobrem a cintura da costa com uma máscara pintada pela felicidade fugidia. Outros porém não chegaram lá em cima, pelas colinas, e nem embaixo, pela faina. Guardaram em seu caixão o próprio infinito e seu fragmento de mar.

E o protegiam com as armas próprias enquanto o esquecimento se aproximava deles como a névoa.

Valparaíso às vezes se agita como uma baleia ferida. Cambaleia no ar, agoniza, morre e ressuscita.

Aqui cada cidadão leva em si uma lembrança de terremoto. É uma pétala de espanto que vive aderida ao coração da cidade. Cada cidadão é um herói antes de nascer. Porque na memória do porto há esse descalabro, esse abalo da terra que treme e o ruído rouco que vem da profundeza como se uma cidade submarina e subterrânea arrojasse seus campanários enterrados a dobrarem para dizerem ao homem que tudo terminou.

Às vezes, quando já ruíram os muros e os tetos entre o pó e as chamas, entre os gritos e o silêncio, quando tudo já parecia definitivamente quieto na morte, saiu do mar como o espanto último a grande onda, a imensa mão verde que, alta e ameaçadora, sobe como uma torre de vingança varrendo a vida que ficara a seu alcance.

Tudo começa às vezes por um movimento vago, e os que dormem, despertam. A alma entre sonhos se comunica com raízes entranhadas com sua profundidade terrestre. Sempre quis saber isso — e agora sei. Logo, no grande estremecimento, não há para onde apelar porque partiram, as igrejas vaidosas foram convertidas em torrões triturados.

O pavor não é o mesmo do que corre do touro iracundo, do punhal que ameaça ou da água que se engole. Este é um pavor cósmico, uma insegurança instantânea, o universo que rui e se desfaz. Enquanto isso a terra soa com um rugido surdo e com uma voz que ninguém conhecia.

O pó levantado pelas casas ao ruir pouco a pouco se aquieta. E ficamos sós com nossos mortos e com todos os mortos, sem saber por que continuamos vivos.

As escadas partem do alto e de baixo e se retorcem subindo. Adelgaçam-se como cabelos e, após ligeiro repouso, tornam-se verticais. Têm marés, precipitam-se, alargam-se, retrocedem. Não terminam nunca.

Quantas escadas? Quantos degraus de escadas? Quantos pés nos degraus? Quantos séculos de passos, de descer e subir com o livro, com os tomates, com o peixe, com as garrafas, com o pão? Quantos milhares de horas desgastaram os degraus até fazê-los canais por onde circula a chuva brincando e chorando?

Escadas!

Nenhuma cidade se derramou, as desfolhou em sua história, em sua face, as dispersou e as reuniu como Valparaíso. Nenhuma face da cidade teve estes sulcos pelos quais vão e vêm as vidas como se estivessem sempre subindo ao céu, como se estivessem sempre baixando à criação.

Escadas que a meio caminho fizeram nascer um cacto de flores purpúreas! Escadas por onde subiu o marinheiro que voltava da Ásia e que encontrou em sua casa um sorriso novo ou uma ausência terrível! Escadas pelas quais desceu um bêbado que caía como um meteoro negro! Escadas por onde sobe o sol para amar as colinas!

Se andarmos por todas as escadas de Valparaíso teremos dado a volta ao mundo.

Valparaíso de minhas dores!... Que terá acontecido na solidão do Pacífico Sul? Estrela errante ou batalha de vermes cuja fosforescência sobreviveu à catástrofe?

A noite de Valparaíso! Um ponto do planeta se iluminou, diminuto, no universo vazio. Os vaga-lumes palpitaram, e começou a arder entre as montanhas uma ferradura de ouro.

A verdade é que logo a noite imensa e despovoada soltou figuras colossais que multiplicavam a luz. Aldebarán tremeu com sua força remota. Cassiopeia pendurou sua veste nas portas do céu enquanto sobre o esperma noturno da Via Láctea rodava o carro silencioso da Cruz Austral.

Sagitário então, empinado e peludo, deixou cair algo, um diamante de suas patas perdidas, uma pulga de seu pelo distante.

Havia nascido Valparaíso, flamejante e rumoroso, espumante e meretrício.

A noite de seus becos encheu-se de sereias negras. Na escuridão, as portas te espreitavam, as mãos te aprisionavam, os lençóis do Sul extraviavam o marinheiro. Polyanta, Tritetonga, Carmela, Flor de Dios, Multicula, Berenice, "Baby Sweet" encheram as cervejarias, protegeram os náufragos do delírio, substituíram-se e se renovaram, dançaram sem freios com a melancolia de minha raça chuvosa.

Os veleiros mais rijos saíram do porto para caçar baleias. Para as Califórnias do ouro partiram outros navios. Os últimos atravessaram os sete mares para recolher mais tarde, no deserto chileno, o nitrato que jaz como pó inumerável de uma estátua demolida sob as mais secas extensões do mundo.

Foram essas as grandes aventuras.

Valparaíso cintilou através da noite universal. Do mundo e para o mundo surgiram navios engalanados como pombas inacreditáveis, barcos fragrantes, fragatas ávidas que o Cabo de Hornos havia retido além da conta... Muitas vezes os homens recém-desembarcados precipitavam-se sobre a fartura... Ferozes e fantásticos dias em que os oceanos não se comunicavam senão pelas distâncias do estreito patagônico. Tempos em que Valparaíso pagava com moeda forte às tripulações que a rejeitavam e amavam.

Num barco chegou um piano de cauda; em outro passou Flora Tristán, a avó peruana de Gauguin; em outro mais, o *Wager*, chegou Robinson Crusoé, o primeiro, em carne e osso, recém-recolhido por Juan Fernández... Outras embarcações trouxeram pinhas, café, pimenta de Sumatra, bananas de Guayaquil, chá com jasmins de Assam, anis da Espanha... A baía distante e a ferradura oxidada do Centauro encheram-se de aromas intermitentes: numa rua te assaltava a doçura da canela; noutra, como uma flecha branca, o cheiro das *chirimoyas** te atravessava a alma; de um beco, saíam a combater contigo os detritos de algas do mar, de todo o mar chileno.

Valparaíso então se iluminava e assumia um ouro sombrio que foi se transformando numa laranjeira marinha, teve folhagem, teve frescor e sombra, teve esplendor de fruta.

Os cumes de Valparaíso decidiram desprender seus homens, soltar as casas do alto para que estas vacilassem nos barrancos que a greda tinge de vermelho, de dourado os dedais de ouro, de verde esquivo a natureza silvestre. Mas as casas e os homens se agarraram à altura, enroscaram-se, cravaram-se, atormentaram-se, dispuseram-se verticalmente, dependuraram-se em cada abismo com unhas e dentes. O porto é um debate entre o mar e a natureza evasiva das cordilheiras. Mas na luta foi ganhando o homem. Os morros e a plenitude marinha conformaram a cidade e fizeram-na uniforme, não como um quartel, mas com a disparidade da primavera, com sua contradição de quadros, com sua energia sonora. As casas se fizeram cores: juntaram-se nelas o amaranto e o amarelo, o carmim e o cobalto, o verde e o purpúreo. Assim

---

* *Chirimoya* (Bot.): fruto do *chirimoyo*, árvore anonácea da América Central. (N. T.)

cumpriu Valparaíso sua missão de porto verdadeiro, de navio encalhado, mas vivo, de naves com suas bandeiras ao vento. O vento do oceano maior merecia uma cidade de bandeiras.

Vivi entre estes morros aromáticos e feridos, morros suculentos em que a vida golpeia com infinitos extramuros, com caracolismo insondável e convulsão de trompete. Na espiral te espera um carrossel alaranjado, um frade que desce, uma menina descalça mergulhada em sua melancia, um redemoinho de marinheiros e mulheres, uma venda da loja de ferragens mais oxidada, um circo minúsculo em cujo toldo cabem somente os bigodes do domador, uma escada que sobe até as nuvens, um elevador que sobe carregado de cebolas, sete burros que transportam água, um carro de bombeiros que volta de um incêndio, um escaparate em que se juntaram vasos de vida ou morte.

Estes morros têm nomes profundos. Viajar entre estes nomes é uma viagem que não acaba, porque a viagem de Valparaíso não acaba nem na terra nem na palavra. Cerro Alegre, Cerro Mariposa, Cerro Polanco, Cerro del Hospital, de la Mesilla, de la Rinconada, de la Lobería, de las Jarcias, de las Alfareras, de los Chaparros, de la Calahuala, del Litre, del Molino, del Almendral, de los Pequenes, de los Chercanes, de Acevedo, del Pajonal, del Presidio, de las Zorras, de Doña Elvira, de San Esteban, de Astorga, de la Esmeralda, del Almendro, de Rodríguez, de la Artillería, de los Lecheros, de la Concepción, del Cementerio, del Cardonal, del Arbol Copado, del Hospital Inglés, de la Palma, de la Reina Victoria, de Carvallo, de San Juan de Dios, de Pocuro, de la Caleta, de la Cabritería, de Vizcaya, de Don Elías, del Cabo, de las Cañas, del Atalaya, de la Parrasia, del Membrillo, del Buey, de la Florida.

Não posso andar em tantos lugares. Valparaíso precisa de um novo monstro marinho, um octópode que consiga percorrê-lo. Eu aproveito sua imensidão, sua imensidão íntima, mas não consigo abarcá-lo em seu lado direito multicolorido, na germinação de sua esquerda, em sua altura ou em seu abismo.

Somente eu o sigo nos sinos, nas ondulações e nos nomes.

Sobretudo nos nomes porque eles têm raízes e radícula, têm ar e azeite, têm história e ópera — têm sangue nas sílabas.

CÔNSUL DO CHILE NUM BURACO

Um prêmio literário estudantil, certa popularidade de meus novos livros e minha capa famosa tinham me proporcionado uma pequena auréola de respeitabilidade fora dos círculos estéticos. Mas a vida cultural de nossos países nos anos 1920 dependia exclusivamente da Europa, salvo raras e heroicas exceções. Em cada uma de nossas repúblicas atuava uma "elite" cosmopolita e, quanto aos escritores da oligarquia, viviam em Paris. Nosso grande poeta Vicente Huidobro não só escrevia em francês como também alterou seu nome: em vez de Vicente transformou-se em Vincent.

O certo é que, assim que tive um rudimento de fama juvenil, todo mundo me perguntava na rua:

— Mas o que faz você aqui ainda? Vá para Paris.

Um amigo recomendou-me ao chefe de um departamento no Ministério das Relações Exteriores. Fui recebido logo. Já conheciam meus versos.

— Sei também de suas aspirações. Sente-se nesta poltrona confortável, pois daqui tem uma boa vista da praça, da feira da praça. Veja esses automóveis. Tudo vaidade. Feliz de você que é um jovem poeta. Está vendo esse palácio? Era de minha família. E agora você me vê aqui, nesta pocilga, às voltas com a burocracia. Quando a única coisa que conta é o espírito. Gosta de Tchaikovski?

Depois de uma hora de conversação artística, ao me dar a mão para a despedida, disse que não me preocupasse com o assunto, pois ele era o diretor do serviço consular.

— Pode se considerar desde já designado para um posto no exterior.

Durante dois anos fui periodicamente ao gabinete do atencioso chefe diplomático, cada vez mais obsequioso. Apenas me via aparecer chamava com displicência um de seus secretários e, arqueando as sobrancelhas, dizia:

— Não estou para ninguém. Deixe-me esquecer o trivial cotidiano. A única coisa espiritual neste ministério é a visita do poeta. Tomara que nunca nos abandone.

Estou seguro de que falava com sinceridade. Em seguida me falava de cães de raça. "Quem não ama os cães não ama as crianças." Continuava com a novela inglesa, passava depois à antropologia e ao espiritismo, para se deter mais adiante em questões de heráldica e genealogia. Ao me despedir repetia mais uma vez, como um segredo temível entre nós dois, que meu posto no estrangeiro estava assegurado. Ainda que eu precisasse de dinheiro para comer, saía à rua essa noite respirando como um ministro conselheiro. E, quando meus amigos perguntavam o que andava fazendo, eu tomava ar de importância e dizia:

— Preparo minha viagem à Europa.

Isso durou até que encontrei com meu amigo Bianchi. A família Bianchi do Chile é um clã nobre. Pintores e músicos populares, juristas e escritores, exploradores e *andinistas** dão um tom de inquietude e entendimento rápido a todos os Bianchis. Meu amigo, que havia sido embaixador e conhecia os segredos ministeriais, perguntou:

— Ainda não saiu tua nomeação?

— Vai sair de uma hora para outra, segundo assegura um alto protetor das artes que trabalha no Ministério.

Ele sorriu e disse:

— Vamos ver o ministro.

Tomou-me pelo braço, e subimos as escadas de mármore. À nossa passagem, afastavam-se precipitadamente ordenanças e empregados. Eu estava tão surpreso que não podia falar. Pela primeira vez via um ministro das Relações Exteriores. Este era muito baixinho de estatura e, para compensar, sentou-se de um salto na mesa. Meu amigo falou de meu desejo ardente de sair do Chile. O ministro tocou uma das inúmeras campainhas e logo apareceu, para aumentar minha confusão, meu protetor espiritual.

— Que postos estão vagos no serviço? — disse o ministro.

O atilado funcionário, que agora não podia falar de Tchaikovski, deu os nomes de várias cidades disseminadas pelo mundo das quais só consegui pescar um nome que nunca tinha ouvido nem lido antes: Rangoon.

— Para onde quer ir, Pablo? — disse o ministro.

— Para Rangoon — respondi sem vacilar.

— Nomeiem-no — ordenou o ministro ao meu protetor que já corria e voltava com o decreto.

---

* *Andinista*: pessoa que pratica a escalada aos Andes. (N. T.)

Havia um globo terrestre no salão ministerial. Meu amigo Bianchi e eu procuramos a cidade desconhecida de Rangoon. O velho mapa tinha uma profunda depressão numa região da Ásia, e nessa concavidade a descobrimos.

— Rangoon. Aqui está Rangoon.

Mas, quando encontrei meus amigos poetas, horas mais tarde, e quiseram celebrar minha nomeação, eu tinha esquecido por completo o nome da cidade. Só pude explicar a eles com alegria transbordante que me haviam nomeado cônsul no Oriente fabuloso e que o lugar a que me destinava se encontrava num buraco do mapa.

MONTPARNASSE

Num dia de junho de 1927 partimos para regiões remotas. Em Buenos Aires trocamos minha passagem de primeira por duas de terceira classe e zarpamos no *Baden*, um navio alemão que se dizia de classe única, mas cuja "única" devia ser a quinta. Os turnos se dividiam em dois: um para servir rapidamente os imigrantes portugueses e galegos; e outro para os demais passageiros de várias procedências, em especial alemães que voltavam das minas ou das fábricas da América Latina. Meu companheiro Álvaro fez uma classificação imediata das passageiras. Conquistador ativo, dividiu-as em dois grupos: as que atacam o homem e as que obedecem ao chicote. Essas fórmulas nem sempre funcionavam. Tinha toda classe de truques para apoderar-se do amor das mulheres. Quando na ponte assomava um par de passageiras interessantes, tomava-me rapidamente a mão e fingia interpretar suas linhas com gestos misteriosos. Na segunda volta, as passageiras se detinham e suplicavam que lhes lesse o destino. Ao fazer isso ele lhes tomava as mãos, acariciando-as excessivamente, e sempre o futuro lido prognosticava uma visita ao nosso camarote.

De minha parte a viagem logo se transformou e deixei de ver os passageiros que protestavam ruidosamente pelo eterno prato de *Kartoffel*; deixei de ver o mundo e o Atlântico monótono para somente contemplar os olhos escuros e grandes de uma jovem brasileira, infinitamente brasileira, que embarcou no Rio de Janeiro com seus pais e dois irmãos.

A Lisboa alegre daqueles anos, com pescadores nas ruas e sem Salazar no trono, encheu-me de assombro. A comida era deliciosa no pequeno hotel. Grandes bandejas de frutas coroavam a mesa. As casas multicoloridas; os velhos palácios com portas em arco; as catedrais monstruosas como cascas vazias, das quais Deus se tinha ido há séculos para ir viver em outra parte; as casas de jogo dentro de antigos palácios; a multidão infantilmente curiosa nas avenidas; a duquesa de Bragança, com a razão perdida, andando hierática por uma rua de pedras, seguida por cem meninos vagabundos e atônitos — essa foi minha entrada na Europa.

E logo Madri com os cafés cheios de gente; o bonachão Primo de Rivera dando a primeira lição de tirania a um país que ia receber depois a lição completa. Meus poemas iniciais de *Residência na terra*, que os espanhóis só compreenderiam mais tarde, quando surgiu a geração de Alberti, Lorca, Aleixandre, Diego. E a Espanha foi para mim também o trem interminável e o vagão de terceira mais duro do mundo, que nos deixou em Paris.

Desaparecíamos entre a multidão fumegante de Montparnasse, entre argentinos, brasileiros, chilenos. Ainda não sonhavam em aparecer os venezuelanos, sepultados então sob o império de Gómez. E, mais além, os primeiros hindus com seus trajes talares. E minha vizinha de mesa, com seu cachecol enrolado no pescoço, tomava com lentidão melancólica um *café crème*. Nossa colônia sul-americana bebia conhaque e dançava tangos, esperando a menor oportunidade para armar alguma desordem colossal e brigar com meio mundo.

Para nós, provincianos boêmios da América do Sul, Paris, França, Europa eram duzentos metros e duas esquinas: Montparnasse, La Rotonde, Le Dome, La Coupole e mais três ou quatro cafés. As boates com negros começavam a estar na moda. Entre os sul-americanos, os argentinos eram os mais numerosos, os mais brigões e os mais ricos. A cada instante se formava um tumulto, e um argentino era suspenso por quatro garçons, passava no ar sobre as mesas e era rudemente posto em plena rua. Nossos primos de Buenos Aires não gostavam dessas violências que lhes amarrotavam as calças e, mais grave ainda, que os despenteavam. A gomalina era parte essencial da cultura argentina naquela época.

A verdade é que nesses primeiros dias de Paris, cujas horas voavam, não conheci um único francês, um único europeu, um único asiático, muito menos cidadãos da África e da Oceania. Os americanos de língua espanhola, desde os mexicanos até os patagões, andavam em conciliábulos, apontando defeitos, fazendo pouco uns dos outros, sem poder viver uns sem os outros. Um guatemalteco, para perder o tempo de forma requintada, preferia a companhia de um vagabundo paraguaio à de Pasteur.

Conheci então César Vallejo, o grande *cholo*;* poeta de poesia áspera, difícil ao tato como pele selvagem, mas poesia grandiosa, de dimensões sobre-humanas.

É certo que tivemos uma pequena dificuldade assim que nos conhecemos, em La Rotonde. Fomos apresentados e, com belo sotaque peruano, disse ao me saudar:

— Você é o maior de todos os nossos poetas. Só Rubén Darío se lhe pode comparar.

— Vallejo — disse-lhe —, se quer que sejamos amigos nunca mais volte a dizer uma coisa dessas. Não sei onde iremos parar se começarmos a nos tratar como literatos.

Acho que minhas palavras o aborreceram. Minha educação antiliterária me impelia a ser mal-educado. Ele, em troca, pertencia a uma geração mais velha que a minha, com aristocracia e cortesia. Ao notar que ficara ressentido, senti-me um rústico inadmissível.

Mas isso passou como uma nuvem ligeira. A partir desse momento ficamos amigos de verdade. Anos mais tarde, quando passei mais tempo em Paris, nos víamos diariamente. Então o conheci mais intimamente.

Vallejo era mais baixo do que eu, mais magro, mais ossudo. Era também mais índio que eu, com uns olhos muito escuros e uma testa muito alta e curva. Tinha um bonito rosto incaico, entristecido por certa majestade indubitável. Vaidoso como todos os poetas, gostava que lhe falassem assim de seus traços indígenas. Levantava a cabeça para que eu o admirasse e dizia:

— Tenho algo, não é? — E logo ria sigilosamente para si mesmo.

Seu entusiasmo era o oposto do que expressava às vezes Vicente Huidobro, poeta antípoda de Vallejo em tantas coisas. Huidobro deixava cair uma mecha grande na testa, metia os dedos no colete, erguia o busto e perguntava:

— Acham que sou parecido com Napoleão Bonaparte?

---

* *Cholo*: denominação do índio civilizado; mestiço de europeu e índia. (N. T.)

Vallejo era sombrio apenas externamente, como um homem que tivesse estado na penumbra, recolhido durante muito tempo. Solene por natureza, seu rosto parecia uma máscara inflexível, quase hierática. Mas a verdade interior não era essa. Eu o vi muitas vezes (especialmente quando conseguíamos arrancá-lo da influência de sua mulher, uma francesa tirânica e arrogante, filha de *concierge*), eu o vi dar pulos de alegria como um colegial. Depois voltava à sua solenidade e à sua submissão.

Logo surgiu das sombras de Paris o mecenas que sempre estivemos esperando e que nunca chegava. Era um chileno, escritor, amigo de Rafael Alberti, dos franceses e de meio mundo. Também, e como qualidade ainda mais importante, era o filho do dono da maior companhia de navegação do Chile. E famoso por sua prodigalidade.

Aquele messias recém-caído do céu queria me homenagear e nos levou a uma boate de russos brancos chamada La Bodega Caucasiana. As paredes estavam decoradas com trajes e paisagens do Cáucaso. Logo nos vimos rodeados de russas, ou falsas russas, ataviadas como camponesas das montanhas.

Cóndon, que era como se chamava nosso anfitrião, parecia o último russo da decadência. Frágil e louro, pedia inesgotavelmente champanhe e dava saltos enlouquecidos, imitando as danças de cossacos que nunca tinha visto.

— Champanhe, mais champanhe! — E inesperadamente nosso anfitrião pálido e milionário perdeu o equilíbrio. Ficou caído embaixo da mesa, profundamente adormecido, como o cadáver exangue de um caucasiano exterminado por um urso.

Um frêmito gelado nos percorreu. O homem não despertava nem com compressas de gelo nem com vidros de amoníaco destampados junto ao seu nariz. Diante de nosso desconcerto desamparado todas as bailarinas nos abandonaram, menos uma. Nos bolsos de nosso anfitrião não achamos senão um decorativo livro de cheques que, em suas condições cadavéricas, não podia assinar.

O cossaco-mor da boate exigia o pagamento imediato e fechava a porta da saída para que não escapássemos. Só pudemos nos salvar da prisão deixando ali empenhado meu flamante passaporte diplomático.

Saímos com nosso milionário exangue às costas. Custou-nos um esforço gigantesco arrastá-lo para um táxi, enfiá-lo nele e desembarcá-lo em seu luxuoso hotel. Deixamo-lo nos braços de dois imensos porteiros de libré vermelha que o levaram como se transladassem um almirante caído na ponte de seu navio.

No táxi nos esperava a moça da boate, a única que não nos abandonou em nosso infortúnio. Álvaro e eu a convidamos para saborear a sopa de cebolas do amanhecer no Les Halles. Compramos flores no mercado para ela, beijamo-la em reconhecimento por seu comportamento de boa samaritana e nos demos conta de que tinha certo charme. Não era bonita nem feia, mas o nariz arrebitado de parisiense a reabilitava. Então a convidamos para o nosso misérrimo hotel. Não se fez de rogada em ir conosco.

Foi para o quarto de Álvaro. Caí rendido na cama, mas logo senti que me sacudiam. Era Álvaro. Seu rosto de louco manso pareceu-me um tanto estranho.

— Está acontecendo uma coisa — disse. — Essa mulher tem algo excepcional, insólito, que não poderia te explicar. Tens que experimentá-la já.

Poucos minutos depois a desconhecida meteu-se sonolenta e indulgentemente em minha cama. Ao fazer amor com ela, comprovei seu dom misterioso, algo indescritível que brotava de suas profundezas, que se remontava à origem mesma do prazer, ao nascimento de uma onda, ao segredo genesíaco de Vênus. Álvaro tinha razão.

No dia seguinte, no café da manhã, Álvaro me chamou à parte e me preveniu em espanhol:

— Se não deixarmos logo essa mulher, nossa viagem vai ser um fracasso. Não naufragaríamos no mar, mas no sacramento insondável do sexo.

Decidimos cumulá-la de pequenos presentes: flores, chocolates e a metade dos francos que nos restavam. Confessou-nos que não trabalhava no cabaré caucasiano, que o havia visitado na noite anterior pela primeira e única vez. Logo tomamos um táxi com ela. O chofer atravessava um bairro indefinido quando mandamos que parasse. Despedimo-nos com grandes beijos e a deixamos ali, desorientada, mas sorridente.

Nunca mais a vimos.

VIAGEM AO ORIENTE

Tampouco esquecerei o trem que nos levou a Marselha, carregado como uma cesta de frutas exóticas, de gente colorida, camponesas e marinheiros, acordeões e canções que eram cantadas em coro em todo o carro. Íamos até o mar Mediterrâneo, até as portas da luz... Era 1927. Marselha me fascinou com seu romantismo comercial e o Vieux Port alado de velames ferventes com sua turbulência própria e tenebrosa. Mas o navio das Messageries Maritimes, no qual compramos passagem até Cingapura, era um pedaço da França no mar, com sua *petite bourgeoisie* que emigrava para ocupar postos nas colônias distantes. Durante a viagem, os marinheiros, ao verem as máquinas de escrever e nossa papelada de escritores, pediram que escrevêssemos à máquina suas cartas. A marujada nos ditava cartas de amor incríveis para suas noivas de Marselha, de Bordéus e do interior. No fundo, não lhes interessava o conteúdo, mas sim que fossem escritas à máquina. Mas tudo o que nelas diziam eram como poemas de Tristan Corbière, mensagens rudes e ternas. O Mediterrâneo foi se abrindo à nossa proa com seus portos, suas alfombras, seus traficantes e seus mercados. O porto de Djibuti, no mar Vermelho, me impressionou. A areia calcinada, sulcada tantas vezes pelas andanças de Arthur Rimbaud, as negras esculturais com suas cestas de frutas, as choças miseráveis da povoação primitiva e um ar de desmazelo, nos cafés iluminados por uma luz vertical e fantasmagórica... Ali se tomava chá gelado com limão.

O importante era ver o que acontecia em Xangai à noite. As cidades de má reputação atraem como mulheres venenosas. Xangai abria a boca noturna para nós dois, provincianos do mundo, passageiros de terceira classe com pouco dinheiro e com uma curiosidade triste.

Entramos em alguns dos grandes cabarés. Era uma noite no meio da semana e estavam vazios. Era deprimente ver aquelas imensas pistas de dança, que pareciam construídas para que dançassem centenas de elefantes e onde ninguém dançava. Nas esquinas opacas surgiam russas esqueléticas do Zar que bocejavam, pedindo para serem convidadas para tomar champanhe. Assim percorríamos seis ou sete dos lugares de perdição onde a única coisa que se perdia era nosso tempo.

Era tarde para regressar ao navio que havia ficado longe, além das entrelaçadas vielas do porto. Tomamos um riquixá para cada um. Não estávamos habituados a esse transporte de cavalos humanos. Aqueles chineses de 1928 trotavam, puxando o carrinho sem descanso por longas distâncias.

Como havia começado a chover e aumentava a chuva, nossos carreteiros detiveram as carruagens com delicadeza. Com uma lona impermeável taparam cuidadosamente as dianteiras dos riquixás para que nem uma gota salpicasse nosso nariz estrangeiro.

— Que raça fina e cuidadosa! Não transcorreram em vão dois mil anos de cultura — pensávamos Álvaro e eu, cada um em seu assento rolante.

No entanto, algo começou a me inquietar. Não via nada, encerrado debaixo de um cerco de corteses precauções, mas ouvia, sim, apesar da lona engomada, a voz de meu condutor que emitia uma espécie de zumbido. Ao ruído de seus pés descalços se uniram logo outros ruídos rítmicos de pés descalços que trotavam pelo calçamento molhado. Finalmente, amorteceram-se os ruídos, sinal de que o calçamento havia terminado e íamos agora certamente por terrenos baldios, fora da cidade.

De repente meu riquixá se detém, desatando, com destreza, a lona que me protegia da chuva. Não havia nem sombra de navio naquele subúrbio despovoado. O outro riquixá estava parado a meu lado, e Álvaro desceu desconcertado do assento.

— *Money! Money!* — repetiam com voz tranquila os sete ou oito chineses que nos rodeavam.

Meu amigo esboçou o gesto de pegar uma arma no bolso da calça, e isso bastou para que ambos recebêssemos um golpe na nuca. Caí de costas, mas os chineses pegaram minha cabeça no ar para impedir o choque e com suavidade me deixaram estendido sobre a terra molhada. Remexeram com rapidez em meus bolsos, na camisa, no chapéu, nos sapatos, nas meias e na gravata, esbanjando uma destreza de malabaristas. Não deixaram de carregar nem um centímetro de roupa, nem um centavo do único e pouco dinheiro que tínhamos. Mas, justiça seja feita, com a gentileza tradicional dos ladrões de Xangai, respeitaram religiosamente nossos documentos e nossos passaportes.

Quando ficamos sós caminhamos em direção às luzes que eram divisadas a distância. Encontramos logo centenas de chineses notívagos, porém honrados.

Nenhum sabia francês, inglês ou espanhol, mas todos quiseram ajudar-nos a sair de nosso desamparo e nos guiaram de qualquer modo até nosso desejado e paradisíaco camarote de terceira.

Chegamos ao Japão. O dinheiro que esperávamos, proveniente do Chile, já devia estar no consulado. Tivemos de nos alojar, entretanto, em um albergue de marinheiros em Yokohama. Dormíamos sobre enxergões sofríveis. Tinha uma vidraça quebrada, nevava, e o frio nos chegava até a alma. Ninguém se preocupava conosco. Certa madrugada, um barco petroleiro partiu-se em dois em frente à costa japonesa, e o albergue encheu-se de náufragos. Entre eles havia um marinheiro basco que não sabia falar nenhum idioma, exceto o espanhol e o seu, e que nos contou sua aventura: durante quatro dias e noites, manteve-se boiando em um pedaço do navio, rodeado pelas ondas de fogo do petróleo incendiado. Os náufragos foram abastecidos de cobertores e provisões, e o basco, rapaz generoso!, converteu-se em nosso protetor.

Em contraste, o cônsul-geral do Chile — acho que se chamava De la Marina ou De la Rivera — recebeu-nos do alto de sua empáfia, fazendo-nos compreender nossa insignificância de náufragos. Não dispunha de tempo. Tinha de jantar nessa noite com a condessa Yufú San. A corte imperial convidava-o para tomar o chá. Ou estava mergulhado em estudos profundos sobre a dinastia reinante.

— Que homem mais fino o Imperador etc.

Não, não tinha telefone. Para que ter telefone em Yokohama? Só o chamariam em japonês. Quanto a notícias de nosso dinheiro, o diretor do banco, íntimo amigo seu, não lhe havia comunicado nada. Sentia muito, mas tinha que se despedir. Esperavam-no numa recepção de gala. Até amanhã.

E assim todos os dias. Abandonávamos o consulado tiritando de frio porque nossa roupa havia se reduzido no assalto e só dispúnhamos de uns pobres suéteres de náufragos. No último dia ficamos sabendo que nossos fundos haviam chegado a Yokohama antes de nós. O banco havia enviado três avisos ao senhor cônsul, e aquele fantoche enfatuado e altíssimo funcionário não se tinha dado conta de um detalhe como esse, tão abaixo de sua dignidade. (Quando leio nos jornais que alguns cônsules são assassinados por compatriotas tresloucados, penso com nostalgia naquele condecorado ilustre.)

Naquela noite fomos ao melhor café de Tóquio, o Kuroncko, na Ginza. Comia-se muito bem então em Tóquio, graças à semana de fome que dava novo sabor aos manjares. Na boa companhia de deliciosas moças japonesas, brindamos muitas vezes em honra dos viajantes desditosos e desconsiderados pelos cônsules perversos que andam espalhados pelo mundo.

Em Cingapura, acreditávamo-nos ao lado de Rangoon. Amarga desilusão. O que no mapa era a distância de alguns milímetros converteu-se em abismo pavoroso. Vários dias de navio nos esperavam e, para completar, o único que fazia a travessia havia partido para Rangoon no dia anterior. Não tínhamos com que pagar o hotel nem as passagens, e os novos vencimentos nos esperavam em Rangoon.

Ah, mas para alguma coisa existe o cônsul do Chile em Cingapura, meu colega. O senhor Mansilla acudiu pressuroso. Pouco a pouco, seu sorriso foi se apagando até desaparecer de todo, deixando lugar a um esgar de irritação.

— Não posso ajudá-los em nada. Recorram ao Ministério!

Invoquei inutilmente a solidariedade dos cônsules. O homem tinha cara de carcereiro implacável. Pegou seu chapéu e já corria para a porta quando me ocorreu uma ideia maquiavélica:

— Senhor Mansilla, vou ser obrigado a dar algumas conferências sobre nossa pátria, com entrada paga, para juntar o dinheiro da passagem. Peço-lhe arranjar lugar, intérprete e a permissão necessária.

O homem ficou pálido:

— Conferência sobre o Chile em Cingapura? Não permito. Esta é minha jurisdição, e ninguém além de mim pode falar do Chile aqui.

— Acalme-se, senhor Mansilla — respondi. — Quanto mais pessoas falarem sobre a pátria distante, tanto melhor. Não vejo por que o senhor se irrita.

Finalmente chegamos a um acordo naquela negociação extravagante com aspecto de chantagem patriótica. Trêmulo de fúria, fez-nos assinar dez recibos e nos adiantou o dinheiro. Ao contá-lo observamos que os recibos eram por uma quantidade maior.

— São os descontos — explicou.

(Dez dias depois eu lhe enviaria o cheque de reembolso de Rangoon, mas sem incluir os descontos, naturalmente.)

Do convés do navio que chegava a Rangoon, vi assomar o gigantesco funil de ouro do grande pagode Shwedagon. Uma multidão de trajes estranhos enchia o cais com seu colorido violento. Um rio largo e sujo desembocava ali, no golfo de Martaban. Este rio tem o nome de rio mais belo entre todos os rios do mundo: Irrawadhy.

Junto de suas águas começava minha vida nova.

ÁLVARO

... Diabo de homem este Álvaro... Agora se chama Álvaro de Silva... Vive em Nova York. Passou quase toda a sua vida na selva nova-iorquina... Imagino-o comendo laranjas em horas insólitas, queimando com fósforo o papel dos cigarros, fazendo perguntas vexatórias a meio mundo... Sempre foi um mestre da desorganização, possuidor de uma inteligência brilhante, inteligência inquisitiva que, segundo parece, não levava a nenhuma parte, a não ser a Nova York. Era 1925... Entre as violetas que lhe escapavam da mão quando corria para oferecê-las a uma desconhecida que passava e com a qual queria logo ir para a cama, sem saber como se chamava nem de onde era, e suas intermináveis leituras de Joyce, revelou-me, e a muitos outros, opiniões insuspeitadas, pontos de vista de cidadão do mundo, que vive dentro da urbe como se vivesse em sua caverna, saindo a esquadrinhar a música, a pintura, os livros, a dança... Sempre comendo laranjas, descascando maçãs, dietético exaustivo, intrometendo-se assombrosamente em tudo, finalmente víamos o antiprovinciano dos sonhos, que todos os provincianos quiséramos ser, sem as etiquetas coladas às valises, mas circulando dentro de si com uma mistura de países e concertos, de cafés ao amanhecer, de universidades com neve no telhado... Chegou a me tornar a vida impossível... Aonde chego, assumo um sonho vegetal, fixo um lugar e trato de deitar alguma raiz, para pensar, para existir... Álvaro se agitava de um lado para o outro, fascinado com os filmes em que poderíamos trabalhar, vestindo-nos imediatamente de muçulmanos para ir aos estúdios... Circulam retratos meus em traje bengali (como ficava mudo, acreditaram na tabacaria, em Calcutá, que eu era da família de Tagore) quando procurávamos os estúdios Dum-Dum para ver se nos contratavam...

E logo tínhamos que sair correndo da ACM porque não tínhamos pagado o aluguel... E as enfermeiras que nos amavam... Álvaro meteu-se em fabulosos negócios... Queria vender chá de Assam, tecidos da Caxemira, relógios, tesouros antigos... Tudo era logo dilapidado... Deixava as amostras da Caxemira, os saquinhos de chá sobre as mesas, sobre as camas... Já tinha pegado uma valise e estava em outra parte... Em Munique... Em Nova York...

De todos os escritores contínuos, indefectíveis, prolíficos que vi, este é o maior... Quase nunca publica... Não compreendo... Já de manhã, sem sair da cama, com os óculos encarapitados no alto do nariz, está batucando na máquina de escrever, consumindo resmas de todo tipo de papel, de todos os papéis, apesar de sua mobilidade, do criticismo, das laranjas, das transmissões cíclicas, do porão em Nova York, das violetas, de sua confusão que parece tão clara, de sua clareza tão confusa... Não saiu dele a obra que sempre se esperou... Deve ser porque não teve vontade... Ou porque não pôde fazê-la... Porque está tão ocupado... Porque está tão desocupado... Mas sabe tudo, olha tudo através dos continentes com os olhos azuis e intrépidos, com o tato sutil que deixa no entanto que escorra por entre seus dedos a areia do tempo...

CADERNO 4

A SOLIDÃO LUMINOSA

IMAGENS DA SELVA

Mergulhado nessas lembranças, desperto subitamente com o ruído do mar. Escrevo em Isla Negra, na costa, perto de Valparaíso. Acalmaram-se há pouco os grandes vendavais que açoitavam o litoral. O oceano — que, mais do que eu o olho de minha janela, me olha a mim com seus mil olhos de espuma — conserva ainda no marulhar a persistência terrível da tempestade.

Anos distantes! Reconstituí-los é como se o som das ondas que agora escuto entrasse intermitentemente em mim, às vezes embalando-me para dormir, outras vezes com a brusca cintilação de uma espada. Recolherei essas imagens sem cronologia, tais como estas ondas que vão e vêm.

1929. De noite. Vejo a multidão agrupada na rua. É uma festa muçulmana. Prepararam uma vala comprida no meio da rua e rechearam-na de brasas. Aproximo-me. O vigor das brasas que foram se acumulando sob uma camada levíssima de cinza, sobre a faixa escarlate do fogo vivo, escalda meu rosto. Logo aparece um personagem estranho. Com o rosto tisnado de branco e vermelho vem sobre os ombros de quatro homens vestidos também de vermelho. Quando o descem, começa a andar cambaleante sobre as brasas, gritando enquanto caminha:

— Alá! Alá!

A multidão imensa devora atônita a cena. O mago já percorreu incólume a comprida faixa de brasas. Um homem então se separa da multidão, tira as sandálias e faz com os pés descalços o mesmo percurso. Interminavelmente vão se apresentando voluntários. Alguns se detêm na metade da trincheira para afundar os calcanhares no fogo ao grito de "Alá! Alá!", uivando com gestos horríveis, desviando o olhar para o céu. Outros passam com crianças nos braços. Ninguém se queima ou talvez se queimem e ninguém sabe.

Junto ao rio sagrado eleva-se o templo de Kali, a deusa da morte. Entramos misturados a centenas de peregrinos que chegaram dos confins da província hindu para pedir sua bênção. Atemorizados, maltrapilhos, são empurrados pelos brâmanes que a cada passo cobram tributos por alguma coisa. Os brâmanes levantam um dos sete véus da deusa execrável, e, quando o levantam, soa um golpe de gongo que parece desabar o mundo. Os peregrinos caem de joelhos, saúdam de mãos postas, tocam o chão com a testa e continuam andando até o próximo véu. Os sacerdotes fazem-nos convergir para um pátio onde decapitam bodes com uma única machadada e cobram novos tributos. Os balidos dos animais feridos são afogados pelos golpes do gongo. As paredes de cal suja são salpicadas de sangue até o teto. A deusa é uma imagem de face escura e olhos brancos. Uma língua escarlate de dois metros desce de sua boca até o chão. De suas orelhas e de seu pescoço pendem colares de crânios e ícones da morte. Os peregrinos dão suas últimas moedas antes de serem empurrados para a rua.

Os poetas que me rodeavam para dizer suas canções e seus versos eram muito diferentes daqueles peregrinos submissos. Acompanhados de seus tamborins, vestidos com suas talares roupas brancas, sentados de cócoras sobre a relva, cada um deles lançava um grito rouco e entrecortado, e de seus lábios saía uma canção que tinha composto com a mesma forma e métrica das canções antigas e milenares. Mas o sentido das canções tinha mudado. Não eram canções de sensualidade, de gozo, mas canções de protesto, canções contra a fome, canções escritas nas prisões. Muitos desses jovens poetas que encontrei ao longo da Índia e cujos olhares sombrios não poderei esquecer acabavam de sair da prisão e iam voltar para dentro de seus muros talvez no dia seguinte. Porque eles pretendiam sublevar-se contra a miséria e contra os deuses. Esta é a época que nos foi reservada para viver. E este é o século de ouro da poesia universal. Enquanto os novos cânticos são perseguidos, um milhão de homens dormem noite após noite nas estradas, nos arredores de Bombaim. Dormem, nascem e morrem. Não há casas nem pão, nem medicamentos. Foi assim que a Inglaterra, civilizada e orgulhosa, deixou o seu império colonial.

Despediu-se de seus antigos súditos sem deixar-lhes escolas nem indústrias, nem habitações, nem hospitais, somente prisões e montes de garrafas de uísque vazias.

A lembrança do orangotango Rango é outra imagem terna, que vem das ondas. Em Medan, Sumatra, bati algumas vezes à porta do arruinado jardim botânico. Para meu assombro, era ele quem vinha sempre abrir. De mãos dadas, percorríamos um caminho até sentar-nos numa mesa que ele golpeava com as mãos e os pés. Aparecia então um criado que servia uma jarra de cerveja, nem pequena nem grande, boa para o orangotango e para o poeta.

No zoológico de Cingapura víamos o pássaro-lira dentro de uma jaula, fosforescente e colérico, esplêndido em sua beleza de ave recém-saída do Éden. E mais além passeava em sua jaula uma pantera negra ainda cheirando à selva de onde veio. Era um fragmento curioso da noite estrelada, uma faixa magnética que se agitava sem cessar, um vulcão negro e elástico que queria arrasar o mundo, um dínamo de força pura que ondulava; e dois olhos amarelos, certeiros como punhais, que interrogavam com seu fogo, que não compreendiam nem a prisão nem o gênero humano.

Chegamos ao estranho templo A Serpente, nos subúrbios da cidade de Penang, no que antes se chamava Indochina.

Esse templo foi muito descrito por viajantes e jornalistas. Com tantas guerras, tantas destruições, tanto tempo e tanta chuva que caíram sobre as ruas de Penang, não sei se ainda existirá. Sob o teto de telhas, um edifício baixo e encardido, carcomido pelas chuvas tropicais, entre a espessura das grandes folhas dos plátanos. Cheiro de umidade. Aroma de frangipane. Quando entramos no templo não vemos nada na penumbra. Um cheiro forte de incenso e ali adiante algo se move. É uma serpente que se espreguiça. Pouco a pouco notamos que há algumas outras. Logo observamos que talvez sejam dezenas. Mais tarde compreendemos que são centenas ou milhares de serpentes. Há pequenas enroscadas nos candelabros, há escuras, metálicas e delgadas, todas parecem adormecidas e saciadas. De fato, por toda parte se veem finas travessas de porcelana, algumas transbordantes de leite e outras cheias de ovos. As serpentes não olham para nós. Passamos roçando-as pelos estreitos labirintos do templo, estão sobre nossas cabeças, suspensas na arquitetura dourada, dormem sobre os muros, enroscam-se sobre os altares. Eis aí a temível víbora de Russell, engolindo um ovo junto de uma dezena de mortíferas cobras-coral, cujos anéis de cor escarlate denunciam seu veneno instantâneo. Vi a *fer de lance*, vários e grandes pítons, a *coluber derusi* e a *coluber noya*. Serpentes verdes, cinzentas, azuis e negras enchiam a sala. Tudo em silêncio. De vez em quando um bonzo vestido de açafrão atravessa a sombra. A cor brilhante de sua túnica faz com que ele pareça mais uma serpente, movediça e preguiçosa, em busca de um ovo ou de um bebedouro de leite.

Essas cobras foram trazidas até aqui? Como se acostumaram? Nossas perguntas são respondidas com um sorriso; dizem-nos que vieram sozinhas e que irão sozinhas quando tiverem vontade. O certo é que as portas estão abertas e não há grades ou vidros nem nada que as obrigue a ficar no templo.

O ônibus saía de Penang e devia atravessar a selva e as aldeias da Indochina para chegar a Saigon. Ninguém entendia meu idioma nem eu entendia o de ninguém. Parávamos nas curvas da mata virgem, ao longo do caminho interminável, e desciam os viajantes, camponeses de vestimentas estranhas, taciturna dignidade e olhos oblíquos. Já restavam só uns três ou quatro no interior do imperturbável calhambeque que rangia e ameaçava se desintegrar na noite quente.

De repente me senti em pânico. Onde estava? Aonde ia? Por que passava essa noite longuíssima entre desconhecidos? Atravessávamos o Laos e o Camboja. Observei os rostos impenetráveis de meus últimos companheiros de viagem. Iam com os olhos abertos. Suas feições me pareciam patibulares. Eu estava sem dúvida entre típicos bandidos de um conto oriental.

Trocavam olhares de compreensão e me olhavam de soslaio. Nesse momento exato o ônibus se deteve silenciosamente em plena selva. Escolhi meu lugar para morrer. Não permitiria que me levassem para ser sacrificado debaixo daquelas árvores ignotas cuja sombra escura ocultava o céu. Morreria ali, num banco do ônibus desconjuntado, entre cestas de vegetais e gaiolas de galinhas, única coisa familiar naquele minuto terrível. Olhei ao redor, decidido a enfrentar a sanha de meus verdugos, e percebi que também eles tinham desaparecido.

Esperei longo tempo sozinho, com o coração oprimido pela escuridão intensa da noite estrangeira. Ia morrer sem ninguém saber, tão distante de meu pequeno país amado, tão separado de todos os meus amores e de meus livros!

Logo apareceu uma luz e depois outra. O caminho encheu-se de luzes. Soou um tambor; irromperam as notas estridentes da música cambojana. Flautas, tamborins e archotes encheram de claridade e sons o caminho. Subiu um homem que me disse em inglês:

— O ônibus sofreu uma avaria. Como a espera será longa, talvez até o amanhecer, e não há onde dormir aqui, os passageiros foram buscar uma trupe de músicos e dançarinos para que o senhor se entretenha.

Durante horas, sob aquelas árvores que já não me ameaçavam, presenciei as maravilhosas danças rituais de uma nobre e antiga cultura e escutei, até o sol raiar, a música deliciosa que invadia o caminho.

O poeta não pode temer o povo. Pareceu-me que a vida fazia uma advertência e me ensinava para sempre uma lição: a lição da honra oculta, da fraternidade que não conhecemos e da beleza que floresce na escuridão.

CONGRESSO NA ÍNDIA

Hoje é um dia de esplendor. Estamos no Congresso da Índia, uma nação em plena luta por sua libertação. Milhares de delegados enchem as galerias. Conheço pessoalmente Gandhi, Pandit Motilal Nehru, também patriarca do movimento, e seu filho, o elegante jovem Jawaharlal, recém-chegado da Inglaterra. Nehru é partidário da independência enquanto Gandhi sustenta a autonomia simples como passo necessário. Gandhi: um rosto fino de raposa sagacíssima, um homem prático, um político parecido com nossos velhos dirigentes *criollos*, mestre em comitês, sábio em táticas, infatigável. Enquanto a multidão é uma corrente interminável que toca com veneração a fímbria de sua túnica branca e grita "Ghandiji! Ghandiji!", ele saúda distraidamente e sorri sem tirar os óculos. Recebe e lê mensagens, responde a telegramas — tudo sem esforço. É um santo que não se cansa.

Nehru: um inteligente acadêmico de sua revolução.

Grande figura daquele congresso foi Subhas Chandra Bose, demagogo impetuoso, anti-imperialista violento, fascinante figura política de sua pátria. Na Guerra de 1914, durante a invasão japonesa, uniu-se a estes, contra o império inglês. Muitos anos depois, aqui na Índia, um de seus companheiros me conta como caiu o forte de Cingapura:

— Tínhamos nossas armas apontadas para os japoneses que nos sitiavam. Logo nos perguntamos: e por quê? Fizemos os soldados darem meia-volta e as apontamos contra as tropas inglesas. Foi muito simples. Os japoneses eram invasores transitórios; os ingleses pareciam eternos.

Subhas Chandra Bose foi detido, julgado e condenado à morte pelos tribunais britânicos da Índia como culpado de alta traição. Multiplicaram-se os protestos, impulsionados pela onda libertária. Por fim, depois de muitas batalhas legais, seu advogado — precisamente Nehru — obteve a anistia. A partir desse instante, converteu-se em herói popular.

OS DEUSES RECLINADOS

Por toda parte as estátuas de Buda, de Lorde Buda... As estátuas severas, verticais, carcomidas, com um dourado de resplendor animal, desfeitas como se o ar as desgastasse... Brotam-lhes das faces, das dobras da túnica, dos cotovelos, umbigos, boca e sorriso, pequenas manchas: fungos, porosidades, vestígios de excrementos da selva... Ou então as que jazem, as imensas que jazem, as estátuas de quarenta metros de pedra, de granito arenoso, pálidas, estendidas entre as frondes sussurrantes, inesperadas, surgindo de algum recanto da selva, de alguma circundante plataforma... Adormecidas ou não, ficam ali cem anos, mil anos, mil vezes mil anos... Mas são suaves, com uma conhecida ambiguidade extraterrena, querendo ficar e partir... E esse sorriso de pedra suavíssima, essa majestade imponderável feita no entanto de pedra dura, perpétua, para quem sorriem, para mais quem, sobre a terra sangrenta?... Passaram as camponesas que fugiam, os homens do incêndio, os guerreiros mascarados, os falsos sacerdotes, os turistas devoradores... E a estátua manteve-se em seu lugar, a pedra imensa com joelhos, com dobras na túnica de pedra, com o olhar perdido e não obstante vivo, inteiramente inumana e de certa forma também humana, de certa forma ou em alguma contradição estatuária, sendo e não sendo deus, sendo e não sendo pedra, sob o grasnido das aves negras, entre o esvoaçar das aves vermelhas, das aves da selva... De certo modo pensamos nos terríveis Cristos espanhóis que herdamos com chagas e tudo, com pústulas e tudo, com cicatrizes e tudo, com esse cheiro de vela, de umidade, de ambiente fechado que têm as igrejas... Esses Cristos também vacilaram entre serem homens ou deuses... Para fazê-los homens, para aproximá-los mais dos que sofrem, das parturientes e dos decapitados, dos paralíticos e dos avarentos, da gente de igreja e da que rodeia as igrejas, para fazê-los humanos, os escultores dotaram-nos de chagas horripilantes até que tudo aquilo se converteu na religião do suplício, no peca e sofre, no não peca e sofre, no vive e sofre, sem que nenhuma escapatória te livrasse... Aqui não, aqui a paz chegou até a pedra... Os escultores se rebelaram contra os cânones da dor, e estes Budas colossais, com pés de deuses gigantes, têm no rosto um sorriso de pedra que é sossegadamente humano, sem tanto sofrimento... E deles emana um cheiro, não de casa morta, não de sacristia e teias de aranha, mas de espaço vegetal, de lufadas que logo caem tempestuosas com penas, folhas, pólen da selva infinita...

DESVENTURA DA FAMÍLIA HUMANA

Li em alguns ensaios sobre minha poesia que a permanência no Extremo Oriente influiu em determinados aspectos de minha obra, especialmente em *Residência na terra*. Na verdade, meus únicos versos daquele tempo foram os de *Residência na terra*, mas, sem me atrever a sustentá-lo de forma peremptória, digo que isso da influência me parece um equívoco.

Todo o esoterismo filosófico dos países orientais, confrontado com a vida real, se revelava como um subproduto da inquietude, da neurose, da desorientação e do oportunismo ocidentais; quer dizer, da crise de princípios do capitalismo. Na Índia não havia, naquela época, muitos lugares para contemplações do umbigo profundo. Uma vida de brutais exigências materiais, uma condição colonial sedimentada na mais intensa abjeção, milhões de mortos a cada dia, de cólera, de varíola, de febres e de fome, organizações feudais desequilibradas por sua imensa população e sua pobreza industrial imprimiam à vida uma grande ferocidade na qual os reflexos místicos desapareciam.

Quase sempre os núcleos teosóficos eram dirigidos por aventureiros ocidentais, sem faltar americanos do Norte e do Sul. Não resta dúvida de que entre eles havia gente de boa-fé; mas a maioria explorava um mercado barato onde se vendiam, a preços altos, amuletos e fetiches exóticos, envoltos em embalagem metafísica. Essa gente enchia a boca com o *dharma* e a *yoga*. Encantava-os a ginástica religiosa, impregnada de vazio e palavrório.

Por tais razões, o Oriente me impressionou como uma grande e desventurada família humana, sem destinar lugar em minha consciência para seus ritos nem para seus deuses. Não creio pois que minha poesia de então tenha refletido outra coisa que a solidão de um forasteiro transplantado para um mundo violento e estranho.

Lembro-me de um daqueles turistas do ocultismo, vegetariano e conferencista. Era um sujeito pequenino, de estatura média, calva reluzente e total, claríssimos olhos azuis, olhar penetrante e cínico, de sobrenome Powers. Vinha da América do Norte, da Califórnia, professava a religião budista, e suas conferências terminavam sempre com a seguinte prescrição dietética: "Como dizia Rockefeller, alimente-se com uma laranja por dia." Powers me pareceu simpático pelo seu jeito alegre. Falava espanhol. Depois de suas conferências, íamos devorar juntos grandes buchadas de carneiro assado (*khebab*) com cebola. Era um budista teológico, não sei se legítimo ou ilegítimo, com uma voracidade mais autêntica que o conteúdo de suas conferências.

Logo se ligou, em primeiro lugar, a uma jovem mestiça, enamorada por seu *smoking* e por suas teorias, uma *señorita* anêmica, de olhar dolente, que o julgava um deus, um Buda vivo. Assim começam as religiões.

Ao cabo de alguns meses desse amor, veio me buscar certo dia para que presenciasse um novo casamento seu. Na motocicleta, cedida pela firma comercial em que ele trabalhava como vendedor de refrigeradores, deixamos velozmente para trás bosques, mosteiros e arrozais. Chegamos finalmente a uma pequena aldeia de construção chinesa e habitantes chineses. Powers foi recebido com foguetes e música, enquanto a noiva adolescente permanecia sentada, maquiada de branco como um ídolo em uma cadeira mais alta que as outras. Ao compasso da música tomamos limonadas de todas as cores. Em momento nenhum Powers e sua nova esposa dirigiram a palavra um ao outro.

Regressamos à cidade. Powers explicou que nesse ritual somente a noiva se casava. As cerimônias continuariam sem a necessidade de sua presença. Mais tarde voltaria para viver com ela.

— Você se dá conta de que está praticando poligamia? — perguntei.

— Minha outra esposa sabe de tudo e ficará muito contente — respondeu.

Nessa afirmação havia tanta verdade como em sua história da laranja a cada dia. Uma vez chegados à sua casa, à casa de sua primeira mulher, a mestiça dolente, encontramo-la agonizando com o copo de veneno na mesinha de cabeceira e uma carta de despedida. Seu corpo moreno, totalmente nu, estava imóvel sob o mosquiteiro. Durou várias horas sua agonia.

Acompanhei Powers porque ele sofria evidentemente, apesar de começar a achá-lo repulsivo. O cínico que carregava no íntimo tinha desmoronado. Fui com ele à cerimônia fúnebre. Na margem de um rio colocamos o ataúde barato sobre um monte de lenha. Powers ateou fogo nos gravetos com um fósforo, murmurando frases rituais em sânscrito.

Uns poucos músicos vestidos com túnicas alaranjadas salmodiavam ou sopravam tristíssimos instrumentos. A lenha se apagava, e era preciso reavivar o fogo com os fósforos. O rio corria indiferente dentro de suas margens. O eterno céu azul do Oriente demonstrava também uma impassibilidade absoluta e um desamor infinito para com aquele triste funeral solitário de uma pobre abandonada.

Minha vida oficial funcionava uma só vez a cada três meses, quando arribava um barco de Calcutá que transportava parafina sólida e grandes caixas de chá para o Chile. Febrilmente eu devia timbrar e assinar documentos. Logo viriam outros três meses de inação e de contemplação ermitã de mercados e templos. Essa é a época mais dolorosa de minha poesia.

A rua era minha religião. A rua birmanesa, a cidade chinesa com seus teatros ao ar livre e seus dragões de papel e suas esplêndidas lanternas; a rua hindu, a mais humilde, com seus templos que eram comércio de uma casta e a gente pobre prosternada do lado de fora, no barro; os mercados onde as folhas de bétel levantavam-se em pirâmides verdes como montanhas de malaquita; as casas de pássaros, os lugares de venda de feras e pássaros selvagens; as ruas retorcidas pelas quais transitavam as birmanesas flexíveis com um comprido charuto na boca, tudo isso me absorvia e ia me submergindo pouco a pouco no sortilégio da vida real.

As castas tinham classificado a população nativa como num coliseu de galerias superpostas, em cujo topo sentavam-se os deuses. Os ingleses mantinham por sua vez sua escala de castas que ia desde o pequeno balconista, passava pelos profissionais e intelectuais, continuava com os exportadores e culminava com o cume da magnificência, no qual sentavam-se comodamente os aristocratas do *Civil Service* e os banqueiros do *empire*.

Esses dois mundos não se tocavam. A gente do país não podia entrar nos lugares destinados aos ingleses, e os ingleses viviam alheios à palpitação do país. Tal situação me trouxe dificuldades. Meus amigos britânicos me viram no veículo denominado *gharry*, carrinho especializado em rolantes e efêmeros encontros galantes, e me advertiram amavelmente que um cônsul como eu não devia usar esses veículos por motivo algum. Também me intimaram a não sentar num restaurante persa, lugar cheio de vida onde eu tomava o melhor chá do mundo em pequenas taças transparentes. Foram as últimas admoestações. Depois deixaram de me cumprimentar.

Senti-me feliz com o boicote. Aqueles europeus preconceituosos não eram muito interessantes, e convenhamos que, afinal de contas, eu não tinha vindo ao Oriente para conviver com colonizadores em trânsito, mas sim com o espírito antigo daquele mundo, com aquela grande e desventurada família humana. Adentrei-me tanto na alma e na vida dessa gente que me enamorei de uma nativa. Vestia-se como uma inglesa, e seu nome de guerra era Josie Bliss. Mas, na intimidade de sua casa, que logo compartilhei, despojava-se dos vestidos e do nome para usar seu deslumbrante sarongue e seu recôndito nome birmanês.

TANGO DO VIÚVO

Comecei a ter dificuldades em minha vida particular. A doce Josie Bliss foi se obcecando e se apaixonando até adoecer de ciúme. Se não fosse por isso talvez eu tivesse ficado indefinidamente junto dela. Sentia ternura por seus pés nus, pelas flores brancas que brilhavam na sua cabeleira escura. Mas seu temperamento a levava a um paroxismo selvagem. Tinha ciúme e aversão às cartas que me chegavam de longe, escondia meus telegramas sem abri-los, olhava com rancor o ar que eu respirava.

Às vezes era despertado por uma luz, um fantasma se movia atrás do mosquiteiro: era ela, vestida de branco, brandindo o longo e afiado punhal indígena, era ela, rondando horas inteiras ao redor da cama sem decidir se me mataria. "Quando morreres, meus temores se acabarão", dizia. No dia seguinte celebrava misteriosos ritos para resguardar minha fidelidade.

Acabaria me matando. Por sorte recebi uma mensagem oficial que participava minha transferência para o Ceilão. Preparei minha viagem em segredo e um dia, abandonando minha roupa e meus livros, saí da casa como de costume e embarquei no navio que me levaria para longe.

Deixava Josie Bliss, espécie de pantera birmanesa, com a maior dor. Apenas o barco começou a jogar nas ondas do golfo de Bengala, pus-me a escrever o poema "Tango do viúvo", trágica peça de minha poesia destinada à mulher que perdi e que me perdeu porque em seu sangue crepitava sem descanso o vulcão da cólera. Que noite tão grande, que terra tão solitária!

O ÓPIO

Tinha ruas inteiras dedicadas ao ópio... Sobre estrados baixos estendiam-se os fumadores... Eram os verdadeiros lugares religiosos da Índia... Não tinham nenhum luxo, nem tapetes, nem coxins de seda... Tudo eram madeiras sem pintar, cachimbos de bambu e almofadas de louça chinesa... Emanava um ar de decoro e austeridade que não existia nos templos... Os homens adormecidos não faziam movimento nem ruído... Fumei um cachimbo... Não era nada de mais... Era só um fumo caliginoso, fraco e leitoso... Fumei quatro cachimbos e fiquei cinco dias doente, com náuseas que me vinham da espinha dorsal e que me desciam do cérebro... E um ódio ao sol, à existência... O castigo do ópio... Mas aquilo não podia ser tudo... Tanto se tinha dito, tanto se tinha escrito, tanto se tinha metido nas maletinhas e nas maletas, tratando de esconder das aduanas o veneno, o famoso veneno sagrado... Tinha que vencer o asco... Devia conhecer o ópio, saber do ópio, para dar meu testemunho... Fumei muitos cachimbos até que conheci... Não há sonhos, não há imagens, não há paroxismo... Há um enfraquecimento melódico, como se uma nota infinitamente suave se prolongasse na atmosfera... Um desvanecimento, um vazio dentro da gente... Qualquer movimento do cotovelo, da nuca, qualquer som distante de carro, uma buzina ou um grito na rua se integram num todo, de uma delícia repousante... Compreendi por que os peões de plantação, os jornaleiros, os rickshaw men que puxam o riquixá o dia inteiro, logo se deixavam ficar ali, na penumbra, imóveis... O ópio não era o paraíso dos exóticos que me haviam pintado, mas a fuga dos explorados... Todos aqueles do salão de fumar eram pobres diabos... Não tinham nenhum coxim bordado, nenhum indício da menor riqueza... Nada brilhava no recinto, nem sequer os olhos semicerrados dos fumadores... Descansavam, dormiam?... Nunca soube... Ninguém falava... Ninguém falava nunca... Não havia móveis, tapetes, nada... Sobre os estrados gastos, polidos de tanto contato humano, viam-se pequenas almofadas de madeira... Nada mais a não ser o silêncio e o aroma do ópio, estranhamente repulsivo e poderoso... Sem dúvida existia ali um caminho para o aniquilamento... O ópio dos magnatas, dos colonizadores, destinava-se aos colonizados... Os salões de fumar tinham à porta sua licença autorizada, seu número e sua patente... No interior reinava um grande silêncio opaco, uma inação que amortecia a desdita e tornava doce o cansaço... Um silêncio caliginoso, sedimento de muitos sonhos truncados que achavam seu remanso... Aqueles que sonhavam com os olhos entrecerrados estavam vivendo uma hora submersos sob o mar, uma noite inteira em uma colina, gozando de um repouso sutil e deleitoso...

Desde então não voltei mais aos salões de fumar... Já sabia... Já conhecia... Já tinha apalpado algo inatingível... remotamente oculto atrás do fumo...

CEILÃO

Ceilão, a mais bela ilha grande do mundo, tinha até 1929 a mesma estrutura colonial que a Birmânia e a Índia. Os ingleses encastelavam-se em seus bairros e seus clubes, rodeados por uma multidão imensa de músicos, oleiros, tecelões, escravos de plantações, monges vestidos de amarelo e imensos deuses talhados nas montanhas de pedra.

Entre os ingleses vestidos de *smoking* todas as noites e os hindus inatingíveis em sua imensidade fabulosa, eu não podia deixar de escolher senão a solidão — e assim aquela época foi a mais solitária de minha vida. Mas lembro dela igualmente como a mais luminosa, como se um relâmpago de fulgor extraordinário se detivesse em minha janela para iluminar meu destino por dentro e por fora.

Fui viver num pequeno bangalô, recém-construído, no subúrbio de Wellawatha, junto do mar. Era uma zona despovoada, e as ondas arremetiam contra os arrecifes. De noite a música marinha aumentava.

Pela manhã o milagre daquela natureza recém-lavada surpreendia. Desde cedo eu estava com os pescadores. As embarcações providas de longuíssimos flutuadores pareciam aranhas do mar. Os homens pescavam peixes de cores violentas, peixes como pássaros da selva infinita, uns de escuro azul fosforescente como intenso veludo vivo, outros em forma de globo pungente que se desinflava até converter-se num pobre saquinho de espinhas.

Contemplava com horror o massacre das joias do mar. O pescado era vendido em pedaços à pobre população. O facão dos carrascos cortava em pedaços aquela matéria divina das profundezas para transformá-la em mercadoria sangrenta.

Andando pela costa chegava ao banho dos elefantes. Acompanhado de meu cachorro, não podia me enganar. Da água tranquila surgia um imóvel fungo cinzento que logo se convertia em serpente, depois em cabeça imensa e por último em montanha com presas. Nenhum país do mundo tinha nem tem tantos elefantes trabalhando nos caminhos. Era assombroso vê-los agora — longe do circo ou das grades do jardim zoológico —, atravessando com sua carga de madeira de um lado para o outro, como laboriosos e grandes operários.

Minhas únicas companhias eram meu cachorro e meu mangusto. Este, recém-saído da selva, cresceu a meu lado, dormia em minha cama e comia em minha mesa. Ninguém pode imaginar a ternura de um mangusto. O animalzinho conhecia cada minuto de minha vida, passeava por entre meus papéis e corria atrás de mim o dia todo. Enrodilhava-se entre meu ombro e minha cabeça na hora da sesta e dormia ali com o sono sobressaltado e elétrico dos animais selvagens.

Meu mangusto domesticado ficou famoso no subúrbio. Os mangustos conservam um prestígio um tanto mitológico das contínuas batalhas que travam valentemente com as tremendas cobras. É o que eu acho depois de tê-los visto lutar muitas vezes contra as serpentes, as quais vencem somente por sua agilidade e por sua grossa camada de pelo cor de sal e pimenta que engana e desconcerta o réptil. Por lá se acredita que o mangusto, depois dos combates contra seus venenosos inimigos, sai em busca das ervas do antídoto.

O certo é que o prestígio do mangusto — que me acompanhava todos os dias nas longas caminhadas pelas praias — fez com que uma tarde todos os meninos do bairro se dirigissem à minha casa em imponente procissão. Havia aparecido na rua uma serpente terrível, e eles vinham à procura de Kiria, meu famoso mangusto, cujo triunfo indubitável apressavam-se a celebrar. Seguido por meus admiradores, um bando de garotos tâmiles e cingaleses, sem outra roupa além de suas tangas, encabecei o desfile guerreiro com o mangusto nos braços.

O ofídio era uma espécie negra da temível *pollongha* ou víbora de Russell, de veneno mortífero. Tomava sol no gramado, sobre um encanamento branco do qual se destacava como um látego na neve.

Meus seguidores ficaram para trás, silenciosos. Avancei pelo encanamento. A uns dois metros de distância, defronte da víbora, larguei meu mangusto. Kiria farejou o perigo no ar e se dirigiu com passos lentos até a serpente. Eu e meus pequenos acompanhantes prendemos a respiração. A grande batalha ia começar. A serpente se enroscou, levantou a cabeça, abriu as mandíbulas e dirigiu o olhar hipnótico para o animalzinho. O mangusto continuou avançando. Mas a poucos centímetros da boca do monstro deu-se conta exata do que ia acontecer. Deu então um grande salto, empreendeu vertiginosa carreira em sentido contrário e deixou para trás serpente e espectadores. Não parou de correr até chegar ao meu quarto.

Assim perdi meu prestígio no subúrbio de Wellawatha há mais de trinta anos.

*

    Nessa época minha irmã me trouxe um caderno contendo minhas poesias mais antigas, escritas em 1918 e 1919. Lendo-as, sorri da dor infantil e adolescente, diante do sentimento literário de solidão que se desprende de toda a minha obra de juventude. O escritor jovem não pode escrever sem esse estremecimento de solidão, ainda que seja fictício, assim como o escritor maduro não fará nada sem o sabor de convívio humano, de sociedade.

    Conheci a verdadeira solidão naqueles dias e anos de Wellawatha. Dormi todo aquele tempo num catre de campanha como um soldado, como um explorador. Não tive outra companhia além de uma mesa e duas cadeiras, meu trabalho, meu cachorro, meu mangusto e o *boy* que me servia e voltava para sua aldeia à noite. Esse homem não era propriamente companhia; sua condição de servidor oriental obrigava-o a ser mais silencioso que uma sombra. Chamava-se ou se chama Brampy. Não era preciso ordenar-lhe nada pois tinha tudo pronto: a comida na mesa, a roupa acabada de passar, a garrafa de uísque na varanda. Parecia que tinha esquecido a linguagem. Só sabia sorrir com grandes dentes de cavalo.

    A solidão neste caso não era tema de invocação literária, mas uma coisa dura como o muro de um prisioneiro, contra o qual a gente pode quebrar a cabeça sem que ninguém acuda, mesmo que a gente grite ou chore.

    Eu compreendia que através do ar azul, da areia dourada, para lá da selva primordial, para lá das víboras e dos elefantes, tinha centenas, milhares de seres humanos que cantavam e trabalhavam junto da água, que acendiam fogueiras e modelavam cântaros; e também mulheres ardentes que dormiam nuas sobre as esteiras delgadas, à luz das estrelas imensas. Mas como aproximar-me desse mundo palpitante sem ser considerado um inimigo?

    Pouco a pouco fui conhecendo a ilha. Uma noite atravessei todos os subúrbios sombrios de Colombo para participar de um banquete. De uma casa sombria saía a voz de uma criança ou de uma mulher que cantava. Fiz com que o riquixá se detivesse. Junto à porta humilde me surpreendeu uma emanação que é o aroma inconfundível do Ceilão: uma mistura de jasmins, suor, óleo de coco, jasmim-manga e magnólia. Os rostos sombrios, confundidos com a cor e o cheiro da noite, convidaram-me a entrar. Sentei-me silencioso nas esteiras enquanto continuava na obscuridade a misteriosa voz humana que tinha feito com que eu me detivesse, voz de criança ou de mulher, trêmula e soluçante que subia até o indizível, se interrompia de súbito, baixava até se tornar sombria como as trevas, aderindo ao aroma dos jasmins-manga, enroscava-se em arabescos e caía logo — com todo o seu peso cristalino — como se o mais alto dos repuxos houvesse tocado o céu para se desfazer em seguida entre os jasmins.

Continuei ali por muito tempo, extático sob o sortilégio dos tambores e a fascinação daquela voz. Logo continuei meu caminho, embriagado pelo enigma de um sentimento indecifrável, de um ritmo cujo mistério saía de toda a terra, uma terra sonora, envolta em sombra e aroma.

Os ingleses já estavam sentados à mesa, vestidos de preto e branco.

— Perdoem-me. Parei no caminho para ouvir música — disse.

Eles, que viviam no Ceilão há 25 anos, surpreenderam-se elegantemente. Música? Os nativos tinham música? Eles não sabiam. Era a primeira vez que ouviam dizer.

Esse terrível distanciamento dos colonizadores ingleses do vasto mundo asiático nunca teve fim. E sempre significou um alheamento anti-humano, um desconhecimento total dos valores e da vida daquela gente.

Havia exceções no colonialismo, segundo me informei mais tarde. De repente algum inglês do Club Service se enamorava perdidamente de uma beldade nativa. Era imediatamente expulso de seu posto e isolado dos compatriotas como um leproso. Naquela época, aconteceu também que os colonizadores mandaram queimar a cabana de um camponês cingalês com a intenção de desalojá-lo e desapropriar suas terras. O inglês que devia executar as ordens de arrasar a choça era um funcionário modesto. Chamava-se Leonard Woolf. Mas se negou a fazê-lo e foi destituído de seu cargo. Devolvido à Inglaterra, escreveu ali um dos melhores livros já escritos sobre o Oriente: *A Village in the Jungle*, obra-prima da vida verdadeira e da literatura real, um pouco ou muito prejudicada pela fama da mulher de Woolf, nada menos que Virginia Woolf, grande escritora subjetiva de renome universal.

Pouco a pouco começou a romper-se a crosta impenetrável, e tive alguns poucos e bons amigos. Descobri ao mesmo tempo a juventude impregnada de colonialismo cultural que não falava senão dos últimos livros lançados na Inglaterra. Descobri que Lionel Wendt, pianista, fotógrafo, crítico, cinematografista, era o centro da vida cultural que se debatia entre os estertores do império e uma reflexão sobre os valores puros do Ceilão.

Lionel Wendt, que possuía uma grande biblioteca e recebia os últimos livros da Inglaterra, adquiriu o extravagante e bom costume de mandar à minha casa, situada longe da cidade, um ciclista carregado com um saco de livros a cada semana. Assim, durante aquele tempo, li quilômetros de novelas inglesas, entre elas *Lady Chatterley* em sua primeira edição exclusiva publicada em Florença. As obras de Lawrence me impressionaram por sua aproximação poética e certo magnetismo vital dirigido às relações secretas entre os seres. Mas logo me dei conta de que, apesar de seu gênio, estava frustrado como tantos grandes escritores ingleses, por seus impulsos pedagógicos. D. H. Lawrence quer ditar regras de educação sexual, o que tem pouco a ver com nossa aprendizagem espontânea da vida e do amor. Terminou decididamente por me aborrecer, sem que tenha diminuído minha admiração por sua torturada busca místico-sexual, mais dolorosa porque inútil.

Entre as coisas do Ceilão que relembro inclui-se uma grande caçada de elefantes.

Os elefantes tinham se propagado em excesso em um determinado distrito e incursionavam danificando casas e plantações. Por mais de um mês ao longo de um grande rio os camponeses — com fogo, com fogueiras e tantãs — foram agrupando os rebanhos selvagens e impelindo-os até um recanto da selva. De noite e de dia as fogueiras e o som inquietavam os grandes animais que se moviam como um rio lento até o Noroeste da ilha.

O *kraal* estava preparado para aquele dia. As paliçadas obstruíam uma parte do bosque. Por um corredor estreito vi o primeiro elefante que entrou e se sentiu cercado. Já era tarde. Avançavam centenas mais pelo estreito corredor sem saída. O imenso rebanho de cerca de quinhentos elefantes não pôde avançar nem retroceder.

Os machos mais poderosos dirigiram-se para as paliçadas tentando derrubá-las, mas atrás delas surgiram lanças inumeráveis que os detiveram. Recuaram então para o centro do recinto, decididos a proteger as fêmeas e os filhotes. Era comovedora sua defesa e sua organização. Lançavam um chamado angustioso, espécie de relincho ou trombetada, e em seu desespero arrancavam pela raiz as árvores mais fracas.

Súbito, cavalgando dois grandes elefantes domesticados, entraram os domadores. A parelha domesticada atuava como policiais vulgares. Colocavam-se às costas do animal prisioneiro, golpeavam-no com as trombas e ajudavam a reduzi-lo à imobilidade. Os caçadores então amarravam-lhe uma pata traseira com cordas grossas a uma árvore vigorosa. Um por um foram submetidos dessa maneira.

O elefante prisioneiro recusa o alimento por muitos dias. Mas os caçadores conhecem suas fraquezas. Deixam-no jejuar algum tempo e logo lhes trazem brotos e partes tenras de seus arbustos favoritos, desses que, quando estavam em liberdade, procuravam através de longas viagens pela selva. Finalmente o elefante se decide a comer. Já está domesticado. Já começa a aprender seus trabalhos pesados.

A VIDA EM COLOMBO

Em Colombo não se notava aparentemente nenhum sintoma revolucionário. O clima político diferia do da Índia. Tudo estava oculto numa tranquilidade opressiva. O país dava para os ingleses o chá mais fino do mundo.

O país estava dividido em setores ou compartimentos. Depois dos ingleses, que ocupavam o alto da pirâmide e viviam em grandes residências com jardins, vinha uma classe média semelhante à dos países da América do Sul. Chamavam-se ou chamam-se *burghers* e descendiam dos antigos bôeres, colonos holandeses da África do Sul que foram confinados no Ceilão durante a guerra colonial do século passado.

Mais abaixo estava a população budista e maometana dos cingaleses, composta de muitos milhões. E ainda mais abaixo, com os trabalhos mais mal remunerados, contavam-se também aos milhões os imigrantes nativos, todos eles do Sul do país, de idioma tâmil e religião hindu.

No chamado "mundo social" que desdobrava suas pompas nos belos clubes de Colombo, dois esnobes notáveis disputavam a primazia. Um era um falso nobre francês, o conde de Mauny, que tinha seus adeptos; o outro era um polaco elegante e displicente, meu amigo Winzer, que pontificava nos poucos salões. O homem era notavelmente engenhoso, bastante cínico e inteirado de tudo quanto existe no universo. Sua profissão era curiosa — "conservador do tesouro cultural e arqueológico" — e foi para mim uma revelação quando uma vez o acompanhei em uma de suas inspeções oficiais.

As escavações tinham revelado duas antigas cidades magníficas que a selva havia tragado: Anuradapura e Polonnaruwa. Colunas e corredores brilharam de novo sob o esplendor do sol cingalês. Naturalmente tudo aquilo que era transportável partia bem embalado para o British Museum de Londres.

Meu amigo Winzer era competente. Chegava aos mosteiros distantes e, com a grande complacência dos monges budistas, transladava para a camioneta oficial as portentosas esculturas de pedra milenar que terminariam nos museus da Inglaterra. Valia a pena ver a cara de satisfação dos monges vestidos de cor de açafrão quando Winzer deixava com eles, em substituição de suas antiguidades, imagens budistas de celuloide japonês, grosseiramente pintadas. Olhavam-nas com reverência e depositavam-nas nos mesmos altares de onde tinham sorrido por vários séculos as estátuas de jaspe e granito.

Meu amigo Winzer era um excelente produto do império, isto é, um sem-vergonha elegante.

Algo veio perturbar aqueles dias consumidos pelo sol. Inesperadamente, a torrencial Josie Bliss, meu amor birmanês, instalou-se defronte de minha casa. De seu país distante, tinha viajado até ali. Como pensava que não existia arroz senão em Rangoon, chegou com um saco às costas, com nossos discos favoritos de Paul Robeson e com um comprido tapete enrolado. Da porta da frente, postou-se a observar e em seguida a insultar e a agredir quantos me visitavam. Josie Bliss, consumida por ciúmes devoradores, ameaçava ao mesmo tempo incendiar minha casa. Lembro que atacou, com seu comprido punhal, uma doce moça eurasiana que veio me visitar.

A polícia colonial considerou que sua presença incontrolada era um foco de desordem na rua tranquila. Disseram-me que a expulsariam do país se eu não a acolhesse. Sofri vários dias, oscilando entre a ternura que me inspirava seu desventurado amor e o terror que tinha dela. Não podia deixá-la pôr o pé em minha casa. Era uma terrorista amorosa, capaz de tudo.

Finalmente um dia decidiu partir. Rogou que a acompanhasse até o navio. Quando este estava para sair e eu devia abandoná-lo, desprendeu-se de seus acompanhantes e, beijando-me num arroubo de dor e amor, encheu-me o rosto de lágrimas. Como num ritual me beijava os braços, a roupa e, súbito, abaixou-se até meus sapatos sem que eu pudesse evitá-lo. Quando se levantou de novo seu rosto estava enfarinhado com o alvaiade de meus sapatos brancos. Não podia pedir que desistisse da viagem, que abandonasse comigo o barco que a levava para sempre. A razão me impedia, mas meu coração ganhou ali uma cicatriz que não desapareceu. Aquela dor turbulenta, aquelas lágrimas terríveis rolando sobre o rosto enfarinhado continuam em minha memória.

Tinha quase terminado de escrever o primeiro volume de *Residência na terra*. No entanto, meu trabalho tinha progredido com lentidão. Estava separado do meu mundo pela distância e pelo silêncio, e era incapaz de entrar de verdade no mundo estranho que me rodeava.

Meu livro recolhia como episódios naturais os resultados de minha vida suspensa no vazio: "Mais perto do sangue que da tinta." Porém meu estilo tornou-se mais apurado, e dei asas à repetição de uma melancolia frenética. Insisti pela verdade e pela retórica (porque essas farinhas fazem o pão da poesia) num estilo amargo que porfiou sistematicamente na minha própria destruição. O homem não é só o estilo. É também o que o rodeia e, se a atmosfera não entra no poema, o poema está morto — morto porque não pôde respirar.

Nunca li tanto e com tanto prazer como naquele subúrbio de Colombo em que vivi solitário por muito tempo. De vez em quando voltava a Rimbaud, a Quevedo ou a Proust. *No caminho de Swann* fez-me reviver os tormentos, os amores e os ciúmes da adolescência. Compreendi que naquela frase da sonata de Vinteuil, frase musical que Proust chamou "aérea e odorante", não só se saboreia a descrição mais excepcional do som apaixonante, mas também uma medida desesperada da paixão.

Meu problema naqueles confins foi encontrar essa música e ouvi-la. Com a ajuda de meu amigo músico e musicólogo, investigamos até saber que o Vinteuil de Proust foi formado talvez por Schubert e Wagner e Saint-Saëns e Fauré e D'Indy e César Franck. Minha indigna má educação musical manteve--se ignorante de quase todos esses músicos. Suas obras eram caixas ausentes e fechadas. Meu ouvido nunca reconheceu senão as melodias mais evidentes, e isso com dificuldade.

Por fim, avançando na pesquisa, mais literária que sonora, consegui um álbum com os três discos da sonata para piano e violino de César Franck. Não havia dúvida: ali estava a frase de Vinteuil. Tinha certeza.

Minha atração tinha sido somente literária. Proust, o maior realista poético, na crônica crítica de uma sociedade agonizante que amou e odiou, deteve-se com apaixonada complacência em muitas obras de arte, quadros e catedrais, atrizes e livros. Mas ainda que sua clarividência iluminasse tudo o que tocava, reiterou o encanto dessa sonata e sua frase renascente com uma intensidade que talvez não tenha dado a outras descrições. Suas palavras levaram-me a reviver minha própria vida, meus distantes sentimentos perdidos em mim mesmo, em minha própria ausência. Quis ver na frase musical o relato mágico-literário de Proust e adotei ou fui adotado pelas asas da música.

A frase envolve-se na gravidade da sombra, enrouquecendo-se, agravando e dilatando sua agonia. Parece edificar sua angústia como uma estrutura gótica, que as volutas repetem levadas pelo ritmo que eleva sem cessar a mesma flecha.

O elemento nascido da dor busca uma saída triunfante que não renega no vértice sua origem transtornada pela tristeza. Parece enroscar-se numa espiral patética enquanto o piano soturno acompanha repetidas vezes a morte e a ressurreição do som. A intimidade sombria do piano dá à luz mais de uma vez o serpeante nascimento até que amor e dor se enlaçam na vitória agonizante.

Para mim não havia mais dúvida de que estas eram a frase e a sonata.

A sombra brusca caía como um punho sobre minha casa perdida entre os coqueiros de Wellawatha, mas cada noite a sonata vivia comigo, conduzindo e me envolvendo, dando-me sua tristeza perpétua, sua melancolia vitoriosa.

Os críticos que tanto dissecaram meus trabalhos não viram até agora esta influência secreta que aqui vai confessada. Porque em Wellawatha escrevi grande parte de *Residência na terra*. Ainda que minha poesia não seja "odorante nem aérea", mas sim tristemente telúrica, parece-me que esses temas, tão repetidamente melancólicos, integram-se na intimidade retórica daquela música que conviveu comigo.

Anos depois, já de volta ao Chile, estava numa reunião de jovens com os três grandes da música chilena, acho que em 1932, na casa de Marta Brunet.

Claudio Arrau conversava num canto com Domingo Santa Cruz e Armando Carvajal. Aproximei-me deles, mas me olharam apenas, continuando a falar imperturbavelmente de música e de músicos. Procurei chamar a atenção falando daquela sonata, a única que eu conhecia.

Olharam-me distraidamente e com superioridade disseram:

— César Franck? Por que César Franck? Deves conhecer é Verdi.

E continuaram sua conversa, sepultando-me numa ignorância da qual ainda não saí.

CINGAPURA

A verdade é que a solidão de Colombo não só era pesada, mas também letárgica. Tinha poucos amigos na ruazinha em que vivia. E amigas de várias cores passavam por minha cama de campanha sem deixar nada além do relâmpago físico. Meu corpo era uma fogueira solitária acesa noite e dia naquela costa tropical. Minha amiga Patsy chegava frequentemente com algumas de suas companheiras, moças morenas e douradas, com sangue de bôeres, de ingleses e de dravidianos. Deitavam comigo esportiva e desinteressadamente.

Uma delas me explicou suas visitas às *chummeries*. Assim eram chamados os bangalôs em que grupos de jovens ingleses, pequenos comerciários e industriários viviam em comum para economizar casa e comida. Sem nenhum cinismo, como uma coisa natural, contou-me a moça que numa ocasião tinha ido para a cama com 14 deles.

— E como fizeste? — perguntei.

— Estava sozinha com eles naquela noite em que davam uma festa. Puseram um gramofone, e eu dançava um pouco com cada um. Durante a dança, desaparecíamos para dentro de algum dos quartos. Assim todos ficaram contentes.

Não era uma prostituta. Era mais um produto colonial, um fruto cândido e generoso. Sua história me impressionou, e nunca tive por ela senão simpatia.

Meu solitário e isolado bangalô era distante de toda urbanização. Quando o aluguei, tratei de saber onde era a privada, que não se via em parte alguma. Na verdade ficava muito distante do chuveiro, lá no fundo da casa.

Examinei-a com curiosidade. Era uma caixa de madeira com um buraco no centro, muito semelhante ao que conheci na minha infância no campo, em meu país. Só que os nossos estavam situados sobre um poço fundo ou sobre um córrego. Aqui o depósito era um simples vaso de metal sob o buraco redondo.

O vaso amanhecia limpo todos os dias sem que eu me desse conta de como desaparecia seu conteúdo. Certa manhã me levantei mais cedo que de costume e fiquei perplexo vendo o que acontecia.

Entrou pelos fundos da casa, como uma estátua escura que caminhasse, a mulher mais bela que eu tinha visto até então no Ceilão, de raça tâmil, da casta dos párias. Estava vestida com um sari vermelho e dourado da fazenda mais ordinária. Nos pés descalços trazia pesadas pulseiras. De cada lado do nariz brilhavam dois pequenos pontos vermelhos. Deviam ser vidros ordinários, mas nela pareciam rubis.

Dirigiu-se com passo solene até a privada, sem sequer me olhar, sem tomar conhecimento de minha existência, e desapareceu com a vasilha sórdida sobre a cabeça, afastando-se e caminhando como uma deusa.

Era tão bela que apesar de seu ofício humilde me deixou preocupado. Como se fosse um animal arisco, vindo da selva, pertencia a outro tipo de vida, a um mundo separado. Chamei-a sem resultado. Depois, vez por outra, deixava presentes em seu caminho, sedas ou frutas. Ela passava sem ouvir nem olhar. Aquele trajeto miserável tinha se convertido por causa de sua beleza escura na cerimônia obrigatória de uma rainha indiferente.

Certa manhã, decidido a tudo, segurei-a fortemente pelo pulso e a encarei. Não havia idioma algum em que pudesse falar com ela. Deixou-se conduzir por mim sem um sorriso e logo estava nua em minha cama. Sua cintura delgadíssima, seus quadris cheios, as transbordantes taças dos seios faziam-na igual às esculturas milenares do Sul da Índia. A união foi a de um homem com uma estátua. Permaneceu o tempo todo com os olhos abertos, impassível. Fazia bem em me desprezar. A experiência não se repetiu mais.

Li com dificuldade o cabograma. O Ministério das Relações Exteriores me comunicava uma nova nomeação. Deixava de ser cônsul em Colombo para desempenhar funções idênticas em Cingapura e Batávia. Isso me fazia subir do primeiro círculo da pobreza para o segundo. Em Colombo tinha direito de receber (se creditassem) a importância de 166,66 dólares. Agora, sendo cônsul ao mesmo tempo em duas colônias, podia receber (se creditassem) duas vezes 166,66 dólares, quer dizer, a importância de 333,32 dólares (se creditassem). O que queria dizer, para começar, que deixaria de dormir numa cama de campanha. Minhas aspirações materiais não eram excessivas.

Mas o que faria com Kiria, meu mangusto? Daria de presente para aqueles garotos desrespeitosos do bairro que já não acreditavam em seu poder contra as serpentes? Não podia nem pensar nisso. Não cuidariam dela nem a deixariam comer na mesa como era seu costume comigo. Devia soltá-la na selva para que voltasse a seu estado primitivo? Jamais. Sem dúvida tinha perdido seus instintos de defesa, e as aves de rapina a devorariam sem aviso prévio. Por outro lado, como levá-la comigo? No navio não aceitariam passageiro tão singular.

Decidi então levar na viagem Brampy, meu *boy* cingalês. Era um luxo de milionário e também uma loucura porque iríamos para países — Malásia, Indonésia — cujos idiomas Brampy desconhecia totalmente. Mas o mangusto poderia viajar incógnita na confusão da coberta do navio, despercebido dentro de uma cesta. Brampy o conhecia tão bem quanto eu. O problema era a alfândega, mas o astuto Brampy se encarregaria de burlá-la.

E assim, com tristeza, alegria e mangusto, deixamos a ilha do Ceilão rumo a outro mundo desconhecido.

É difícil entender por que o Chile tinha tantos consulados espalhados por toda parte. Não deixa de ser estranho que uma república tão pequena, escondida perto do Polo Sul, envie e mantenha representantes oficiais em arquipélagos, costas e arrecifes do outro lado do globo.

No fundo, explico, esses consulados eram produto da fantasia e da *self--importance* que nós, os americanos do Sul, nos damos. Por outro lado, já disse que nesses lugares longínquos embarcavam para o Chile juta, parafina sólida para fabricar velas e, sobretudo, chá, muito chá. Os chilenos tomamos chá quatro vezes ao dia. E não podemos cultivá-lo. Certa vez, desencadeou--se uma grande greve dos trabalhadores de salitre por falta desse produto tão exótico. Lembro que alguns exportadores ingleses me perguntaram certa vez, depois de alguns uísques, que fazíamos os chilenos com tais quantidades exorbitantes de chá.

— Tomamos — disse.

(Se pensavam saber de mim o segredo de algum aproveitamento industrial, senti decepcioná-los.)

O consulado em Cingapura tinha já dez anos de existência. Desci pois com a confiança que me davam meus 23 anos de idade, sempre acompanhado por Brampy e meu mangusto. Fomos diretamente ao Hotel Raffles. Ali mandei lavar minha roupa, que não era pouca, e logo me sentei na varanda. Estendi-me preguiçosamente em uma *easychair* e pedi um, dois e até três *gin pahit*.

Tudo era muito Somerset Maugham até que me ocorreu procurar no catálogo de telefones a sede de meu consulado. Não estava registrado, diabos! Fiz na hora um chamado de urgência aos estabelecimentos do governo inglês. Responderam-me, depois de uma consulta, que ali não havia consulado do Chile. Perguntei então pelo cônsul, senhor Mansilla. Não o conheciam.

Senti-me acabrunhado. Tinha recursos apenas para pagar um dia de hotel e a lavagem de minha roupa. Pensei que o consulado fantasma teria sua sede em Batávia e decidi continuar viagem no mesmo navio que me trouxe, o qual ia precisamente até Batávia e ainda estava no porto. Mandei tirar minha roupa da tina onde estava de molho, Brampy fez com ela uma trouxa úmida, e corremos até o cais.

Já içavam o portaló. Subi os degraus ofegante. Meus ex-companheiros de viagem e os oficiais do navio me olharam surpreendidos. Fiquei na mesma cabina que tinha deixado pela manhã e, estendido de costas no beliche, fechei os olhos enquanto o navio se afastava do porto fatídico.

Tinha conhecido uma moça judia no navio. Chamava-se Kruzi, era loura, gordinha, de olhos dourados e alegria transbordante. Disse-me que tinha um bom emprego em Batávia. Aproximei-me dela na festa final da travessia. Entre um brinde e outro me arrastava para dançar. Eu a seguia desajeitadamente nas lentas contorções usadas na época. Naquela última noite fizemos amor em minha cabina, amistosamente, conscientes de que nossos destinos se uniam por acaso e por uma só vez. Contei-lhe minhas desventuras. Ela se compadeceu suavemente, e essa ternura passageira me penetrou até a alma.

Kruzi, por sua vez, confessou-me a verdadeira ocupação que a esperava em Batávia. Havia certa organização mais ou menos internacional que colocava moças europeias na cama de asiáticos respeitáveis. Tinham dado a ela opção entre um marajá, um príncipe do Sião e um rico comerciante chinês. Decidiu-se por este último, um homem jovem, mas tranquilo.

Quando descemos à terra, no dia seguinte, vi o Rolls Royce do magnata chinês e também o perfil do dono através das floridas cortininhas do automóvel. Kruzi desapareceu entre a multidão e as bagagens.

Instalei-me no hotel Der Nederlanden. Preparava-me para o almoço quando vi Kruzi entrar. Jogou-se em meus braços, sufocada pelo pranto.

— Expulsaram-me daqui. Devo partir amanhã.

— Mas quem te expulsa e por quê?

Contou-me entrecortadamente sua desgraça. Estava quase entrando no Rolls Royce quando os agentes da imigração a detiveram para submetê-la a um interrogatório brutal. Teve que confessar tudo. As autoridades holandesas consideraram um grave delito que ela pudesse viver em concubinato com um chinês. Puseram-na finalmente em liberdade com a promessa de não visitar seu galã e com outra promessa de embarcar no dia seguinte no mesmo navio em que tinha chegado e que voltava ao Ocidente.

O que mais a feria era ter decepcionado aquele homem que a esperava, sentimento a que seguramente não era alheio o imponente Rolls Royce. No entanto, Kruzi no fundo era uma sentimental. Em suas lágrimas havia muito mais que interesse frustrado: sentia-se humilhada e ofendida.

— Sabes seu endereço? Tens o telefone dele? — perguntei.

— Sim — respondeu. — Mas tenho medo de que me prendam. Ameaçaram me trancafiar num calabouço.

— Não tens nada a perder. Vai ver esse homem que pensou em ti sem te conhecer. Deves a ele pelo menos algumas palavras. Agora que te importam os policiais holandeses? Vinga-te deles. Vai ver teu chinês. Toma precauções, engana teus humilhadores e te sentirás melhor. Acho que assim partirás mais contente deste país.

Naquela noite, bem tarde, voltou minha amiga. Tinha ido ver seu admirador por correspondência. Contou-me do encontro. O homem era um oriental afrancesado e instruído. Falava francês com naturalidade. Era casado segundo os padrões da honorável instituição do casamento chinês e se aborrecia muitíssimo.

O pretendente amarelo tinha preparado, para a noiva branca que lhe chegava do Ocidente, um bangalô com jardim, telas contra mosquitos, móveis Luís XIV e uma grande cama que foi posta à prova naquela noite. O dono da casa foi mostrando melancolicamente os pequenos refinamentos que guardava para ela, os garfos e facas de prata (ele só comia com pauzinhos), o bar com bebidas europeias e a geladeira cheia de frutas.

Logo se deteve diante de um grande baú hermeticamente fechado. Tirou uma pequena chave da calça, abriu o cofre e mostrou aos olhos de Kruzi o mais estranho dos tesouros: centenas de calças femininas, sutis calçolas, calcinhas mínimas. Peças íntimas de mulher, às centenas ou milhares, enchiam o móvel santificado pelo ácido aroma do sândalo. Ali estavam reunidas todas as sedas, todas as cores. A escala se desdobrava do violeta ao amarelo, de todas as gamas do rosa aos verdes secretos, dos vermelhos violentos aos negros refulgentes, dos elétricos azuis-celestes aos brancos nupciais. Todo o arco-íris da concupiscência masculina de um fetichista que, sem dúvida, colecionou aquele florilégio para deleite de sua própria voluptuosidade.

— Fiquei deslumbrada — disse Kruzi, voltando a soluçar. — Tomei ao acaso um punhado dessas peças e aqui as tenho.

Senti-me comovido, eu também, pelo mistério humano. Nosso chinês, um comerciante sério, importador e exportador, colecionava calcinhas femininas como se fosse um caçador de borboletas. Quem diria?

— Deixe uma para mim — disse à minha amiga.

Ela escolheu uma branca e verde, acariciando-a suavemente antes de me entregar.

— Com dedicatória, Kruzi, por favor.

Então ela a esticou cuidadosamente e escreveu meu nome e o seu sobre a seda, molhando-a também com algumas lágrimas.

No dia seguinte partiu sem que eu visse, como não voltei a vê-la nunca mais. A vaporosa calcinha, com sua dedicatória e suas lágrimas, andou em minhas valises misturada com minhas roupas e meus livros por muitos e muitos anos. Não soube nem quando nem como alguma visitante abusada saiu de minha casa vestida com ela.

BATÁVIA

Naquela época, quando ainda não existiam os "motéis" no mundo, o hotel Nederlanden era insólito. Tinha um grande corpo central, destinado à sala de refeições e aos escritórios, e bangalôs individuais, separados entre si por pequenos jardins e árvores poderosas. Em suas altas copas vivia uma infinidade de pássaros, esquilos membranosos que voavam de um galho para o outro e insetos que zumbiam como na selva. Brampy esmerou-se na tarefa de cuidar do mangusto, cada vez mais inquieto em sua nova casa.

Aqui, sim, tinha consulado do Chile. Pelo menos figurava no catálogo de telefones. No dia seguinte, descansado e mais bem-vestido, dirigi-me a seus escritórios. O escudo consular do Chile estava pendurado na fachada de um grande edifício. Era uma companhia de navegação. Um dos muitos funcionários me conduziu ao escritório do diretor, um holandês corado e volumoso. Não tinha aparência de gerente de empresa naval, mas sim de estivador.

— Sou o novo cônsul do Chile — apresentei-me. — Antes de mais nada agradeço seus préstimos e peço-lhe me colocar a par dos principais assuntos do consulado. Quero tomar posse de meu posto imediatamente.

— Aqui o único cônsul sou eu! — respondeu furibundo.

— Como assim?

— Comecem por pagar o que me devem — gritou.

Pode ser que aquele homem conhecesse navegação, mas ignorava a cortesia em qualquer idioma. Atropelava as frases enquanto mordiscava raivosamente um péssimo *cheruto* que empestava o ar.

O energúmeno não me dava quase nenhuma oportunidade de interrompê-lo. Sua indignação e o *cheruto* provocavam-lhe estrondosos ataques de tosse, quando não engasgos que terminavam em cusparadas. Finalmente pude encaixar uma frase em defesa própria:

— Senhor, não lhe devo nada e nada tenho que lhe pagar. Compreendo que o senhor seja cônsul *ad honorem*, isto é, honorário. E, se isso lhe parece discutível, não vejo o que tem a ver com vociferações que não estou disposto a ouvir.

Mais tarde comprovei que não faltava uma parcela de razão ao grosseiro holandês. O sujeito tinha sido vítima de uma verdadeira fraude da qual naturalmente não éramos culpados nem eu nem o governo do Chile. Era Mansilla o tortuoso personagem que provocava a ira do holandês. Fui comprovando que o tal Mansilla nunca desempenhou seu posto de cônsul em Batávia e que vivia em Paris há muito tempo. Tinha feito um trato com o holandês para que este exercesse suas funções consulares e lhe enviasse mensalmente os papéis e o dinheiro das arrecadações. Ele se comprometia a pagar-lhe pelo trabalho uma importância mensal que nunca pagou. Daí a indignação deste holandês telúrico que despencou sobre mim como o desabamento de uma cornija.

No dia seguinte senti-me infinitamente enfermo: febre maligna, gripe, solidão e hemorragia. Fazia calor, e eu suava. O nariz sangrava como na infância, em Temuco, sob o frio de Temuco.

Fazendo um esforço para sobreviver, dirigi-me ao palácio do governo, que estava situado em Buitenzorg, em pleno e esplêndido Jardim Botânico. Os burocratas desviaram com dificuldade os olhos azuis de seus papéis brancos. Tiraram lápis que também transpiravam e escreveram meu nome com algumas gotas de suor.

Saí mais doente do que quando entrei. Andei pelas avenidas até sentar-me sob uma árvore imensa. Aqui tudo era saudável e fresco, a vida respirava tranquila e poderosa. As árvores gigantescas erguiam diante de mim seus troncos retos, lisos e prateados, até cem metros de altura. Li a placa esmaltada que as classificava. Eram variedades de eucaliptos desconhecidos para mim. Da altura imensa desceu até minhas narinas uma onda fria de perfume. Aquele imperador entre as árvores tinha se apiedado de mim, e uma lufada de seu aroma me devolveu a saúde.

Ou talvez seria a solenidade verde do Jardim Botânico, a infinita variedade das folhas, o entrelaçamento das lianas, as orquídeas que explodiam como estrelas-do-mar entre a folhagem, a profundidade submarina daquele recinto florestal, o grito dos *guacamayos*, o guincho dos macacos, tudo isso me devolveu a confiança em meu destino e em minha alegria de viver, que iam se apagando como uma vela consumida.

Voltei reconfortado ao hotel, sentei-me na varanda de meu bangalô com papel de escrever e meu mangusto sobre a mesa, e decidi enviar um telegrama ao governo do Chile. Faltava a tinta. Foi então quando chamei o *boy* do hotel e lhe pedi em inglês *ink* para que me trouxesse um tinteiro. Não deu o menor sinal de que tivesse entendido. Limitou-se a chamar outro *boy* tão vestido de branco e tão descalço quanto ele, para que o ajudasse a interpretar meus enigmáticos desejos. Não havia nada a fazer. Quando eu dizia *ink* e movia meu lápis molhando-o num tinteiro imaginário, os sete ou oito *boys* que tinham se reunido para assessorar o primeiro repetiam em uníssono minha manobra com um lápis que tiravam de suas algibeiras e exclamavam com ímpeto: *ink*, *ink*, morrendo de rir. Parecia-lhes um novo rito que estavam aprendendo. Desesperado, corri ao bangalô fronteiriço, seguido pela fila de criados vestidos de branco. De uma mesa solitária peguei um tinteiro que ali estava por milagre e, brandindo-o diante de seus olhos assombrados, gritei:

— *This*! *This*!

Então todos sorriram e disseram em coro:

— Tinta! Tinta!

Soube assim que tinta se chama "tinta" em malaio.

Chegou o momento em que me restituíram o direito de instalar-me consularmente. Meu disputado patrimônio era: um carimbo de borracha carcomido, uma almofadinha de tinta e algumas pastas de documentos que continham somas e subtrações. As subtrações tinham ido parar nos bolsos do ardiloso cônsul que operava de Paris. O holandês ludibriado entregou-me o embrulho insignificante sem deixar de mastigar seu *cheruto* e com um sorriso frio de mastodonte decepcionado.

De vez em quando assinava faturas consulares, aplicando-lhes o desconjuntado carimbo oficial. Assim me chegavam os dólares que, transformados em *gulders*, mal davam para o meu sustento: alojamento e alimentação para mim, salário de Brampy e os cuidados com meu mangusto Kiria, que crescia ostensivamente e comia três ou quatro ovos por dia. Além disso tive que comprar um *smoking* branco e um fraque que me comprometi a pagar à prestação. Sentava-me às vezes, quase sempre só, nos repletos cafés ao ar livre, junto aos amplos canais, para tomar cerveja ou *gin pahit*; quer dizer, prossegui minha vida de tranquilidade desesperada.

A *rice-table* do restaurante do hotel era majestosa. Entrava na sala de refeições uma procissão de dez a quinze criados desfilando na nossa frente com suas respectivas travessas no alto. Cada uma dessas travessas estava dividida em compartimentos e em cada um desses compartimentos brilhava um manjar misterioso. Aquela infinidade comestível erigia sua substância sobre uma base de arroz. Eu, que sempre fui glutão e por muito tempo desnutrido, escolhia um pouco de cada uma das travessas de cada um dos quinze ou dezoito criados até meu prato virar uma pequena montanha em que os peixes exóticos, os ovos indecifráveis, os vegetais inesperados, os frangos inexplicáveis e as carnes insólitas cobriam como uma bandeira o cume de meu almoço. Os chineses dizem que a comida deve ter três excelências: sabor, cheiro e cor. A *rice-table* de meu hotel unia essas três virtudes com mais uma de quebra: abundância.

Por aqueles dias perdi Kiria, meu mangusto. Tinha o perigoso costume de seguir-me aonde eu fosse com passinhos muito rápidos e imperceptíveis. Ir atrás de mim significava expor-se às ruas onde cruzavam automóveis, caminhões, riquixás, pedestres holandeses, chineses, malaios, um mundo turbulento para um mangusto cândido que não conhecia senão duas pessoas no mundo.

Aconteceu o inevitável. Ao voltar para o hotel e ao olhar Brampy me dei conta da tragédia. Não perguntei nada. Mas quando me sentei na varanda ela não saltou sobre meus joelhos nem passou sua peludíssima cauda em minha cabeça.

Pus um anúncio nos jornais: "Mangusto perdido. Atende pelo nome de Kiria." Ninguém respondeu. Nenhum vizinho a viu. Talvez estivesse morta. Desapareceu para sempre.

Brampy, seu guardião, sentiu-se tão desonrado que por muito tempo não se apresentou diante de mim. Minha roupa, meus sapatos, eram cuidados por um fantasma. Às vezes pensava escutar o guincho de Kiria que me chamava de alguma árvore noturna. Acendia a luz, abria as janelas e as portas, perscrutava os coqueiros — mas não era ela. O mundo que Kiria conhecia tinha se transformado numa grande fraude, sua confiança tinha desmoronado na selva ameaçadora da cidade. Senti-me por muito tempo varado pela melancolia.

Brampy, envergonhado, decidiu voltar a seu país. Senti muito, mas na realidade aquele mangusto era a única coisa que nos unia. Chegou uma tarde para me mostrar a roupa nova que tinha comprado para chegar bem-vestido à sua cidade no Ceilão. Apareceu logo vestido de branco e abotoado até o pescoço. O mais surpreendente era um gorro imenso de *chef* que tinha encasquetado sobre sua cabeça escuríssima. Estourei numa gargalhada incontida. Brampy não se ofendeu. Pelo contrário, sorriu-me com grande doçura, com um sorriso compreensivo pela minha ignorância.

Chamava-se Probolingo a rua de minha nova casa em Batávia. Tinha uma sala, um quarto de dormir, uma cozinha e um banheiro. Nunca tive automóvel, mas uma garagem que se manteve sempre vazia. Eu tinha espaço de sobra naquela casa minúscula. Contratei uma cozinheira javanesa, uma velha camponesa, encantadora e que tratava todo mundo igual. Um *boy*, também javanês, servia à mesa e limpava minha roupa. Ali terminei *Residência na terra*.

Minha solidão redobrou. Pensei em me casar. Tinha conhecido uma *criolla*, ou seja, uma holandesa com algumas gotas de sangue malaio, que gostava muito de mim. Era uma mulher alta e suave, alheia totalmente ao mundo das artes e das letras. (Vários anos mais tarde, minha biógrafa e amiga Margarita Aguirre escreveria acerca daquele meu casamento o seguinte: "Neruda regressou ao Chile em 1932. Dois anos antes tinha se casado na Batávia com María Antonieta Hagenaar, jovem holandesa estabelecida em Java. Ela está muito orgulhosa de ser a esposa de um cônsul e tem da América uma ideia bastante exótica. Não sabe espanhol, mas começa a aprender. Mas não há dúvida de que não é só o idioma o que não aprende. Apesar de tudo, sua união sentimental com Neruda é muito forte, sendo vistos sempre juntos. Maruca, como a chama Pablo, é altíssima, lenta, hierática.")

Minha vida era bastante simples. Logo conheci outras pessoas amáveis. O cônsul cubano e sua mulher ficaram forçosamente meus amigos, unidos a mim pelo idioma. O compatriota de Capablanca falava sem parar, que nem uma vitrola. Era oficialmente o representante de Machado, o tirano de Cuba. No entanto, me contava que os pertences dos presos políticos — relógios, anéis e às vezes dentes de ouro — apareciam na barriga dos tubarões pescados na baía de Havana.

O cônsul alemão Hertz adorava as artes plásticas modernas, os cavalos azuis de Franz Marc, as figuras alongadas de Wilhelm Lehmbruck. Era uma pessoa sensível e romântica, um judeu com séculos de herança cultural. Perguntei-lhe uma vez:

— E esse Hitler, cujo nome aparece de vez em quando nos jornais, esse chefete antissemita e anticomunista, não acredita que ele possa chegar ao poder?
— Impossível — disse.
— Como impossível se o absurdo é o que mais se vê na História?
— É que você não conhece a Alemanha — sentenciou. — Ali é totalmente impossível um agitador louco como esse poder governar sequer uma aldeia.

Pobre amigo, pobre cônsul Hertz! Aquele agitador louco por pouco não governou o mundo. E o ingênuo Hertz deve ter acabado numa anônima e monstruosa câmara de gás com toda a sua cultura e seu nobre romantismo.

CADERNO 5

ESPANHA NO CORAÇÃO

COMO ERA FEDERICO

Uma longa viagem de dois meses por mar me trouxe de volta ao Chile em 1932. Publiquei então *El hondero entusiasta*, que andava extraviado entre meus papéis, e *Residência na terra*, que tinha escrito no Oriente. Em 1933 me designaram cônsul do Chile em Buenos Aires, aonde cheguei no mês de agosto.

Quase ao mesmo tempo chegou a essa cidade Federico García Lorca para dirigir e estrear sua tragédia teatral *Bodas de sangue* na Companhia de Lola Membrives. Ainda não nos conhecíamos, mas ficamos nos conhecendo em Buenos Aires e muitas vezes fomos homenageados juntos por escritores e amigos. É certo que não faltaram incidentes. Federico tinha contestadores; a mim também acontecia e continua acontecendo o mesmo. Esses contraditores sentem-se espicaçados e querem apagar a luz para que a gente não os veja. Assim aconteceu daquela vez. Como tinha interesse em ajudar no banquete que o Pen Clube oferecia no Hotel Plaza a Federico e a mim, alguém fez funcionar os telefones o dia inteiro para avisar que a homenagem tinha sido suspensa. E foram tão previdentes que avisaram inclusive o diretor do hotel, a telefonista e o cozinheiro-chefe para que não recebessem adesões nem preparassem o jantar. Mas a manobra se frustrou e no final nos reunimos, Federico García Lorca e eu, com cem escritores argentinos.

Proporcionamos uma grande surpresa. Tínhamos preparado um discurso *al alimón*. Vocês provavelmente não sabem o que significa essa palavra, e eu tampouco sabia. Federico, que estava sempre gracejando e inventando casos, explicou:

— Dois toureiros podem tourear ao mesmo tempo o mesmo touro e com uma única capa. Esta é uma das provas mais perigosas da tauromaquia. Por isso se vê muito poucas vezes. Não mais de duas ou três vezes num século e só podem fazê-lo dois toureiros que sejam irmãos ou que, pelo menos, tenham sangue comum. Isso é o que se chama tourear *al alimón*. E isso é o que faremos num discurso.

Foi o que fizemos sem ninguém saber. Quando nos levantamos para agradecer ao presidente do Pen Clube o banquete oferecido, nos levantamos ao mesmo tempo, tal qual dois toureiros, para um só discurso. Como o jantar era servido em mesinhas separadas, Federico estava numa ponta e eu na outra, de modo que as pessoas, por um lado, me puxavam pela jaqueta para que eu me sentasse acreditando num equívoco e, pelo outro, faziam o mesmo com Federico. Começamos pois a falar ao mesmo tempo, dizendo ele "Senhoras" e continuando eu com "Senhores", entrelaçando até o fim nossas frases de maneira que pareceu uma só unidade até que paramos de falar. O discurso foi dedicado a Rubén Darío porque, tanto García Lorca como eu, sem que desconfiassem de que éramos modernistas, celebrávamos Rubén Darío como um dos grandes criadores da linguagem poética em idioma espanhol.

Eis aqui o texto do discurso:

Neruda: Senhoras...

Lorca: ... e senhores. Existe na tourada uma sorte chamada *toreo del alimón* em que dois toureiros se esquivam do touro agarrados na mesma capa.

Neruda: Federico e eu, unidos por um fio elétrico, vamos fazer um par e responder a esta recepção decisiva.

Lorca: É costume nestas reuniões que os poetas mostrem sua palavra viva, de prata ou madeira, e saúdem com sua voz própria os companheiros e amigos.

Neruda: Mas nós vamos estabelecer entre vocês um morto, um comensal viúvo, oculto nas trevas de uma morte maior que outras mortes, viúvo da vida, de quem fora, em seu tempo, marido deslumbrante; vamos nos esconder debaixo de sua sombra ardente, vamos repetir seu nome até que sua força salte do esquecimento.

Lorca: Vamos, depois de mandar nosso abraço com ternura de pinguim ao delicado poeta Amado Villar, vamos lançar um grande nome sobre a toalha da mesa, na certeza de que os copos se partirão, hão de saltar os garfos, buscando o olho ansiado por eles, e um golpe de mar há de manchar as toalhas de mesa. Vamos dizer o nome do poeta da América e da Espanha: Rubén...

Neruda: ... Darío. Porque, senhoras...

Lorca: ... e senhores...

Neruda: Onde está, em Buenos Aires, a praça Rubén Darío?

Lorca: Onde está a estátua de Rubén Darío?

Neruda: Ele amava os parques. Onde está o parque Rubén Darío?

Lorca: Onde está a loja de rosas de Rubén Darío?

Neruda: Onde estão a macieira e as maçãs de Rubén Darío?

Lorca: Onde está a mão cortada de Rubén Darío?

Neruda: Onde?

Lorca: Rubén Darío dorme em sua "Nicarágua natal", sob seu espantoso leão de gesso como esses leões que os ricos põem nos portais de suas casas.

Neruda: Um leão de farmácia ao fundador de leões, um leão sem estrelas a quem dava estrelas.

Lorca: Insuflou o rumor da selva com um adjetivo e, como Frei Luis de Granada, mestre de idiomas, evocou signos estelares com o limão, e a pata do cervo, e os moluscos cheios de terror e infinito; lançou-nos ao mar com fragatas e sombras nas nossas meninas dos olhos e construiu um enorme caminho de gim sobre a tarde mais cinzenta que o céu já teve e saudou de igual para igual o sombrio vento do sudoeste, todo sentimento, como um poeta romântico, e apoiou a mão sobre o capitel coríntio com uma dúvida irônica e triste de todas as épocas.

Neruda: Seu nome rubro merece ser recordado em seus caminhos essenciais com suas terríveis dores do coração, sua incerteza incandescente, sua descida às espirais do inferno, sua subida aos castelos da fama, seus atributos de poeta maior desde então e para sempre e imprescindível.

Lorca: Como poeta espanhol ensinou na Espanha aos velhos mestres e às crianças como um sentido de universalidade e de generosidade que faz falta nos poetas atuais. Ensinou a Valle-Inclán, a Juan Ramón Jiménez e aos irmãos Machado, e sua voz foi água e salitre no sulco do idioma venerável. Desde Rodrigo Caro aos Argensolas ou Dom Juan Arguijo não havia tido o espanhol festas de palavras, choques de consoantes, luzes e forma como em Rubén Darío. Desde a paisagem de Velázquez e a fogueira de Goya e desde a melancolia de Quevedo ao culto cor de maçã das camponesas maiorquinas, Darío percorreu a terra espanhola como sua própria terra.

Neruda: Foi trazido ao Chile por uma maré, o mar quente do Norte, e ali o mar o deixou, abandonado na costa dura e recortada, e o oceano o golpeava com espumas e sinos, e o vento negro de Valparaíso o enchia de sal sonoro. Façamos esta noite sua estátua com o ar, atravessada pelo fumo, pela voz, pelas circunstâncias e pela vida, como esta sua poética magnífica atravessada por sonhos e sons.

Lorca: Mas sobre esta estátua de ar quero pôr seu sangue como um ramo de coral agitado pela maré, seus nervos idênticos à fotografia de um grupo de raios, sua cabeça de minotauro onde a neve gongorista é pintada por um voo de colibris, seus olhos vagos e ausentes de milionário de lágrimas e também seus defeitos. As estantes comidas já pelos saramagos, onde soa um vazio de flauta, as garrafas de conhaque de sua dramática embriaguez, seu mau gosto encantador e seu palavreado descarado que enchem de humanidade a multidão de seus versos. Fora de normas, formas e escolas permanece de pé a substância fecunda de sua grande poesia.

Neruda: Federico García Lorca, espanhol, e eu, chileno, declinamos a responsabilidade desta noite de camaradas para essa grande sombra que cantou mais alto que nós e saudou com voz inusitada a terra argentina em que estamos.

Lorca: Pablo Neruda, chileno, e eu, espanhol, coincidimos no idioma e no grande poeta nicaraguense, argentino, chileno e espanhol, Rubén Darío.

Neruda e Lorca: Por cuja homenagem e glória levantamos nosso copo.

MIGUEL HERNÁNDEZ

Não permaneci muito tempo no consulado de Buenos Aires. No começo de 1934 fui transferido com o mesmo cargo para Barcelona. Dom Tulio Maqueira era meu chefe e cônsul-geral do Chile na Espanha. Foi certamente o mais zeloso funcionário do serviço consular chileno que conheci, um homem muito severo, com fama de esquivo, mas que comigo foi extraordinariamente bondoso, compreensivo e cordial.

Descobriu rapidamente Dom Tulio Maqueira que eu subtraía e multiplicava com grandes tropeços, e que não sabia dividir (nunca aprendi). Disse-me então:

— Pablo, você deve viver em Madri. A poesia está lá. Aqui em Barcelona estão essas multiplicações e divisões terríveis que não querem saber de você. Para isso eu sou suficiente.

Ao chegar a Madri, convertido da noite para o dia e por um passe de mágica em cônsul chileno na capital da Espanha, conheci todos os amigos de García Lorca e de Alberti.

Um deles era o jovem poeta Miguel Hernández. Eu o conheci quando chegava de alpercatas e calças de camponês, de bombazina, vindo de suas terras de Orihuela, onde tinha sido pastor de cabras. Publiquei seus versos em minha revista *Caballo Verde*, e me entusiasmavam o fulgor e o valor de sua abundante poesia.

Miguel era tão camponês que trazia uma aura de terra em torno de si. Tinha uma cara de torrão ou de batata que se arranca das raízes e que conserva frescor subterrâneo. Vivia e escrevia em minha casa. Minha poesia americana, com seus horizontes e planuras, impressionou-o e o foi modificando.

Contava-me histórias telúricas de animais e pássaros. Era um escritor saído da natureza como uma pedra intacta, com virgindade selvática e incontrolável força vital. Contava o quanto era impressionante encostar o ouvido no ventre das cabras adormecidas. Assim se escutava o ruído do leite chegando ao ubre, o rumor secreto que ninguém pode escutar a não ser aquele poeta de cabras.

De outras vezes falava do canto dos rouxinóis. O Levante espanhol onde nasceu estava carregado de laranjeiras em flor e rouxinóis. Como em meu país não existe esse pássaro, um cantor sublime, o louco do Miguel queria dar-me a mais viva expressão plástica de seu poderio. Encarapitava-se numa árvore da rua e, dos ramos mais altos, silvava ou trinava como seus amados pássaros da terra natal.

Como não tinha do que viver, procurei um trabalho para ele. Era duro encontrar trabalho para um poeta na Espanha. Finalmente um visconde, alto funcionário do Ministério das Relações Exteriores, se interessou pelo caso e me respondeu que sim, que estava de acordo, que tinha lido os versos de Miguel, que o admirava e que este indicasse que posto desejava para dar-lhe a nomeação. Alvoroçado, disse ao poeta:

— Miguel Hernández, por fim tens um destino. O visconde te emprega. Serás um alto funcionário. É só dizer que trabalho queres executar para que assinem tua nomeação.

Miguel ficou pensativo. Sua cara de grandes rugas prematuras cobriu-se com um véu de meditação. Passaram-se horas, e só à tarde respondeu. Com olhos brilhantes de quem encontrou a solução da sua vida, disse:

— Não podia o visconde me mandar tomar conta de um rebanho de cabras por aqui, perto de Madri?

A lembrança de Miguel Hernández não pode fugir das raízes do meu coração. O canto dos rouxinóis levantinos, suas torres de som erguidas entre a escuridão e as flores brancas de laranjeira eram para ele presença obsessiva e eram parte da massa de seu sangue, de sua poesia telúrica e silvestre na qual se juntavam todos os excessos da cor, do perfume e da voz do Levante espanhol, com a abundância e a fragrância de uma poderosa e masculina juventude.

Seu rosto era o rosto da Espanha, cortado pela luz, enrugado como uma sementeira, com algo rotundo de pão e de terra. Seus olhos febris, ardendo dentro dessa superfície queimada e endurecida ao vento, eram dois raios de força e de ternura.

Os próprios elementos da poesia eu os vi sair de suas palavras, porém alterados agora por uma nova magnitude, por um resplendor selvagem, pelo milagre do sangue velho transformado num filho. Em meus anos de poeta, e de poeta errante, posso afirmar que a vida não me permitiu contemplar um fenômeno igual de vocação e de elétrica sabedoria verbal.

CABALLO VERDE

Com Federico e Alberti, que vivia perto de minha casa numa água-furtada sobre um arvoredo, o arvoredo perdido, com o escultor Alberto, padeiro de Toledo que já era então mestre da escultura abstrata, com Altolaguirre e Bergamín, com o grande poeta Luis Cernuda, com Vicente Aleixandre, poeta de dimensão ilimitada, com o arquiteto Luis Lacasa, com todos eles formando um só grupo, ou em vários, nos víamos diariamente em casas e cafés.

Da Castellana ou da cervejaria de Correos íamos até minha casa, a casa das flores, no bairro de Argüelles. Do segundo andar de um dos grandes ônibus que meu compatriota, o grande Cotapos, chamava *bombardones*, descíamos em grupos barulhentos para comer, beber e cantar. Lembro entre os jovens companheiros de poesia e alegria de Arturo Serrano Plaja, poeta; de José Caballero, pintor de deslumbrante talento e graça; de Antonio Aparicio, que chegou da Andaluzia diretamente para minha casa; e de tantos outros que já não estão ou que já se foram, mas cuja fraternidade me faz falta como parte de meu corpo ou substância de minha alma.

Madri! Íamos com Maruja Mallo, a pintora galega, pelos *barrios bajos* buscando as casas onde se vendem cestas e esteiras, buscando as ruas dos tanoeiros, dos cordoeiros, de todas as matérias secas da Espanha, matérias que envolvem e tomam conta de seu coração. A Espanha é seca e pedregosa, castigada pelo sol vertical que arranca chispas da planura, construindo castelos de luz com a poeirada. Os únicos verdadeiros rios da Espanha são seus poetas: Quevedo com suas águas verdes e profundas, de espuma negra; Calderón com suas sílabas que cantam; os cristalinos Argensolas; Góngora, rio de rubis.

Vi Valle-Inclán uma só vez. Muito magro, com sua interminável barba branca, pareceu-me que saía dentre as folhas de seus próprios livros, prensado por elas, com uma cor de página amarelada.

Conheci Ramón Gómez de la Serna em sua cripta de Pombo e depois fui vê-lo em sua casa. Não posso esquecer a voz estentórea de Ramón dirigindo, de seu lugar no café, as conversas e as risadas, os pensamentos e o fumo. Ramón Gómez de la Serna é para mim um dos maiores escritores de nossa língua, tendo seu gênio a heterogênea grandeza de Quevedo e Picasso. Qualquer página de Ramón Gómez de la Serna esquadrinha, como um furão no físico e no metafísico, a verdade e a sombra, e o que sabe e escreveu sobre a Espanha ninguém disse melhor que ele. Foi o acumulador de um universo secreto. Mudou a sintaxe do idioma com suas próprias mãos, deixando-o impregnado com suas impressões digitais que ninguém pode apagar.

Vi Dom Antonio Machado várias vezes sentado em seu café com o traje negro de tabelião, muito calado e discreto, doce e severo como uma árvore velha da Espanha. É certo que o maledicente Juan Ramón Jiménez, velho *enfant terrible* da poesia, dizia dele, de Dom Antonio, que este andava sempre cheio de cinzas e nos bolsos só guardava guimbas de cigarros.

Juan Ramón Jiménez, poeta de grande esplendor, foi encarregado de me fazer conhecer a legendária inveja espanhola. Esse poeta, que não tinha necessidade de invejar ninguém, posto que sua obra é um grande resplendor que começa com a escuridão do século, vivia como um falso ermitão, reprovando de seu esconderijo a quantos acreditava que lhe fizessem sombra.

Os jovens — García Lorca, Alberti, assim como Jorge Guillén e Pedro Salinas — eram perseguidos tenazmente por Juan Ramón, um demônio barbudo que a cada dia lançava sua seta contra este ou aquele. Contra mim escrevia todas as semanas uns enrolados comentários que publicava aos domingos no diário *El Sol*. Mas optei por viver e deixá-lo viver. Nunca respondi nada. Nunca respondi — nem respondo — a agressões literárias.

O poeta Manuel Altolaguirre, que tinha uma gráfica e vocação de impressor, chegou um dia a minha casa e me contou que ia publicar uma bela revista de poesia com uma seleção do que havia de melhor na Espanha.

— Só há uma pessoa que pode dirigi-la — disse. — E esta pessoa és tu.

Eu tinha sido um épico inventor de revistas que logo deixava ou era deixado por elas. Em 1925 fundei uma tal *Caballo de Bastos*. Era quando escrevíamos sem pontuação e descobríamos Dublin através das ruas de Joyce. Humberto Díaz Casanueva usava então um suéter com gola rulê, grande audácia para um poeta da época. Sua poesia era bela e imaculada como continuou sendo *per secula*. Rosamel del Valle vestia-se inteiramente de negro, do chapéu aos sapatos, como deviam vestir-se os poetas. Esses dois companheiros eminentes recordo como colaboradores ativos. Esqueço outros. Mas o galope de nosso cavalo sacudiu a época.

— Sim, Manolito, aceito a direção da revista.

Manuel Altolaguirre era um impressor glorioso cujas próprias mãos enriqueciam as caixas com estupendos tipos Bodoni. Manolito honrava a poesia com seus textos e com suas mãos de arcanjo trabalhador. Traduziu e imprimiu com beleza singular o *Adonais*, de Shelley, elegia à morte de John Keats. Imprimiu também a *Fábula del Genil*, de Pedro Espinosa. Quanto fulgor despediam as estrofes áureas e esmaltadas do poema naquela majestosa tipografia que destacava as palavras como se estivessem fundindo-se de novo no cadinho.

De minha *Caballo Verde* saíram cinco números primorosos, de indubitável beleza. Gostava de ver Manolito, sempre cheio de risos e sorrisos, levantar os tipos, colocá-los nas caixas e depois acionar com o pé a pequena prensa de fazer cartões. Às vezes levava consigo os exemplares da edição no carrinho de sua filha Paloma. Os transeuntes o elogiavam:

— Que pai admirável! Atravessar o trânsito infernal com essa criatura!

A criatura era a Poesia, que viajava em sua *Caballo Verde*. A revista publicou o primeiro novo poema de Miguel Hernández e, naturalmente, os de Federico, Cernuda, Aleixandre, Guillén (o bom, o espanhol). Juan Ramón Jiménez, neurótico, do século passado, continuava lançando-me dardos dominicais. Rafael Alberti não gostou do título:

— Por que o cavalo vai ser verde? Deveria chamar-se *Caballo Rojo*.

Não mudei a cor. Mas Rafael e eu não brigamos por isso. Nunca brigamos por nada. Há bastante lugar no mundo para cavalos e poetas de todas as cores do arco-íris.

O sexto número de *Caballo Verde* ficou na rua Viriato sem paginar nem costurar. Estava dedicado a Julio Herrera y Reissig — segundo Lautréamont de Montevidéu —, e os textos que em sua homenagem os poetas espanhóis escreveram ficaram aí retidos com sua beleza, sem gestação nem destino. A revista devia ser lançada em 19 de julho de 1936, mas naquele dia a rua se encheu de pólvora. Um general desconhecido, chamado Francisco Franco, tinha se rebelado contra a República em sua guarnição da África.

O CRIME FOI EM GRANADA

Justamente quando escrevo estas linhas, a Espanha oficial celebra muitos — tantos! — anos desde a insurreição. Neste momento, em Madri, o Caudilho vestido de ouro e azul, rodeado pela guarda moura, junto ao embaixador norte-americano, ao da Inglaterra e a vários outros, passa as tropas em revista. Tropas compostas, em sua maioria, de rapazes que não conheceram aquela guerra.

Eu é que a conheci. Um milhão de espanhóis mortos! Um milhão de exilados! Parecia que jamais se apagaria da consciência humana esse espinho sangrento. No entanto, os rapazes que agora desfilam diante da guarda moura provavelmente ignoram a verdade dessa história tremenda.

Tudo começou para mim na noite de 19 de julho de 1936. Um chileno simpático e aventureiro, chamado Bobby Deglané, era empresário de *catch--as-can* no grande circo Price de Madri. Manifestei-lhe minhas reservas sobre a seriedade desse esporte, e ele me convenceu de que eu fosse ao circo, junto com García Lorca, para verificar a autenticidade do espetáculo. Convenci Federico, e ficamos de nos encontrar ali numa hora combinada. Passaríamos o tempo vendo as truculências do Troglodita Mascarado, do Estrangulador Abissínio e do Orangotango Sinistro.

Federico faltou ao encontro marcado. Já estava a caminho da morte. Nunca mais nos vimos. Seu encontro era com outros estranguladores. E, desse modo, a guerra da Espanha, que mudou minha poesia, começou para mim com o desaparecimento de um poeta.

Que poeta! Nunca vi reunidos como nele a graça e o gênio, o coração alado e a cascata cristalina. Federico García Lorca era o duende dissipador, a alegria centrífuga que recolhia em seu íntimo e irradiava como um planeta a felicidade de viver. Ingênuo e brincalhão, cômico e provinciano, músico singular, mímico esplêndido, impressionável e supersticioso, radiante e gentil, era uma espécie de resumo das idades da Espanha, do florescimento popular, um produto árabe-andaluz que iluminava e perfumava como um jasmineiro todo o cenário daquela Espanha, ai de mim!, desaparecida.

Seduzia-me o grande poder metafórico de García Lorca e me interessava tudo o que escrevia. Por sua vez ele me pedia às vezes que eu lesse para ele meus últimos poemas e, no meio da leitura, me interrompia aos gritos: "Não continues, não continues, que me influencias!"

No palco e no silêncio, na multidão e na intimidade, era um multiplicador da beleza. Nunca vi ninguém com tanta magia nas mãos, nunca tive um irmão mais alegre. Ria, cantava, fazia música, saltava, inventava, era uma chispa constante. Pobrezinho! Tinha todos os dons do mundo e, assim como foi um trabalhador de ouro, uma abelha-mestra da poesia maior, era um perdulário de seu talento.

— Escuta — dizia, tomando-me pelo braço —, estás vendo essa janela? Não achas que é chorpatélica?

— E que significa chorpatélica?

— Também não sei, mas temos que saber o que é ou não chorpatélico. Senão estamos perdidos. Olha esse cachorro como é chorpatélico!

Ou me contava que num colégio de meninos de tenra idade, em Granada, convidaram-no para uma comemoração do *Quixote* e que, quando chegou à sala de aula, todos os meninos cantaram sob a direção da diretora:

> Sempre, sempre será celebrado
> de um a outro confim
> este livro que foi comentado
> por Dom F. Rodríguez Marín.

Certa vez dei uma conferência sobre García Lorca, anos depois de sua morte, e um dos espectadores me perguntou:

Por que o senhor disse na *Ode a Federico* que por ele "pintam de azul os hospitais"?

— Olhe, companheiro — respondi —, fazer perguntas desse tipo a um poeta é como perguntar a idade das mulheres. A poesia não é uma matéria estática, mas uma corrente fluida que muitas vezes escapa das mãos do próprio criador. Sua matéria-prima está composta de elementos que são e ao mesmo tempo não são, de coisas existentes e inexistentes. De qualquer modo tratarei de responder-lhe com sinceridade. Para mim a cor azul é a mais bela das cores. Tem a implicação do espaço humano, como a abóbada celeste, em direção à liberdade e à alegria. A presença de Federico, sua magia pessoal, impunham uma atmosfera de júbilo ao seu redor. Meu verso provavelmente quer dizer que inclusive os hospitais, inclusive a tristeza dos hospitais, podiam se transformar sob o sortilégio de sua influência e se verem convertidos subitamente em belos edifícios azuis.

Federico teve uma antevisão de sua morte. Certa vez que voltava de uma turnê teatral me chamou para contar um fato muito estranho. Com os artistas de "La Barraca" tinha chegado a um povoado longínquo de Castilla, acampando nas redondezas. Fatigado pelas preocupações da viagem, Federico não conseguia dormir. Ao amanhecer, levantou-se e saiu a vagar sozinho pelos arredores. Fazia frio, esse frio de punhal que Castilla reserva para o viajante, para o forasteiro. A névoa se desprendia em massas brancas e convertia tudo em sua dimensão fantasmagórica.

Um imenso gradil de ferro oxidado, estátuas e colunas em ruínas, caídas entre as folhas secas. Deteve-se à porta de uma antiga propriedade. Era a entrada para o extenso parque de uma quinta feudal. O abandono, a hora e o frio tornavam a solidão mais penetrante. Federico sentiu-se subitamente oprimido pelo que viria daquele amanhecer, por algo confuso que ali tinha que acontecer. Sentou-se num capitel tombado.

Um carneiro pequenino começou a pastar entre as ruínas, e sua aparição era como um pequeno anjo de névoa que humanizava subitamente a solidão, caindo como uma pétala de ternura sobre a solidão do lugar. O poeta sentiu-se acompanhado.

De súbito um bando de porcos entrou também no recinto. Eram quatro ou cinco animais escuros, porcos negros semisselvagens, com fome feroz e patas de pedra.

Federico presenciou então uma cena espantosa. Os porcos lançaram-se sobre o cordeiro e, ante o horror do poeta, despedaçaram-no e o devoraram.

Essa cena de sangue e solidão fez com que Federico ordenasse a seu teatro ambulante continuar imediatamente o caminho.

Ainda transido de horror, três meses antes da guerra civil, Federico me contava essa história terrível.

Vi depois, cada vez com maior clareza, que aquele acontecimento foi a representação antecipada de sua morte, a premonição de sua incrível tragédia.

Federico García Lorca não foi fuzilado; foi assassinado. Naturalmente ninguém podia pensar que o matariam algum dia. De todos os poetas da Espanha era o mais amado, o mais querido e o mais semelhante a um menino pela sua alegria maravilhosa. Quem poderia crer que houvesse sobre a terra, e sobre sua terra, monstros capazes de um crime tão inexplicável?

Aquele crime foi para mim o acontecimento mais doloroso de uma longa luta. A Espanha sempre foi um campo de gladiadores, uma terra com muito sangue. A praça de touros, com seu sacrifício e sua elegância cruel, repete — ornamentado festivamente — o antigo combate mortal entre a sombra e a luz.

A Inquisição encarcera Frei Luis de León, Quevedo padece em seu calabouço, Colón caminha com grilhões nos pés. E o espetáculo máximo foi o ossário no Escorial, como agora é o *Monumento a los Caídos* com uma cruz sobre um milhão de mortos e sobre prisões obscuras e incontáveis.

OS *SONETOS DO AMOR OBSCURO*

García Lorca, em seus romances e poemas apaixonados ou descritivos sobre o amor humano, mostra muito poucas vezes as chaves de certos sentimentos profundos. Talvez sua vida amorosa tenha passado por ciclos diferentes. Eu não conheço esses problemas e não posso esclarecê-los.

Há, no entanto, um soneto antigo no qual parece surgir em um detalhe sua revelação. É precisamente um dos melhores de Federico. Sempre lhe pedi que o repetisse e uma vez o escreveu a lápis em um papel, os dois sentados em um restaurante. Quando acabou de refazê-lo de memória, entregou-o para mim dizendo: "Estou lhe dando de verdade, ou seja, ninguém tem outra cópia."

Um de seus versos diz:

> Um Apolo de osso apaga o leito inumano
> Onde meu sangue tece juncos de primavera...

E termina:

> Oh pequena morena de cintura delgada!
> Oh Peru de metal e de melancolia!
> Oh Espanha, oh a lua morta sobre a pedra dura!

O poeta escreveu esses versos para uma amiga peruana, Carmen, esposa do chileno Alfredo Cóndon.

Também devo recordar aqueles que uma vez, poucas semanas antes que o matassem, me disse de memória na casa de Manuel Altolaguirre, que se intitulavam "Sonetos do amor obscuro". Deram-me uma sensação de grande beleza e certamente eram dedicados a seu último e verdadeiro amor.

Disseram-me que o livro inteiro ficou intacto no meio dos papéis do poeta assassinado. Se isso é verdade e, por um falso senso de moralidade, a família de García Lorca impediu sua publicação, seria imperdoável. Porém, não tenho certeza disso. Quando estive com Francisco García Lorca há alguns anos em São Paulo, não tive oportunidade de esclarecer esse assunto.

O ÚLTIMO AMOR DO POETA FEDERICO

Há uma maneira obscurantista de abordar a homossexualidade de Federico García Lorca, tema que me parece inevitável. É a maneira espanhola e latino-americana: esconder cuidadosamente essa inclinação pessoal de Federico. Há muito, nessa atitude, de respeito ao poeta assassinado. No entanto, também existe o tabu sexual, a herança eclesiástica do império e da colonização espanhola, a hipocrisia do século XIX.

Por outro lado, apareceram alguns escandalosos, quase sempre reacionários, que, para ocultar o horrendo crime político, afirmaram que a singularidade erótica de García Lorca foi a causa provável de sua morte. Essa é uma cortina de fumaça. O fascismo espanhol, como o alemão e o italiano, foi um especial exterminador de intelectuais.

Os nazistas, nos territórios ocupados, massacraram escritores, profissionais, artistas, homens de ciência. Na Polônia, não queriam deixar vivos mais do que uns quantos milhares de poloneses de ocupação rudimentar que pudessem fazer tarefas subalternas na nação dizimada.

Os espanhóis não fizeram diferente. A perseguição a professores, profissionais, maçons, universitários, chegou à Galícia com máxima ferocidade. As batidas policiais aconteciam à noite, procurando letrados que eram amontoados na praça de touros de Badajoz, ou simplesmente fuzilados ao amanhecer em um lugar qualquer. A pintora galega Maruja Mallo me contou que, morta de frio, dormia no campo exposta à intempérie. Viveu assim três meses, aterrorizada diante da possibilidade de ser presa. De manhã penetrava às escondidas em sua própria casa. No caminho tropeçava com meia dúzia de cadáveres, os que haviam sido fuzilados naquele amanhecer.

García Lorca tinha que ser executado, como teriam sido Alberti e Machado se tivessem sido detidos. Franco, na única declaração que fez a respeito de sua morte, a atribuiu à desordem dos primeiros dias da Guerra Civil. Porém, isso é facilmente desmentido pelo longo cativeiro, martírio e morte do poeta encarcerado Miguel Hernández. Tiveram grandes chances de libertá-lo. Embaixadas, cardeais e escritores que intervieram ante o fascismo espanhol não conseguiram nada além de prolongar o tempo de cativeiro. Sua morte, como a de Federico, foi um repugnante assassinato político.

Voltando aos hábitos íntimos de García Lorca, direi que me coube conhecer e lidar com muito poucos homossexuais, mas mesmo depois de meses me encontrando quase todos os dias com o poeta em Buenos Aires, em 1933, não percebia sua característica, não poderia dizer a seu respeito que tivesse um encanto feminino. Todas as luzes da inteligência o vestiam de uma maneira tão esplêndida que brilhava como uma pedra preciosa. Seu rosto redondo e moreno não tinha nada de efeminado, sua sedução era natural e intelectual. Está provada sua homossexualidade e isso só vi mais tarde. Mas talvez existam também homossexuais felizes e homossexuais infelizes, e o visível é mais visível na tristeza. Federico irradiava felicidade e nessa taça transbordante deveriam estar seus amores satisfeitos.

Em Buenos Aires comecei a ter alguma suspeita de sua natureza amorosa. Certa vez me contou que garotas, quase sempre jovens poetisas, invadiam seu quarto de hotel e não o deixavam respirar. Dizia-me isso em tom de brincadeira, mas com um fundo de verdade. Foi assim que descobri seu pânico do assédio feminino e lhe ofereci imediatamente meus serviços. Acertamos que nos momentos de verdadeiro alarme me telefonaria e eu chegaria ao hotel na velocidade de um raio, para desempenhar de alguma maneira a agradável tarefa de arrastar para outro lugar alguma de suas admiradoras.

O acordo se manteve alegremente e, com certa eficácia, tirei alguns resultados inesperadamente primorosos de minha colaboração. Algumas dessas pombinhas enganadas pela luz de Federico caíram em meus braços.

É verdade que uma vez ele me serviu em uma aventura erótico--cósmica, episódio da urgência juvenil que ainda me faz sorrir, quando, com certa fruição, volta à minha memória.

Havíamos sido convidados certa noite por um caudilho milionário desses que só a Argentina ou os Estados Unidos conseguiriam produzir. Tratava-se de um homem rebelde e autodidata que havia feito uma fortuna fabulosa com um jornal sensacionalista. Sua casa, cercada por um imenso parque, era a encarnação dos sonhos de um vibrante novo-rico. Centenas de jaulas de faisões de todas as cores e de todos os países margeavam o caminho. A biblioteca estava coberta só de livros antiquíssimos que meu anfitrião comprava em leilões de bibliófilos europeus: era extensa e estava repleta. Porém, o mais espetacular era que o piso desse enorme aposento estava completamente revestido de peles de pantera costuradas umas às outras até formar um único e gigantesco tapete. Soube que o homem havia tido agentes na África, na Ásia e no Amazonas destinados exclusivamente a recolher peles de leopardos, jaguatiricas, felinos fenomenais, cujas manchas brilhavam agora sob meus pés na biblioteca daquele capitalista voluntarioso.

Assim eram as coisas na casa do famoso Natalio Botana, poderoso novo-rico que dominava Buenos Aires. Federico e eu nos sentamos à mesa do dono da casa, em frente a uma poetisa alta, loira e vaporosa que dirigiu seus olhos verdes mais a mim do que a Federico durante o jantar. Este consistia em um boi inteiro levado à brasa e à cinza, em uma colossal maca que oito ou dez peões carregavam nos ombros. A noite estava colericamente azul e estrelada. O perfume do assado com couro, invenção sublime dos argentinos, misturava-se com o ar do pampa, com a fragrância do trevo e da menta, com o murmúrio de mil grilos e girinos.

Levantamo-nos depois de comer com a poetisa e Federico, que tudo celebrava e de tudo ria, e fomos até a piscina iluminada. García Lorca ia na frente e não parava de rir e de falar. Estava feliz. Esse era seu costume. A felicidade era sua pele.

Dominando a piscina iluminada, levantava-se uma alta torre. Sua brancura de cal fosforescia com as luzes noturnas.

Nós três estávamos sozinhos e subimos lentamente ao mirante mais alto da torre. Os três lá em cima, poetas de diferentes estilos, ficamos separados do mundo. O olho azul da piscina brilhava lá de baixo. Mais longe se ouviam os violões e as canções da festa. A noite, acima da gente, estava tão próxima e estrelada que parecia aprisionar nossas cabeças, submersas em sua profundidade.

Tomei em meus braços a jovem alta e dourada e, ao beijá-la, dei-me conta de que era uma mulher luxuriosa e madura.

Diante da surpresa de Federico, nos deitamos no chão do mirante e já começava a despi-la e a me despir quando percebi perto da gente os olhos desmesurados de Federico, sem se atrever a acreditar no que estava acontecendo e no que ia acontecer.

Gritei para ele:

— Saia daqui! Ande e trate de que ninguém suba pelas escadas!

Então, enquanto o sacrifício ao céu estrelado e à Afrodite noturna se consumava no alto da torre, Federico, feliz com sua missão de celestino e sentinela, descia os degraus escuros da torre com tal pressa que escorregou e rodou por vários lances. Eu e minha amiga tivemos que ajudá-lo a descer com muita dificuldade. Ficou manco durante quinze dias.

Em 1934, ao chegar a Madri, conheci todos os amigos de García Lorca e Alberti. Eram muitos e em poucos dias eu era mais um dos poetas espanhóis. Naturalmente, espanhóis e latino-americanos são muito diferentes, e isso é deixado patente, sempre com orgulho e descuido, por uns e outros.

Eu percebi que os espanhóis da minha geração eram muito mais fraternais e solidários do que meus companheiros da América. Ao mesmo tempo, constatei que nós éramos mais universais, mais envolvidos com outras linguagens e outras culturas. Entre eles, eram muito poucos os que falavam outros idiomas. Quando Desnos e Crevel vieram a Madri, eu tinha que traduzir tudo para que se entendessem. Federico não sabia dizer nem quatro palavras em francês. Naturalmente, havia exceções: Alberti, Guillén e Salinas haviam viajado e o mundo era mais extenso para eles. Os espanhóis, em geral, me pareceram europeus provincianos. Gostei muito disso no começo. Mais tarde compreenderia que a força principal da Espanha, sua razão e falta de razão espiritual, é sua limitação territorial, que talvez também seja sua tragédia.

No círculo de amigos de Federico, que frequentei todos os dias durante os anos em que vivi na Espanha, quase não havia homossexuais. Talvez Federico, que era vistoso como um grande toureiro, tivesse seus namoricos em outros lugares. Mais tarde, em nossas tertúlias, estava sempre acompanhado de um garotão muito forte, varonil e de boa aparência. Aos poucos fui percebendo que era esse garoto o amor persistente de Federico, seu último amor. Chamava-se Rafael Rapín. Era de origem proletária. Tímido, de cabelos longos e cacheados, nem muito alto nem muito magro, tinha essa simplicidade popular espanhola e uma completa normalidade viril. Achei que ele e outros garotos que apareciam com ele no café eram desamparados sexuais e, por isso, um dia, como um bom papai, levei dois ou três, entre eles o amigo de Federico, a um bordel que ficava perto da cervejaria onde nos encontrávamos. A mim, como latino-americano precoce, me parecia inverossímil que aqueles garotos não tivessem conhecido uma mulher.

Na Espanha, a fome sexual era raivosa. Uma tarde, passeávamos pelos subúrbios em direção a Bombilla, clássico bairro popular de lazer; descíamos em direção a Manzanares por um caminho empoeirado, cercado por tapumes brancos que se prolongavam por quilômetros a cada lado. Chamou minha atenção que os muros brancos de cal estivessem enegrecidos de grafite, que chegava a escurecer esses intermináveis muros.

Saí do carro para examinar as curiosas inscrições. Porém, na verdade, todas tinham a mesma fórmula com garranchos de todas as dimensões: "Por aqui passou Pepe com vontade de foder!!"; "Por aqui passaram Antonio, Alberto e José María com vontade de foder!!!", "No dia 3 de julho, P.S. e R. passamos por este lugar com vontade de foder!!".

Esse erotismo hidrófobo fez parte da Espanha, de sua clausura, de seu silêncio, de sua férrea armadura. Eu achava isso escandaloso. Eu, quase impúbere, já andara em camas e corpos de mulheres. Embora também na América espanhola tenha se suportado a imposição da castidade colonial, todo mundo deu um jeito de burlar os tais costumes.

Eu não dei importância ao fato de ter levado aqueles garotos a uma aventura, e Federico, para quem sem dúvida eu agi de forma errada, não fez mais do que rir do episódio. Conto isso para que se entenda como pesava pouco o desvio sentimental do poeta.

Bem, a mim me parece que, assim como em seus poemas sobre Nova York, García Lorca fustiga com sanha a perversão viciosa, ele foi uma criatura humana pura. Sua ternura se voltou de maneira irregular pela ordem sagrada da natureza, que ele não podia desobedecer.

Durante a guerra, a insurreição armada das forças reacionárias acabou com a vida daquele poeta feliz.

Poucas semanas depois de sua morte, Rafael Rapín, protagonista daquele estranho idílio, também pagou seu tributo à morte.

Caiu em Teruel. Comandava uma esquadra. A metralhadora do inimigo acertou seu posto de combate.

Não restou nada do belo garotão. Seus ossos e seu sangue ficaram espalhados em fragmentos minúsculos, em manchas quase invisíveis sobre a terra espanhola, que devorava a cada dia milhares de outros mortos anônimos.

MEU LIVRO SOBRE A ESPANHA

Passou-se o tempo. A guerra começava a ser perdida. Os poetas acompanharam o povo espanhol em sua luta. Federico já tinha sido assassinado em Granada. Miguel Hernández, de pastor de cabras, tinha se formado em verbo militante. Em uniforme de soldado dizia seus versos na primeira linha de fogo. Manuel Altolaguirre continuava com suas gráficas. Instalou uma em plena frente do Leste, perto de Gerona, num velho mosteiro. Ali foi impresso de maneira singular meu livro *España en el corazón*. Acho que poucos livros, na história estranha de tantos livros, tiveram gestação e destino tão curiosos.

Os soldados do *front* aprenderam a manejar os tipos da gráfica. Mas aí faltou o papel. Encontraram um velho moinho e ali decidiram fabricá-lo. Estranha mistura a que foi elaborada entre as bombas que caíam no meio da batalha. Tudo era aproveitado no moinho, desde uma bandeira do inimigo à túnica ensanguentada de um soldado mouro. Apesar dos materiais insólitos e da inexperiência total dos fabricantes, o papel ficou muito bonito. Os poucos exemplares que restaram desse livro assombram pela tipografia e pelas páginas impressas em misteriosa manufatura. Anos depois vi um exemplar dessa edição em Washington, na Biblioteca do Congresso, colocado em uma vitrina como um dos livros mais raros do nosso tempo.

Mal meu livro ficou impresso e encadernado, precipitou-se a derrota da República. Milhares de homens fugitivos se derramaram pelas estradas que saíam da Espanha. Era o êxodo dos espanhóis, o acontecimento mais doloroso na história da Espanha.

Com essas filas que marchavam para o desterro iam os sobreviventes do exército do Leste, entre eles Manuel Altolaguirre e os soldados que fizeram o papel e imprimiram *España en el corazón*.

Meu livro era o orgulho desses homens que tinham trabalhado minha poesia num desafio à morte. Soube que muitos tinham preferido carregar sacos com os exemplares impressos aos seus próprios alimentos e roupas. Com os sacos ao ombro empreenderam a longa marcha até a França.

A coluna imensa que caminhava rumo ao desterro foi bombardeada centenas de vezes. Caíram muitos soldados, espalhando-se os livros na estrada. Outros continuaram a fuga infindável. Além da fronteira, trataram brutalmente os espanhóis que chegavam ao exílio. Numa fogueira foram imolados os últimos exemplares daquele livro ardente que nasceu e morreu em plena batalha.

Miguel Hernández buscou refúgio na embaixada do Chile, que durante a guerra tinha dado asilo à enorme quantidade de quatro mil franquistas. O embaixador nesse ínterim, Carlos Morla Lynch, negou asilo ao grande poeta, mesmo dizendo-se seu amigo. Poucos dias depois detiveram-no e o encarceraram. Morreu de tuberculose no calabouço três anos mais tarde. O rouxinol não suportou o cativeiro.

Minha função consular tinha terminado. Por minha participação na defesa da República Espanhola, o governo do Chile decidiu afastar-me do cargo.

A GUERRA E PARIS

Chegamos a Paris. Alugamos um apartamento com Rafael Alberti e María Teresa León, sua mulher, no Quai de L'Horloge, um bairro quieto e maravilhoso. Diante de nós, viam-se a Pont Neuf, a estátua de Henrique IV e os pescadores ao longo das margens do Sena. Atrás de nós ficava a praça Dauphine, nervaliana, com cheiro de folhagem e restaurante. Ali vivia o escritor de origem francesa Alejo Carpentier, um dos homens mais neutros que conheci. Não se atrevia a opinar sobre nada nem sequer sobre os nazistas que já se lançavam sobre Paris como lobos famintos.

De minha sacada, à direita, se a gente se inclinava para fora, divisavam-se os negros torreões da Conciergerie. Seu grande relógio dourado era para mim o último limite do bairro.

Tive a sorte de na França — e por muitos anos — contar como melhores amigos os dois melhores homens de sua literatura: Paul Éluard e Aragon. Eram e são curiosos clássicos do entretenimento, de uma autenticidade vital que os situa no ponto mais sonoro do bosque da França. São a um tempo irredutíveis e naturais participantes da moral histórica. Poucos seres são tão diferentes entre si como esses dois. Desfrutei do prazer poético de perder muitas vezes tempo com Paul Éluard. Se os poetas respondessem de verdade às indagações, revelariam o segredo: não há nada tão belo quanto perder tempo. Cada um tem seu estilo para essa antiga atividade. Com Paul não me dava conta do dia nem da noite que passava e nunca soube se tinha importância ou não o que conversávamos. Aragon é uma máquina eletrônica da inteligência, do conhecimento, da virulência, da velocidade eloquente. Da casa de Éluard saí sempre sorrindo sem saber de quê. De algumas horas com Aragon saio esgotado porque o diabo do homem me obrigou a pensar. Os dois foram irresistíveis e leais amigos e talvez o que mais goste neles seja de sua grandeza antagônica.

NANCY CUNARD

Decidimos com Nancy Cunard fazer uma publicação de poesia que intitulei *Los poetas del mundo defienden al pueblo español.*
 Nancy tinha uma pequena gráfica em sua casa de campo, na província francesa. Não me lembro do nome da localidade, mas era longe de Paris. Quando chegamos à sua casa já era noite. Havia lua. A neve e a lua estremeciam como uma cortina ao redor da propriedade. Eu, entusiasmado, saí para passear. Na volta os flocos de neve amontoaram-se sobre minha cabeça com gelada obstinação. Perdi completamente o rumo e andei meia hora às tontas na brancura da noite.
 Nancy tinha experiência de gráfica. Quando fora companheira de Aragon, publicou a tradução do *Hunting of the Snark*, feita por Aragon e por ela. Na verdade esse poema de Lewis Carroll é intraduzível, e creio que só em Góngora acharíamos um trabalho semelhante de mosaico louco.
 Pus-me pela primeira vez a lidar com os tipos e acho que nunca houve um tipógrafo pior. Como eu imprimia as letras *p* ao contrário, ficavam convertidas em *d* por minha incompetência tipográfica. Um verso em que aparecia duas vezes a palavra *párpados* [pálpebras] acabou convertido em duas vezes *dárdapos*. Por vários anos Nancy me castigou chamando-me dessa maneira. "My dear Dárdapo...", assim começavam suas cartas vindas de Londres. Mas a publicação saiu muito correta, e conseguimos imprimir seis ou sete números. Além de poetas militantes, como González Tuñón, Alberti ou alguns franceses, publicamos apaixonados poemas de W. H. Auden, Spender etc. Estes cavalheiros ingleses não saberão nunca o que sofreram meus dedos preguiçosos compondo seus versos.

De quando em vez chegavam da Inglaterra poetas dândis, amigos de Nancy, com flor branca na lapela, que também escreviam poemas antifranquistas.

Não houve na história intelectual uma essência tão fértil para os poetas como a guerra espanhola. O sangue espanhol exerceu um magnetismo que fez tremer a poesia de uma grande época.

Não sei se a publicação teve êxito ou não, porque por esse tempo terminou mal a guerra da Espanha e começou mal outra nova guerra mundial. Esta última, apesar de sua magnitude, apesar de sua crueldade incomensurável, apesar de seu heroísmo derramado, não conseguiu nunca envolver como a espanhola o coração coletivo da poesia.

Pouco depois teria que regressar da Europa para meu país. Nancy também viajaria logo para o Chile, acompanhada por um toureiro que em Santiago deixou os touros e Nancy Cunard para instalar uma venda de salsichas e outros chouriços. Mas minha queridíssima amiga, esnobe da mais alta qualidade, era invencível. No Chile tomou como amante um poeta vagabundo e desalinhado, chileno de origem basca, não desprovido de talento, mas sim de dentes. Além disso, o novo favorito de Nancy era um beberrão e dava na aristocrática inglesa frequentes surras noturnas que a obrigavam a aparecer em público com grandes óculos escuros.

Na verdade ela foi um dos personagens quixotescos, crônicos, valentes e patéticos mais curiosos que eu já conheci. Herdeira única da Cunard Line, filha de Lady Cunard, Nancy escandalizou Londres lá pelo ano de 1930, fugindo com um negro, músico de uma das primeiras *jazz bands* importadas pelo Hotel Savoy.

Quando Lady Cunard encontrou a cama vazia de sua filha e uma carta dela em que comunicava orgulhosamente seu negro destino, a nobre senhora dirigiu-se ao advogado e iniciou o processo para deserdá-la. Assim, pois, o que conheci, errante pelo mundo, foi uma preterida da grandeza britânica. O salão da mãe era frequentado por Georges Moore (de quem se sussurrava ser o verdadeiro pai de Nancy), Sir Thomas Beecham, o jovem Aldous Huxley e o que depois foi o Duque de Windsor, então Príncipe de Gales.

Nancy Cunard revidou o golpe. Em dezembro do ano em que foi excomungada por sua mãe, toda a aristocracia inglesa recebeu como presente de Natal um folheto de capa vermelha intitulado *Negro Man and White Ladyship*. Não vi nada mais corrosivo, atingindo às vezes a malignidade de Swift.

Seus argumentos em defesa dos negros foram como uma paulada na cabeça de Lady Cunard e da sociedade inglesa. Lembro o que lhes dizia e cito de memória, porque suas palavras eram mais eloquentes:

"Se você, branca senhora, ou melhor, se os seus tivessem sido sequestrados, golpeados e acorrentados por uma tribo mais poderosa e depois transportados para longe da Inglaterra para serem vendidos como escravos, mostrados como exemplos irrisórios da fealdade humana, obrigados a trabalhar debaixo de chicotadas e mal alimentados, que teria subsistido de sua raça? Os negros sofreram essas violências e crueldades e muitas mais. Depois de séculos de sofrimento, eles no entanto são os melhores e mais elegantes atletas e criaram uma nova música, mais universal que nenhuma outra. Poderiam vocês, brancos como você é, ter saído vitoriosos de tanta iniquidade? Então: quem vale mais?"

E assim por trinta páginas.

Nancy não pôde voltar a morar na Inglaterra e desde esse momento abraçou a causa da raça negra perseguida. Durante a invasão da Etiópia foi a Addis Abeba. Depois chegou aos Estados Unidos para solidarizar-se com os rapazes negros de Scottsboro acusados de infâmias que não cometeram. Os jovens negros foram condenados pela justiça racista norte-americana, e Nancy foi expulsa pela polícia democrática norte-americana.

Em 1969, minha amiga Nancy Cunard morreria em Paris. Numa crise de sua agonia desceu quase nua pelo elevador do hotel. Ali desfaleceu, e fecharam-se para sempre seus belos olhos azuis.

Pesava 35 quilos quando morreu. Era só um esqueleto. Seu corpo tinha se consumido numa longa batalha contra a injustiça no mundo. Não recebeu outra recompensa além de uma vida cada vez mais solitária e uma morte desamparada.

UM CONGRESSO EM MADRI

A guerra da Espanha ia de mal a pior, mas o espírito de resistência do povo espanhol havia contagiado o mundo inteiro. Já combatiam na Espanha as brigadas de voluntários internacionais. Eu os vi chegar a Madri, em 1936, já uniformizados. Era um grande grupo de gente de diferentes idades, cabelos e cores.

Agora estávamos em Paris, em 1937, e o mais importante era preparar um congresso de escritores antifascistas de todas as partes do mundo. Um congresso que seria celebrado em Madri. Foi então que comecei a conhecer Aragon. O que me surpreendeu inicialmente nele foi sua inacreditável capacidade de trabalho e organização. Ditava todas as cartas, corrigia-as, recordava-se delas. Não lhe escapava o mínimo detalhe. Trabalhava horas seguidas no nosso pequeno escritório. E logo, como se sabe, escreve extensos livros em prosa, e sua poesia é a mais bela da língua francesa. Eu o vi corrigir provas de traduções que havia feito do russo e do inglês e o vi refazê-las no mesmo papel da gráfica. Trata-se, na verdade, de um homem portentoso e desde aquela época comecei a me dar conta disso.

Tinha perdido o consulado e, portanto, estava sem um tostão. Comecei a trabalhar, por quatrocentos francos antigos por mês, em uma associação de defesa da cultura dirigida por Aragon. Delia del Carril, minha mulher de então e de tantos anos, sempre teve fama de estancieira rica, mas a verdade é que era mais pobre do que eu. Vivíamos num hotelzinho suspeito, no qual todo o primeiro andar era reservado para casais ocasionais que entravam e saíam. Comemos pouco e mal durante alguns meses. Mas o congresso de escritores antifascistas era uma realidade. De toda parte chegavam valiosas adesões. Uma de Yeats, poeta nacional da Irlanda. Outra de Selma Lagerlöf, a grande escritora sueca. Os dois eram idosos demais para viajar para uma cidade sitiada e bombardeada como Madri, mas ambos aderiam à defesa da República Espanhola.

Soube que no Quai d'Orsay existia um informe sobre a minha pessoa, que dizia mais ou menos o seguinte: "Neruda e sua mulher, Delia del Carril, fazem frequentes viagens à Espanha, levando e trazendo instruções soviéticas. As instruções são recebidas do escritor russo Ilya Ehrenburg, com quem também Neruda faz viagens clandestinas à Espanha. Neruda, para estabelecer um contato mais privado com Ehrenburg, alugou e foi viver num apartamento situado no mesmo edifício onde mora o escritor soviético."

Era uma fieira de disparates. Jean Richard Bloch me deu uma carta para um amigo seu que ocupava um cargo importante no Ministério das Relações Exteriores. Expliquei ao funcionário como pretendiam me expulsar da França pretextando absurdas suposições. Disse-lhe que desejava ardentemente conhecer Ehrenburg, mas que, por desgraça, até esse dia não tinha tido tal honra. O alto funcionário olhou-me penalizado e prometeu que fariam uma investigação verdadeira. Mas nunca fizeram, e as absurdas acusações ficaram de pé.

Decidi então apresentar-me a Ehrenburg. Sabia que ele ia diariamente ao La Coupole, onde almoçava à maneira russa, isto é, ao entardecer.

— Sou o poeta Pablo Neruda, do Chile — disse. — Segundo a polícia somos íntimos amigos. Afirmam que eu vivo no mesmo edifício que você. Como vão me expulsar da França por culpa sua, desejo pelo menos conhecê-lo de perto e apertar sua mão.

Não creio que Ehrenburg manifestasse sinais de surpresa diante de nenhum fenômeno que ocorresse no mundo. No entanto, vi sair de suas sobrancelhas hirsutas, por baixo de seus grandes tufos coléricos e grisalhos, um olhar bastante parecido com a estupefação.

— Eu também desejava conhecê-lo, Neruda — disse. — Gosto de sua poesia. Enquanto isso, prove este chucrute à alsaciana.

Desde esse instante nos tornamos grandes amigos. Acho que naquele mesmo dia começou a traduzir meu livro *España en el corazón*. Devo reconhecer que, sem se propor a isso, a polícia francesa concorreu para uma das mais gratas amizades de minha vida e me proporcionou também o mais eminente de meus tradutores para a língua russa.

Sempre me considerei uma pessoa de pouca importância, sobretudo para os assuntos práticos e para as altas missões. Por isso fiquei de boca aberta quando me chegou uma ordem de pagamento da parte do governo espanhol. Era uma grande soma em dinheiro que cobria os gastos gerais do congresso, incluindo as viagens de delegados vindos de outros continentes. Dezenas de escritores começavam a chegar a Paris.

Fiquei desconcertado. Que podia eu fazer com o dinheiro? Optei por passar os fundos para a organização que produzia o congresso.

— Eu nem sequer vi o dinheiro e, além disso, seria incapaz de manejá-lo — disse a Rafael Alberti, que nesse momento passava por Paris.

— És um grande tolo — respondeu Rafael. — Perdes teu posto de cônsul na Espanha e andas com os sapatos rotos. E não és capaz de destinar a ti mesmo alguns mil francos por teu trabalho e para tuas despesas essenciais.

Olhei para meus sapatos e comprovei que efetivamente estavam rotos. Alberti me deu de presente um par de sapatos novos.

Dentro de algumas horas partiríamos para Madri com todos os delegados. Tanto Delia como Amparo González Tuñón, e mesmo eu, estávamos angustiados por causa da papelada dos escritores que chegavam de toda parte. O visto francês de saída nos enchia de problemas. Praticamente nos apoderamos da delegacia de polícia em Paris onde se estendiam esses requisitos que eram chamados comicamente *recipisson*. Às vezes nós mesmos aplicávamos nos passaportes esse supremo instrumento francês denominado *tampon*.

Entre noruegueses, italianos, argentinos, chegou do México o poeta Octavio Paz, depois de mil aventuras na viagem. De certo modo me sentia orgulhoso de tê-lo trazido. Tinha publicado um único livro que eu havia recebido fazia dois meses e que me pareceu conter um germe verdadeiro. Ninguém o conhecia então.

Com cara sombria meu velho amigo César Vallejo veio me ver. Estava zangado porque não tinham dado passagem para sua mulher, insuportável para todos os demais. Consegui para ela passagem rapidamente, entregando-a a Vallejo, que se foi tão sombrio como tinha chegado. Algo estava acontecendo com ele, e esse algo levei meses para descobrir.

O problema era o seguinte: meu compatriota Vicente Huidobro tinha chegado a Paris para assistir ao congresso. Huidobro e eu estávamos estremecidos, não nos falávamos. Por outro lado ele era muito amigo de Vallejo e aproveitou esses dias em Paris para encher a cabeça de meu ingênuo companheiro de invenções contra mim. Tudo se esclareceu depois numa conversação dramática que tive com Vallejo.

Nunca saiu de Paris um trem tão cheio de escritores como aquele. Pelos corredores nos reconhecíamos ou nos desconhecíamos. Alguns foram dormir; outros fumavam interminavelmente. Para muitos a Espanha era o enigma e a revelação daquela época da História.

Vallejo e Huidobro estavam em alguma parte do trem. André Malraux parou um momento para conversar comigo, com seus tiques faciais e capa nos ombros. Desta vez viajava sozinho. Antes sempre o vi com o aviador Corton-Moglinière, que foi o executivo central de suas aventuras pelos céus da Espanha: cidades perdidas e descobertas ou na missão vital de trazer aviões para a República.

Recordo que o trem se deteve por longo tempo na fronteira. Parece que Huidobro tinha perdido uma maleta. Como todo mundo estava ocupado ou preocupado pelo atraso, ninguém se achava em condições de dar-lhe atenção. Em má hora chegou o poeta chileno, na procura de sua valise, à gare onde estava Malraux, chefe da expedição. Este, nervoso por natureza e com aquele acúmulo de problemas às costas, tinha chegado ao limite. Talvez não conhecesse Huidobro nem de nome nem de vista. Quando se acercou para reclamar-lhe o desaparecimento de sua maleta, Malraux perdeu o pouco de paciência que lhe restava. Ouvi que lhe gritava: "Até quando você vai incomodar todo mundo? Vá embora! *Je vous emmerde!*"

Presenciei por acaso esse incidente que humilhava a vaidade do poeta chileno. Quisera estar a mil quilômetros dali naquele instante. Mas a vida é caprichosa. Eu era a única pessoa a quem Huidobro detestava naquele trem. E cabia a mim, chileno como ele ainda por cima, e não a qualquer outro dos cem escritores que viajavam, ser a testemunha exclusiva daquele acontecimento.

Quando a viagem prosseguiu, já de noite e rodando por terras espanholas, pensei em Huidobro, em sua maleta e no mau pedaço que tinha passado. Disse então a uns jovens escritores de uma república centro-americana que se aproximaram de minha cabina:

— Vão ver também Huidobro, que deve estar só e deprimido.

Voltaram vinte minutos depois com cara alegre. Huidobro lhes tinha dito: "Não me falem da maleta perdida; isso não tem importância. O grave é que, enquanto as universidades de Chicago, de Berlim, de Copenhague, de Praga me outorgaram títulos honoríficos, a pequena universidade do pequeno país de vocês é a única que persiste em me ignorar. Nem sequer me convidaram para pronunciar uma conferência sobre o criacionismo."

Decididamente meu compatriota e grande poeta não tinha jeito.

Finalmente chegamos a Madri. Enquanto os visitantes recebiam as boas-vindas e alojamento, eu quis ver de novo minha casa, que tinha deixado intacta havia cerca de um ano. Meus livros e minhas coisas, tudo tinha ficado nela. Era um apartamento no edifício chamado "Casa de las Flores" na entrada da cidade universitária. Até seus limites chegavam as forças avançadas de Franco. Tanto que o bloco de apartamentos tinha mudado várias vezes de mão.

Miguel Hernández, vestido de miliciano e com seu fuzil, conseguiu uma camioneta para transportar meus livros e os utensílios de minha casa que mais me interessavam.

Subimos ao quinto andar e abrimos com certa emoção a porta do apartamento. A metralha tinha derrubado janelas e pedaços de parede. Os livros haviam despencado das estantes. Era impossível orientar-se entre os escombros. De qualquer maneira procurei algumas coisas atropeladamente. O curioso era que os objetos mais supérfluos e inaproveitáveis tinham desaparecido, levados pelos soldados invasores ou defensores. Enquanto as panelas, a máquina de costura e os pratos se mostravam esparramados em desordem porém sobreviventes, de meu fraque consular, de minhas máscaras da Polinésia e de meus punhais do Oriente não ficou nem o rastro.

A guerra é tão caprichosa como os sonhos, Miguel.

Miguel encontrou por aí, entre os papéis caídos, alguns originais de meus trabalhos. Aquela desordem era uma porta final que se fechava em minha vida. Disse a Miguel:

— Não quero levar nada.

— Nada? Nem sequer um livro?

— Nem sequer um livro — respondi.

E regressamos com a camioneta vazia.

AS MÁSCARAS E A GUERRA

Minha casa ficou entre os dois setores... De um lado avançavam mouros e italianos... De cá avançavam, retrocediam ou estacavam os defensores de Madri... Pelas paredes tinha entrado a artilharia... As janelas partiram-se em pedacinhos... Encontrei no solo restos de chumbo entre meus livros... Mas minhas máscaras tinham ido embora... Minhas máscaras recolhidas no Sião, em Bali, em Sumatra, no arquipélago malaio, em Bandoeng... Douradas, cinzentas, cor de tomate, com sobrancelhas prateadas, azuis, diabólicas, ensimesmadas, minhas máscaras eram a única recordação daquele primeiro Oriente a que cheguei solitário e que me recebeu com seu cheiro de chá, de estrume, de ódio, de suor, de jasmins intensos, de jasmim-manga, de fruta podre nas ruas... Aquelas máscaras, recordação das puríssimas danças, dos bailes defronte do templo... Gotas de madeira coloridas pelos mitos, restos daquela mitologia floral que no ar desenhava sonhos, costumes, demônios, mistérios irreconciliáveis com minha natureza americana... E então... Talvez os milicianos tivessem assomado às janelas de minha casa com as máscaras postas, assustando assim os mouros, entre um disparo e outro... Muitas delas ficaram estilhaçadas e sangrentas ali mesmo... Outras rolaram do meu sétimo andar, arrancadas por um disparo... Na frente delas tinham se estabelecido as tropas avançadas de Franco... De minha casa, trinta máscaras de deuses da Ásia se elevavam no último baile, o baile da morte... Era um momento de trégua... As posições tinham mudado... Sentei-me olhando os despojos, as manchas de sangue na esteira... E através das novas janelas, através dos furos da metralha... Olhei para longe, para além da cidade universitária até as planícies e os castelos antigos... A Espanha me pareceu vazia... Pareceu-me que meus últimos convidados já tinham ido embora para sempre... Com máscaras ou sem máscaras, entre os disparos e as canções de guerra, a louca alegria, a incrível defesa, a morte ou a vida, aquilo tinha terminado para mim... Era o último silêncio depois da festa... Depois da última festa... De certa maneira, com as máscaras que se foram, com as máscaras que caíram, com aqueles soldados que eu nunca havia convidado, a Espanha tinha ido embora para mim...

CADERNO 6

EM BUSCA DOS VENCIDOS

ESCOLHI UM CAMINHO

Embora eu tenha me tornado militante muito mais tarde no Chile, quando ingressei oficialmente no partido, creio ter me definido como comunista para mim mesmo durante a guerra da Espanha. Muitas coisas contribuíram para a minha profunda convicção.

Meu contraditório companheiro, o poeta nietzschiano León Felipe, era um homem encantador. O melhor entre seus atrativos era um anárquico senso de indisciplina e de rebeldia zombeteira. Em plena guerra civil adaptou-se facilmente à chamativa propaganda da FAI (Federación Anarquista Ibérica). Percorria frequentemente as frentes anarquistas em que expunha seus pensamentos e lia seus poemas iconoclastas. Estes refletiam uma ideologia vagamente ácrata, anticlerical, com invocações e blasfêmias. Suas palavras cativavam os grupos que se multiplicavam pitorescamente em Madri enquanto a população ia para a frente de batalha cada vez mais próxima. Os anarquistas pintavam bondes e ônibus, metade vermelha e outra amarela. Com seus cabelos compridos e barbas, colares e pulseiras de balas, protagonizavam o carnaval agônico da Espanha. Vi vários deles calçando sapatos emblemáticos, a metade de couro vermelho e a outra de couro negro, cuja confecção devia ter custado muitíssimo trabalho aos sapateiros. E não pensem que era uma festa inofensiva. Cada um levava punhais, pistolas descomunais, rifles e carabinas. Em geral ficavam às portas principais dos edifícios em grupos que fumavam e cuspiam, ostentando de seu armamento. Sua principal preocupação era cobrar os rendimentos aos aterrorizados inquilinos, assim como fazer-lhes renunciar voluntariamente a seus adornos de valor, anéis e relógios.

Voltava León Felipe de uma de suas conferências anarquistas, já de noite, quando nos encontramos no café da esquina de minha casa. O poeta levava uma capa espanhola que ia muito bem com sua barba nazarena. Ao sair, roçou com as elegantes pregas de sua ostentação romântica em um de seus melindrosos correligionários. Não sei se o aspecto de antigo fidalgo de León Felipe aborreceu aquele "herói" da retaguarda, mas o certo é que fomos detidos a poucos passos por um grupo de anarquistas, encabeçados pelo ofendido do café. Queriam examinar nossos papéis e, depois de dar-lhes uma vistoria, levaram o poeta lionês entre dois homens armados.

Enquanto o conduziam para o fuzilamento próximo à minha casa, cujos tiros noturnos muitas vezes não me deixavam dormir, vi passar dois milicianos armados que voltavam do *front*. Expliquei-lhes quem era León Felipe, qual era a falta em que havia incorrido e graças a eles pude obter a liberação de meu amigo.

Essa atmosfera de perturbação ideológica e de destruição gratuita me deu muito em que pensar. Soube das façanhas de um anarquista austríaco, velho e míope, de longas melenas louras, que se tinha especializado em dar "passeios". Tinha formado uma brigada que batizou "Amanecer" porque atuava à saída do sol.

— Você já sentiu dor de cabeça? — perguntava à vítima.

— Sim, claro, vez ou outra.

— Pois vou dar-lhe um bom analgésico — dizia o anarquista austríaco, encostando-lhe na fronte o revólver e disparando uma bala.

Enquanto esses bandos pululavam pela noite cega de Madri, os comunistas eram a única força organizada que criava um exército para enfrentar os italianos, os alemães, os mouros e os falangistas. E eram, ao mesmo tempo, a força moral que mantinha a resistência e a luta antifascista.

Simplesmente tinha que escolher um caminho. Foi o que fiz naqueles dias e nunca me arrependi da decisão tomada entre as trevas e a esperança daquela época trágica.

RAFAEL ALBERTI

A poesia é sempre um ato de paz. O poeta nasce da paz, como o pão nasce da farinha.

Os incendiários, os guerreiros, os lobos buscam o poeta para queimá-lo, para matá-lo, para mordê-lo. Um espadachim deixou Pushkin ferido de morte entre as árvores de um parque sombrio. Os cavalos de pólvora galoparam enlouquecidos sobre o corpo sem vida de Petőfi. Lutando contra a guerra morreu Byron na Grécia. Os fascistas espanhóis iniciaram a guerra na Espanha assassinando seu melhor poeta.

Rafael Alberti é como um sobrevivente. Havia mil mortes dispostas para ele. Uma também em Granada. Outra morte o esperava em Badajoz; em Sevilha, cheia de sol; ou em sua pequena pátria, Cádiz; e em Puerto Santa María; ali o buscavam para apunhalá-lo, para enforcá-lo, para matar nele uma vez mais a poesia.

Mas a poesia não foi morta, tem as sete vidas do gato. É molestada, é arrastada pela rua, cuspida e escarnecida, confinada para que se afogue, é desterrada, encarcerada, dão-lhe quatro tiros e sai de todos esses episódios com a cara lavada e um sorriso puro.

Conheci Rafael Alberti nas ruas de Madri com camisa azul e gravata vermelha. Conheci-o militante do povo quando não tinha muitos poetas que exercessem esse destino difícil. Ainda não tinham dobrado os sinos pela Espanha, mas ele já sabia o que podia vir. Ele é um homem do Sul, nasceu junto ao mar sonoro e às adegas de vinho amarelo como topázio. Assim foi feito seu coração: com o fogo das uvas e o rumor da onda. Sempre foi um poeta, ainda que no início não o soubesse. Depois todos os espanhóis o souberam e, mais tarde, todo o mundo.

Para nós que temos a sorte de falar e conhecer a língua de Castilla, Rafael Alberti significa o esplendor da poesia na língua espanhola. Não só é um poeta inato, mas um mestre da forma. Sua poesia tem, como uma rosa vermelha milagrosamente desabrochada no inverno, um copo de neve de Góngora, uma raiz de Jorge Manrique, uma pétala de Garcilaso, um aroma enlutado de Gustavo Adolfo Bécquer. O que quer dizer que em sua taça cristalina confundem-se os cantos essenciais da Espanha.

Essa rosa vermelha iluminou o caminho dos que na Espanha pretenderam deter o fascismo. O mundo conhece essa heroica e trágica história. Alberti não só escreveu sonetos épicos, não só os leu nos quartéis e no *front* como foi quem inventou a guerrilha poética, a guerra poética contra a guerra. Inventou as canções que criaram asas sob o estampido da artilharia, canções que depois vão voando sobre toda a terra.

Esse poeta de puríssima estirpe ensinou a utilidade pública da poesia num momento crítico do mundo. Nisso se assemelha a Maiakovski. Essa utilidade pública da poesia se baseia na força, na ternura, na alegria e na essência verdadeira. Sem essa qualidade a poesia soa, mas não canta. Alberti canta sempre.

O PRESENTE DE NÉVOA

Pouco antes de guerra, em Madri, dei de presente um cachorro, ou uma cadela, nunca soube muito bem, a Rafael Alberti.

Essa foi a única coisa que dei a alguém que me deu tantas coisas.

Falarei primeiro de meu dom e depois de seus dons.

Saí uma noite da Casa das Flores para ir à casa de Rafael Alberti, situada mais além, em um terraço amplo que ficava em cima da rua Marquês de Urquijo e das folhas de um parque muito arborizado e barulhento. Na entrada dessa casa, que pertencera a um general feroz, exterminador de mambises, havia uma concha gigantesca do gênero Tridacna, a maior que já vi, trazida talvez das Filipinas.

Gostava de percorrer a pé as seis ou sete quadras que nos separavam e depois subir à alegre casa de Rafael. Antes, deixava sempre alguma lembrança que incomodasse a memória do coronel colonial, e fazia isso quase sempre na gigantesca concha que os antigos destinavam à água benta. Depois de subir a escada em caracol na semiescuridão e em silêncio, entrava-se de repente na luz que Rafael representava, sempre acompanhado pela brilhante e loira casteloa María Teresa, que contribuía significativamente para iluminar ainda mais o amplo espaço. Rafael, como eu, faz festa todas as noites porque trabalha muito todos os dias.

Cheguei ali com o cachorro ou a cadela. Não era possível saber o sexo nem a raça nem o idioma em que latia, de tão desgrenhada, tão emaranhada, de sobrancelhas tão abundantes e barbuda que era aquela montanha de névoa que me seguira desde minha casa.

Estávamos em pleno inverno, e a névoa, rara em Madri, se depositara nas ruas com uma consistência espanhola, seriamente compacta. De tal maneira que mal me deixava andar e quase não me deixava ver. Porém, me deixava ouvir, e eu percebi, no caminho, que alguma coisa me seguia. Alguma coisa, certamente um espectro, um corvo, um nunca mais. Severamente sozinho, semiperdido na névoa, eu era um pedestre em absoluta solidão àquela hora, e não passava ninguém e não se ouvia nada além do estranho andar atrás de mim com passos que pareciam os de um fantasma. Quando eu parava, aquele solícito som também parava. E mal começava a andar de novo, alguma coisa, aquilo, recomeçava a andar comigo. E tudo isso com aquela névoa toda que me inquietava. Só ao chegar à porta de Alberti saiu da névoa e subiu a escada comigo um cão suavíssimo. Um cão dos arrabaldes, metade névoa e metade sonho, nos olhava de seu emaranhado matagal de pelos prateados, todo ele cor de rua e com certo aspecto de ovelha que tivesse se perdido na cidade conservando, se via em seus olhos, a pureza silvestre.

Quando entrei com o cachorro, Rafael imediatamente o batizou de "Névoa", porque ainda estava impregnado da substância misteriosa. Sentou-se no meio da sala, entregue ao amor dos poetas; a partir de então aquele cachorro estranho pareceu natural e necessário, no meio das arbitrárias esculturas abstratas de Alberto Sánchez, de pedra e ferro, que lotavam a casa dos Alberti León.

Névoa, com esse nome e sua selvagem peliça, foi o memorável cachorro de Rafael e o acompanhou muito, ajudando-o a andar pelas ruas e até a escrever seus poemas, porque um cachorro desses, surgido da noite, serve para tudo. Só se separaram com a guerra, que nos tirou tantas coisas, e deixou Rafael sem sua Espanha e sem seu cachorro chamado Névoa.

Talvez seja isso tudo o que dei em minha vida a Rafael Alberti, poeta da Puerto Santa María marinheira, poeta da Madri heroica, poeta do exílio fecundo.

Tudo o que Rafael me deu em tão longos anos e o que lhe devo é farinha de outro saco. Eu lhe disse isso algumas vezes, em mais de um verso.

Será isso tudo? É muito. No entanto, poderia ter lhe devido muito mais. Isso é o que eu teria desejado.

Agora que, antes de mim, mas muito próximo, porque nossas idades se mordem os calcanhares, completa 60 anos, deve se saber que naquela emigração em que eu trouxe a ele e a sua amada Leona para as terras da América, destinei-os à minha pátria, mas eles ficaram enredados no fulgor de Buenos Aires.

Todos estes longos anos me fizeram um grande devedor de Rafael e dela. Eles têm o dom da vida e o de nos aproximar como ninguém da felicidade.

Rafael é radiante. Eu lhe devo todos estes anos de intimidade na alegria que ele sabe provocar. Eu sou um sujeito territorial, impregnado pela luz negra das minhas comarcas natais, o Sul antártico, a chuva dos grandes bosques, os vulcões que formaram o frio diadema de minha pátria. Rafael é para mim uma janela para o mel, para o espaço aberto de sua origem florida.

Eu não me divirto com ninguém como com Rafael Alberti. Talvez Federico García Lorca, nosso irmão comum, tenha me feito rir tanto como Rafael. Rir com puro riso, com esse riso que é tão necessário como o pão e as frutas. Eles dois, tão diferentes, nunca viveram afastados de meu coração. Até que um deles foi assassinado pelos inimigos do outro.

Porém, agora, trata-se do que vive, de Rafael Alberti, que continua resplandecente, alegre e combativo: sua pessoa perfeita, assim como o grave combate de sua vida, continuam e continuarão unidos à exemplar transparência de sua poesia imortal.

NAZISTAS NO CHILE

Regressei outra vez de terceira classe ao meu país. Ainda que na América Latina não tivéssemos tido o caso de que eminentes escritores como Céline, Drieu La Rochelle ou Ezra Pound se convertessem em traidores a serviço do fascismo, nem por isso deixou de existir uma forte corrente impregnada, natural ou financeiramente, pela corrente hitleriana. Em toda parte formavam-se pequenos grupos que levantavam o braço fazendo a saudação fascista, disfarçados de guardas de assalto. Mas não se tratava somente de pequenos grupos. As velhas oligarquias feudais do continente simpatizavam (e simpatizam) com qualquer tipo de anticomunismo, venha este da Alemanha ou da ultraesquerda *criolla*. Além disso, não esqueçamos que grandes grupos de descendentes de alemães povoam a maioria de determinadas regiões do Chile, Brasil e México. Esses setores foram facilmente seduzidos pela meteórica ascensão de Hitler e pela fábula de um milênio de grandeza germânica.

Por aqueles dias de vitórias estrondosas de Hitler, tive que cruzar mais de uma vez alguma rua de um vilarejo ou de uma cidade do Sul do Chile sob verdadeiros bosques de bandeiras com a cruz gamada. Numa ocasião, em um pequeno povoado sulista, vi-me forçado a usar o único telefone da localidade e a fazer uma involuntária reverência ao *Führer*. O proprietário alemão do estabelecimento tinha maquinado colocar o aparelho de tal forma que éramos obrigados a ficar com o braço no alto diante de um retrato de Hitler com o braço levantado.

Fui diretor da revista *Aurora do Chile*. Toda a artilharia literária (não tínhamos outra) era disparada contra os nazistas que iam engolindo um país atrás do outro. O embaixador hitleriano no Chile presenteou livros da chamada cultura neogermânica à Biblioteca Nacional. Respondemos pedindo a todos os nossos leitores que nos mandassem os verdadeiros livros alemães da verdadeira Alemanha proibidos por Hitler. Foi uma grande experiência. Recebi ameaças de morte. E chegaram muitos embrulhos corretamente empacotados com livros que continham imundícies. Recebemos também coleções inteiras do *Stürner*, jornal pornográfico, sadista e antissemita, dirigido por Julius Streicher, justamente enforcado anos depois em Nuremberg. Mas pouco a pouco, com timidez, começaram a chegar as edições em idioma alemão de Heinrich Heine, de Thomas Mann, de Anna Seghers, de Einstein, de Arnold Zweig. Quando tivemos cerca de quinhentos volumes fomos deixá-los na Biblioteca Nacional.

Que surpresa! A Biblioteca Nacional nos tinha fechado as portas com cadeado.

Organizamos então uma passeata e penetramos no salão de honra da universidade com os retratos do pastor Niemöller e de Karl von Ossietzky. Não sei por que razão celebrava-se ali nesse instante um ato presidido por Dom Miguel Cruchaga Tocornal, ministro das Relações Exteriores. Colocamos com cuidado os livros e os retratos no estrado da presidência. Ganhou-se a batalha: os livros foram aceitos.

ISLA NEGRA

Pensei entregar-me a meu trabalho literário com mais dedicação e mais força. O contato com a Espanha tinha me fortificado e amadurecido. As horas amargas de minha poesia deviam terminar. O subjetivismo melancólico de meus *Vinte poemas de amor* ou a comoção dolorosa de *Residência na terra* chegavam ao fim. Pareceu-me encontrar um veio enterrado, não sob as rochas subterrâneas, mas sob as folhas dos livros.

Pode a poesia servir aos nossos semelhantes? Pode acompanhar as lutas dos homens? Já tinha caminhado bastante pelo terreno do irracional e do negativo. Devia deter-me e buscar o caminho do humanismo, banido da literatura contemporânea, mas enraizado profundamente nas aspirações do ser humano.

Comecei a trabalhar em meu *Canto geral*.

Para isso precisava de um lugar de trabalho. Encontrei uma casa de pedra defronte do mar num lugar desconhecido para todo o mundo, chamado Isla Negra. Dom Eladio Sobrino, o proprietário, um velho socialista espanhol, capitão de navio, estava construindo-a para sua família, mas quis vendê-la. Como compraria? Ofereci o projeto de meu livro *Canto geral*, mas fui rechaçado pela Editora Ercilla, que então publicava minhas obras. Com ajuda de outros editores, que pagaram diretamente ao proprietário, pude finalmente comprar, no ano de 1939, minha casa de trabalho em Isla Negra.

A ideia de um poema central que agrupasse as incidências históricas, as condições geográficas, a vida e as lutas de nossos povos apresentava-se a mim como uma tarefa urgente. A costa selvagem de Isla Negra, com o tumultuoso movimento oceânico, permitia que eu me entregasse com paixão ao empreendimento de meu novo canto.

TRAGA-ME ESPANHÓIS

Mas a vida me tirou logo dali.

As notícias aterradoras da emigração espanhola chegavam ao Chile.

Mais de quinhentos mil homens e mulheres, combatentes e civis, tinham cruzado a fronteira francesa. Na França, o governo de Léon Blum, pressionado pelas forças reacionárias, acumulou-os em campos de concentração, espalhou-os em fortalezas e prisões, manteve-os amontoados nas regiões africanas junto ao Saara.

O governo do Chile tinha mudado. Os mesmos avatares do povo espanhol tinham fortalecido as forças populares chilenas, e agora tínhamos um governo progressista.

Esse governo da Frente Popular do Chile decidiu me enviar à França para cumprir a mais nobre missão que exerci em minha vida: a de tirar espanhóis de suas prisões e enviá-los à minha pátria. Assim podia minha poesia espalhar-se como uma luz radiante, vinda da América, entre esses montões de homens carregados como ninguém de sofrimento e heroísmo. Assim minha poesia chegaria a se confundir com a ajuda material da América que, ao receber os espanhóis, pagava uma dívida imemorial.

Quase inválido, recém-operado, com uma perna engessada — tais eram minhas condições físicas naquele momento —, saí de meu retiro e me apresentei ao presidente da República. Dom Pedro Aguirre Cerda recebeu-me com afeto.

— Sim, traga-me milhares de espanhóis. Temos trabalho para todos. Traga-me pescadores. Traga-me bascos, castelhanos, estremenhos.

E poucos dias depois, ainda engessado, fui à França para buscar espanhóis para o Chile.

Tinha um cargo concreto. Era cônsul encarregado da emigração espanhola — assim dizia a nomeação. Apresentei exultante minhas credenciais à embaixada do Chile em Paris.

Governo e situação política não eram os mesmos em minha pátria, mas a embaixada em Paris sim. A possibilidade de enviar espanhóis ao Chile enfurecia os empertigados diplomatas. Instalaram-me numa sala perto da cozinha, hostilizaram-me de todas as maneiras até negar-me papel de escrever. Já começava a chegar às portas do edifício da embaixada a onda dos indesejáveis: combatentes feridos, juristas e escritores, profissionais que tinham perdido suas clínicas, operários de todas as especialidades.

Como conseguiam chegar apesar dos pesares até minha sala e como meu escritório era no quarto andar, inventou-se algo diabólico: suspendeu-se o funcionamento do elevador. Muitos dos espanhóis eram feridos de guerra e sobreviventes do campo africano de concentração, e cortava o coração vê-los subir penosamente ao quarto andar, enquanto os ferozes funcionários se compraziam com minhas dificuldades.

UM PERSONAGEM DIABÓLICO

Para complicar minha vida o governo da Frente Popular do Chile anunciou a chegada de um encarregado de negócios. Alegrei-me muitíssimo, uma vez que um novo chefe na embaixada poderia eliminar os entraves que o antigo pessoal diplomático tinha me prodigalizado em relação à emigração espanhola. Da *gare* Saint-Lazare desceu um rapazola magro, de óculos sem aro (pincenê), que lhe davam um ar de velho ratinho de biblioteca. Teria uns 24 ou 25 anos. Com voz afeminada e aguda, entrecortada pela emoção, disse me reconhecer como chefe e que sua viagem visava somente a colaborar como meu ajudante na grande tarefa de mandar para o Chile os "gloriosos derrotados da guerra". Ainda que a satisfação de adquirir um novo colaborador se mantivesse, o personagem me inquietava. Apesar da adulação e dos exageros que me prodigalizava, pareceu-me adivinhar alguma coisa falsa em sua pessoa. Soube depois que, com o triunfo da Frente Popular no Chile, tinha mudado violentamente de Caballero de Colón, organização jesuítica, para membro da juventude comunista. Esta, em pleno período de recrutamento, ficou encantada com seus méritos intelectuais. Arellano Marín escrevia comédias e artigos, era um conferencista erudito e parecia saber de tudo.

A Guerra Mundial se aproximava. A cada noite Paris esperava os bombardeios alemães e havia instruções em cada casa para refugiar-se dos ataques aéreos. Eu ia toda noite a Villiers-sur-Seine, a uma casinha em frente ao rio, que deixava pela manhã para retornar com pesar à embaixada.

O recém-chegado Arellano Marín tinha adquirido, em poucos dias, a importância que eu nunca consegui. Tinha-o apresentado a Negrín, a Álvarez del Vayo e a alguns dirigentes dos partidos espanhóis. Uma semana depois, o novo funcionário era íntimo de todos eles. Entravam e saíam de seu escritório dirigentes espanhóis que eu não conhecia. Suas longas conversações eram um mistério para mim. De quando em quando me chamava para me mostrar um brilhante ou uma esmeralda que tinha comprado para sua mãe ou para me fazer confidências sobre uma loura coquetíssima que o fazia gastar mais que o devido nos cabarés parisienses. De Aragon e especialmente de Elsa, a quem tínhamos refugiado no local da embaixada para protegê-los da repressão anticomunista, Arellano Marín fez-se amigo imediato, cumulando-os de atenções e pequenos presentes. A psicologia do personagem deve ter interessado Elsa Triolet, uma vez que fala dele em uma ou duas de suas novelas.

Por tudo isso fui descobrindo que sua voracidade pelo luxo e pelo dinheiro ia crescendo diante de mim, ainda que eu nunca tenha sido muito astuto. Mudava de marca de automóvel com facilidade, alugava casas suntuosas, e aquela loura coquete parecia atormentá-lo a cada dia mais com suas exigências.

Tive que transferir-me para Bruxelas para solucionar um problema dramático dos emigrados. Ao sair do modestíssimo hotel em que me alojei, encontrei-me boquiaberto com meu flamante colaborador, o elegante Arellano Marín. Acolheu-me com grandes protestos de amizade e me convidou a jantar naquele mesmo dia.

Fomos nos encontrar em seu hotel, o mais caro de Bruxelas. Tinha mandado colocar orquídeas em nossa mesa. Pediu naturalmente caviar e champanhe. Durante o jantar, guardei um silêncio preocupado enquanto ouvia os mirabolantes planos de meu anfitrião, suas próximas viagens de férias, suas aquisições de joias. Parecia-me ouvir um novo-rico com certos sintomas de demência, mas a agudeza de seu olhar, a segurança de suas afirmações, tudo isso produzia em mim uma espécie de enjoo. Decidi pôr tudo em pratos limpos e lhe falar francamente de minhas preocupações. Pedi que tomássemos o café em seu quarto porque tinha algo a lhe dizer.

Ao pé da escadaria, quando subíamos para conversar, aproximaram-se dois homens que eu não conhecia. Ele lhes disse em espanhol que o esperassem, que desceria dentro de poucos minutos.

Ao chegar a seu quarto, deixei de lado o café. O diálogo foi tenso:

— Parece-me que vais por mau caminho. Estás te convertendo num frenético esbanjador. Pode ser que sejas demasiado jovem para entender isso. Mas nossas obrigações políticas são muito sérias. A sorte de mil emigrados está em nossas mãos e com isso não se brinca. Não me interessam teus assuntos, mas quero te fazer uma advertência. Há muita gente que depois de uma vida desgraçada diz: "Ninguém me deu um conselho, ninguém me advertiu." Contigo é diferente. Essa foi minha advertência. E agora vou embora.

Olhei-o ao despedir-me. As lágrimas corriam-lhe dos olhos até a boca. Tive um impulso de arrependimento. Teria ido longe demais? Aproximei-me e toquei no seu ombro:

— Não chores!

— Choro de raiva — respondeu.

Afastei-me sem uma palavra mais. Regressei a Paris e nunca mais voltei a vê-lo. Ao ver-me descer a escadaria, os dois desconhecidos que esperavam subiram rapidamente ao seu quarto.

O desenlace dessa história teve lugar bastante tempo depois, no México, onde então eu era cônsul do Chile. Um dia fui convidado para almoçar com um grupo de refugiados espanhóis, e dois deles me reconheceram.

— De onde me conhecem? — perguntei.

— Somos aqueles dois de Bruxelas que subiram para falar com seu compatriota Arellano Marín quando você desceu do quarto.

— E o que aconteceu então? Sempre tive curiosidade de saber — disse.

Contaram-me um episódio extraordinário. Tinham-no encontrado banhado em lágrimas, em meio a uma crise nervosa. E disse-lhes entre soluços: "Acabo de sofrer o maior choque da minha vida. Neruda saiu daqui para denunciá-los à Gestapo como perigosos comunistas espanhóis. Não pude convencê-lo de esperar algumas horas. Têm os minutos contados para escapar. Deixem-me suas valises, que eu as guardarei e as farei chegar mais tarde a vocês."

— Que cretino! — disse-lhes. — Menos mal que de qualquer maneira conseguiram escapar dos alemães.

— Mas as valises continham noventa mil dólares dos sindicatos operários espanhóis e não voltamos nem voltaremos a vê-las.

No entanto, mais tarde soube que o diabólico personagem tinha feito uma longa e agradável turnê pelo Oriente Próximo, desfrutando seus amores parisienses. Claro que a loura coquete, tão exigente, era um louro estudante da Sorbonne.

Tempos depois, publicava-se no Chile sua renúncia do partido comunista. "Profundas divergências ideológicas obrigam-me a tomar esta decisão", assim dizia em sua carta aos jornais.

UM GENERAL E UM POETA

Cada homem que chegava da derrota e do cativeiro era uma novela com capítulos, prantos, risos, solidão, amores. Algumas dessas histórias eram surpreendentes.

Conheci um general de aviação, alto e ascético, homem de academia militar e com toda classe de credenciais. Andava ali pelas ruas de Paris, sombra quixotesca da terra espanhola, idoso e vertical como um choupo de Castela.

Quando o exército franquista dividiu em duas a zona republicana, esse general Herrera devia patrulhar na escuridão absoluta, inspecionar as defesas, dar ordens para um lado e outro. Com seu avião inteiramente às escuras, nas noites mais tenebrosas, sobrevoava o campo inimigo. De vez em quando um disparo franquista passava roçando a aeronave. Aprendeu então o método braille. Quando dominou a escrita dos cegos viajava em suas perigosas missões, lendo com os dedos, enquanto lá embaixo ardiam o fogo e a dor da guerra civil. Contou-me o general que tinha conseguido ler *O conde de Montecristo* e que ao iniciar *Os três mosqueteiros* foi interrompida sua leitura noturna de cego pela derrota e em seguida o exílio.

Outra história que recordo com grande emoção é a do poeta andaluz Pedro Garfias, que foi parar no desterro no castelo de um lorde, na Escócia. No castelo estava sempre só, e Garfias, andaluz inquieto, ia todo dia à taberna do condado silenciosamente, pois não falava inglês, mas apenas um espanhol gitano que eu mesmo não entendia, bebia melancolicamente sua solitária cerveja. O mudo freguês chamou a atenção do taberneiro. Certa noite, quando todos os frequentadores já tinham ido embora, o taberneiro rogou que ele ficasse, e continuaram bebendo em silêncio junto ao fogo da lareira, que crepitava e falava pelos dois.

Tornou-se um rito esse convite. A cada noite Garfias era acolhido pelo taberneiro, solitário como ele, sem mulher e sem família. Pouco a pouco suas línguas se soltaram. Garfias contava-lhe toda a guerra da Espanha com interjeições, com juramentos, com imprecações muito andaluzas. O taberneiro escutava-o em silêncio religioso sem entender naturalmente uma só palavra.

Por sua vez o escocês começou a contar suas desventuras, provavelmente a história de sua mulher que o abandonou, provavelmente as proezas dos filhos cujos retratos de uniforme militar adornavam a chaminé. Digo provavelmente porque, durante os longos meses que duraram essas estranhas conversas, Garfias tampouco entendeu uma palavra.

No entanto, a amizade dos dois homens solitários que falavam apaixonadamente cada um de seus assuntos e em seu idioma, inacessível para o outro, foi crescendo. E os encontros a cada noite e a conversa até o amanhecer converteram-se numa necessidade para ambos.

Quando Garfias teve que partir para o México, despediram-se bebendo e falando, abraçando-se e chorando. A emoção que os unia tão profundamente era a separação de suas solidões.

— Pedro — disse muitas vezes ao poeta —, que achas que te contava?

— Nunca entendi uma só palavra, Pablo, mas quando eu o escutava tive sempre a sensação, a certeza de compreendê-lo. E quando eu falava estava certo de que ele também me compreendia.

O *WINNIPEG*

Os funcionários da embaixada me entregaram certa manhã, ao chegar, um longo telegrama. Sorriam. Era estranho que me sorrissem, uma vez que nem sequer me cumprimentavam. Devia conter essa mensagem algo que os regozijava.

Era um telegrama do Chile, assinado nada menos que pelo presidente Dom Pedro Aguirre Cerda, o mesmo de quem recebi as instruções contundentes para o embarque dos espanhóis desterrados.

Li com estupor que Dom Pedro, nosso bom presidente, tinha sabido aquela manhã com surpresa que eu preparava a entrada dos emigrantes espanhóis no Chile. Pedia que eu desmentisse imediatamente tão insólita notícia.

Para mim insólito era o telegrama do presidente. O trabalho de organizar, examinar, selecionar a emigração tinha sido uma tarefa dura e solitária. Por sorte o governo da Espanha no exílio tinha compreendido a importância de minha missão. Mas todo dia surgiam novos e inesperados obstáculos. Entretanto, dos campos de concentração onde se amontoavam na França e na África milhares de refugiados, saíam ou preparavam-se para sair até o Chile centenas deles.

O governo republicano no exílio tinha conseguido adquirir um barco, o *Winnipeg*. Este tinha sido transformado para aumentar sua capacidade de passageiros e esperava atracado no cais de Trompeloup, pequeno porto vizinho a Bordéus.

Que fazer? Aquele trabalho intenso e dramático, mesmo à beira da Segunda Guerra Mundial, era para mim como o auge de minha existência. Minha mão estendida para os combatentes perseguidos significava para eles a salvação e mostrava-lhes a essência de minha pátria acolhedora e lutadora. Todos esses sonhos vinham abaixo com o telegrama do presidente.

Decidi consultar Negrín sobre o caso. Tinha tido a sorte de fazer amizade com o presidente Juan Negrín, com o ministro Álvarez del Vayo e com alguns dos últimos governantes republicanos. Negrín era o mais interessante. A alta política espanhola sempre me pareceu um tanto paroquial e provinciana, desprovida de horizontes. Negrín era universal ou pelo menos europeu, tinha feito os estudos em Leipzig, tinha nível universitário. Mantinha em Paris, com toda a dignidade, essa sombra imaterial que são os governos no exílio.

Conversamos, relatei-lhe a situação, o estranho telegrama presidencial efetivamente me deixava como um impostor, como um charlatão que oferecia a uma multidão de desterrados um asilo inexistente. As soluções possíveis eram três. A primeira, abominável, era simplesmente anunciar que tinha sido cancelada a emigração da Espanha para o Chile. A segunda, dramática, era denunciar publicamente meu inconformismo, dar por terminada minha missão e disparar um tiro na cabeça. A terceira, desafiante, era encher o navio de emigrados, embarcar com eles e me lançar sem autorização para Valparaíso para ver o que aconteceria.

Negrín se jogou para trás na poltrona, fumando seu grande havana. Depois sorriu melancolicamente e me respondeu:

— Você não podia usar o telefone?

Naqueles dias as comunicações telefônicas entre a Europa e a América eram insuportavelmente difíceis, com horas de espera. Entre ruídos ensurdecedores e bruscas interrupções, consegui ouvir a voz remota do ministro das Relações Exteriores. Através de uma conversação entrecortada, com frases que deviam repetir-se vinte vezes, sem saber se nos entendíamos ou não, dando gritos fenomenais ou escutando como resposta trombetadas oceânicas do telefone, pensei ter feito o ministro Ortega compreender que eu não acatava a contraordem do presidente. Pensei também ter entendido que ele pedia que eu esperasse até o dia seguinte.

Passei, como era lógico, uma noite intranquila em meu pequeno hotel de Paris. Na tarde seguinte soube que o ministro tinha apresentado sua renúncia aquela manhã. Não aceitava ele tampouco minha desautorização. O gabinete tremeu, e nosso bom presidente, passageiramente confundido pelas pressões, tinha recobrado sua autoridade. Recebi então um novo telegrama, dizendo-me que prosseguisse a emigração.

Embarcamo-los finalmente no *Winnipeg*. No mesmo lugar de embarque juntaram-se maridos e mulheres, pais e filhos, que tinham sido separados por longo tempo e que vinham dos confins da Europa e da África. A cada trem que chegava, precipitava-se a multidão dos que esperavam. Entre carreiras, lágrimas e gritos, reconheciam os seres amados que colocavam a cabeça para fora pelas janelinhas como cachos humanos. Foram todos entrando no navio. Eram pescadores, camponeses, operários, intelectuais, uma demonstração de força, de heroísmo e de trabalho. Minha poesia, em sua luta, tinha conseguido encontrar pátria para eles. E me senti orgulhoso.

Comprei um jornal. Ia eu andando por uma rua de Varennes-sur-Seine. Passava junto do castelo velho cujas ruínas avermelhadas pelas trepadeiras deixavam subir até o alto pequenas torres de ardósia. Aquele velho castelo em que Ronsard e os poetas da Plêiade se reuniram tinha então para mim um prestígio de pedra e mármore, de verso hendecassílabo escrito em velhas letras de ouro. Abri o jornal. Naquele dia estalava a Segunda Guerra Mundial. Assim dizia, em grandes caracteres de suja tinta negra, o diário que me caiu nas mãos naquela velha aldeia perdida.

Todo o mundo a esperava. Hitler avançava engolindo territórios, e os estadistas ingleses e franceses corriam com seus guarda-chuvas a oferecer-lhe mais cidades, reinos e seres.

Uma terrível névoa de confusão enchia as consciências. Da minha janela, em Paris, olhava diretamente até os Inválidos e via sair os primeiros contingentes, os rapazinhos que nunca souberam se vestir de soldados e que partiam para entrar na grande goela da morte.

Era triste sua partida e nada o dissimulava. Era como uma guerra perdida de antemão, algo indefinível. As forças chauvinistas percorriam as ruas perseguindo intelectuais progressistas. O inimigo não estava para eles nos discípulos de Hitler, nos Laval, mas sim na fina flor do pensamento francês. Abrigamos na embaixada, que tinha mudado muito, o grande poeta Louis Aragon. Passou quatro dias escrevendo de dia e de noite enquanto as hordas o procuravam para o aniquilar. Ali, na embaixada do Chile, terminou sua novela *Les Voyageurs de l'impériale*. No quinto dia, vestido de uniforme, dirigiu-se ao *front*. Era sua segunda guerra contra os alemães.

Acostumei-me, naqueles dias crepusculares, a essa incerteza europeia que não sofre revoluções contínuas nem terremotos, mas mantém o veneno mortal da guerra saturando o ar e o pão. Por temor aos bombardeios, a grande metrópole se apagava de noite, e essa escuridão de sete milhões de seres juntos, essas trevas espessas em que se tinha de andar em plena cidade-luz ficaram gravadas em minha memória.

No final dessa época, como se toda essa longa viagem tivesse sido inútil, volto a ficar só nos territórios recém-descobertos. Como na crise de nascimento, como no começo alarmante e alarmado do terror metafísico de onde brota o manancial de meus primeiros versos, como em um novo crepúsculo que minha própria criação provocou, entro em uma agonia e na segunda solidão. Para onde ir? Para onde regressar, conduzir, calar ou palpitar? Olho para todos os pontos da claridade e da escuridão e não encontro senão o próprio vazio que minhas mãos elaboraram com cuidado fatal.

Porém o mais próximo, o mais fundamental, o mais extenso, o mais incalculável não aparecia senão neste momento em meu caminho. Tinha pensado em todos os mundos, mas não no homem. Tinha explorado com crueldade e agonia o coração do homem. Sem pensar nos homens tinha visto cidades, mas cidades vazias, tinha visto fábricas de trágica presença, mas não tinha visto o sofrimento debaixo dos tetos, sobre as ruas, em todas as estações, nas cidades e no campo.

Diante das primeiras balas que atravessaram as guitarras da Espanha, quando em vez de sons saíram delas borbotões de sangue, minha poesia deteve-se como um fantasma no meio das ruas da angústia humana e começou a subir por ela uma corrente de raízes e de sangue. Desde então meu caminho junta-se com o caminho de todos. E em seguida vejo que desde o Sul da solidão fui para o Norte que é o povo, o povo ao qual minha humilde poesia quisera servir de espada e de lenço para secar o suor de suas grandes dores e para dar-lhe uma arma na luta pelo pão.

O espaço então se faz grande, profundo e permanente. Estamos já de pé sobre a terra. Queremos entrar na possessão infinita de tudo o que existe. Não buscamos o mistério; somos o mistério. Minha poesia começa a ser parte material de um cenário infinitamente espacial, de um cenário ao mesmo tempo submarino e subterrâneo, a entrar por galerias de vegetação extraordinária, a conversar em pleno dia com fantasmas solares, a explorar a cavidade do mineral escondido no segredo da terra, a determinar as relações esquecidas do outono e do homem. A atmosfera se obscurece e é iluminada às vezes por relâmpagos recarregados de fosforescência e de terror. Uma nova construção longe das palavras mais evidentes, mais gastas, aparece na superfície do ar. Um novo continente levanta-se da mais secreta matéria de minha poesia. Em povoar estas terras, em classificar este reino, em tocar todas as suas margens misteriosas, em apaziguar sua espuma, em percorrer sua zoologia e sua geográfica longitude, passei anos obscuros, solitários e remotos.

CADERNO 7

MÉXICO FLORIDO E ESPINHOSO

Meu governo me mandava ao México. Cheio dessa opressão mortal produzida por tanto sofrimento e desordem, cheguei no ano de 1940 ao pequeno planalto de Anáhuac respirando o que Alfonso Reyes dizia ser a região mais transparente de ar.

México, com seu nopal e sua serpente, México florido e espinhoso, seco e tempestuoso, violento de desenho e de cor, violento de erupção e criação, cobriu-me com seu sortilégio e sua luz espantosa.

Percorri-o por anos inteiros de mercado a mercado. Porque o México está nos mercados, não está nas guturais canções dos filmes nem na falsa vulgaridade de bigode e pistola. O México é uma terra de grandes mantas cor de carmim e turquesa fosforescente. O México é uma terra de vasilhas e cântaros e de frutas cortadas debaixo de um enxame de insetos. O México é um campo infinito de agaves de tintura azul-cobalto e coroa de espinhos amarelos.

Tudo isso os mercados mais belos do mundo dão a ele. A fruta e a lã, o barro e os teares mostram o poderio assombroso dos dedos mexicanos, fecundos e eternos.

Vaguei pelo México, percorri a sua costa toda, sua alta costa alcantilada, incendiada por um perpétuo relâmpago fosfórico. Desde Topolobambo em Sinaloa, desci por esses nomes hemisféricos, ásperos nomes que os deuses deixaram de herança ao México quando em seu território os homens, menos cruéis que os deuses, começaram a mandar. Andei por todas essas sílabas de mistério e esplendor e por esses sons primordiais. Sonora e Yucatán, Anáhuac, que se ergue como um braseiro frio de onde chegam todos os confusos aromas de Nayarit até Michoacán, desde onde se percebe a fumaça da pequena ilha de Janitzio e o aroma de milho e agave que sobe por Jalisco e o enxofre do novo vulcão de Paricutín juntando-se à umidade fragrante dos peixes do lago de Pátzcuaro. México, o último dos países mágicos, mágico de antiguidade e de história, mágico de música e de geografia. Fazendo meu caminho de vagabundo por essas pedras açoitadas pelo sangue perene, entrecruzadas por um largo fio de sangue e de musgo, senti-me imenso e antigo, digno de andar entre tantas criações imemoriais. Vales abruptos interrompidos por paredes de rocha; colinas elevadas se alternam, recortadas rente como por uma faca; imensas selvas tropicais, ferventes de madeira e de serpentes, de pássaros e de lendas. Naquele vasto território habitado até seus últimos confins pela luta do homem no tempo, em seus grandes espaços descobri que éramos, Chile e México, os países antípodas da América. Nunca me comoveu a convencional frase diplomática que faz com que o embaixador do Japão ache nas cerejeiras do Chile, como o inglês em nosso nevoeiro da costa, como o argentino ou o alemão em nossa neve circundante, ache que somos parecidos, muito parecidos com todos os países. Alegra-me a diversidade da terra, a fruta terrestre diferenciada em todas as latitudes. Não estou depreciando o México, o país amado, considerando-o o mais distante de nosso país oceânico e cereal, mas destaco suas diferenças para que nossa América ostente todos os seus aspectos, suas alturas e suas profundidades. E não há na América, nem talvez no planeta, país de maior profundidade humana que o México e seus homens. Através de seus acertos luminosos como através de seus erros gigantescos vê-se a mesma cadeia de generosidade grandiosa, de vitalidade profunda, de inesgotável história, de germinação interminável.

Pelas aldeias de pescadores, onde a rede se faz tão diáfana que parece uma grande mariposa que retorna às águas para adquirir as escamas de prata que lhe faltam, por seus centros mineiros em que o metal, logo depois de extraído, converte-se de duro lingote em geometria esplendorosa, pelas rotas de onde surgem os conventos católicos espessos e espinhosos como cactos colossais, pelos mercados onde a hortaliça é apresentada como uma flor e onde a riqueza de cores e sabores chega ao paroxismo, desviamo-nos um dia até que, atravessando o México, chegamos a Yucatán, berço submerso da mais antiga fenda do mundo, do idolátrico Mayab. Ali a terra está sacudida pela história e pelo sêmen. Junto à fibra do henequém crescem ainda as ruínas cheias de inteligência e de sacrifícios.

Quando se cruzam os últimos caminhos, chegamos ao imenso território onde os antigos mexicanos deixaram sua ornamentada história escondida entre a selva. Ali encontramos uma nova espécie de água, a mais misteriosa das águas terrestres. Não é o mar nem é o arroio, nem o rio nem nada das águas conhecidas. Em Yucatán não há água senão debaixo da terra, e esta se racha subitamente, produzindo poços enormes e selvagens cujas encostas cheias de vegetação tropical deixam ver no fundo uma água profundíssima verde e zenital. Os maias encontraram essas aberturas terrestres chamadas *cenotes** e as divinizaram com seus estranhos ritos. Como em todas as religiões, no princípio consagraram à necessidade e à fecundidade, e naquela terra a aridez foi vencida por essas águas escondidas para as quais a terra se abria.

Então sobre os cenotes sagrados, por milhares de anos, as religiões primitivas e invasoras aumentaram o mistério da água misteriosa. Nas margens do cenote centenas de virgens condecoradas pela flora e pelo ouro, depois de cerimônias nupciais, foram cobertas de joias e precipitadas do alto para as águas correntes e insondáveis. Das profundezas subiam até a superfície as flores e as coroas das virgens, mas elas permaneciam no lodo do solo remoto, presas por suas algemas de ouro.

As joias, uma ínfima parte delas, foram resgatadas depois de milhares de anos e estão atrás das vitrinas dos museus do México e da América do Norte. Mas eu, ao entrar nessa solidão, não busquei o ouro, e sim o grito das donzelas afogadas. Parecia-me ouvir nos estranhos grasnidos dos pássaros a rouca agonia das virgens; e, no voo veloz com que cruzavam a majestade tenebrosa da água imemorial, adivinhava as mãos exangues das jovens mortas.

---

* *Cenote*: espécie de poço ou depósito de água que se encontra em algumas cavernas do México e de outras partes da América, geralmente a grande profundidade. (N. T.)

Sobre a estátua que alongava a mão de pedra clara sobre a água e o ar eternos, vi uma vez pousar uma pomba. Não sei que águia a perseguiria. Destoava naquele recinto em que as únicas aves, o *atajacaminos** de voz trêmula, o quetzal de plumagem fabulosa, o colibri de turquesa e as aves de rapina conquistavam a selva para sua carnificina e seu esplendor. A pomba pousou na mão da estátua, branca como uma gota de neve sobre as pedras tropicais. Olhei-a porque vinha de outro mundo, de um mundo medido e harmônico, de uma coluna pitagórica ou de um número mediterrânico. Deteve-se na margem das trevas, aceitou meu silêncio quando eu mesmo já pertencia a esse mundo original, americano, sangrento e antigo, e voou diante de meus olhos até perder-se no céu.

OS PINTORES MEXICANOS

A vida intelectual do México estava dominada pela pintura.

Estes pintores do México cobriam a cidade com História e Geografia, com incursões civis, com polêmicas ferruginosas. Num cume excelso estava situado José Clemente Orozco, titã manco e mirrado, espécie de Goya de sua pátria fantasmagórica. Muitas vezes conversei com ele. Sua pessoa parecia carecer da violência que teve sua obra. Tinha uma suavidade de oleiro que perdeu a mão no torno e que com a mão que restou sente-se obrigado a continuar criando universos. Seus soldados e vivandeiras, seus camponeses fuzilados pelas autoridades, seus sarcófagos com terríveis crucificados são o que há de mais imortal em nossa pintura americana e permanecerão como a revelação de nossa crueldade.

Diego Rivera já tinha trabalhado tanto por esses anos e tinha se batido tanto com todos que já o pintor colossal pertencia à lenda. Ao vê-lo me parecia estranho não descobrir nele caudas com escamas ou patas com garras.

Diego Rivera sempre foi dado a invencionices. Antes da Primeira Guerra Mundial, Ilya Ehrenburg tinha publicado, em Paris, um livro sobre suas façanhas e mistificações: *Vida e andanças de Julio Jurenito*.

---

* *Atajacaminos*: ave originária da América tropical. (N. T.)

Trinta anos depois Diego Rivera continuava sendo grande mestre da pintura e da fabulação. Aconselhava comer carne humana como dieta higiênica e de grandes *gourmets*. Dava receitas para cozinhar gente de todas as idades. Outras vezes, empenhava-se em teorizar sobre o amor lésbico, sustentando que essa relação era a única normal, segundo provavam os vestígios históricos mais remotos encontrados em escavações que ele mesmo tinha dirigido.

Às vezes conversava horas comigo, movendo seus empapuçados olhos de índio, e me revelava sua origem judia. Outras vezes, esquecendo a conversa anterior, jurava que ele era o pai do general Rommel — mas essa confidência devia ficar absolutamente secreta porque sua revelação podia ter sérias consequências internacionais.

Seu tom de persuasão extraordinário e sua maneira pachorrenta de fornecer os detalhes mais ínfimos e inesperados de suas mentiras faziam dele um charlatão maravilhoso, cujo encanto ninguém que o conheceu jamais pode esquecer.

David Alfaro Siqueiros estava então no cárcere. Alguém o tinha metido numa incursão armada à casa de Trotski. Conheci-o na prisão, mas em verdade também fora dela porque saíamos com Pérez Rulfo, comandante da prisão, e íamos beber juntos onde não desse muito na vista. Voltávamos altas horas da noite, e eu dava um abraço de despedida em David, que ficava atrás de suas grades.

Numa dessas voltas de Siqueiros da rua à prisão, conheci seu irmão, uma pessoa estranhíssima chamada Jesús Siqueiros. A palavra sorrateiro, mas no bom sentido, é a que mais se aproxima para descrevê-lo. Deslizava junto às paredes sem fazer ruído nem movimento algum. De repente surgia atrás de ti ou a teu lado. Falava pouco e, quando o fazia, era apenas um murmúrio. O que não era obstáculo para que numa maleta pequena que levava consigo, também silenciosamente, transportasse quarenta ou cinquenta pistolas. Certa vez, aconteceu-me abrir, distraidamente, a maleta e descobrir com estupor aquele arsenal de cabos negros, nacarados e prateados.

Tudo isso para nada, porque Jesús Siqueiros era tão pacífico quanto era turbulento seu irmão David. Jesús tinha também dotes de grande artista ou ator, uma espécie de mímico. Sem mover o corpo nem as mãos, sem emitir um único som, deixando atuar somente o rosto que mudava de semblante à vontade, expressava ao vivo, como máscaras sucessivas, o terror, a angústia, a alegria e a ternura. Aquele pálido rosto de fantasma acompanhava-o por entre seu labirinto vital, de onde emergia de vez em quando carregado de pistolas que nunca usou.

Esses vulcânicos pintores mantinham concentrada neles a atenção pública. Às vezes sustentavam polêmicas tremendas. Numa delas, esgotados os argumentos, Diego Rivera e Siqueiros sacaram grandes pistolas e dispararam quase ao mesmo tempo, mas contra as asas dos anjos de gesso do teto do teatro. Quando as pesadas penas de gesso começaram a cair sobre as cabeças dos espectadores, estes foram abandonando o teatro, e aquela discussão terminou com um forte cheiro de pólvora e uma sala vazia.

Rufino Tamayo não vivia então no México. De Nova York suas pinturas se difundiram, complexas e ardentes, tão representativas do México como as frutas ou os tecidos dos mercados.

Não há paralelo entre a pintura de Diego Rivera e a de David Alfaro Siqueiros. Diego é um clássico linear; com essa linha infinitamente ondulante, espécie de caligrafia histórica, foi tecendo a história do México e dando-lhe relevo a feitos, costumes e tragédias. Siqueiros é a explosão de um temperamento vulcânico que combina técnica assombrosa e longas investigações.

Entre saídas clandestinas da prisão e conversas sobre tudo quanto existe tramamos, Siqueiros e eu, sua liberação definitiva. Provido de um visto que eu mesmo estampei em seu passaporte, dirigiu-se ao Chile com sua mulher, Angélica Arenales.

O México havia construído uma escola na cidade de Chillán, que tinha sido destruída pelos terremotos, e nessa "Escola México" Siqueiros pintou um de seus murais extraordinários. O governo do Chile me pagou este serviço à cultura nacional suspendendo-me de minhas funções de cônsul por dois meses.

NAPOLEÃO UBICO

Decidi visitar a Guatemala e fui para lá de automóvel. Passamos pelo istmo de Tehuantepec, região dourada do México, com mulheres vestidas como pássaros e um cheiro de mel e açúcar no ar. Em seguida entramos na grande selva de Chiapas. De noite detínhamos o veículo, assustados pelos ruídos, pela telegrafia da selva. Milhares de cigarras emitiam um ruído violento, planetário, som inacreditável. O misterioso México estendia sua sombra verde sobre antigas construções, sobre pinturas remotas, joias e monumentos, cabeças colossais, animais de pedra.

Tudo isso jazia na selva, na milionária existência do inaudito mexicano. Passada a fronteira, no alto da América Central, o estreito caminho da Guatemala vislumbrou-me com suas lianas e folhagens gigantescas, em seguida com seus lagos plácidos no alto como olhos esquecidos por deuses extravagantes, e por último com pinheirais e amplos rios primordiais em que assomavam como seres humanos, fora da água, rebanhos de sirênios e manatis.

Passei uma semana convivendo com Miguel Ángel Asturias, que ainda não havia se revelado com suas novelas de sucesso. Compreendemos que tínhamos nascido irmãos, e raro era o dia em que não nos víamos. De noite planejávamos visitas inesperadas a paragens distantes de serras envoltas pela névoa ou a portos tropicais da United Fruit.

Os guatemaltecos não tinham direito a falar, e nenhum deles falava de política diante do outro. As paredes tinham ouvidos e delatavam. Em certas ocasiões detínhamos o carro no alto de uma meseta e ali, bem seguros de que não tinha ninguém atrás de uma árvore, tratávamos avidamente da situação.

O caudilho chamava-se Ubico e governava há muitíssimos anos. Era um homem corpulento, de olhar frio, consequentemente cruel. Ele ditava a lei e nada se fazia na Guatemala sem ordem sua. Conheci um de seus secretários, agora amigo meu, revolucionário. Por ter discutido algo com ele, um pequeno detalhe, fez com que o amarrassem ali mesmo a uma coluna da sala de despacho presidencial e o açoitou sem piedade.

Os poetas jovens pediram um recital de minha poesia. Enviaram um telegrama a Ubico solicitando a autorização. Todos os meus amigos e os jovens estudantes enchiam o local. Li com gosto meus poemas porque parecia-me que entreabriam a janela daquela prisão tão vasta. O chefe de polícia sentou-se conspicuamente na primeira fila. Logo soube que quatro metralhadoras estavam apontadas para mim e para o público e que funcionariam caso o chefe de polícia abandonasse ostensivamente sua poltrona e interrompesse o recital.

Mas nada aconteceu, pois o sujeito ficou até o fim ouvindo meus versos.

Depois quiseram apresentar-me ao ditador, homem inflamado por loucura napoleônica. Deixava uma mecha sobre a fronte, retratando-se com frequência na pose de Bonaparte. Disseram-me que era perigoso recusar tal sugestão, mas eu preferi não lhe dar a mão e regressei rapidamente ao México.

ANTOLOGIA DE PISTOLAS

O México daquele tempo era mais pistolista do que pistoleiro. Havia um culto ao revólver, um fetichismo da "quarenta e cinco". As grandes pistolas reluziam constantemente. Os candidatos a parlamentares e os jornais iniciavam campanhas de "despistolização", mas logo compreendiam que era mais fácil extrair um dente de um mexicano do que sua queridíssima arma de fogo.

Certa vez os poetas me homenagearam com um passeio numa barca florida. No lago de Xochimilco juntaram-se quinze ou vinte bardos que me fizeram navegar entre as águas e as flores pelos canais e anfractuosidades daquele estuário destinado a passeios florais desde o tempo dos astecas. A embarcação vai decorada com flores por todos os lados, transbordante de pessoas e cores esplêndidas. As mãos dos mexicanos, como as dos chineses, são incapazes de criar algo feio, seja em pedra, em prata, em barro ou em cravos.

O certo é que um daqueles poetas empenhou-se durante a travessia, depois de numerosas tequilas e para me render uma deferente homenagem, em que eu disparasse para o céu com sua bela pistola, que no cabo ostentava incrustações de prata e ouro. Em seguida o colega mais próximo tirou rapidamente a sua de uma cartucheira e, levado pelo entusiasmo, empurrou para o lado a do primeiro ofertante, convidando-me a fazer os disparos com a arma de sua propriedade. Ao alvoroço acudiram os demais rapsodos, cada um sacou com decisão sua pistola, e todos levantaram-nas ao redor de minha cabeça para que eu elegesse a sua e não a dos outros. Aquele pálio inseguro de pistolas, que se cruzavam diante do meu nariz ou me passavam debaixo dos sovacos, tornava-se cada vez mais ameaçador até que me ocorreu tomar de um grande *sombrero* típico e recolhê-las todas em seu bojo depois de pedi-las ao batalhão de poetas em nome da poesia e da paz. Todos obedeceram e desse modo consegui confiscar-lhes as armas por vários dias, guardando-as em minha casa. Acho que fui o único poeta em cuja honra se compôs uma antologia de pistolas.

POR QUE NERUDA

O sal do mundo tinha se reunido no México. Escritores exilados de todos os países acamparam sob a liberdade mexicana enquanto a guerra se prolongava na Europa com vitória após vitória das forças de Hitler que já tinham ocupado a França e a Itália. Ali estava Anna Seghers e o hoje desaparecido humorista tcheco Egon Erwin Kish, entre outros. Kish deixou alguns livros fascinantes, e eu admirava muito sua grande inventiva, a curiosidade infantil e os conhecimentos de prestidigitação. Mal entrava em minha casa tirava um ovo de uma orelha ou ia engolindo, uma por uma, até sete moedas que faziam bastante falta ao pobre e grande escritor desterrado. Já nos conhecíamos da Espanha e, como ele manifestava a insistente curiosidade de saber por que motivo me chamava Neruda sem ter nascido com esse sobrenome, eu lhe dizia de brincadeira:

— Grande Kish, foste tu o descobridor do mistério do coronel Redl (famoso caso de espionagem acontecido na Áustria, em 1914), mas nunca esclarecerás o mistério de meu nome Neruda.

E assim foi. Morreria em Praga, em meio a todas as homenagens que sua pátria libertada lhe deu, mas nunca o intrometido profissional conseguiria saber por que Neruda se chamava Neruda.

A resposta era demasiado simples e tão sem nada de extraordinário que eu guardava o mais cuidadoso segredo. Quando eu tinha 14 anos de idade, meu pai perseguia denodadamente minha atividade literária. Não concordava em ter um filho poeta. Para encobrir a publicação de meus primeiros versos busquei um sobrenome que o despistasse totalmente. Encontrei numa revista esse nome tcheco, sem saber sequer que se tratava de um grande escritor, venerado por todo um povo, autor de belíssimas baladas e romances e com monumento erigido no bairro Malá Strana de Praga. Mal cheguei à Tchecoslováquia, muitos anos depois, coloquei uma flor aos pés de sua estátua barbuda.

A VÉSPERA DE PEARL HARBOR

À minha casa chegavam os espanhóis Wenceslao Roces, de Salamanca, e Constancia de la Mora, republicana, parente do duque de Maura, cujo livro *In Place of Splendor* foi um *best-seller* na América do Norte; León Felipe,

Juan Rejano, Moreno Villa, Herrera Petere, poetas; Miguel Prieto, Rodríguez Luna, pintores — todos espanhóis. Os italianos Vittorio Vidale, famoso por ter sido o comandante Carlos do 5º Regimento, e Mario Montagnana, italianos desterrados, cheios de lembranças, de histórias assombrosas e de cultura sempre em movimento. Por aí andavam também Jacques Soustelle e Gilbert Medioni, que eram os chefes gaullistas, representantes da França livre. Além desses, pululavam os exilados voluntários ou forçados da América Central; guatemaltecos, salvadorenhos, hondurenhos. Tudo isso enchia o México de um interesse multinacional, e às vezes minha casa, velha quinta do bairro de San Ángel, palpitava como se ali estivesse o coração do mundo.

Com Soustelle, que era então socialista de esquerda e que anos mais tarde daria tanto o que fazer ao presidente De Gaulle como chefe político dos golpistas da Argélia, sucedeu-me algo que devo relatar:

Chegara o ano de 1941. Os nazistas sitiavam Leningrado e adentravam-se no território soviético. As raposas militaristas japonesas, comprometidas no eixo Berlim-Roma-Tóquio, corriam o perigo de que a Alemanha ganhasse a guerra e ficassem elas sem sua parte nos despojos de guerra. Diversos rumores circulavam pelo mundo. Assinalava-se a hora zero em que o imenso poderio japonês se desencadearia no Extremo Oriente. Enquanto isso, uma missão de paz japonesa fazia reverências em Washington ao governo norte-americano. Não havia dúvida de que os japoneses atacariam logo e de surpresa já que a "guerra-relâmpago" era a moda sangrenta da época.

Devo contar, para que minha história seja compreendida, que uma velha linha nipônica de vapores unia o Japão ao Chile. Viajei mais de uma vez nesses navios e conhecia-os muito bem. Detinham-se em nossos portos, e seus capitães dedicavam-se a comprar ferro velho e a tirar fotografias. Aportavam em todo o litoral chileno, peruano e equatoriano e seguiam até o porto mexicano de Manzanillo, de onde enfiavam a proa até Yokohama, atravessando o Pacífico.

Pois bem, um dia, sendo eu ainda cônsul-geral do Chile no México, recebi a visita de sete japoneses que pediam às pressas um visto para o Chile. Vinham do litoral norte-americano, de São Francisco, de Los Angeles e de outros portos. Seus rostos denotavam certa inquietude. Estavam bem-vestidos e com os documentos em ordem. Tinham aparência de engenheiros ou executivos da indústria.

Perguntei-lhes, naturalmente, por que queriam partir para o Chile no primeiro avião já que eram recém-chegados. Responderam que queriam tomar um barco japonês no porto chileno de Tocopilla, porto salitreiro do norte do Chile. Respondi-lhes que para tal não necessitavam viajar para o Chile, no outro extremo do continente, visto que esses mesmos navios japoneses encostavam no porto mexicano de Manzanillo, aonde podiam ir a pé se quisessem e chegariam a tempo.

Entreolharam-se e sorriram confusos. Falaram entre si em seu idioma. Consultaram o secretário da embaixada japonesa que os acompanhava.

Este resolveu ser franco comigo, dizendo:

— Olhe, colega, acontece que este navio mudou seu itinerário e não encostará mais em Manzanillo. É, pois, no porto chileno onde devem tomá-lo estes especialistas ilustres.

Rapidamente passou por minha cabeça a visão confusa de achar-me diante de algo muito importante. Pedi-lhes seus passaportes, suas fotografias, seus documentos de trabalho nos Estados Unidos etc. e em seguida disse-lhes que voltassem no dia seguinte.

Não estavam de acordo. Necessitavam do visto imediatamente e pagariam qualquer preço por ele.

Como o que eu procurava era ganhar tempo, mostrei a eles que não estava em minhas atribuições dar vistos de maneira instantânea e que falaríamos no dia seguinte.

Fiquei sozinho.

Pouco a pouco foi se definindo o enigma em minha cabeça. Por que a fuga precipitada da América do Norte e a extrema urgência do visto? E o barco japonês, pela primeira vez em trinta anos, desviava sua rota? O que queria isso dizer?

Em minha cabeça fez-se a luz. Tratava-se de um grupo importante e bem-informado, com toda a certeza da espionagem japonesa, que escapava dos Estados Unidos ante a iminência de algo grave por acontecer. E isso não podia ser outra coisa senão a participação do Japão na guerra. Os japoneses de minha história estavam a par do segredo.

A conclusão a que cheguei produziu em mim um nervosismo extremo. Que podia fazer?

Dos representantes das nações aliadas no México não conhecia nem ingleses nem norte-americanos. Só estava em relação direta com aqueles que tinham sido credenciados oficialmente como delegados do general De Gaulle e com acesso ao governo mexicano.

Comuniquei-me com eles imediatamente. Expliquei-lhes a situação. Tínhamos na mão os nomes e os dados desses japoneses. Se os franceses se decidissem a intervir, eles seriam apanhados. Argumentei entusiasmado e depois impaciente ante a impassibilidade dos representantes gaullistas.

— Jovens diplomatas — disse. — Encham-se de glória e descubram o segredo destes agentes nipônicos. De minha parte não lhes darei o visto. Mas os senhores devem tomar uma resolução imediata.

Este chove não molha durou dois dias mais. Soustelle não se interessou pelo assunto. Não quiseram fazer nada. E eu, simples cônsul chileno, não podia ir mais além. Diante da minha negativa em conceder-lhes visto, os japoneses proveram-se rapidamente de passaportes diplomáticos, recorreram à embaixada do Chile e chegaram a tempo para embarcar em Tocopilla.

Uma semana depois o mundo despertava com o anúncio do bombardeio de Pearl Harbor.

EU, O MALACÓLOGO

Foi publicado num jornal do Chile há anos que quando meu bom amigo, o célebre professor Julian Huxley, chegou a Santiago, no aeroporto perguntou por mim.

— O poeta Neruda? — responderam os jornalistas.

— Não, não conheço nenhum poeta Neruda. Quero falar com o malacólogo Neruda.

Esta palavra grega, malacólogo, significa especialista em moluscos.

Deu-me grande prazer essa historinha feita para me aborrecer e que não podia ser verdadeira porque conhecia Huxley fazia anos e ele era certamente um sujeito brilhante e muito mais vivo e autêntico do que seu famoso irmão Aldous.

No México andei pelas praias, mergulhei nas águas transparentes e cálidas e recolhi maravilhosas conchas marinhas. Depois, em Cuba e em outros lugares, assim como por intercâmbio e compra, presente e roubo (não há colecionador honrado), meu tesouro marinho foi se acrescentando até encher quartos e quartos da minha casa.

Tive as espécies mais raras dos mares da China e Filipinas, do Japão e do Báltico; caracóis antárticos e *polymitas* cubanas; ou caracóis pintores vestidos de vermelho e açafrão, azul e cor de amora, como bailarinas do Caribe. Para dizer a verdade, as poucas espécies que me faltaram foram as de um caracol de terra do Mato Grosso brasileiro, que vi certa vez e não pude comprar nem viajar para a selva para apanhá-lo. Era totalmente verde, com uma beleza de esmeralda jovem.

Exagerei esse caracolismo até visitar mares remotos. Meus amigos também começaram a buscar conchas marinhas, a se encaracolar.

Quanto aos que me pertenciam, quando já passavam de quinze mil, começaram a ocupar todas as estantes e a cair das mesas e das cadeiras. Os livros de caracologia ou malacologia, como são chamados, encheram minha biblioteca. Um dia agarrei tudo e, em caixotes imensos, levei-os à Universidade do Chile, fazendo assim minha primeira doação à *alma mater*. Era já uma coleção famosa. Como boa instituição sul-americana, minha universidade recebeu-os com louvores e discursos e sepultou-os no sótão. Nunca mais foram vistos.

ARAUCANÍA

Enquanto estive longe, destacado nas ilhas do arquipélago distante, o mar sussurrava, e o mundo silencioso estava cheio de coisas que falavam à minha solidão. Mas as guerras frias e quentes mancharam o serviço consular e foram fazendo de cada cônsul um autômato sem personalidade, que nada pode decidir e cujo trabalho aproxima-se suspeitosamente do da polícia.

O Ministério impunha que se averiguassem as origens raciais das pessoas: africanos, asiáticos ou israelitas. Nenhum destes grupos humanos podia entrar em minha pátria.

A idiotice alcançava graus tão extremos que eu mesmo fui vítima dela quando fundei, sem nenhum dinheiro do fisco chileno, uma revista primorosa. Dei-lhe o título de *Araucanía* e coloquei na capa o retrato de uma bela araucana, rindo com todos os dentes. Foi o quanto bastou para que o Ministério das Relações Exteriores de então me chamasse severamente a atenção pelo que considerava um desacato. Tudo isso porque o presidente da República era Dom Pedro Aguirre Cerda, em cujo rosto simpático e nobre viam-se todos os elementos de nossa mestiçagem.

Já se sabe que os araucanos foram aniquilados e por fim esquecidos ou vencidos, e a história é escrita ou pelos vencedores ou pelos que desfrutaram da vitória. Porém poucas raças há sobre a terra mais dignas que a raça araucana. Algum dia haveremos de ver universidades araucanas, livros impressos em araucano — e nos daremos conta de tudo o que perdemos em diafaneidade, em pureza e em energia vulcânica.

As absurdas pretensões "racistas" de algumas nações sul-americanas, produtos elas mesmas de múltiplos cruzamentos e mestiçagens, são uma tara de tipo colonial. Querem montar um tablado onde uns quantos esnobes, escrupulosamente brancos ou esbranquiçados, apresentem-se em sociedade, gesticulando diante dos arianos puros ou dos turistas sofisticados. Por sorte tudo isso vai ficando para trás, e a ONU está se enchendo de representantes negros e mongólicos, isto é, a folhagem das raças humanas está mostrando, com a seiva da inteligência que ascende, todas as cores de suas folhas.

Acabei por cansar-me e um dia renunciei para sempre ao meu posto de cônsul-geral.

MAGIA E MISTÉRIO

Além disso me dei conta de que o mundo mexicano, reprimido, violento e nacionalista, envolto por sua cortesia pré-colombiana, continuaria tal como era sem minha presença nem meu testemunho.

Quando decidi regressar a meu país, compreendia menos a vida mexicana do que quando cheguei ao México.

As artes e as letras eram produzidas em círculos rivais, mas ai daquele que, de fora, tomasse partido pró ou contra alguém ou algum grupo: uns e outros caíam-lhe em cima.

Quando já tinha me preparado para partir, fizeram-me alvo de uma manifestação gigantesca: um jantar de cerca de três mil pessoas, sem contar centenas que não encontraram lugar. Vários presidentes da República enviaram sua adesão. Não obstante, o México é a pedra de toque das Américas e não foi por acaso que se entalhou ali o calendário solar da América antiga, o círculo central da irradiação, da sabedoria e do mistério.

Tudo podia acontecer, tudo aconteceu. O único jornal da oposição era subvencionado pelo governo. Era a democracia mais ditatorial que se possa conceber.

Recordo de um acontecimento trágico que me comoveu terrivelmente. Uma greve se prolongava em uma fábrica sem que se vislumbrasse solução. As mulheres dos grevistas reuniram-se e decidiram ir ao presidente da República para contar-lhe talvez suas privações e suas angústias. É evidente que não levavam armas. Pelo caminho compraram algumas flores para oferecê-las ao mandatário ou à sua senhora. As mulheres iam entrando no palácio quando um guarda as deteve. Não podiam continuar. O senhor presidente não as receberia. Deviam dirigir-se ao ministério correspondente. Além disso era preciso que desocupassem o lugar. Era uma ordem terminante.

As mulheres alegaram sua causa. Não ocasionariam o menor aborrecimento. Queriam somente entregar essas flores ao presidente e pedir-lhe que solucionasse a greve logo. Faltava comida para seus filhos, não podiam continuar assim. O oficial da guarda se negou a levar qualquer recado. As mulheres, por sua vez, não se retiraram.

Ouviram-se então os disparos de várias armas da guarda do palácio. Seis ou sete mulheres caíram mortas no local, ficando muitas outras feridas.

No dia seguinte efetuaram-se os funerais às pressas. Pensava eu que um imenso cortejo acompanharia os caixões das mulheres assassinadas. No entanto, poucas pessoas compareceram. Falou, isso sim, o grande líder sindical, que era conhecido como um eminente revolucionário. Seu discurso no cemitério foi estilisticamente irreprochável. Li-o por completo no dia seguinte nos jornais. Não continha uma só linha de protesto, não havia uma palavra de ira nem nenhum pedido para que os responsáveis de um ato tão atroz fossem julgados. Duas semanas mais tarde ninguém mais falava do massacre. E nunca vi escrito que alguém se lembrasse disso depois.

O presidente era asteca, mil vezes mais intocável do que a família real da Inglaterra. Nenhum jornal, nem de brincadeira nem a sério, podia criticar o excelso funcionário sem receber imediatamente um golpe mortífero.

O pitoresco envolve de tal maneira os dramas mexicanos que a gente vive pasmada diante da alegoria, uma alegoria que se distancia mais e mais da palpitação intrínseca, do esqueleto sangrento. Os filósofos tornaram-se preciosistas, lançados em investigações existenciais que, junto do vulcão, parecem ridículas. A ação civil é entrecortada e difícil. A sujeição adota diversas correntes que se estratificam ao redor do trono.

Mas tudo de mágico surge e ressurge sempre no México. Desde um vulcão que começou a nascer na horta humilde em que um camponês semeava feijões até a desenfreada busca do esqueleto de Cortés que, segundo se diz, descansa no México com seu elmo de ouro cobrindo secularmente o crânio de conquistador, e a não menos intensa perseguição dos restos do imperador asteca Cuauhtémoc, perdidos há quatro séculos e que inesperadamente aparecem aqui e ali, custodiados por índios secretos para voltar a submergir sem trégua na noite inexplicável.

O México vive em minha vida como uma pequena águia equivocada que circula em minhas veias. Só a morte lhe dobrará as asas sobre meu coração de soldado adormecido.

CADERNO 8

A PÁTRIA EM TREVAS

MACHU PICCHU

O ministério não vacilou em aceitar o fim voluntário de minha carreira.

Meu suicídio diplomático proporcionou-me a maior alegria: a de poder regressar ao Chile. Acho que o homem deve viver em sua pátria e creio que o desarraigamento dos seres humanos é uma frustração que de uma maneira ou de outra entorpece a claridade da alma. Eu não posso viver senão em minha própria terra. Não posso viver sem pôr os pés, as mãos e o ouvido nela, sem sentir a circulação de suas águas e de suas sombras, sem sentir como minhas raízes buscam em seu barro pegajoso as substâncias maternas.

Mas antes de chegar ao Chile fiz outro descobrimento que agregaria uma nova camada ao desenvolvimento de minha poesia.

Detive-me no Peru e subi até as ruínas de Machu Picchu. Subimos a cavalo. Na época não havia estrada. Do alto vi as antigas construções de pedra rodeadas pelos altíssimos cumes dos Andes verdes. Da cidadela carcomida e roída pelo passar dos séculos despenhavam-se torrentes. Massas de neblina branca levantavam-se do rio Willkamayu. Senti-me infinitamente pequeno no centro daquele umbigo de pedra, umbigo de um mundo desabitado, orgulhoso e eminente, ao qual de algum modo eu pertencia. Senti que minhas próprias mãos tinham trabalhado ali em alguma etapa distante, cavando sulcos, alisando penhascos.

Senti-me chileno, peruano, americano. Tinha encontrado naquelas alturas difíceis, entre aquelas ruínas gloriosas e dispersas, uma profissão de fé para a continuação de meu canto.

Ali nasceu meu poema "Alturas de Machu Picchu".

O PAMPA SALITREIRO

Em fins de 1943 chegava de novo a Santiago. Instalei-me em minha própria casa, adquirida a longo prazo pelo sistema de financiamento. Neste lar de grandes árvores juntei meus livros e comecei outra vez a difícil vida.

Procurei de novo a formosura de minha pátria, a forte beleza da natureza, o encanto das mulheres, o trabalho de meus companheiros e a inteligência de meus compatriotas.

O país não tinha mudado. Campos, aldeias adormecidas, pobreza terrível das regiões mineiras e a gente elegante ocupando seu Country Club. O jeito era escolher.

Minha decisão causou-me perseguições e minutos estelares.

Que poeta podia arrepender-se?

Curzio Malaparte, que me entrevistou anos depois do que vou relatar, disse-o bem em seu artigo: "Não sou comunista, mas, se fosse poeta chileno, seria como Pablo Neruda é. Há que se tomar partido aqui, por causa dos Cadillacs ou por causa da gente sem escola e sem sapatos."

Esta gente sem escola e sem sapatos elegeu-me senador da República a 4 de março de 1945. Ficarei sempre orgulhoso por terem votado em mim milhares de chilenos da região mais dura do Chile, região da grande mineração, de cobre e salitre.

Era difícil e áspero caminhar pelo pampa. Há meio século não chove nessas regiões, e o deserto marcou a fisionomia dos mineiros. São homens de rostos queimados; toda a sua expressão de solidão e de abandono concentra-se nos olhos de escura intensidade. Subir do deserto até a cordilheira, entrar em cada casa pobre, conhecer as tarefas desumanas e sentir-se depositário das esperanças do homem ilhado e submergido não é uma responsabilidade qualquer. No entanto, minha poesia abriu o caminho de comunicação, e pude andar e circular e ser recebido como um irmão imorredouro por meus compatriotas de vida dura.

Não me lembro se foi em Paris ou em Praga que me sobreveio uma pequena dúvida sobre o enciclopedismo de meus amigos ali presentes. Quase todos eles eram escritores ou, no mínimo, estudantes.

— Estamos falando muito do Chile — disse-lhes — seguramente porque eu sou chileno. Mas vocês sabem alguma coisa de meu longínquo país? Por exemplo: em que veículos nos transportamos? De elefante, de automóvel, de trem, de avião, de bicicleta, de camelo, de trenó?

A resposta muito a sério da maioria foi: de elefante.

No Chile não há elefantes nem camelos. Mas compreendo que pareça enigmático um país que nasce no gelado Polo Sul e que chega até as depressões salgadas e desertas onde não chove há um século. Tive que percorrer esses desertos durante anos como senador eleito pelos habitantes daqueles ermos, como representante de inumeráveis trabalhadores do salitre e do cobre que nunca usaram colarinho nem gravata.

Entrar naquelas planícies, enfrentar aqueles areais é entrar na Lua. Essa espécie de planeta vazio guarda a grande riqueza de meu país, mas é preciso tirar da terra seca e dos montes de pedra o adubo branco e o mineral vermelho. Em poucos lugares do mundo a vida é tão dura e ao mesmo tempo tão desprovida de qualquer indulgência para vivê-la. Custa sacrifícios indizíveis transportar a água, conservar uma planta que dê a flor mais humilde, criar um cachorro, um coelho, um porco.

Venho do outro extremo da República. Nasci em terras verdes, de grandes arvoredos selváticos. Tive uma infância de chuva e neve. Só o fato de enfrentar aquele deserto lunar significava um sobressalto em minha existência. Representar no parlamento aqueles homens, o seu isolamento, suas terras titânicas, era também uma empresa difícil. A terra nua, sem uma só erva, sem uma gota de água, é um segredo imenso e esquivo. Sob os bosques, junto aos rios, tudo fala ao ser humano. O deserto, ao contrário, é incomunicativo. Eu não entendia seu idioma, quer dizer, seu silêncio.

*

Durante muitos anos as empresas salitreiras implantaram verdadeiros domínios, possessões ou reinos no pampa. Os ingleses, os alemães, toda sorte de invasores fecharam as áreas de produção e lhes deram o nome de escritórios. Ali impuseram uma moeda própria, impediram qualquer reunião, proscreveram os partidos e a imprensa popular. Não se podia entrar nos recintos sem autorização especial, coisa que muito poucos conseguiam.

Estive uma tarde conversando com os operários de um depósito nos escritórios salitreiros de María Elena. O chão da enorme oficina de trabalhos manuais está sempre enlameado de água, óleo e ácidos. Os dirigentes sindicais que me acompanhavam e eu pisávamos sobre um estrado que nos ilhava do lamaçal.

— Estes estrados — disseram — custaram-nos quinze greves sucessivas, oito anos de petições e sete mortos.

As mortes deveram-se ao seguinte: numa dessas greves, a polícia da companhia levou sete dirigentes. Os guardas iam a cavalo enquanto os operários, amarrados a uma corda, seguiam-nos a pé pelos areais solitários. Com alguns disparos foram assassinados. Seus corpos ficaram estendidos sob o sol e o frio do deserto até que foram encontrados e enterrados por seus companheiros.

Antes as coisas foram muito piores. Por exemplo, no ano de 1906, em Iquique, os grevistas desceram à cidade dos escritórios salitreiros para pleitear suas reivindicações diretamente ao governo. Milhares de homens extenuados pela travessia juntaram-se para descansar numa praça defronte a uma escola. Pela manhã iriam ver o governador para expor-lhe suas pretensões. Mas nunca puderam fazer isso. Ao amanhecer, as tropas comandadas por um coronel rodearam a praça. Sem uma palavra começaram a disparar, a matar. Mais de seis mil homens morreram naquele massacre.

Em 1945 as coisas andavam melhor, mas às vezes parecia-me que retornava o tempo do extermínio. Certa vez me proibiram de falar aos operários na sede do sindicato. Chamei-os para fora do recinto e, em pleno deserto, comecei a explicar-lhes a situação, as possíveis saídas do conflito. Éramos uns duzentos. Subitamente escutei um ruído de motores e observei que se aproximava, até a quatro ou cinco metros de minhas palavras, um tanque do exército. Abriu-se a tampa, e surgiu da abertura uma metralhadora que apontava para minha cabeça. Junto à arma ergueu-se um oficial, muito afetado e muito sério, que se pôs a me olhar enquanto eu continuava meu discurso. Isso foi tudo.

A confiança posta nos comunistas por aquela multidão de operários, muitos deles analfabetos, tinha nascido com Luis Emilio Recabarren, que iniciou suas lutas nessa zona desértica. De simples agitador operário, antigo anarquista, Recabarren converteu-se numa presença fantasmagórica e colossal. Encheu o país de sindicatos e federações. Chegou a publicar mais de quinze jornais destinados exclusivamente à defesa das novas organizações que tinha criado. Tudo sem um centavo. O dinheiro saía da nova consciência que assumiam os trabalhadores.

Coube a mim ver em certos lugares as prensas de Recabarren, que tinham servido de forma tão heroica e continuavam trabalhando quarenta anos depois. Algumas dessas máquinas tinham sido golpeadas pela polícia até a destruição, e depois foram cuidadosamente reparadas. Notavam-se nelas as enormes cicatrizes sob as soldas feitas com carinho para que funcionassem de novo.

Acostumei-me naqueles longos passeios a alojar-me nas paupérrimas casas, casinholas ou cabanas dos homens do deserto. Quase sempre era recebido por um grupo de pequenas bandeiras à entrada. Depois me mostraram o lugar em que ficaria. Por meu aposento desfilavam, durante todo o dia, mulheres e homens com suas queixas de trabalho, com seus conflitos mais ou menos íntimos. Às vezes as queixas assumiam um caráter que talvez um estranho julgaria engraçado, caprichoso, inclusive grotesco. Por exemplo, a falta de chá podia ser para eles motivo de uma greve de grandes consequências. São concebíveis urgências tão londrinas numa região tão desolada? Mas o certo é que o povo chileno não pode viver sem tomar chá várias vezes ao dia. Alguns dos operários descalços, que me perguntavam angustiados a razão da escassez da exótica, mas imprescindível beberagem, argumentavam à guisa de desculpa:

— É que, se não o tomamos, nos dá uma terrível dor de cabeça.

Aqueles homens encerrados em muros de silêncio, sobre a terra solitária e sob o solitário céu, tiveram sempre uma curiosidade política vital. Queriam saber o que se passava, tanto na Iugoslávia como na China. Preocupavam-lhes as dificuldades e as mudanças nos países socialistas, o resultado das grandes greves italianas, os rumores de guerras e o despontar de revoluções nos lugares mais distantes.

Em centenas de reuniões, muito longe uma da outra, escutava um pedido constante: que lesse meus poemas. Muitas vezes pediam pelos títulos. Naturalmente nunca soube se todos entendiam ou não entendiam alguns ou muitos dos meus versos. Era difícil determiná-lo naquela atmosfera de mutismo absoluto, de sagrado respeito com que me escutavam. Mas que importância tem isso? Eu, que sou um dos tolos mais instruídos, jamais pude entender vários versos de Hölderlin e de Mallarmé. E diga-se de passagem que os li com o mesmo sagrado respeito.

A comida, quando queria ter ares de festa, era guisado de galinha, ave rara no pampa. A carne que mais comparecia nos pratos era algo para mim difícil de levar à boca: o guisado de cobaias ou porquinhos-da-índia. As circunstâncias faziam um prato favorito deste animalzinho, nascido para morrer nos laboratórios.

As camas que me eram destinadas invariavelmente, nas inumeráveis casas onde dormia, tinham duas características conventuais: lençóis brancos como a neve e duros à custa de goma, capazes de ficar em pé sozinhos, e uma dureza de cama equiparável à da terra do deserto, sem colchão, mas apenas com umas tábuas tão lisas quanto implacáveis.

Assim dormia como um bem-aventurado. Sem nenhum esforço compartilhava o sono com a inumerável legião de meus companheiros. O dia era sempre seco e incandescente como uma brasa, mas a noite do deserto estendia seu frescor sob uma taça primorosamente estrelada.

Minha poesia e minha vida têm transcorrido como um rio americano, como uma torrente de águas do Chile, nascidas na profundidade secreta das montanhas austrais, dirigindo sem cessar até uma saída marinha o movimento de suas correntes. Minha poesia não rejeitou nada do que pôde trazer em seu caudal; aceitou a paixão, desenvolveu o mistério e abriu caminho entre os corações do povo.

Coube a mim sofrer e lutar, amar e cantar; couberam-me na partilha do mundo o triunfo e a derrota; provei o gosto do pão e o do sangue. Que mais quer um poeta? E todas as alternativas, desde o pranto até os beijos, desde a solidão até o povo, perduram em minha poesia, atuam nela porque vivi para minha poesia e minha poesia sustentou minhas lutas. E se muitos prêmios alcancei, prêmios fugazes como mariposas de pólen fugitivo, alcancei um prêmio maior, um prêmio que muitos desdenham, mas que é na realidade inatingível para muitos. Cheguei, através de uma dura lição de estética e de busca, através dos labirintos da palavra escrita, a ser poeta de meu povo. Meu prêmio é esse, não os livros e os poemas traduzidos ou os livros escritos para descrever ou dissecar minhas palavras. Meu prêmio é esse momento grave de minha vida quando no fundo da mina de carvão de Lota, sob o sol a pino da salitreira abrasada, do socavão a pique subiu um homem como se ascendesse do inferno, com a cara transformada pelo trabalho terrível, com os olhos avermelhados pelo pó e, estendendo-me a mão calejada, essa mão que leva o mapa do pampa em suas calosidades e em suas rugas, disse-me com olhos brilhantes: "Conhecia-te há muito tempo, irmão." Esse é o laurel de minha poesia, o agulheiro no pampa terrível, de onde sai um trabalhador a quem o vento e a noite e as estrelas do Chile têm dito muitas vezes: "Não estás só; há um poeta que pensa em teu sofrimento."

Ingressei no Partido Comunista do Chile no dia 15 de julho de 1945.

GONZÁLEZ VIDELA

As amarguras que eu e meus companheiros representávamos dificilmente chegavam ao Senado. A confortável sala parlamentar estava como que acolchoada para que não repercutisse nela o vozerio das multidões descontentes. Meus colegas do grupo contrário eram acadêmicos especializados na arte das grandes alocuções patrióticas, e sob todo esse tapete de seda falsa que desdobravam sentia-me afogado.

Logo renovou-se a esperança porque um dos candidatos à presidência, González Videla, jurou fazer justiça, e sua eloquência ativa lhe atraiu grande simpatia. Fui nomeado chefe de propaganda de sua campanha e levei a todas as partes do território a boa-nova.

Por esmagadora maioria de votos o povo elegeu-o presidente.

Mas os presidentes em nossa América *criolla* sofrem muitas vezes uma metamorfose extraordinária. No caso que relato, rapidamente mudou de amigos o novo mandatário, ligou sua família à "aristocracia" e pouco a pouco converteu-se de demagogo em magnata.

A verdade é que González Videla não entra no rol dos ditadores sul americanos típicos. Há em Melgarejo, da Bolívia, ou no general Gómez, da Venezuela, jazidas telúricas reconhecíveis. Têm o signo de certa grandeza e parecem movidos por uma força desolada, nem por isso menos implacável. Desde o começo foram eles caudilhos que enfrentaram as batalhas e as balas.

González Videla foi, pelo contrário, um produto da cozinha política, um impenitente frívolo, um fraco que aparentava fortaleza.

Na fauna de nossa América, os grandes ditadores têm sido sáurios gigantescos, sobreviventes de um feudalismo colossal em terras pré-históricas. O judas chileno foi só um aprendiz de tirano e na escala dos sáurios não passaria de um lagarto venenoso. No entanto fez o suficiente para arruinar o Chile. Pelo menos o país retrocedeu em sua história. Os chilenos olhavam-se com vergonha sem entender exatamente como tinha sucedido tudo aquilo.

O homem foi um equilibrista, um acrobata de assembleia. Conseguiu situar-se em um espetacular esquerdismo. Nesta "comédia de mentiras" foi um cauteloso campeão. Isso ninguém discute. Num país em que, em geral, os políticos são ou parecem ser demasiado sérios, a gente agradeceu a chegada da frivolidade, mas, quando este dançarino de conga exorbitou, já era demasiado tarde: os presídios estavam cheios de perseguidos políticos e até abriram-se campos de concentração como o de Pisagua. O estado policial instalou-se então como uma novidade nacional. Não havia outro caminho senão aguentar e lutar clandestinamente pelo retorno à decência.

Muitos dos amigos de González Videla, gente que o acompanhou até o fim em suas andanças eleitorais, foram levados a prisões na alta cordilheira ou no deserto por divergirem de sua metamorfose.

A verdade é que a envolvente classe alta, com seu poderio econômico, tinha engolido uma vez mais o governo de nossa nação, como tantas vezes havia ocorrido. Mas nessa ocasião a digestão foi incômoda e o Chile passou por uma enfermidade que oscilava entre a estupefação e a agonia.

O presidente da República, eleito por nossos votos, converteu-se, sob a proteção norte-americana, num pequeno vampiro vil e encarniçado. Certamente seus remorsos não o deixavam dormir apesar de ter instalado, vizinhos ao palácio do governo, *garçonnières* e prostíbulos particulares com tapetes e espelhos para seu deleite. O miserável tinha uma mentalidade insignificante, mas retorcida. Na mesma noite que começou sua grande repressão anticomunista convidou dois ou três dirigentes operários para cear. Ao terminar a refeição desceu com eles as escadas do palácio e, enxugando algumas lágrimas, abraçou-os dizendo: "Choro porque ordenei que os prendessem. À saída vocês serão detidos. Não sei se tornaremos a nos ver."

RETRATO DE UM ARRIVISTA

Em Nápoles, Gabriela Mistral me censurava pela eleição de González Videla à presidência da República do Chile. Com aquela vozinha cantarolada, mas não menos implacável, a poetisa me acusava como se tivesse sido um ato pessoal, como se eu e os comunistas tivéssemos tido culpa. Culpa de quê? Culpa de não sermos adivinhos?

Mas Gabriela, por que não nos disse antes? Sempre chegam esses conselhos tardios que servem como pau a um cachorro morto. Por mais políticos que nós, comunistas, sejamos, não temos o dom da adivinhação.

Como me ouvia com aqueles olhos grandes e serenos em que tudo caía como as pedras que alguém às vezes atira na água e a água engole sem sair de sua imobilidade, tracei para Gabriela parte dos acontecimentos. No ambiente tímido e morno da social-democracia chilena, o único que parecia valente e aguerrido era González Videla. Foi eleito presidente dos antifranquistas, dos antiperonistas, dos judeus que queriam uma nação hebreia, de todas as associações que agitassem os símbolos da luta popular daquele momento. Nenhum outro homem das fileiras de seu partido mostrava algum interesse pelas causas do povo, pela reforma agrária, pelas reivindicações operárias, pela luta contra o imperialismo norte-americano. Está claro que, quando chegou à Presidência, colocou freios nos antifranquistas, nos líderes operários, traiu rapidamente os sionistas cuja presidência exercia, fechou os jornais sindicais, dissolveu os mineiros grevistas a ferro e fogo. Porém, essa foi a culminação de um processo mais lento. Agora vieram à luz, publicados pelo Departamento de Estado, os informes do embaixador norte-americano daquela época, Claude Bowers.

Esse homem cândido estava a par de tudo o que González Videla iria fazer, e com muita antecedência. Sabia o que soube de antemão, e assim informa o que o traidor trairia, o que o vendedor venderia, o que o renegado receberia.

Eu trabalhava em Paris quando o conheci. Meu trabalho era reunir e levar para o Chile os republicanos espanhóis derrotados. À caverna que me destinaram na Embaixada do Chile chegou um dia o novo embaixador: era esse mesmíssimo que seria presidente. Eu não o conhecia.

Era um homem baixinho, vestido com ostentosa vulgaridade. Cobria seu pensamento mostrando duas fileiras de grandes dentes recém-comprados.

Apresentou-se exibindo um ideal apropriado para meus sentimentos, disse-me que queria entrar na Sorbonne, que queria estudar, que sabia muito pouco de tudo, que sua educação havia sido apressada e incompleta. Ia ser um raro caso de embaixador estudante.

— Magnífico — respondi-lhe.

Nunca se matriculou na Sorbonne, mas sim nas recepções.

"O CORPO REPARTIDO"

Meus discursos tornaram-se violentos, e a sala do Senado estava sempre cheia para me escutar. Depois foi pedida e obtida a minha cassação e ordenou-se à polícia minha detenção.

Mas nós, os poetas, temos, entre nossas substâncias originais, a de sermos feitos em grande parte de fogo e fumaça.

A fumaça era para escrever. A relação histórica do que estava acontecendo comigo estava dramaticamente próxima dos antigos temas americanos. Naquele ano de perigo e de clandestinidade terminei meu livro mais importante, o *Canto geral*.

Mudava de casa quase diariamente. Em todas as partes abria-se uma porta para me abrigar. Era sempre gente desconhecida que de alguma maneira tinha expressado seu desejo de me acolher por vários dias. Queriam-me como asilado, ainda que fosse por algumas horas ou algumas semanas. Passei por campos, portos, cidades, acampamentos, como também por casas de camponeses, de engenheiros, de advogados, de marinheiros, de médicos, de mineiros.

Há um velho tema na poesia folclórica que se repete em todos os nossos países. Trata-se de "o corpo repartido". O cantor popular supõe que tem seus pés numa parte, seu coração em outra e descreve todo o seu organismo que deixou espalhado por campos e cidades. Assim eu me senti naqueles dias.

Entre os lugares comovedores que me albergaram lembro-me de uma casa de duas peças, perdida entre os morros pobres de Valparaíso.

Eu estava circunscrito a uma parte da habitação e a um cantinho de janela de onde observava a vida do porto. Daquela ínfima atalaia, meu olhar abarcava um fragmento da rua. À noite via circular gente apressada. Era um arrabalde pobre, e aquela pequena rua, a cem metros debaixo da minha janela, monopolizava toda a iluminação do bairro. Estava cheia de lojinhas e tabernas.

Preso em meu canto, minha curiosidade era infinita. Minhas cismas e deduções, solitárias. Às vezes não conseguia resolver os problemas. Por exemplo: por que a gente que passava, tanto os indiferentes como os apressados, detinha-se sempre num mesmo lugar? Que mercadorias mágicas eram exibidas nessa vitrina? Famílias inteiras paravam ali longamente com os filhos nos ombros. Eu não conseguia ver as caras de arrebatamento que sem dúvida tinham ao olhar a vitrina mágica, mas fazia ideia.

Seis meses depois soube que aquela era a vitrina de uma simples loja de calçados. O sapato é o que mais interessa ao homem, deduzi. Jurei a mim mesmo estudar esse assunto, investigá-lo e expressá-lo. Nunca tive tempo para cumprir esse propósito ou promessa formulada em tão estranhas circunstâncias. No entanto, há não poucos sapatos em minha poesia. Eles circulam batendo com os saltos em muitas de minhas estrofes, sem que eu me tenha proposto a ser um poeta sapatoril.

Subitamente chegaram à casa visitas que prolongavam suas conversas sem se dar conta de que a curta distância, separado por um tabique feito com papelões e jornais velhos, estava um poeta perseguido por não sei quantos profissionais da caçada humana.

No sábado à tarde e também no domingo pela manhã chegava o noivo de uma das moças da casa que não devia saber que eu estava ali. Era um jovem trabalhador, dono do coração da garota mas, ai!, ainda não confiavam nele. Da claraboia de minha janela eu o via descer da bicicleta, na qual entregava ovos por todo o extenso bairro popular. Pouco depois ouvia-o entrar cantarolando na casa. Era um inimigo de minha tranquilidade. Digo inimigo porque empenhava-se em ficar namorando a moça a poucos centímetros de minha cabeça. Ela o convidava a praticar o amor platônico em algum parque ou no cinema, mas ele resistia heroicamente. E eu maldizia entre dentes a obstinação caseira daquele inocente distribuidor de ovos.

O restante das pessoas da casa estava a par do segredo: a mãe viúva, as duas moças encantadoras e os dois filhos marinheiros. Estes descarregavam bananas na baía e às vezes ficavam furiosos porque não arranjavam contrato em nenhum barco. Por eles soube que uma velha embarcação estava sendo desmontada. Do meu canto dirigi as operações: desprenderam a bela estátua de proa do navio e deixaram-na escondida numa adega do porto. Só vim conhecê-la vários anos depois da minha fuga e do meu desterro. A formosa mulher de madeira, com rosto grego como todas as carrancas dos veleiros antigos, olha-me agora com sua beleza melancólica enquanto escrevo estas memórias junto ao mar.

O plano era que eu embarcasse clandestinamente na cabina de um dos rapazes e desembarcasse ao chegar a Guayaquil, surgindo do meio das bananas. O marinheiro explicava-me que eu deveria aparecer inesperadamente na coberta, ao ancorar o barco no porto equatoriano, vestido de passageiro elegante, fumando um charuto que nunca pude fumar. Foi decidido na família, já que era iminente a partida, que me confeccionassem o traje apropriado — elegante e tropical — para o qual trataram de me tomar as medidas.

Em dois tempos ficou pronto meu traje. Nunca me diverti tanto como ao recebê-lo. A ideia que as mulheres da casa tinham da moda estava influenciada por um filme famoso daquele tempo: ... *E o vento levou*. Os rapazes, por seu lado, consideravam o arquétipo da elegância o que tinham recolhido nos *dancings* do Harlem e nos bares e cabarés do Caribe. O jaquetão, cruzado e cintado, chegava-me aos joelhos. As calças me apertavam os tornozelos.

Guardei a pitoresca vestimenta, elaborada por pessoas tão bondosas, e nunca tive oportunidade de usá-la. Nunca saí de meu esconderijo em um barco nem desembarquei jamais entre as bananas em Guayaquil vestido como um falso Clark Gable. Escolhi, pelo contrário, o caminho do frio. Parti para o extremo Sul do Chile, que é o extremo Sul da América, e me dispus a atravessar a cordilheira.

UM CAMINHO NA SELVA

O secretário-geral de meu partido tinha sido até então Ricardo Fonseca. Era um homem muito firme e sorridente, sulista como eu, do clima frio de Carahue. Fonseca organizou minha vida ilegal, meus esconderijos, minhas incursões clandestinas, a edição de meus panfletos, mas sobretudo tinha cuidado zelosamente do segredo de meus domicílios. O único que verdadeiramente sabia, durante um ano e meio, de meus esconderijos, onde eu comeria ou dormiria a cada noite, era meu jovem e resplandecente chefe e secretário--geral, Ricardo Fonseca. Mas sua saúde foi se minando naquela chama verde que assomava a seus olhos, seu sorriso foi se extinguindo, e um dia foi-se para sempre o bom camarada.

Em plena ilegalidade foi eleito novo dirigente máximo um homem rijo, carregador de sacos em Valparaíso, chamado Galo González. Era um homem complexo, com uma aparência enganadora e uma firmeza mortal. Devo dizer que em nosso partido jamais houve culto da personalidade, não obstante ter sido uma velha organização que passou por todas as fraquezas ideológicas. Mas sempre sobrepôs-se essa consciência chilena de povo que fez tudo com suas próprias mãos. Tivemos muito poucos caudilhos na vida do Chile, e isso refletiu-se também em nosso partido.

No entanto, essa política piramidal da época stalinista produziu também no Chile, amparada pela ilegalidade, uma atmosfera algo rarefeita.

Galo González não podia comunicar-se com a multidão do partido. A perseguição aumentava. Tínhamos milhares de presos, e um campo de concentração especial funcionava na costa desértica de Pisagua.

Galo González mantinha uma vida ilegal cheia de atividade revolucionária, mas a incomunicabilidade da direção com o corpo geral do partido foi se acentuando. Foi um grande homem, uma espécie de sábio popular e um lutador valente.

A ele chegaram os planos de minha nova fuga, e dessa vez tudo foi feito com exatidão. Tratava-se de transladar-me para mil quilômetros de distância da capital e cruzar a cordilheira a cavalo. Os camaradas argentinos me esperariam num certo lugar.

Saímos quando caía a tarde, protegidos por um automóvel providencial. Um amigo meu, o Dr. Raúl Bulnes, era então médico da Polícia Montada. Ele me conduziu em seu automóvel invulnerável até os arredores de Santiago, onde a organização do partido me tomou a seu cargo. Em outro automóvel, equipado especialmente para a longa viagem, esperava-me um velho companheiro do partido, o chofer Escobar.

Seguimos dia e noite pelos caminhos. Durante o dia, para reforçar as barbas e os óculos que me disfarçavam, eu me enrolava em mantas que me ocultavam, especialmente ao atravessarmos povoados e cidades ou ao pararmos nos postos de gasolina.

Passei por Temuco ao meio-dia. Não fui a nenhum lugar, ninguém me reconheceu. Por simples acaso minha velha Temuco era minha rota de saída. Atravessamos a ponte e o vilarejo Padre Las Casas. Paramos já longe da cidade para comer alguma coisa sentados numa pedra. Pelo declive corria um riacho, e lá embaixo suas águas soavam. Era minha infância que se despedia de mim. Cresci nesta cidade, minha poesia nasceu entre o morro e o rio, tomou a voz da chuva, impregnou-se dos bosques tal como a madeira. E agora, no caminho para a liberdade, acampava um instante ao lado de Temuco e ouvia a voz da água que me ensinou a cantar.

Seguimos viagem. Só uma vez tivemos um minuto de perigo. De pé no meio da estrada, um decidido oficial de carabineiros mandou parar nosso carro. Fiquei mudo, mas foi infundado o sobressalto. O oficial pedia que o levássemos a cem quilômetros adiante. Sentou-se junto ao chofer, meu camarada Escobar, e conversou amavelmente com ele. Fingi dormir para não ter de falar. Minha voz de poeta era conhecida até das pedras do Chile.

Sem maiores peripécias chegamos ao lugar de destino, uma fazenda madeireira, aparentemente despovoada. A água tocava-a por todas as partes. Primeiro atravessava-se o vasto lago Ranco e desembarcava-se entre matagais e árvores gigantescas. Dali, seguia-se um trecho a cavalo até tomar o barco, desta vez nas águas do lago Maihue. A casa-grande apenas se divisava, dissimulada sob os montes inumeráveis, as folhagens imensas, o zumbido profundo da natureza. Diz-se que o Chile é o fim do mundo. Aquele lugar, forrado pela selva virgem, cercado pela neve e pelas águas lacustres, era na verdade um dos últimos lugares habitáveis do planeta.

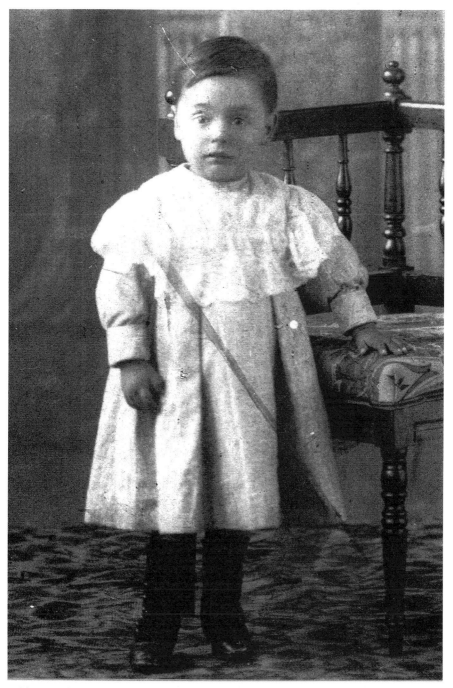

Pablo Neruda com dois anos de idade. Temuco, 13 de outubro de 1906.
ARQUIVO FOTOGRÁFICO DE BERNARDO REYES

O jovem poeta em 1911, quando era aluno do Liceu dos Homens de Temuco.

ARQUIVO DA FUNDAÇÃO
PABLO NERUDA

O jovem Neruda.

ARQUIVO FOTOGRÁFICO DE BERNARDO REYES

Ao lado de sua irmã, Laura Reyes, em 1918. Foto: Caparrós SRL.

ARQUIVO DA FUNDAÇÃO PABLO NERUDA

O poeta, provavelmente em meados dos anos 1920. Foto: Georges Saure.

ARQUIVO FOTOGRÁFICO DE BERNARDO REYES

Neruda, em pé. Wellawatha, Colombo, em 1928.
Arquivo da Fundação Pablo Neruda

Com trajes orientais. Ceilão, em 1929.

ARQUIVO DA FUNDAÇÃO PABLO NERUDA

Fotografia do primeiro casamento do poeta, com María Antonieta Hagenaar. Batávia, Indonésia, em 6 de dezembro de 1930.

ARQUIVO DA FUNDAÇÃO PABLO NERUDA

O poeta em 1932.
Foto: Alfredo Molina La Hite.

ARQUIVO DA FUNDAÇÃO PABLO NERUDA

Federico García Lorca e Pablo Neruda.
Buenos Aires, em 1933.

ARQUIVO DA FUNDAÇÃO FEDERICO
GARCÍA LORCA

Pablo Neruda ao lado de Delia del Carril, Amparo Mom, Raúl González-Tuñón e alguns membros das milícias republicanas em um café. Madri, em 1936 ou 1937.

ARQUIVO DA FUNDAÇÃO PABLO NERUDA

Neruda na despedida do *Winnipeg*, quando este navio partiu da França com destino ao Chile com mais de dois mil refugiados republicanos espanhóis, em 1939.

ARQUIVO DA FUNDAÇÃO PABLO NERUDA

Em 1941, quando era cônsul-geral do Chile no México.

ARQUIVO DA FUNDAÇÃO
PABLO NERUDA

Em Machu Picchu, no final de outubro de 1943.

ARQUIVO DA FUNDAÇÃO
PABLO NERUDA

Com sua segunda esposa, Delia del Carril, em Isla Negra. A foto tem uma dedicatória manuscrita: "Para Ángel (Cruchaga) e Albertina (Azócar)."

ARQUIVO DA FUNDAÇÃO PABLO NERUDA

Credencial de senador da República.

ARQUIVO DA FUNDAÇÃO PABLO NERUDA

Neruda na casa de Luis Enrique Délano e Lola Falcón, um de seus esconderijos quando viveu na clandestinidade, em 1948. Foto: Lola Falcón.

Arquivo da Fundação Pablo Neruda

Paris, em 1948.
ARQUIVO DA FUNDAÇÃO PABLO NERUDA

O poeta em Budapeste, em julho de 1949, possivelmente em um dos atos comemorativos do centenário do poeta nacional húngaro Sándor Petöfi.
ARQUIVO DA FUNDAÇÃO PABLO NERUDA

Abraçando Picasso durante a entrega do Prêmio Internacional da Paz, concedido a três Pablos: Picasso, Neruda e Robeson. Paris, em 1950.

ARQUIVO DA FUNDAÇÃO PABLO NERUDA

Durante o exílio em Moscou, em 1950.

Arquivo da Fundação Pablo Neruda

Em 1950, nos jardins do Castelo de Dobris, na Tchecoslováquia, ao lado do escritor Jorge Amado.

Arquivo da Fundação Pablo Neruda

Na Índia, em 1950.

ARQUIVO DA FUNDAÇÃO
PABLO NERUDA

Em Nápoles, embarcando para Capri, em 1952.

ARQUIVO DA FUNDAÇÃO
PABLO NERUDA

Na ilha de Capri, com Matilde, em 1952.

ARQUIVO DA FUNDAÇÃO
PABLO NERUDA

Na varanda da casa de Cerio, em Capri, em 1952.

ARQUIVO DA FUNDAÇÃO PABLO NERUDA

Ao lado de Matilde Urrutia, na escadaria de sua casa La Chascona, em Santiago do Chile, quando esta estava sendo construída, em 1953.

ARQUIVO DA FUNDAÇÃO PABLO NERUDA

Com Gabriela Mistral, em 1954.

Arquivo da Fundação Pablo Neruda

Pablo Neruda com Jorge Amado, María Rosa Oliver, Ai Chin, Volodia Teitelboim e outros escritores, em julho de 1954.

Arquivo da Fundação Pablo Neruda

Na Grande Muralha da China, em 1957.

Arquivo da Fundação Pablo Neruda

Madrás, Índia, em junho de 1957.
ARQUIVO DA FUNDAÇÃO PABLO NERUDA

Em uma estação do metrô de Paris, em 1960.
ARQUIVO DA FUNDAÇÃO PABLO NERUDA

O poeta em sua casa de Valparaíso, ao lado do cavalo resgatado do incêndio da Talabarería Francesa de Temuco. Foto: Antonio Quintana.
ARQUIVO DA FUNDAÇÃO PABLO NERUDA

Com o doutor Salvador Allende, na terceira candidatura deste à Presidência da República, em 1964.

ARQUIVO DA FUNDAÇÃO PABLO NERUDA

Neruda ao lado do escritor Miguel Ángel Asturias, em 1965, quando escreveram o livro *Comiendo em Hungría*.

[SEM CRÉDITO]

No Peru, em 1966, comprando peças do artesanato popular, como o Toro de Pucará, que está em suas mãos e é preservado até hoje na casa de Isla Negra.
Arquivo da Fundação Pablo Neruda

Na sala de estar de sua casa de Isla Negra.
Foto: Francisco Jovane.
Arquivo da Fundação Pablo Neruda

Em uma floresta de bétulas na União Soviética, em 1967.
Arquivo da Fundação Pablo Neruda

Pablo Neruda e Matilde
na comemoração do
65º ano do poeta.
Isla Negra, em 1969.

ARQUIVO FOTOGRÁFICO DA
FUNDAÇÃO PABLO NERUDA.

Em 1970, em Puerto
Montt, no Sul do
Chile, durante a quarta
campanha presidencial
de Salvador Allende, que
o levou, finalmente, à
presidência do Chile.

ARQUIVO DA FUNDAÇÃO
PABLO NERUDA

Em Rapa Nui, em janeiro de
1971.

ARQUIVO DA FUNDAÇÃO
PABLO NERUDA

O poeta em Rapa Nui, na viagem da qual nasceu seu livro *A rosa separada*.

ARQUIVO DA FUNDAÇÃO PABLO NERUDA

Com Gabriel García Márquez no Museu Naval de Barcelona, em junho de 1970.
ARQUIVO DA FUNDAÇÃO PABLO NERUDA

Em Angelmó, Puerto Montt, em 1970.

ARQUIVO DA FUNDAÇÃO PABLO NERUDA

Nos arredores de sua casa na Normandia francesa, que batizou de La Manquel, ao lado de seu amigo, o escritor e senador Volodia Teitelboim.

ARQUIVO DA FUNDAÇÃO PABLO NERUDA

O poeta em La Manquel, em 1972. Atrás faz brincadeiras uma pessoa não identificada.

ARQUIVO DA FUNDAÇÃO PABLO NERUDA

Com o presidente Salvador Allende, durante uma visita deste a Isla Negra, em 2 de fevereiro de 1973.

Arquivo da Fundação Pablo Neruda

Ao lado de "La Medusa", a estátua de proa que provocou certa devoção religiosa em Isla Negra.

Arquivo da Fundação Pablo Neruda

Anotações do poeta

Pablo Neruda trabalhou não apenas no texto de suas memórias, mas também na organização delas, até pouco antes de sua morte. Deixou algumas anotações manuscritas que dão conta deste trabalho. Como se pode ver nas imagens destas páginas e nas respectivas transcrições, são anotações fragmentadas que, no entanto, revelam o empenho do poeta em escolher os temas e dar forma às memórias que escrevia. Em algumas das páginas são mencionados os textos que adicionamos a esta edição de *Confesso que vivi*, particularmente "A garota da volta", "Retrato de um arrivista" e "A paisagem do Sul".

Ulisses, Pound, Elliot[sic]/ Memórias./ Os livros, Rabelais e Rimbaud únicos revolucionários/ Góngora maravilhoso e congelado/ Villon/ até ali dura a/ linguagem/ Cervantes, Chaucer/ depois se castra, se/ acortesana [sic] século XVIII/ depois/ o século XIX/ o mata/ o converte em folhetim/ acabou a mistura/ de suor [ilegível]/ sangue, excremento/ que foram fundamentais do idioma/ e/ a inocência/ a chatice insigne de Pérez Galdós [ilegível]/ J. Manríquez/ a assepsia de JRJ [Juan Ramón Jiménez]/ o grande romance burguês/ Balzac/ Proust.

Alguns destes conteúdos correspondem às reflexões que Neruda faz no capítulo "Vivendo com o idioma" da seção 11, "A poesia é um ofício", de *Confesso que vivi*.

Os ensaios sobre a vida e a poesia — Sartre, mestre de situações novelescas, me incomoda como pensador. Minha reação à crítica não é por soberba e sim por humildade. Vejo mais espírito inventor e criador em alguns romances policiais do que na nuvem apocalíptica de ensaístas. Sem dúvida são necessários à cultura e ao mundo. Eu gosto dos alimentos crus, Chaucer, Rabelais.

Os livros de que gosto. Ehrenburg/ *G. e Paz*/ Stalin/ carta de/ a filha de Stalin a Ilya [Ehrenburg]/ Simonov/ Dostoievski/ é o que estava/ [ilegível]/ mais perto de... [ilegível].

O 20º Congresso e sua repercussão, ninguém, nem Kruschev sabia/ Stalin/ morte versão Kruschev/ Seus me parecem verdadeiros [sic]/ apreciação de seu caráter/ Caso Kirov/ Simonov/ lista de médicos e anotações/ sua inteligência e sua astúcia/ sua decadência e loucura?/ Beria/ que não se repita/ Em Moscou incidente com Aragon/ estava Elsa [Triolet]/ estranha conduta/ [ilegível].

À margem: só um olhar/ Simonov/ Complô contra Nazim [Hikmet] chofer.

Pto. [Porto] Saavedra. Fim/ Amor LP./ O lago Budi/ casa das três viúvas/ A garota a cavalo/ Os mapuches abandono e abuso/ Ranquil [ilegível]/ Me acostumei a andar a cavalo. Não há sentimento igual/ caminhos/ praias molhadas/ caminhos/ camponeses/ com aroma/ frutos, praias molhadas/ (planeta).

Nestas anotações encontramos alguns dos temas da primeira seção do livro, "O jovem provinciano", entre eles nomeia "A garota a cavalo" [renomeado como "A garota da volta"], que é um dos capítulos que agregamos a esta edição.

O colecionador/ caramujos/ livros carrancas de proa/ (minimundo/ vitoriano/ no livro de/ pássaros tropicais.)
Final.
O estado do Chile/ Direita e UP [Unidade Popular]/ Fascismos/ os sindicatos/ caminhões/ Terrorismo/ assassinatos ligações anônimas.
Ret [retrato] de Allende.
I [Isla] Negra.

Retrato de um arrivista
Encontros para as memórias.
The worst that can be said of most of our malefactors, from statesmen to thieves, is that they are not men enough to be damned.
[T. S. Eliot]

Che debb'io far? che mi consigli, Amore?
Tempo e ben di morire,
et o tardato piu ch'i' non vorrei.
[Petrarca, "Canzione XI"]

A primeira destas citações, selecionadas por Neruda para suas memórias, é da introdução dos *Diários íntimos* de Baudelaire, assinada por T. S. Eliot. A segunda é do *Cancioneiro* de Petrarca. Não é da "Canção 11", como escreve o poeta, mas da "Canção 268".

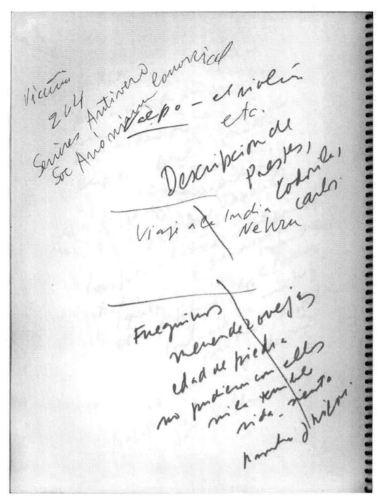

Valpo [Valparaíso]/ o violino/ etc./ Descrição de/ Prestes/ Codovila/ Carlos/ Viagem à Índia/ Nehru.

Fueguinos/ Menéndez ovelhas/ idade da pedra/ não puderam com eles [ilegível]/ vida. Vento [ilegível].

As duas linhas sobre os fueguinos e a introdução de ovelhas na Patagônia pela família Menéndez se referem, sem dúvida, ao texto "A paisagem do Sul", explicitamente escrito para as memórias. Por algum motivo ficou fora delas, mas foi incluído na presente edição.

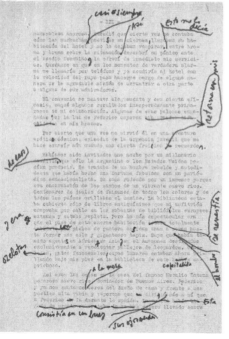

Alguns originais datilografados com correções manuscritas de Neruda, do texto "O último amor do poeta Federico".

A casa onde me destinaram um quarto de dormir era provisória, como tudo na região. Uma estufa de latão e ferro, carregada de lenha selvagem recém-cortada, ardia noite e dia. A tremenda chuva do Sul golpeava sem trégua as janelas, como se lutasse para entrar na casa. A chuva dominava a selva sombria, os lagos, os vulcões, a noite, e rebelava-se furiosa porque aquele abrigo de seres humanos tinha outro estatuto e não aceitava sua vitória.

Eu conhecia muito pouco o amigo que me esperava, Jorge Bellet. Antigo piloto de aviação, mistura de homem prático e explorador, com botas e metido em grossas jaquetas, tinha um ar de comandante inato, um ousado militar que de certo modo se enquadrava bem com o ambiente, ainda que ali os regimentos perfilados fossem somente de árvores colossais do bosque natural.

A dona da casa era uma mulher frágil e chorosa, atacada pela neurose. Considerava um insulto pessoal a pesada solidão do lugar, a chuva eterna e o frio. Choramingava grande parte do dia, mas tudo andava pontualmente e se comiam alimentos definitivos, vindos da selva e da água.

Bellet dirigia a empresa madeireira, a qual se limitava a produzir dormentes de estrada de ferro, destinados a serem usados na Suécia e na Dinamarca. Todo o dia chiavam com um lamento agudo as serras que cortavam os grandes troncos. Primeiro ouvia-se o golpe profundo, subterrâneo, da árvore que caía. A cada cinco ou dez minutos a terra estremecia como um tambor escuro quando era golpeada pela queda dos *raulíes*, dos lariços, dos *mañíos*,* obras colossais da natureza, árvores plantadas ali pelo vento há mil anos. Depois elevava-se a queixa da serra que cortava em pedaços o corpo dos gigantes. O som da serra, metálico, estridente e elevado como um violino selvagem, depois do tambor escuro da terra que recebia seus deuses, tudo isso formava uma atmosfera de intensidade mitológica, um círculo de mistério e de terror cósmico. A selva morria. Eu ouvia perplexo suas lamentações como se eu tivesse chegado para escutar as antigas vozes que nunca mais ressoariam.

O grande patrão, o dono da selva, era natural de Santiago, e eu não o conhecia. Era anunciada e temida sua visita para depois que começasse o verão. Chamava-se Pepe Rodríguez. Tive informação de que era um capitalista moderno, dono de teares e de outras fábricas, homem diligente, ágil e entu-

---

* *Mañío*: árvore do Chile semelhante ao lariço, cuja madeira é muito apreciada. (N. T.)

siasmado. Além disso era um reacionário convicto, membro proeminente do partido mais direitista do Chile. Como eu estava em trânsito por seus domínios sem que ele o soubesse, esses seus aspectos resultavam positivos para meu episódio. Ninguém iria me procurar ali. As autoridades civis e policiais atuavam sempre como vassalos do grande homem de cuja hospitalidade eu estava gozando. Parecia impossível que eu topasse com ele alguma vez.

Era iminente a partida. Estavam por começar as nevadas na cordilheira, e não se brinca com os Andes. O caminho era estudado diariamente por meus amigos. Caminho era uma maneira de dizer. Na realidade era uma exploração através de pegadas que o húmus e a neve tinham desmanchado faz tempo. A espera fazia-se angustiosa para mim. Ademais, meus companheiros do lado argentino já estariam à minha procura.

Quando tudo parecia pronto, Jorge Bellet, capitão-geral das madeiras, me disse que havia uma novidade. O grande patrão anunciava sua visita, comunicou-me contrafeito. Chegaria dentro de dois dias.

Fiquei desconcertado. Os preparativos não estavam prontos ainda. O mais perigoso para minha situação, depois de longo trabalho, era que o proprietário soubesse que eu me refugiara em suas próprias terras. Sabia-se que era amigo íntimo de meu perseguidor González Videla. E sabia-se que González Videla tinha posto minha cabeça a prêmio. Que fazer?

Bellet foi, desde o primeiro momento, partidário de falar cara a cara com Rodríguez, o proprietário.

— Conheço-o muito bem — disse. — É muito homem e jamais te delatará.

Eu discordava. As instruções do partido eram de segredo absoluto, e Bellet pretendia violar essas instruções. Foi o que lhe disse. Discutimos acaloradamente. E no transcurso da discussão política decidimos que eu fosse viver na casa de um cacique mapuche, uma cabana encravada no sopé da selva.

Mudei-me para a cabana, e ali minha situação tornou-se muito precária. Tanto que finalmente, depois de muitas objeções, aceitei encontrar-me com Pepe Rodríguez, o proprietário da empresa, das serras e dos bosques. Fixamos um ponto neutro que não fosse sua casa nem a cabana do cacique. Ao cair da tarde vi avançar um jipe. Dele desceu, junto a meu amigo Bellet, um homem maduro, mas ainda moço, de cabelo grisalho e rosto enérgico. Suas primeiras palavras foram para dizer-me que desde esse instante ele assumia a responsabilidade de me custodiar. Em tais condições ninguém se atreveria a atentar contra a minha segurança.

Falamos sem grande cordialidade, mas o homem foi me conquistando. Convidei-o, porque fazia muito frio, para a casa do cacique. Ali continuou nossa conversa. Por ordem sua apareceram uma garrafa de champanhe, outra de uísque e gelo.

No quarto copo de uísque discutíamos em altas vozes.

O homem era absolutista de convicções. Dizia coisas interessantes e estava inteirado de tudo, mas seus apartes insolentes deixavam-me furioso. Ambos dávamos grandes socos sobre a mesa do cacique até concluir na santa paz aquela garrafa.

Nossa amizade continuou por muito tempo. Uma de suas qualidades era a franqueza irredutível de homem acostumado a ter a faca e o queijo na mão. Mas também sabia ler minha poesia de forma extraordinária, com uma entonação tão inteligente e varonil, que meus próprios versos pareciam-me nascer de novo.

Rodríguez voltou à capital, às suas empresas. Teve um último gesto. Chamou seus subordinados junto de mim e com característica voz de comando disse-lhes:

— Se o senhor Legarreta, de hoje a uma semana, tiver dificuldade para seguir para a Argentina pelo caminho dos contrabandistas, vocês abrirão outro caminho que chegue até a fronteira. Parem todos os trabalhos da madeira e ponham-se todos a abrir esse caminho. Estas são minhas ordens.

Legarreta era meu nome nesse momento.

Pepe Rodríguez, aquele homem autoritário e feudal, morreu dois anos depois, empobrecido e perseguido. Culparam-no de um vultoso contrabando. Passou muitos meses na prisão. Deve ter sido um sofrimento indizível para um temperamento tão arrogante.

Nunca soube com certeza se era culpado ou inocente do delito de que era acusado. Soube é que nossa oligarquia, que antes se desmanchava por um convite do esplêndido Rodríguez, abandonou-o logo que o viu processado e arrasado.

No que me diz respeito, continuo a seu lado sem que se possa apagá-lo de minha memória. Pepe Rodríguez foi para mim um pequeno imperador que ordenou abrir sessenta quilômetros de caminho na selva virgem para que um poeta alcançasse a liberdade.

A MONTANHA ANDINA

A montanha andina tem passagens desconhecidas, utilizadas antigamente por contrabandistas, tão hostis e difíceis que os guardas rurais já não se preocupam em vigiá-las. Rios e precipícios encarregam-se de interceptar o caminhante.

Meu companheiro Jorge Bellet era o chefe da expedição. À nossa escolta de cinco homens, bons ginetes e guias, juntou-se meu velho amigo Víctor Bianchi, que tinha chegado a essas paragens como agrimensor numas questões de terra. Não me reconheceu. Eu estava de barba crescida após ano e meio de vida escondida. Apenas soube do meu projeto de atravessar a selva, ofereceu-nos seus inestimáveis serviços de explorador experiente. Já tinha subido antes ao Aconcágua numa expedição trágica, da qual foi um dos únicos sobreviventes.

Caminhávamos em fila, amparados pela solenidade do alvorecer. Fazia muitos anos, desde minha infância, que não montava a cavalo, mas aqui íamos a passo. A selva andina austral está povoada de grandes árvores apartadas uma da outra. São gigantescos lariços e maitenos, depois tepas e coníferas. Os *raulíes* assombram por sua espessura. Parei para medir um. Era do diâmetro de um cavalo. No alto não se vê o céu. No chão as folhas têm caído durante séculos, formando uma camada de húmus onde se afundam os cascos dos animais. Numa marcha silenciosa atravessávamos aquela grande catedral da natureza selvagem.

Como nosso caminho era oculto e vedado, aceitávamos os indícios mais fracos de orientação. Não havia pegadas, não existiam picadas e com meus quatro companheiros a cavalo buscávamos em ondulante cavalgada — eliminando os obstáculos de poderosas árvores, impossíveis rios, penhascos imensos, neves desoladas — o rumo de minha própria liberdade. Os que me acompanhavam conheciam o roteiro, a possibilidade entre as grandes folhagens, mas, para se sentirem mais seguros, marcavam com um golpe de facão aqui e acolá os troncos das grandes árvores, deixando sinais que os guiariam no regresso, quando me deixassem só com meu destino.

Cada um avançava com dificuldade naquela solidão sem margens, naquele silêncio verde e branco: as árvores, as grandes trepadeiras, o húmus depositado por centenas de anos, os troncos semiderrubados que subitamente eram uma barreira a mais em nossa marcha. Tudo era a um tempo uma natureza deslumbrante e secreta e simultaneamente uma crescente ameaça de frio, neve e perseguição. Tudo se misturava: a solidão, o perigo, o silêncio e a urgência de minha missão.

Às vezes seguíamos uma pegada muito tênue, deixada talvez por contrabandistas ou delinquentes comuns fugitivos, e ignorávamos se muitos deles tinham perecido, surpreendidos de repente pelas mãos glaciais do inverno, pelas tormentas tremendas de neve que quando se desencadeiam nos Andes envolvem o viajante, afundando-o sob sete palmos de brancura.

De cada lado da pegada vi, naquela desolação selvagem, algo como uma construção feita pela mão do homem: pedaços de ramos empilhados que haviam suportado muitos invernos, oferenda vegetal de centenas de viajantes, altos túmulos de madeira em memória aos mortos, para lembrar os que não puderam continuar e ficaram ali para sempre debaixo da neve. Também meus companheiros cortaram com seus facões as ramas que nos roçavam as cabeças e que desciam sobre nós do alto das coníferas imensas, dos carvalhos cuja última folhagem palpitava antes das tempestades do inverno. E também fui deixando em cada túmulo uma lembrança, uma casca de madeira, um ramo cortado do bosque para enfeitar as tumbas de um ou outro dos viajantes desconhecidos.

Tínhamos de atravessar um rio. Essas pequenas vertentes nascidas nos cumes dos Andes precipitam-se, descarregam sua força vertiginosa e irresistível, transformam-se em cascatas, rompem terras e rochas com a energia e o ímpeto que trouxeram das alturas espantosas. Mas dessa vez encontramos um remanso, um grande espelho de água, um vau. Os cavalos entraram, não davam altura, mas nadaram até a outra margem. De repente meu cavalo foi quase totalmente submerso pelas águas, comecei a agitar-me sem apoio, meus pés se agitavam à deriva enquanto o animal lutava por manter a cabeça fora da água. Assim atravessamos. Quando chegamos à outra margem, os guias, os camponeses que me acompanhavam, perguntaram com um certo sorriso:

— Teve muito medo?

— Muito. Pensei que tinha chegado minha hora — disse.

— Íamos atrás do senhor com o laço na mão — responderam.

— Aí mesmo — acrescentou um deles — meu pai caiu, e a correnteza o arrastou. Não ia acontecer o mesmo com o senhor.

Prosseguimos até entrar em um túnel natural que talvez tenha sido aberto nas rochas imponentes por um caudaloso rio perdido ou por um abalo do planeta que dispôs nas alturas aquela obra, aquele canal rupestre de pedra escavada, de granito, no qual penetramos. Com poucos passos os cavalos resvalavam, tratavam de firmar-se nos desníveis da pedra, suas patas se dobravam, estalavam chispas nas ferraduras. Mais de uma vez vi-me arrojado do cavalo e estendido sobre as rochas. Minha montaria sangrava nas narinas e patas, porém prosseguimos obstinados o vasto, o esplêndido, o difícil caminho.

Algo nos esperava no meio daquela selva inóspita. Subitamente, como uma visão singular, chegamos a uma pequena e aprazível pradaria encolhida no regaço das montanhas: água clara, prado verde, flores silvestres, rumor de rios e o céu azul no alto, luz generosa liberta de qualquer folhagem.

Ali nos detivemos como dentro de um círculo mágico, como hóspedes de um recinto sagrado — e maior condição de sagrada teve ainda a cerimônia da qual participei. Os vaqueiros desceram de suas montarias. No centro do lugar estava colocada, como num rito, uma caveira de boi. Meus companheiros aproximaram-se silenciosamente, um por um, para deixar umas moedas e alguns alimentos nos buracos do osso. Uni-me a eles na oferenda destinada a toscos Ulisses extraviados, a fugitivos de todas as espécies que encontrariam pão e auxílio nas órbitas do touro morto.

Mas não parou aí a cerimônia inesquecível. Meus rústicos amigos despojaram-se de seus chapéus e iniciaram uma estranha dança, saltando num pé só ao redor da caveira abandonada, repassando a marca circular deixada por tantas danças de outros que por ali cruzaram antes. Compreendi então de uma maneira imprecisa, ao lado de meus companheiros impenetráveis, que existia uma comunicação de um desconhecido a outro, que havia uma solidariedade, um apelo e uma resposta, mesmo nos mais longínquos e afastados ermos deste mundo.

Mais adiante, já a ponto de atravessar as fronteiras que me afastariam por muitos anos de minha pátria, chegamos de noite às últimas gargantas das montanhas. Vimos subitamente uma luz acesa que era indício certo de habitação humana e, ao nos aproximarmos, encontramos algumas construções desconjuntadas, galpões desmantelados parecendo vazios. Entramos num deles e vimos, à luz de um fogo, grandes troncos acesos no centro da habitação, corpos de árvores gigantescas que ali ardiam de dia e de noite e que deixavam escapar pelas frestas do teto uma fumaça que vagava no meio das trevas como um profundo véu azul. Vimos montões de queijos acumulados por quem os coalhou naquelas alturas. Perto do fogo, agrupados como sacos, jaziam alguns homens. Distinguimos no silêncio as cordas de uma guitarra e as palavras de uma canção que, nascendo das brasas e da escuridão, trazia-nos a primeira voz humana com que havíamos topado no caminho. Era uma canção de amor e de saudade, um lamento de amor e de nostalgia dirigido à primavera distante, às cidades de onde vínhamos, à infinita extensão da vida. Eles ignoravam quem éramos, eles nada sabiam do fugitivo, eles não conheciam minha poesia nem meu nome. Ou conheciam e nos conheciam? O fato é que junto daquele fogo cantamos e comemos e depois caminhamos dentro da escuridão até alguns aposentos primordiais. Através deles passava uma corrente termal, água vulcânica onde submergimos, calor que se desprendia das cordilheiras e que nos acolheu em seu meio.

Chapinhamos alegres, lavando-nos, limpando-nos do peso da longa cavalgada. Sentimo-nos refrescados, renascidos, batizados quando ao amanhecer empreendemos os últimos quilômetros de jornada que me separariam daquele eclipse de minha pátria. Afastamo-nos cantando sobre nossas montarias, cheios de um ar novo, de um alento que nos impelia para o grande caminho do mundo que estava me esperando. Quando quisemos dar (recordo-o vivamente) aos montanheses algumas moedas de recompensa pelas canções, pelos alimentos, pelas águas termais, pelo teto e pelos leitos, quer dizer, pelo inesperado amparo que nos saiu ao encontro, eles rechaçaram nosso oferecimento sem um gesto. Tinham nos servido e nada mais. E nesse "nada mais", nesse silencioso "nada mais" havia muitas coisas subentendidas: talvez o reconhecimento, talvez os mesmos sonhos.

SAN MARTÍN DE LOS ANDES

Uma choça abandonada nos indicou a fronteira. Eu já estava livre. Escrevi na parede da cabana: "Até breve, minha pátria. Vou-me embora, mas levo-te comigo."

Em San Martín de los Andes devia nos aguardar um amigo chileno. Essa cidadezinha da cordilheira argentina é tão pequena que me tinham dito como indicação única:

— Vai para o melhor hotel, que ali Pedrito Ramírez irá te buscar.

Mas assim são as coisas. Em San Martín de los Andes não havia um melhor hotel: havia dois. Qual deles escolher? Decidimo-nos pelo mais caro, situado num bairro mais afastado, preterindo o primeiro que tínhamos visto defronte da bela praça da cidade.

Aconteceu que o hotel que escolhemos era tão de primeira classe que não quiseram nos aceitar. Observaram com hostilidade os efeitos de vários dias de viagem a cavalo, nossos casacos ao ombro, nossas caras com barba por fazer e poeirentas. A qualquer um dava medo de nos receber.

Ainda mais o gerente de um hotel que hospedava nobres ingleses procedentes da Escócia e que tinham vindo pescar salmão na Argentina. Nós não tínhamos nada de lordes. O gerente deu-nos o *vade retro*, alegando com ademanes e gestos teatrais que o último quarto disponível tinha sido reservado havia dez minutos. Nisso assomou à porta um elegante cavalheiro de inconfundível tipo militar, acompanhado por uma loura cinematográfica, que gritou com voz trovejante:

— Alto! Não se mandam os chilenos embora de nenhuma parte. Eles ficam aqui!

E ficamos. Nosso protetor parecia-se tanto com Perón e sua dama com Evita que pensamos todos: são eles! Mas depois, já de banho tomado e vestidos com roupa limpa, sentados à mesa e degustando uma garrafa de champanhe duvidosa, soubemos que o homem era comandante da guarnição local e ela, uma atriz de Buenos Aires que vinha visitá-lo.

Passamos por madeireiros chilenos dispostos a fazer bons negócios. O comandante me chamava "o Homem Montanha". Víctor Bianchi, que até ali me acompanhava por amizade e por amor à aventura, descobriu uma guitarra e com suas pícaras canções chilenas encantava a argentinos e argentinas. Porém passaram-se três dias com suas noites, e Pedrito Ramírez não chegava para me buscar. Fiquei apreensivo. Já não nos restava camisa limpa nem dinheiro para comprar novas. Um bom negociante de madeira, dizia Víctor Bianchi, pelo menos deve ter camisas.

Enquanto isso, o comandante nos ofereceu um almoço em seu regimento. Sua amizade conosco fez-se mais estreita e confessou-nos que, apesar de sua semelhança física com Perón, era antiperonista. Passávamos longas horas discutindo quem teria pior presidente, se o Chile ou a Argentina.

Certa manhã Pedrito Ramírez entrou de improviso em meu quarto.

— Desgraçado! — gritei. — Por que demoraste tanto?

Tinha sucedido o inevitável. Ele esperava tranquilamente minha chegada no outro hotel, no da praça.

Dez minutos depois estávamos rodando pelo pampa infinito. E continuamos rodando dia e noite. De vez em quando os argentinos detinham o automóvel para preparar um mate, e depois continuávamos atravessando aquela monotonia interminável.

EM PARIS E COM PASSAPORTE

Naturalmente minha maior preocupação em Buenos Aires foi providenciar uma nova identidade. Os papéis falsos que me serviram para atravessar a fronteira argentina não seriam igualmente utilizáveis se eu pretendia fazer uma viagem transatlântica e deslocar-me para a Europa. Como obter outros? Enquanto isso a polícia argentina, alertada pelo governo do Chile, me procurava febrilmente.

Em tais apuros, lembrei-me de algo que dormia em minha memória. O novelista Miguel Ángel Asturias, meu velho amigo centro-americano, achava-se provavelmente em Buenos Aires, desempenhando um cargo diplomático de seu país, a Guatemala. Tínhamos uma vaga semelhança fisionômica. De mútuo acordo, tínhamo-nos classificado como *chompipes*, palavra indígena com que se designam os perus na Guatemala e parte do México. De nariz comprido, opulentos de cara e de corpo, unia-nos uma aparência comum com o suculento galináceo.

Veio ver-me em meu esconderijo.

— Companheiro *chompipe* — disse. — Empresta-me teu passaporte. Concede-me o prazer de chegar à Europa transformado em Miguel Ángel Asturias.

Tenho que dizer que Asturias foi sempre um liberal, bastante afastado da política militante. No entanto, não titubeou um instante. Poucos dias depois, entre "senhor Asturias para cá" e "senhor Asturias para lá", cruzei o amplo rio que separa a Argentina do Uruguai, entrei em Montevidéu, atravessei aeroportos e vigilâncias policiais, chegando finalmente a Paris disfarçado de grande novelista guatemalteco.

Mas na França minha identidade voltava a ser um problema. Meu flamante passaporte não resistiria ao implacável exame crítico da *sûreté*. Forçosamente teria que deixar de ser Miguel Ángel Asturias e reconverter-me em Pablo Neruda. Mas como fazê-lo se Pablo Neruda não tinha chegado à França? Quem tinha chegado era Miguel Ángel Asturias.

Meus conselheiros me obrigaram a me refugiar no Hotel George V.

— Ali, entre os poderosos do mundo, ninguém irá te pedir os papéis — disseram.

Alojei-me ali por alguns dias, sem me preocupar muito com as roupas usadas na cordilheira e que destoavam naquele mundo rico e elegante. Então surgiu Picasso, tão grande de gênio quanto de bondade. Estava feliz como um menino porque recentemente tinha pronunciado o primeiro discurso de sua vida. O discurso tinha versado sobre minha poesia, sobre minha perseguição, sobre minha ausência. Agora, com ternura fraternal, o genial minotauro da pintura moderna se preocupava pela minha situação em seus detalhes mais ínfimos. Falava com as autoridades, telefonava a meio mundo. Não sei quantos quadros portentosos deixou de pintar por culpa minha. Eu sentia na alma fazê-lo perder seu tempo sagrado.

Na ocasião, celebrava-se em Paris um congresso da paz. Apareci em seus salões no último momento, só para ler um de meus poemas. Todos os delegados me aplaudiam e me abraçavam. Muitos me supunham morto. Duvidavam de que eu pudesse ter burlado a perseguição furiosa da polícia chilena.

No dia seguinte chegou ao meu hotel o senhor Alderete, veterano jornalista da France Press, que me disse:

— Ao ser noticiado pela imprensa que o senhor se encontra em Paris, o governo do Chile declarou que a notícia é falsa, que é um sósia seu que aqui se apresenta, que Pablo Neruda se acha no Chile e que continua sendo seguido de perto, que sua detenção é somente questão de horas. Que podemos responder?

Lembrei que numa discussão sobre se Shakespeare tinha escrito ou não as suas obras, discussão pedante e absurda, Mark Twain interveio para dar sua opinião: "Em verdade não foi William Shakespeare quem escreveu essas obras, mas sim outro inglês que nasceu no mesmo dia e na mesma hora que ele, morreu na mesma data, e que para cúmulo da coincidência chamava-se também William Shakespeare."

— Responda — disse ao jornalista — que eu não sou Pablo Neruda, mas sim outro chileno que escreve poesia, luta pela liberdade e se chama também Pablo Neruda.

Não foi tão simples arranjar meus papéis. Aragon e Paul Éluard me ajudavam. Enquanto isso, tinha que viver numa situação semiclandestina.

Entre as casas que me acolheram, estava a de Mme. Françoise Giroux. Nunca esquecerei essa dama tão original e inteligente. Seu apartamento ficava no Palais Royal, vizinho ao de Colette. Tinha adotado um menino vietnamita. O exército francês se encarregou, numa certa época, da tarefa que depois assumiriam os norte-americanos: a de matar gente inocente nas distantes terras do Vietnã. Então ela adotou o menino.

Recordo que nessa casa havia um Picasso dos mais belos que eu tinha visto. Era um quadro de grandes dimensões, anterior à fase cubista. Representava dois cortinados de felpa vermelha que caíam, entrecerrando-se como uma janela, sobre uma mesa. A mesa aparecia atravessada de lado a lado por um comprido pão francês. O quadro pareceu-me reverencial. O pão enorme sobre a mesa era como a imagem central dos ícones antigos ou como o *São Maurício* de El Greco que está em Escorial. Dei um título pessoal no quadro: *A Ascensão do Santo Pão*.

Um dia desses veio o próprio Picasso para me visitar em meu esconderijo. Levei-o para junto de seu quadro, pintado há tantos anos. Ele o havia esquecido por completo. Pôs-se a examiná-lo com muita seriedade, submerso nessa atenção extraordinária e algo melancólica que poucas vezes se notava nele. Esteve mais de dez minutos em silêncio, aproximando-se e afastando-se de sua obra esquecida.

— Cada vez gosto mais dela — disse-lhe quando concluiu sua meditação. — Vou propor que seja comprado para o museu de meu país. A senhora Giroux está disposta a nos vender.

Picasso voltou de novo a cabeça para o quadro, cravou o olhar no pão magnífico e respondeu como único comentário:

— Não está mal.

Encontrei para alugar uma casa que me pareceu extravagante, na rua Pierre Mill, no segundo *arrondissement*, quer dizer, onde o diabo perdeu as botas. Era um bairro operário e de classe média baixa. Era preciso viajar horas no metrô para chegar até lá. O que me agradou nessa casa foi que parecia uma jaula. Tinha três andares, corredores e peças pequenas uma — indescritível gaiola.

O andar de baixo, que era o mais amplo e tinha um fogão a pó de serra, reservei para biblioteca e para salão de festas eventuais. Nos andares de cima ficaram instalados amigos meus, quase todos vindos do Chile. Ali se alojaram os pintores José Venturelli, Nemesio Antúnez e outro de que não me lembro.

Recebi então a visita de três grandes da literatura soviética: o poeta Nikolai Tikhonov, o dramaturgo Aleksandr Korneichuk (que era também governador da Ucrânia) e o novelista Konstantin Simonov. Nunca os tinha visto antes. Abraçaram-me como se fôssemos irmãos que se encontrassem depois de uma longa ausência. E me deram, além do abraço, um sonoro beijo, desses beijos eslavos entre homens que significam grande amizade e respeito, e aos quais custou-me acostumar. Anos mais tarde, quando compreendi o caráter desses fraternais beijos masculinos, tive ocasião de começar uma de minhas histórias com estas palavras:

"O primeiro homem que me beijou foi um cônsul tchecoslovaco..."

O governo do Chile não me queria. Não me queria no Chile nem fora tampouco. Por todas as partes onde eu passava era precedido de comunicações diplomáticas e de telefonemas que convidavam outros governos a me hostilizar.

Certo dia Jules Supervielle veio me ver. Já por essa data eu tinha passaporte chileno em meu nome e em dia. O velho e nobre poeta uruguaio saía então muito pouco à rua. Sua visita me emocionou e me surpreendeu.

— Trago-te um recado importante. Meu genro Bertaux quer te ver. Não sei de que se trata.

Bertaux era o chefe da polícia. Chegamos a seu gabinete. O velho poeta e eu nos sentamos junto do funcionário, em frente à sua mesa. Nunca vi uma mesa com mais telefones. Quantos seriam? Acho que não menos de vinte. Seu rosto inteligente e astuto me olhava daquele bosque telefônico. Eu pensava que naquele recinto tão elevado estavam todos os fios da vida subterrânea parisiense. Lembrei-me de Fantomas e do comissário Maigret.

O chefe de polícia havia lido meus livros e tinha um conhecimento inesperado de minha poesia.

— Recebi uma petição do embaixador do Chile para confiscar seu passaporte. O embaixador alega que você usa passaporte diplomático, o que seria ilegal. É verdadeira essa informação?

— Meu passaporte não é diplomático — respondi. — É um simples passaporte oficial. Sou senador em meu país e, como tal, tenho direito à posse deste documento. Além disso, aqui o tem e pode examiná-lo, mas não o retenha porque é de minha propriedade particular.

— Está em dia? Quem o prorrogou? — perguntou o senhor Bertaux pegando meu passaporte.

— Está em dia, é claro — disse. — Quanto a quem prorrogou, não lhe posso dizer, senão o governo do Chile destituiria esse funcionário.

O chefe de polícia examinou minuciosamente meus papéis. Depois utilizou um dos inumeráveis telefones e ordenou que o pusessem em contato com o embaixador do Chile.

A conversa telefônica entabulou-se em minha presença.

— Não, senhor embaixador, não posso fazê-lo. Seu passaporte é legal. Ignoro quem o prorrogou. Repito que seria incorreto tirar-lhe os papéis. Não posso, senhor embaixador. Sinto muito.

Transparecia a insistência do embaixador e também era evidente uma ligeira irritação por parte de Bertaux. Finalmente este deixou o telefone e me disse:

— Parece ser um grande inimigo seu. Mas pode permanecer na França quanto tempo desejar.

Saí com Supervielle. O velho poeta não explicava o que acontecia. De minha parte, sentia uma sensação de triunfo mesclada com outra de repulsa. O embaixador que me fustigava, cúmplice de meu perseguidor no Chile, era o mesmo Joaquín Fernández que se fazia de meu amigo, que não perdia ocasião de me adular e que naquela mesma manhã tinha me enviado um recadinho afetuoso pelo embaixador da Guatemala.

RAÍZES

Ehrenburg, que lia e traduzia meus versos, implicava:

— *Raiz* demais, demasiadas *raízes* em teus versos. Por que tantas?

É verdade. As terras da fronteira meteram suas raízes em minha poesia e nunca puderam sair dela. Minha vida é uma longa peregrinação que sempre dá voltas, que sempre retorna ao bosque austral, à selva perdida. Ali as grandes árvores foram tombadas às vezes por setecentos anos de vida poderosa ou desenraizadas pela turbulência ou queimadas pela neve ou destruídas pelo incêndio. Senti caírem na profundidade do bosque as árvores titânicas: o carvalho que cai com um som de catástrofe surda, como se golpeasse com mão colossal as portas da terra pedindo sepultura.

Mas as raízes ficam a descoberto, entregues ao tempo inimigo, à umidade, aos liquens, à aniquilação sucessiva.

Nada mais belo que essas grandes mãos abertas, feridas e queimadas, que, atravessando-se em uma senda do bosque, nos dizem o segredo da árvore enterrada, o enigma que sustentava a folhagem, os músculos profundos da dominação vegetal. Trágicas e hirsutas, mostram-nos uma nova beleza. São esculturas da profundidade, obras-primas e secretas da natureza.

Certa vez, andando com Rafael Alberti entre cascatas, matagais e bosques, perto de Osorno, ele me fazia observar que cada ramagem se diferenciava da outra, que as folhas pareciam competir na infinita variedade do estilo.

— Parecem escolhidas por um paisagista botânico para um parque estupendo — dizia.

Anos depois, em Roma, Rafael recordava aquele passeio e a opulência natural de nossos bosques.

Assim era — e não é mais. Penso com melancolia em minhas andanças de menino e de adolescente entre Boroa e Carahue ou até Toltén nas elevações da costa. Quantos descobrimentos! O garbo da caneleira e sua fragrância depois da chuva, os liquens cuja barba de inverno pende dos rostos inumeráveis do bosque!

Eu empurrava as folhas mortas, tratando de encontrar o relâmpago de alguns coleópteros: os *cárabos* dourados vestidos de furta-cor para dançar um minúsculo balé sob as raízes.

Ou mais tarde, quando atravessei a cavalo a cordilheira até o lado argentino, sob a abóbada verde das árvores gigantescas, surgiu um obstáculo: a raiz de uma delas, mais alta do que nossas montarias, cortando-nos o passo. O trabalho de força e de facas do mato tornou possível a travessia. Aquelas eram como catedrais tombadas: a magnitude descoberta que nos impunha sua grandeza.

CADERNO 9

PRINCÍPIO E FIM DE UM DESTERRO

NA UNIÃO SOVIÉTICA

Em 1949, recém-saído do exílio, fui convidado pela primeira vez à União Soviética, por motivo das comemorações do centenário de Pushkin. Cheguei junto com o entardecer ao meu encontro com a pérola fria do Báltico, a antiga, nova, nobre e heroica Leningrado. A cidade de Pedro, o Grande, e de Lenin, o Grande, tem "graça" como Paris. Uma graça cinzenta: avenidas cor de aço, palácios de pedra cor de chumbo e mar verde plúmbeo. Tudo estava diante de mim: os museus mais maravilhosos do mundo, os tesouros dos czares, seus quadros, seus uniformes, suas joias deslumbrantes, seus trajes de cerimônia, suas armas, suas baixelas. E os novos *recuerdos* imortais: o cruzador *Aurora* cujos canhões, unidos ao pensamento de Lenin, derrubaram os muros do passado e abriram as portas da História.

Acorri para um encontro com um poeta morto há cem anos, Aleksandr Pushkin, autor de tantos contos e novelas imortais. O príncipe dos poetas populares ocupa o coração da grande União Soviética. Em comemoração de seu centenário, os russos tinham reconstruído peça por peça o palácio dos czares. Cada muro tinha sido levantado tal como era antes, ressurgindo dos escombros pulverizados a que a artilharia nazista os havia reduzido. Foram utilizados os velhos planos do palácio, os documentos da época, para construir de novo os luminosos vitrais, as bordadas cornijas, os capitéis floridos — tudo para edificar um museu em homenagem a um maravilhoso poeta de outrora.

A primeira coisa que me impressionou na URSS foi um sentimento de extensão, seu recolhimento espacial, o movimento das bétulas nas pradarias, os imensos bosques milagrosamente puros, os grandes rios, os cavalos ondulando sobre os trigais.

Amei a terra soviética à primeira vista e não só compreendi que dela saía uma lição moral para todos os ângulos da existência humana, uma equiparação das possibilidades e um avanço crescente no fazer e no repartir, mas também interpretei que daquele continente das estepes, com tanta pureza natural, ia acontecer um grande voo. A humanidade inteira sabe que ali está sendo elaborada a gigantesca verdade, e há no mundo uma intensidade atônita esperando o que vai acontecer. Alguns esperam com terror, outros simplesmente esperam, outros ainda acreditam pressentir o que virá.

Encontrava-me no meio de um bosque em que milhares de camponeses, com trajes antigos de festa, escutavam os poemas de Pushkin. Tudo aquilo palpitava: homens, folhas, extensões em que o trigo novo começava a viver. A natureza parecia formar uma unidade vitoriosa com o homem. Dos poemas de Pushkin no bosque de Michaislowski tinha que surgir um dia o homem que voaria em direção a outros planetas.

Enquanto os camponeses presenciavam a homenagem, desabou uma chuva intensa. Um raio caiu muito próximo de nós, carbonizando um homem e a árvore que o abrigava. Tudo me pareceu inscrito no quadro torrencial da natureza. Além disso, aquela poesia acompanhada da chuva estava já em meus livros, tinha a ver comigo.

O país soviético muda constantemente. Constroem-se imensas cidades e canais. Até a geografia vai mudando. Mas em minha primeira visita as afinidades que nos ligavam se fixaram em mim — e também o que havia neles de intransponível e distante do meu espírito.

Em Moscou os escritores vivem sempre em ebulição, em contínua discussão. Tomei conhecimento ali, muito antes que o descobrissem os escandalizantes ocidentais, de que Pasternak era o primeiro poeta soviético, junto com Maiakovski. Este foi o poeta público, com voz de trovão e catadura de bronze, coração magnânimo que transtornou a linguagem e enfrentou os mais difíceis problemas da poesia política. Pasternak foi um grande poeta crepuscular da intimidade metafísica e politicamente um honesto reacionário que na transformação de sua pátria não viu mais longe do que um sacristão luminoso. De qualquer maneira, os mais severos críticos de seu estatismo político muitas vezes me recitaram de memória os poemas de Pasternak.

A existência de um dogmatismo soviético nas artes durante longos períodos não pode ser negada, mas também deve ser dito que este dogmatismo foi sempre tomado como um defeito e combatido frontalmente. O culto da personalidade produziu, com os ensaios críticos de Zhdanov, brilhante dogmatista, um enrijecimento grave no desenvolvimento da cultura soviética. Mas havia muita resposta em toda parte e já se sabe que a vida é mais forte e mais pertinaz que os preceitos. A revolução é a vida, e os preceitos buscam seu próprio túmulo.

Ehrenburg já é um homem maduro, mas continua sendo um grande agitador do que há de mais verdadeiro e vivo da cultura soviética. Muitas vezes visitei meu já bom amigo em seu apartamento da rua Gorki, constelado de quadros e litografias de Picasso ou em sua *dacha** perto de Moscou. Ehrenburg tem paixão pelas plantas e está quase sempre em seu jardim, arrancando ervas daninhas e conclusões de tudo quanto cresce ao seu redor.

Mais tarde fiz grande amizade com o poeta Kirsanov, que traduziu admiravelmente para o russo a minha poesia. Kirsanov é, como todos os soviéticos, um patriota ardente. Sua poesia tem lampejos fulminantes e uma sonoridade que lhe dá a bela língua russa lançada ao ar por sua pena em explosões e torrentes.

Continuamente eu visitava, em Moscou ou no campo, outro grande poeta, o turco Nazim Hikmet, legendário escritor preso durante 18 anos pelos estranhos governos de seu país.

Nazim, acusado de querer sublevar a marinha turca, foi condenado a todas as penas do inferno. O julgamento teve lugar num navio de guerra. Contaram-me como o fizeram andar até a exaustão pela ponte do navio, metendo-o depois no lugar das latrinas, onde os excrementos se acumulavam até meio

---

* *Dacha*: casa de campo, em russo. (N. T.)

metro acima do chão. Esse meu irmão poeta sentiu-se desfalecer. A pestilência o fazia cambalear. Pensou então: os verdugos estão me observando de algum ponto, querem me ver cair, querem ver a minha desgraça. Com altivez suas forças ressurgiram. Começou a cantar, primeiro em voz baixa, depois em voz mais alta, com toda a sua força no final. Cantou todas as canções, todos os versos de amor de que se lembrava, seus próprios poemas, as romanças dos camponeses, os hinos de luta de seu povo. Cantou tudo o que sabia. Assim triunfou sobre a imundície e sobre o martírio. Quando me contava estas coisas, eu lhe disse:

— Meu irmão, cantaste por todos nós. Já não precisamos ter dúvida nem pensar no que faremos. Já sabemos todos quando devemos começar a cantar.

Contava-me também os sofrimentos de seu povo. Os camponeses são brutalmente perseguidos pelos senhores feudais da Turquia. Nazim via-os chegar à prisão, via-os trocar por tabaco o pedaço de pão que lhes davam como ração única. Começavam a olhar o pasto do pátio distraidamente. Depois com atenção, quase com gula. Um belo dia levavam uns tufos de relva à boca. Mais tarde, arrancavam-na em feixes que devoravam precipitadamente. Por fim comiam o pasto de quatro, como os cavalos.

Antidogmático fervoroso, Nazim viveu longos anos exilado na URSS. Seu amor por essa terra que o acolheu encontra-se nesta frase sua: "Creio no futuro da poesia. Creio porque vivo no país onde a poesia constitui a exigência mais indispensável da alma." Nessas palavras vibram muitos segredos que de longe não se conseguem ver. O homem soviético, com as portas abertas a todas as bibliotecas, a todas as aulas, a todos os teatros, está no centro da preocupação dos escritores. Não se pode ignorar isso ao discutir sobre o destino da ação literária. Por um lado, as novas formas, a renovação necessária de tudo quanto existe, devem transpor e romper os moldes literários. Por outro lado, como não acompanhar os passos de uma profunda e ampla revolução? Como afastar dos temas centrais as vitórias, os conflitos, os problemas humanos, a fecundidade, o movimento, a germinação de um imenso povo que se confronta com uma mudança total de regime político, econômico e social? Como não se solidarizar com esse povo atacado por ferozes invasores, cercado por implacáveis colonialistas, obscurantistas de todos os climas e aspectos? Poderiam a literatura e as artes tomar uma atitude de aérea independência junto de acontecimentos tão essenciais?

O céu é branco. Às quatro da tarde já está escuro. Desde essa hora a noite encerra a cidade.

Moscou é uma cidade de inverno, uma bela cidade de inverno. Sobre os tetos infinitamente iguais instala-se a neve. Brilham os pavimentos invariavelmente limpos. O ar é um cristal duro e transparente. Uma cor suave de aço, os flocos de neve que se amontoam, o ir e vir de milhares de transeuntes como se não sentissem o frio, tudo nos leva a sonhar que Moscou é um grande palácio de inverno com extraordinárias decorações fantasmagóricas e vivas.

Faz trinta graus abaixo de zero nesta Moscou que, como estrela de fogo e neve, como coração incendiado, está situada na metade do peito da terra.

Olho pela janela. Há soldados de guarda nas ruas. Que será? Até a neve parou de cair. Fazem o enterro do grande Vishinski. As ruas abrem-se solenemente para que passe o cortejo. Faz-se um silêncio fundo, um repouso no coração do inverno, para o grande combatente. O fogo de Vishinski reintegra-se aos alicerces da pátria soviética.

Os soldados que apresentaram armas ao passar o cortejo permanecem ainda em formação. De vez em quando algum deles faz um pequeno balé, levantando as mãos enluvadas e sapateando um instante com as altas botas. Fora disso parecem imutáveis.

Contava-me um amigo espanhol que, durante a Grande Guerra, nos dias de mais intenso frio e logo depois de um bombardeio, podiam ver-se os moscovitas tomando sorvetes na rua. "Soube então que ganhariam a Guerra — dizia meu amigo — quando os vi tomar sorvetes com tanta tranquilidade no meio de uma guerra espantosa e um frio abaixo de zero."

As árvores dos parques, brancas de neve, se congelaram. Nada se pode comparar a essas pétalas cristalizadas dos parques no inverno de Moscou. O sol deixa-as translúcidas, arranca-lhes chamas brancas sem que se derreta uma gota de sua estrutura floral. É um universo arborescente que deixa entrever, através de sua primavera de neve, as antigas torres do Kremlin, as esbeltas flechas milenárias, as cúpulas douradas de São Basílio.

Passados os subúrbios de Moscou, rumo a outra cidade, vejo amplos caminhos brancos. São os rios gelados. No leito desses rios imóveis surge de vez em quando, como uma mosca em uma toalha de mesa ofuscante, a silhueta de um pescador absorto. O pescador se detém no vasto lençol gelado, escolhe um ponto e perfura o gelo até deixar visível a corrente sepultada. Nesse momento preciso não pode pescar porque os peixes fugiram assustados pelo ruído dos ferros que abriam o buraco. O pescador então espalha alguns alimentos como isca para atrair os fugitivos. Lança um anzol e espera. Espera por horas e horas naquele frio dos diabos.

O trabalho dos escritores, digo eu, tem muito em comum com o daqueles pescadores árticos. O escritor tem que buscar o rio e, se o encontra gelado, precisa perfurar o gelo. Deve esbanjar paciência, suportar a temperatura e crítica adversas, desafiar o ridículo, buscar a corrente profunda, lançar o anzol justo e, depois de tanto trabalho, tirar um peixinho mínimo. Porém deve voltar a pescar, contra o frio, contra o gelo, contra a água, contra o crítico, até recolher cada vez uma pescaria maior.

Fui convidado para um congresso de escritores. Ali estavam sentados na presidência os grandes pescadores, os grandes escritores da União Soviética. Fadeiev com seu sorriso branco e seu cabelo prateado; Fedin com sua cara de pescador inglês, magro e agudo; Ehrenburg com suas mechas revoltas e seu traje que, ainda que o estivesse estreando, dá a impressão de que dormiu vestido; e Nikolai Tikhonov.

Estavam também representados na presidência, com os rostos mongólicos e os livros recém-impressos, os porta-vozes das literaturas das mais longínquas repúblicas soviéticas, cidades que antes não se conheciam nem de nome, países nômades que não tinham alfabeto.

A PUSHKIN

Querido amigo:

Cento e cinquenta anos depois de seu nascimento os escritores me convidaram para homenageá-lo. Foi assim que estive pela primeira vez na União Soviética. Não sei por que achei que era você quem me convidava, quem nos convidava, e desde então sinto que tenho algo a ver com sua atormentada vida, que sou seu amigo. Foi muito bonita aquela comemoração nos mesmos lugares e paisagens de sua vida e de sua poesia. A primavera explodia de Pushkin. Sua obra crescente e cristalina corria como um rio ao nosso lado. Seus versos floresciam nas árvores.

Há mestres do que chamamos de literatura que a ultrapassam, transformando o idioma não só dos livros, mas também da vida diária, alterando a combinação de palavras, dando-lhes nova velocidade e ar livre. Um poeta nacional abre as janelas e deixa entrar o silêncio e o som da terra, o movimento apaixonado da história, os estrondos do mar e o canto dos pássaros. Essa foi a grandeza da sua herança.

Pois bem, eu quero testemunhar neste congresso solene que esta herança foi defendida e transmitida por cinquenta anos de literatura soviética. Esses escritores foram profundamente nacionais e, ao mesmo tempo, extraordinariamente generosos com as culturas estrangeiras. Esses escritores que a revolução deu a sua pátria criaram o povo soviético, os edifícios, o papel, as impressoras, até que o livro foi amado e respeitado, foi o centro da nova sociedade. Isso foi feito com dificuldade, em uma época de transformações e lutas nunca vistas antes sobre a Terra. Os escritores soviéticos foram heróis não apenas de seu povo, mas da esperança humana.

E quando a guerra terrível chegou aos pés das estátuas, quando os invasores queriam destruir esses povos e essa cultura, os escritores da União Soviética lutaram e caíram, lutaram e venceram, deram seu sangue e suas palavras, seu amor e sua cólera para defender sua herança de cristal e o alto humanismo da Revolução de Outubro.

Os livros se fortaleceram, invadiram cidades, campos, aldeias, povoaram bibliotecas, ruas, casas, hospitais, fábricas, chegaram a regiões remotas e escuras, o homem soviético trabalhou em todas as regiões com um livro na mão. E chegará à Lua com um livro.

Sua herança luminosa foi defendida e multiplicada. Quem lhe diz é um poeta de terras remotas, da América austral. Se você estivesse aqui com a gente agora, eu teria lhe dito: "Companheiro Pushkin, pode ficar feliz."

A ÍNDIA REVISITADA

No ano de 1950 tive de viajar para a Índia de forma inesperada. Em Paris, Joliot-Curie mandou me chamar para me encarregar de uma missão: viajar para Nova Délhi a fim de me pôr em contato com gente de diversas opiniões políticas, avaliar no próprio lugar as possibilidades de fortificar o movimento indiano pela paz.

Joliot-Curie era o presidente mundial dos Partidários da Paz. Falamos longamente. Inquietava-o que a opinião pacifista não pesasse devidamente na Índia, apesar de ter tido sempre a reputação de país pacífico por excelência. O próprio primeiro-ministro, Pandit Nehru, tinha fama de ser um líder da paz, uma causa tão antiga e profunda para aquela nação.

Joliot-Curie me deu duas cartas: uma para um investigador científico de Bombaim e outra para ser entregue em mãos ao primeiro-ministro. Pareceu-me curioso que tivesse designado precisamente a mim para uma viagem tão longa e uma tarefa aparentemente tão fácil. Talvez meu amor nunca extinto por aquele país onde passei alguns anos de minha juventude fosse levado em conta assim como o fato de que eu tinha recebido, nesse mesmo ano, o Prêmio da Paz por meu poema "Que desperte o lenhador", distinção também entregue a Pablo Picasso e a Nazim Hikmet.

Tomei o avião para Bombaim. Trinta anos depois voltava à Índia. Agora não era uma colônia que lutava por sua emancipação, mas uma República soberana: o sonho de Gandhi, a cujos congressos iniciais assisti no ano de 1928. Já não estaria vivo nenhum dos meus amigos de então, revolucionários estudantis que me confiaram fraternalmente suas histórias de luta.

Apenas desci do avião, dirigi-me à alfândega. De lá iria para um hotel qualquer, entregaria a carta ao físico Raman e continuaria a viagem até Nova Délhi. Não contava com a recepção. Não havia jeito de as minhas malas serem liberadas. Um bando dos que eu julgava fiscais aduaneiros examinavam com lupa minha bagagem. Tinha visto muitas inspeções, mas nenhuma como aquela. Não era grande minha bagagem: apenas uma valise média com minha roupa e uma pequena bolsa de couro com meus utensílios de toalete. Minhas calças, minhas cuecas, meus sapatos eram levantados no ar e fiscalizados por cinco pares de olhos. Os bolsos e as costuras eram explorados meticulosamente. Para não sujar minha roupa, tinha em Roma envolvido meus sapatos numa folha de jornal amarfanhada que encontrei no quarto do meu hotel, acho que *L'Osservatore Romano*. Estenderam essa folha sobre uma mesa, olharam-na contra a luz, dobraram-na cuidadosamente como se fosse um documento secreto e finalmente deixaram-na de lado, junto com meus papéis. Também meus sapatos foram estudados por dentro e por fora como exemplares únicos de fósseis fabulosos.

Duas horas durou esse esquadrinhamento incrível. De meus papéis (passaporte, caderneta de endereços, a carta que devia entregar ao chefe do governo e a folha de *L'Osservatore Romano*) fizeram um embrulho confuso que cerimoniosamente selaram com lacre diante de mim. Só então disseram que eu podia seguir para o hotel.

Fazendo um esforço chileno para não perder a paciência, chamei a atenção para o fato de que nenhum hotel me receberia desprovido de documentos de identidade e que o objetivo de minha viagem à Índia era entregar ao primeiro-ministro a carta que não podia entregar porque eles tinham-na sequestrado.

— Falaremos ao hotel para que o recebam. Quanto aos papéis, devolveremos oportunamente.

Aquele era o país cuja luta pela independência fez parte de meu destino juvenil, pensei. Fechei minha valise e ao mesmo tempo fechei a boca. Por dentro, meu pensamento formulava uma só palavra: merda!

No hotel me encontrei com o professor Baera, a quem contei meus contratempos. Era um hindu bem-humorado. Não deu importância demasiada ao acontecido. Era tolerante com seu país, que considerava todavia em formação. Em troca eu percebia algo malévolo naquela desordem, algo que não esperava como acolhida de uma nova nação independente.

O amigo de Joliot-Curie, para quem trazia a carta de apresentação, era o diretor dos estudos em física nuclear da Índia. Convidou-me a visitar suas instalações. E acrescentou que estávamos convidados para almoçar naquele mesmo dia com a irmã do primeiro-ministro. Assim era minha sorte e assim continuou sendo toda a vida: com uma mão me dão uma paulada nas costas e com a outra me oferecem um ramo de flores para me desagravar.

O Instituto de Investigações Nucleares era um desses recintos limpos, claros, radiantes, nos quais homens e mulheres vestidos de branco, transparentes, circulam como a água que corre, atravessando corredores, lidando com instrumentos, quadros-negros e cubetas. Ainda que tenha entendido muito pouco das explicações científicas, aquela visita me serviu como um banho purificador que me lavava das manchas ocasionadas pelos vexames por que a polícia me fez passar. Recordo vagamente que vi, entre outras coisas, uma espécie de fonte de mercúrio. Nada mais surpreendente que esse metal que mostra sua energia como uma vida animal. Sempre me cativaram sua mobilidade e sua capacidade de transformação líquida, esférica, mágica.

Esqueci o nome da irmã de Nehru com a qual almoçamos naquele dia. Diante dela acabou meu mau humor. Era uma mulher de grande beleza, maquiada e adornada como uma atriz exótica. Seu sari relampejava de cores. O ouro e as pérolas realçavam sua opulência. Agradou-me muitíssimo. Era um contraste ver aquela mulher finíssima comer com a mão, meter os dedos cheios de joias no arroz e no molho de *curry*. Disse-lhe que iria a Nova Délhi para ver seu irmão e os amigos da paz mundial. Respondeu que, em sua opinião, toda a população da Índia deveria tomar parte nesse movimento.

Pela tarde me entregaram no hotel o pacote com meus papéis. Aqueles farsantes da polícia tinham rompido os selos lacrados que eles mesmos tinham posto ao empacotar os documentos em minha presença. Com certeza tinham fotografado até minhas contas de lavanderia. Mais tarde fiquei sabendo que foram visitadas e interrogadas pela polícia todas as pessoas cujos endereços figuravam em minha caderneta. Entre elas a viúva de Ricardo Güiraldes, naquela época minha cunhada. Essa senhora era uma mulher teosófica e superficial, sem outra paixão além das filosofias asiáticas, e que vivia numa remota aldeia da Índia. Incomodaram-na bastante pelo fato de aparecer seu nome em minha caderneta de endereços.

Em Nova Délhi vi seis ou sete personalidades da capital indiana no mesmo dia de minha chegada, sentadas em um jardim, debaixo de uma sombrinha que me protegia do fogo celeste. Eram escritores, filósofos, sacerdotes hindus e budistas, dessa gente da Índia tão adoravelmente simples, tão desprovida de qualquer arrogância. Eram de opinião unânime que os Partidários da Paz formavam um movimento identificado com o espírito de seu velho país, com sua imutável tradição de bondade e entendimento. Acrescentaram sabiamente que julgavam necessário que se corrigissem os defeitos sectários ou de hegemonia: nem os comunistas, nem os budistas, nem os burgueses, ninguém devia apropriar-se do movimento. A contribuição de todas as tendências era o aspecto principal, o xis da questão. Concordei com eles.

O embaixador do Chile, um velho amigo meu, escritor e médico, Dr. Juan Marín veio me ver durante o almoço. Depois de muitos circunlóquios me disse que tivera uma entrevista com o chefe de polícia. Com a característica serenidade que as autoridades adotam para se dirigir aos diplomatas, o chefe dos esbirros hindus comunicou-lhe que minhas atividades inquietavam o governo da Índia e que tomara que eu abandonasse rapidamente o país. Respondi ao embaixador que minhas atividades não tinham sido outras senão entrevistar-me, no jardim do hotel, com seis ou sete pessoas eminentes cujo pensamento supunha eu já ser do conhecimento de todos. Quanto a mim, disse, logo que entregasse a mensagem de Joliot-Curie para o primeiro-ministro, não me interessaria continuar num país que, apesar de meu comprovado sentimento de adesão à sua causa, me tratava tão descortesmente, sem nenhuma justificativa.

Meu embaixador, ainda que tivesse sido um dos fundadores do Partido Socialista no Chile, era um acomodado, possivelmente por causa dos anos e dos privilégios diplomáticos. Não manifestou nenhuma indignação diante da estúpida atitude do governo hindu. Não lhe pedi nenhuma solidariedade e nos despedimos amavelmente, ele seguramente aliviado da pesada carga que lhe significava minha visita e eu desiludido para sempre de sua sensibilidade e de sua amizade.

Nehru tinha marcado uma entrevista comigo para a manhã seguinte em seu gabinete. Levantou-se e me estendeu a mão sem um sorriso de boas-vindas. Sua casa tem sido tão fotografada que não vale a pena descrevê-la. Olhos escuros e frios me olharam sem nenhuma emoção. Trinta anos antes me haviam apresentado a ele e a seu pai em uma caudalosa reunião independentista. Recordei-lhe isso sem que suas feições se alterassem. A tudo que eu lhe dizia respondia com monossílabos, observando-me com o invariável olhar frio.

Estendi-lhe a carta de seu amigo Joliot-Curie. Disse-me sentir pelo sábio francês um grande respeito e leu-a tranquilamente. Na carta falava de mim e pedia-lhe ajuda para minha missão. Terminou de lê-la, colocou-a de novo no envelope e me olhou sem dizer nada. Pensei repentinamente que minha presença lhe causava alguma irresistível aversão. Também me passou pela cabeça que aquele homem de cor biliosa devia estar passando por um mau momento físico, político ou sentimental. Havia certa altivez em sua conduta, algo tenso, como de pessoa acostumada a mandar, mas sem a força do caudilho. Lembrei-me de que seu pai, Pandit Motilal Zemindar, herdeiro de antiga casa de senhores, foi o grande tesoureiro de Gandhi e contribuiu, não só com sua sabedoria política, mas também com sua grande fortuna, com o partido congressista. Pensei que talvez o homem silencioso à minha frente tivesse voltado sutilmente a ser um zemindar e me contemplasse com a mesma indiferença e menosprezo que sentia por qualquer um de seus camponeses descalços.

— Que devo dizer ao professor Joliot-Curie quando regressar a Paris?

— Responderei à sua carta — disse secamente.

Guardei silêncio alguns minutos que me pareceram longuíssimos. Parecia que Nehru não tinha vontade de me dizer nada, mas não demonstrava tampouco a menor impaciência, como se eu pudesse ficar ali sentado sem nenhum objetivo, constrangido pela sensação de fazer perder tempo a um homem tão importante.

Considerei imprescindível dizer-lhe algumas palavras sobre minha missão. A guerra fria ameaçava incendiar-se de um momento para o outro. Um novo abismo podia tragar a humanidade. Falei do perigo terrível das armas nucleares e da importância de agrupar a maioria dos que querem evitar a guerra.

Como se não tivesse me escutado, continuou em seu ensimesmamento. Ao cabo de alguns minutos disse:

— Acontece que os de um e outro lado se golpeiam mutuamente com os argumentos da paz.

— Para mim — respondi — todos os que falam de paz ou querem contribuir para ela podem pertencer ao mesmo lado, ao mesmo movimento. Não queremos excluir ninguém, senão os partidários da desforra e da guerra.

O silêncio continuou. Compreendi que a conversação tinha terminado. Levantei-me e estendi a mão para me despedir. Estreitou-a em silêncio e, quando já me dirigia para a porta, me perguntou com certa amabilidade:

— Que posso fazer pelo senhor? Posso lhe oferecer alguma coisa?

Minhas reações são lentas, e sou infelizmente desprovido de malícia. No entanto, por uma vez na vida, aproveitei a deixa:

— Ah, claro! Tinha esquecido. Apesar de ter vivido anteriormente na Índia, nunca tive oportunidade de visitar o Taj Mahal, tão próximo de Nova Délhi. Esta seria a ocasião de conhecer o admirável monumento se a polícia não me tivesse notificado de que não posso sair da cidade e que devo regressar à Europa o quanto antes. Regresso amanhã.

Contente de lhe ter assestado o dardo, cumprimentei-o ligeiramente e abandonei seu gabinete.

Na recepção do hotel o gerente me esperava.

— Tenho uma mensagem para o senhor. Acabam de me telefonar do Governo para informar que o senhor pode visitar quando quiser o Taj Mahal.

— Prepare minha conta — respondi. — Sinto não fazer essa visita. Vou agora mesmo para o aeroporto para tomar o primeiro avião que me leve a Paris.

Cinco anos depois me caberia participar em Moscou do comitê de prêmios que a cada ano outorga o Prêmio Lenin da Paz, como jurado internacional, do qual faço parte. Quando chegou o momento de apresentar e votar as candidaturas correspondentes a esse ano, o delegado representante da Índia lançou o nome do primeiro-ministro Nehru.

Insinuei um sorriso que nenhum dos outros jurados entendeu e votei afirmativamente. Com aquele prêmio internacional Nehru ficou consagrado como um dos campeões da paz do mundo.

MINHA PRIMEIRA VISITA À CHINA

Duas vezes visitei a China depois da revolução. A primeira foi em 1951, ano em que me coube participar da missão de levar o Prêmio Lenin da Paz à Sra. Sung Sin Ling, viúva de Sun Yat Sen.

Recebia ela essa medalha de ouro por indicação de Kuo Mo Jo, vice--presidente da China e escritor. Kuo Mo Jo era além disso vice-presidente do comitê de prêmios junto com Aragon. A esse mesmo júri pertencíamos Anna Seghers, o cineasta Alexandrov, alguns outros que não recordo, Ehrenburg e eu. Existia uma aliança secreta entre Aragon, Ehrenburg e eu, por meio da qual conseguimos que se desse o prêmio em outros anos a Picasso, a Bertolt Brecht e a Rafael Alberti. Não tinha sido fácil, é claro.

Saímos para a China pelo trem transiberiano. Meter-me dentro desse trem legendário era como entrar num barco que navegasse por terra no espaço infinito e misterioso. Tudo era amarelo ao meu redor, por léguas e léguas, de cada lado das janelas. Estava no meio do outono siberiano e não se viam senão bétulas prateadas de pétalas amarelas. Em seguida a pradaria sem limites, a tundra e a taiga. De vez em quando estações que correspondiam a novas cidades. Descíamos com Ehrenburg para nos desentorpecer. Nas estações os camponeses esperavam o trem com embrulhos e maletas, amontoados nas salas de espera.

O tempo dava só para dar alguns passos por esses povoados. Todos eram iguais e todos tinham uma estátua de cimento de Stalin, às vezes pintada de prateado, outras de dourado. Das dezenas que vimos, matematicamente iguais, não sei quais eram as mais feias, se as prateadas ou as áureas. De volta ao trem, e por uma semana, Ehrenburg me entretinha com sua conversação cética e brilhante. Ainda que profundamente patriótico e soviético, Ehrenburg comentava comigo de forma sorridente e desdenhosa muitos dos aspectos da vida daquela época.

Ehrenburg tinha chegado até Berlim com o Exército Vermelho. Foi, sem dúvida, o mais brilhante dos correspondentes de guerra de quantos existiram. Os soldados vermelhos gostavam muito desse homem excêntrico e arredio. Pouco antes, em Moscou, tinha me mostrado dois presentes que esses soldados lhe deram, depois de desencavá-los das ruínas alemãs: um rifle construído por armeiros belgas para Napoleão Bonaparte e dois tomos minúsculos das obras de Ronsard, impressos na França em 1650. Os pequenos volumes estavam chamuscados e manchados de chuva ou sangue.

Ehrenburg cedeu aos museus franceses o belo rifle de Napoleão. "Para que o quero?", dizia, acariciando o cano lavrado e a culatra brunida. Quanto aos livrinhos de Ronsard, guardou-os zelosamente para si.

Ehrenburg era um francófilo apaixonado. No trem me recitou um de seus poemas clandestinos, uma poesia curta em que cantava a França como se falasse à mulher amada.

Digo que o poema era clandestino porque era a época na Rússia das acusações de cosmopolitismo. Os jornais traziam com frequência denúncias obscurantistas. Toda a arte moderna lhes parecia cosmopolita. Tal ou qual escritor ou pintor caía em desgraça, e seu nome entrava no ostracismo rapidamente sob essa acusação. Assim é que o poema francófilo de Ehrenburg teve de guardar sua ternura como uma flor secreta.

Muitas das coisas que Ehrenburg me dava a conhecer desapareciam depois irreparavelmente na sombria noite de Stalin, desaparições que eu atribuía mais a seu caráter reivindicador e contestador.

Com suas grandes mechas desordenadas, suas rugas profundas, seus dentes manchados pela nicotina, seus frios olhos cinzentos e seu sorriso triste, Ehrenburg era para mim o antigo cético, o grande desenganado. Eu acabava de abrir os olhos para a grande revolução e não havia lugar em mim para detalhes sinistros. Apenas discordava do mau gosto geral da época, daquelas estátuas lambuzadas de ouro e prata. O tempo ia provar que não era eu quem tinha razão, mas creio que nem sequer Ehrenburg conseguiu compreender em sua extensão a imensidade da tragédia. A magnitude dela nos seria revelada a todos pelo XX Congresso.

Parecia que o trem avançava muito lentamente pela imensidão amarela, dia após dia, bétula após bétula. Assim íamos nos aproximando, através da Sibéria, dos montes Urais.

Almoçávamos um dia no carro-restaurante quando me chamou a atenção uma mesa ocupada por um soldado, um jovem rubicundo e sorridente, que estava embriagadíssimo. Toda hora pedia ovos crus ao camareiro, quebrava-os e com grande alvoroço os deixava cair no prato. Em seguida pedia outro par de ovos. Sentia-se cada vez mais feliz, a julgar por seu sorriso extasiado e seus olhos azuis de menino. Devia estar nisso há muito tempo porque as gemas e as claras começavam perigosamente a resvalar do prato e a cair no chão do trem.

— *Tovaritch*!* — O soldado chamava o camareiro com entusiasmo, pedindo-lhe novos ovos para aumentar seu tesouro.

---

* *Tovaritch*: expressão russa que quer dizer *camarada*. (N. T.)

Eu observava entusiasmado essa cena de um surrealismo tão inocente e tão inesperado naquele marco de oceânica solidão siberiana.

Isso até que o camareiro, alarmado, chamou um guarda. O policial, fortemente armado, olhou o soldado do alto da sua estatura, com severidade. Este não lhe deu a mínima importância e continuou na tarefa de quebrar ovos e mais ovos.

Supus que a autoridade fosse tirar o esbanjador de sua fantasia. Mas fiquei perplexo: o hercúleo policial sentou-se junto dele, passou-lhe com ternura a mão pela cabeça loura e começou a falar em voz baixa, sorrindo e tentando convencê-lo. Até que rapidamente o levantou com suavidade de seu assento e o conduziu apoiado pelo braço, como um irmão maior, até a saída do vagão para a estação e para as ruas da cidade.

Pensei com amargura no que iria acontecer a um pobre indiozinho bêbado que se pusesse a quebrar ovos em um trem equatoriano.

Durante aqueles dias transiberianos ouvia-se pela manhã e pela tarde como Ehrenburg golpeava com energia as teclas de sua máquina de escrever. Ali terminou *The Ninth Wave*, sua última novela antes de *O degelo*. Quanto a mim, escrevia só aos poucos alguns d'*Os versos do capitão*, poemas de amor para Matilde, que publicaria mais tarde em Nápoles anonimamente.

Deixamos o trem em Irkutz. Antes de tomar o avião até a Mongólia, fomos passear pelo lago, o famoso lago Baikal, nos confins da Sibéria, que significou durante o czarismo a porta da liberdade. Para esse lago iam os pensamentos e os sonhos dos exilados e dos prisioneiros. Era o único caminho possível para a evasão. "Baikal! Baikal!", repetem ainda agora as roucas vozes russas, cantando as antigas baladas.

O Instituto de Investigação Lacustre nos convidou para almoçar. Os sábios nos revelaram seus segredos científicos. Nunca se pôde precisar a fundura daquele lago, filho e olho dos montes Urais. A dois mil metros de profundidade se recolhem peixes estranhos, peixes cegos tirados de seu abismo noturno. Logo meu apetite foi despertado e consegui que os investigadores me trouxessem à mesa um par daqueles estranhos peixes. Sou uma das poucas pessoas do mundo que comeram peixes abissais, regados com boa vodca siberiana.

Dali voamos para a Mongólia. Guardo uma lembrança nebulosa daquela terra lunar, onde os habitantes vivem ainda em tendas nômades enquanto criam suas primeiras gráficas e universidades. Ao redor de Ulan Bator abre-se uma aridez redonda, infinita, parecida com o deserto de Atacama em minha pátria, interrompida somente por grupos de camelos que fazem mais arcaica a solidão. É certo que provei em taças de prata, incrivelmente lavradas, o uísque dos mongóis. Cada povo faz seu álcool do que pode. Este era de leite fermentado de camelo. No entanto, sinto calafrios quando recordo seu sabor. Mas que maravilha é ter estado em Ulan Bator! Ainda mais para mim que me prendo aos belos nomes. Vivo neles como em mansões de sonho que me estavam destinadas. Assim tenho vivido, gozando cada sílaba do nome de Cingapura, do de Samarcanda. Quando morrer, quero que me enterrem em um nome, em um nome sonoro bem-escolhido, para que suas sílabas cantem sobre meus ossos, perto do mar.

O povo chinês é um dos mais sorridentes do mundo. Através do implacável colonialismo, de revoluções, de grandes fomes, de massacres, sorri como nenhum outro povo sabe sorrir. O sorriso das crianças chinesas é a mais bela colheita de arroz que espalha a grande multidão.

Mas há dois tipos de sorriso chinês. Há um natural que ilumina os rostos cor de trigo — é o dos camponeses e do povo em geral. O outro é um sorriso da boca para fora, postiço, que se atarraxa e desatarraxa sob o nariz — é o sorriso dos funcionários.

Custou-nos distinguir entre ambos os sorrisos quando, com Ehrenburg, chegamos pela primeira vez ao aeroporto de Pequim. Os verdadeiros e melhores nos acompanharam por muitos dias. Eram os de nossos companheiros, escritores chineses, novelistas e poetas que nos acolheram com nobre hospitalidade. Conhecemos assim Tieng Ling, novelista, Prêmio Stalin e presidente da União de Escritores, Mao Dun, Emi Siao e o encantador Ai Ching, velho comunista e príncipe dos poetas chineses. Todos eles falavam francês ou inglês; e a Revolução Cultural os sepultou a todos, anos depois. Mas na época de nossa chegada eram as personalidades essenciais da literatura.

No dia seguinte, depois da cerimônia de entrega do Prêmio Lenin, chamado então Prêmio Stalin, almoçamos na embaixada soviética. Estavam ali, além do laureado Chu En Lai, o velho marechal Chu Teh e alguns outros. O embaixador era um herói de Stalingrado, típico militar soviético, que cantava e brindava repetidamente. Tocou-me sentar ao lado de Sung Sin Ling, muito digna e ainda bela, a figura feminina mais respeitada da época.

Cada um de nós tinha à sua disposição uma pequena garrafa de cristal cheia de vodca. Os *gambé* estouravam com profusão. Esse brinde chinês obriga a emborcar a taça de um golpe, sem deixar uma gota. O velho marechal Chu Teh, defronte a mim, enchia seu copinho com frequência e com seu grande sorriso camponês me incitava a cada momento a um novo brinde. No final do almoço aproveitei um momento de distração do antigo estrategista para provar um trago de sua garrafa de vodca. Minhas suspeitas se confirmaram ao comprovar que o marechal tinha tomado água pura durante o almoço enquanto eu lançava às entranhas grandes quantidades de fogo líquido.

Na hora do café, minha vizinha de mesa Sung Sin Ling, viúva de Sun Yat Sen, a portentosa mulher que viemos condecorar, tirou um cigarro de sua cigarreira. Depois, com um sorriso delicado, ofereceu outro a mim. "Não, não fumo, muito obrigado", disse. E, ao elogiar-lhe o estojo de cigarros, respondeu: "Conservo-o porque é uma recordação muito importante em minha vida." Era um objeto deslumbrante, de ouro maciço, incrustado de brilhantes e rubis. Depois de olhá-lo minuciosamente e acrescentar novos elogios, devolvi-o à sua proprietária.

Esqueceu muito rapidamente a restituição, pois, ao levantarmo-nos da mesa, dirigiu-se a mim com certa veemência, dizendo:

— Minha cigarreira, *please*?

Eu não tinha dúvida de tê-la devolvido, mas de qualquer maneira procurei-a sobre a mesa e depois embaixo dela, sem encontrá-la. O sorriso da viúva de Sun Yat Sen tinha se desvanecido, e somente dois olhos negros me perfuravam como dois raios implacáveis. O objeto sagrado não se encontrava em parte alguma, e eu começava a sentir-me absurdamente responsável pela perda. Os raios negros estavam me convencendo de que eu era um ladrão de joias cinzeladas.

Por sorte, no último minuto de agonia, divisei a cigarreira, que reaparecia em suas mãos. Tinha-a encontrado em sua bolsa simplesmente, naturalmente. Ela recobrou seu sorriso, mas eu não voltei a sorrir durante vários anos. Penso agora que talvez a Revolução Cultural a tenha deixado definitivamente sem sua cigarreira de ouro.

Naquela estação do ano os chineses se vestiam de azul, uma roupa de mecânico que vestia igualmente homens e mulheres, dando-lhes um aspecto unânime e celeste. Nada de andrajos, tampouco automóveis. Uma multidão densa enchia tudo, fluindo de toda parte.

Era o segundo ano da revolução. Certamente havia escassez e dificuldades em diversos lugares, mas não se viam ao se percorrer a cidade de Pequim. O que nos preocupava especialmente, a Ehrenburg e a mim, eram pequenos detalhes, pequenos vícios do sistema. Quando quisemos comprar um par de meias, um lenço, aquilo se converteu em um problema de Estado. Os companheiros chineses discutiram entre si. Depois de nervosas deliberações, partimos do hotel em caravana. Nosso carro ia na frente, seguido do carro da guarda de vigilância, do dos policiais, do dos intérpretes. O cortejo de carros arrancou velozmente, abrindo caminho por entre a sempre apinhada multidão. Passávamos como uma avalanche pelo estreito canal, livre pelo afastamento das pessoas. Chegados ao armazém, os amigos chineses desceram depressa, expulsaram com rapidez toda a clientela da loja, fizeram parar o tráfego, formaram uma barreira com seus corpos, um corredor humano que atravessamos cabisbaixos, Ehrenburg e eu, para sairmos igualmente cabisbaixos quinze minutos depois com um pacotinho na mão e a resolução mais fervorosa de não comprar nunca mais um par de meias.

Essas coisas punham Ehrenburg furioso, como no caso do restaurante que vou contar. No hotel serviam-nos a péssima comida inglesa que na China foi deixada como herança pelos sistemas coloniais. Eu, que sou grande admirador da cozinha chinesa, disse a meu jovem intérprete que ardia de desejo de apreciar a afamada arte culinária pequinesa. Respondeu-me que ia ver.

Ignoro se realmente foi consultar se era possível porque o certo foi que continuamos mascando o insípido rosbife do hotel. Então voltei a falar com ele sobre o assunto. Ficou pensativo e disse:

— Os companheiros se reuniram várias vezes para examinar a situação, e o problema está quase sendo resolvido.

No dia seguinte aproximou-se de nós um membro importante do comitê de recepção. Depois de atarraxar corretamente no rosto o sorriso, perguntou-nos se efetivamente queríamos comer comida chinesa. Ehrenburg disse-lhe categoricamente que sim. Acrescentei que conhecia desde meus anos de juventude a comida cantonesa e que ansiava saborear o celebérrimo tempero de Pequim.

— O assunto é difícil — disse o companheiro chinês, preocupado.

Fez silêncio, sacudiu de cabeça e depois resumiu:

— Quase impossível.

Ehrenburg sorriu com o sorriso amargo de cético contumaz. Eu, ao contrário, me enfureci:

— Companheiro — disse. — Faça o favor de arranjar meus papéis de regresso a Paris. Se não posso comer comida chinesa na China, eu a comerei no Quartier Latin, onde não é nenhum problema.

Minha violenta argumentação teve êxito. Quatro horas mais tarde, precedidos de nossa profusa comitiva, chegamos a um famoso restaurante onde há quinhentos anos se prepara o pato laqueado, um prato requintado, memorável.

O restaurante, aberto dia e noite, distava apenas trezentos metros de nosso hotel.

OS VERSOS DO CAPITÃO

De viagem em viagem, nessas andanças de desterrado, cheguei a um país que ainda não conhecia e que aprendi a amar intensamente: a Itália. Nesse país tudo me pareceu fabuloso. Especialmente a simplicidade italiana: o azeite, o pão e o vinho da naturalidade. Até a polícia... A polícia que nunca me maltratou, mas que me perseguiu incansavelmente, a polícia que encontrei em todas as partes, até no sonho e na sopa.

Fui convidado pelos escritores para ler meus versos. Li-os de boa-fé por toda parte: em universidades, em anfiteatros, para os portuários de Gênova, em Florença, no Palazzo della Lana, em Turim, em Veneza.

Lia com infinito prazer diante de salas repletas. Depois alguém junto de mim repetia a estrofe em magnífico italiano, e eu gostava de ouvir meus versos com o resplendor acrescentado pela língua soberba. Mas já à polícia não agradava tanto. Em castelhano passava, mas, na versão italiana, a coisa era diferente. A apologia à paz, palavra que já estava proscrita pelos "ocidentais", e mais ainda a direção de minha poesia voltada para as lutas populares tornavam-se perigosas.

Os partidos populares tinham ganhado as eleições nos municípios, e desse modo fui recebido pelas câmaras municipais como visitante de honra. Fui muitas vezes nomeado cidadão honorário da cidade. Sou cidadão honorário de Milão, Florença e Gênova. Antes ou depois de meu recital, os representantes da Câmara me conferiam o título honorífico. No salão estavam reunidos autoridades, aristocratas e bispos. Tomava-se uma pequena taça de champanhe, que eu agradecia em nome de minha pátria distante. Entre abraços e beija-mãos descia finalmente as escadas dos palácios municipais. Na rua me esperava a polícia, que não me deixava em paz.

Em Veneza foi cinematográfico. Dei meu costumeiro recital no palácio. Fui outra vez nomeado cidadão honorário, mas a polícia queria que eu fosse embora da cidade onde nasceu e sofreu Desdêmona. Os agentes se postaram noite e dia às portas do hotel.

Meu velho amigo Vittorio Vidale, "o comandante Carlos", veio de Trieste para ouvir meus versos, acompanhando-me também no prazer infinito de percorrer os canais e ver passar, da gôndola, os palácios cinzentos. Quanto à polícia, assediou-me muito mais, vindo diretamente atrás de nós, a dois metros de distância. Então decidi fugir, tal como Casanova, de uma Veneza que queria me pôr entre quatro paredes. Saímos disparados na carreira, junto com Vittorio Vidale e o escritor costa-riquenho Joaquín Gutiérrez, que se encontrava ali por acaso. Em nosso encalço se lançaram os dois policiais venezianos. Rapidamente conseguimos embarcar na única gôndola motorizada de Veneza, a do prefeito comunista. A gôndola do poder municipal sulcou velozmente as águas do canal enquanto o outro poder corria como um gamo em busca de outra barca. A que tomaram era uma das muitas românticas embarcações a remo, pintada de negro e com adornos de ouro, das usadas pelos namorados em Veneza. Seguiram-nos a distância e sem esperança, como um pato pode perseguir um golfinho.

Toda aquela perseguição chegou ao auge uma manhã em Nápoles. A polícia chegou ao hotel, não muito cedo, já que em Nápoles ninguém trabalha cedo — nem a polícia. Pretextaram um engano de passaporte e me pediram que os acompanhasse à Prefeitura. Ali me ofereceram café *espresso* e me notificaram que devia abandonar o território italiano naquele mesmo dia.

Meu amor pela Itália não contava nada.

— Trata-se sem dúvida de um equívoco — disse-lhes.

Nada disso. Nós o estimamos muito, mas o senhor tem que se retirar do país.

E depois, de uma maneira indireta, de forma oblíqua, informaram-me que era a embaixada do Chile que solicitava minha expulsão.

O trem saía de tarde. Na estação já se encontravam meus amigos para se despedirem. Beijos, flores, gritos. Paolo Ricci, os Alicatta, tantos outros. *A rivederci. Adiós. Adiós.*

Durante minha viagem de trem, que era em direção a Roma, os policiais que me acompanhavam se desmanchavam em gentilezas. Subiam e acomodavam minhas valises, compravam-me *L'Unità* e *Paese Sera* (mas de jeito algum a imprensa de direita), pediam-me autógrafos, alguns para eles mesmos e outros para seus familiares. Nunca vi uma polícia mais fina:

— Sentimos muito, *Eccellenza*. Somos pobres pais de família e temos que cumprir ordens. É odioso...

Já na estação de Roma, onde tinha que descer e mudar de trem para continuar viagem até a fronteira, vi de minha janela uma grande multidão. Ouvi gritos e observei movimentos confusos e violentos. Grandes braçadas de flores caminhavam até o trem levantadas sobre um rio de cabeças.

— Pablo! Pablo!

Quando baixaram os estribos do vagão, elegantemente vigiado, tornei-me logo o centro de uma batalha prodigiosa. Escritores e escritoras, jornalistas, deputados, cerca de mil pessoas talvez, arrebataram-me em poucos segundos das mãos dos policiais. A polícia avançou, por sua vez, e me resgatou dos braços de meus amigos. Distingui naqueles momentos dramáticos alguns rostos famosos: Alberto Moravia e sua mulher Elsa Morante, novelista como ele; o famoso pintor Renato Guttuso, outros poetas e outros pintores; Carlo Levi, o célebre autor de *Cristo parou em Eboli*, estendia-me um ramo de rosas. Com tudo isso as flores caíam no chão, voavam chapéus e guarda-chuvas, socos soavam como explosões. A polícia levava a pior, e fui recuperado outra vez pelos amigos. Na refrega pude ver a muito doce Elsa Morante golpeando com sua sombrinha de seda a cabeça de um policial. Apressadamente passavam os carrinhos de frete que levavam e traziam bagagens. Vi um dos carregadores, um *facchino* corpulento, descarregar uma bordoada nas costas da força pública. Eram adesões do povo romano. Tão intrincada se tornou a contenda que os policiais me disseram, num aparte:

— Fale a seus amigos, diga-lhes que se acalmem...

A multidão gritava:

— Neruda fica em Roma! Neruda não vai embora da Itália! Que fique o poeta! Que fique o chileno! Que vá embora o austríaco!

(O "austríaco" era De Gasperi, primeiro-ministro da Itália.)

Ao cabo de meia hora de pugilato chegou uma ordem superior por meio da qual me era concedida a permissão de ficar na Itália. Meus amigos me abraçaram e me beijaram, e eu me afastei da estação pisando com pena as flores destroçadas pela batalha.

Amanheci no dia seguinte na casa de um senador, com imunidade parlamentar, para onde me tinha levado o pintor Renato Guttuso, que, no entanto, não se fiava na palavra governamental. Foi quando me chegou um telegrama da ilha de Capri, mandado pelo ilustre historiador Erwin Cerio, a quem não conhecia pessoalmente. Manifestava-se indignado diante do que ele considerava um ultraje, um desacato à tradição e à cultura italianas. Terminava me oferecendo uma vila na própria Capri.

Tudo parecia um sonho. E quando cheguei a Capri, em companhia de Matilde Urrutia, a sensação irreal de sonho cresceu mais ainda.

Chegamos de noite e no inverno à ilha maravilhosa. A costa se alteava na sombra, esbranquiçada e altíssima, desconhecida e calada. Que aconteceria? Que nos aconteceria? Uma charrete nos esperava. A charrete subiu até não acabar mais pelas desertas ruas noturnas. Casas brancas e mudas, ruelas estreitas e verticais. Por fim se deteve. O cocheiro depositou nossas valises naquela casa, também branca e parecendo vazia.

Ao entrar vimos arder o fogo da grande lareira. À luz dos candelabros acesos havia um homem alto, de cabelo, barba e roupa brancos. Era Dom Erwin

Cerio, proprietário de meia Capri, historiador e naturalista. Na penumbra se erguia como a imagem do Papai do Céu dos contos infantis.

Tinha quase 90 anos e era o homem mais ilustre da ilha.

— Disponha desta casa. Aqui estará tranquilo.

E se foi por muitos dias durante os quais, por delicadeza, não nos visitava, apenas mandando pequenos bilhetes com notícias ou conselhos delicadamente escritos à mão e com alguma folha ou flor de seu jardim. Erwin Cerio representou para nós o amplo, generoso e perfumado coração da Itália.

Depois conheci seus trabalhos, seus livros, mais verdadeiros que os de Axel Munthe, ainda que não tão famosos. O nobre e velho Cerio repetia com humor picaresco:

— A obra-prima de Deus é a praça de Capri.

Matilde e eu nos recolhíamos em nosso amor. Fazíamos longas caminhadas por Anacapri. A pequena ilha, dividida em mil jardins pequenos, tem um esplendor natural por demais conhecido, mas tiranicamente verídico. Entre as rochas, onde o sol e o vento mais açoitam, pela terra seca, estalam plantas e flores diminutas, crescidas com exatidão numa grande composição de jardinagem. Essa Capri recôndita, em que a gente só entra depois de longa peregrinação e quando a etiqueta de turista já caiu de nossa roupa, essa Capri popular de rochas e minúsculas vinhas, de gente modesta, trabalhadora, essencial, tem um encanto absorvente. É só estar entrouxado com as coisas e com a gente e já os cocheiros e os pescadores nos conhecem, já formamos parte da Capri oculta e pobre, sabendo onde está o bom vinho barato e onde comprar as azeitonas comidas pelos de Capri.

Provavelmente detrás das grandes muralhas palacianas ocorram todas as novelescas perversidades que se leem nos livros. Mas eu participei de uma vida feliz em plena solidão ou entre a gente mais simples do mundo. Tempo inesquecível! Trabalhava toda a manhã e pela tarde Matilde datilografava meus poemas. Pela primeira vez vivíamos juntos na mesma casa. Naquele lugar de beleza embriagadora nosso amor se enriqueceu. Já não podíamos mais nos separar

Terminei de escrever ali um livro de amor, apaixonado e doloroso que logo foi publicado em Nápoles anonimamente: *Os versos do capitão*.

Vou contar-lhes agora a história desse livro, entre os meus um dos mais controvertidos. Foi por muito tempo um segredo, por muito tempo não levou meu nome na capa, como se eu o renegasse ou o próprio livro não soubesse quem era seu pai. Tal como há filhos naturais, filhos do amor natural, *Os versos do capitão* era assim, um livro natural.

Os poemas foram escritos aqui e acolá, ao longo de meu desterro na Europa. Foi publicado anonimamente em Nápoles, em 1952. O amor a Matilde, a saudade do Chile, as paixões políticas enchem as páginas deste livro que se manteve sem o nome de seu autor durante muitas edições.

Para sua primeira edição, o pintor Paolo Ricci conseguiu um papel admirável, antigos tipos Bodoni e gravuras tiradas dos vasos de Pompeia. Com dedicação fraternal Paolo organizou também a lista dos subscritores. Logo apareceu o belo volume numa tiragem de somente cinquenta exemplares. Celebramos longamente o acontecimento com mesa florida, *frutti di mare*, vinho transparente como a água, filho único das vinhas de Capri. E com a alegria dos amigos que amaram o nosso amor.

Alguns críticos desconfiados atribuíram motivos políticos à aparição deste livro sem assinatura. "O partido se opõs, o partido não o aprova", disseram. Mas não era verdade. Por sorte meu partido não se opõe a nenhuma expressão da beleza.

A verdade é que eu não quis, durante muito tempo, que esses poemas ferissem Delia, de quem me separava. Delia del Carril, passageira suavíssima, cordão de aço e de mel que atou minhas mãos nos anos fragorosos, foi para mim durante 18 anos uma companheira exemplar. Este livro, de paixão brusca e ardente, ia chegar como uma pedra lançada sobre sua delicada estrutura. Foram essas e não outras as razões profundas, pessoais, respeitáveis, de meu anonimato.

Depois o livro, mesmo sem nome e sobrenome, fez-se homem, homem natural e valoroso. Abriu caminho na vida, e eu tive, por fim, de reconhecê-lo. Agora andam pelos caminhos, isto é, pelas livrarias e bibliotecas, os "versos do capitão", assinados pelo genuíno capitão.

FIM DO DESTERRO

Meu desterro chegava ao fim. Estávamos no ano de 1952. Através da Suíça chegamos a Cannes para tomar um navio italiano que nos levaria a Montevidéu. Dessa vez não queríamos ver ninguém na França. Somente a Alice Gascar, minha fidelíssima tradutora e amiga de muito tempo, avisei sobre nossa passagem. Em Cannes, no entanto, nos esperavam acontecimentos imprevistos.

Encontrei na rua, perto da companhia de navegação, Paul Éluard e Dominique, sua mulher. Tinham sabido de minha chegada e me esperavam para me convidar para almoçar, onde estaria também Picasso. Em seguida topamos com o pintor Nemesio Antúnez e Inés Figueroa, sua mulher, que estariam também no almoço.

Aquela seria a última vez que eu veria Paul Éluard. Recordo-o sob o sol de Cannes com a roupa azul que parecia um pijama. Não esquecerei nunca seu rosto tostado e corado, seus olhos azulíssimos, seu sorriso infinitamente juvenil sob a luz africana das ruas cintilantes de Cannes. Éluard tinha vindo de Saint-Tropez para se despedir de mim, trouxe Picasso e acertou o almoço. A festa estava armada.

Um estúpido incidente imprevisto me estragou o dia. Matilde não tinha visto uruguaio, tendo que ir sem demora ao consulado desse país. Acompanhei-a num táxi e esperei à porta. Matilde sorriu otimista quando o cônsul veio recebê-la. Parecia um bom rapaz. Trauteava árias de *Madame Butterfly*. Vestia-se de maneira muito pouco consular: uma camiseta e um short. Ela nunca pôde imaginar que, ao longo da conversa, o sujeito se converteria em um vulgar chantagista. Com seu aspecto de Pinkerton quis cobrar horas extraordinárias e opôs toda sorte de obstáculos. Manteve-nos às carreiras toda a manhã. A *bouillabaise* do almoço provei como fel. Várias horas custaram a Matilde para conseguir seu visto. Pinkerton lhe impunha mais trâmites a cada instante: que tirasse fotografia, que trocasse os dólares em francos, que pagasse uma comunicação telefônica com Bordéus. A tarifa aumentou até mais de 120 dólares por um visto de trânsito que deveria ser gratuito. Cheguei a pensar que Matilde perderia o navio e que eu tampouco embarcaria. Por muito tempo considerei aquele dia o mais amargo de minha vida.

OCEANOGRAFIA DISPERSA

Sou um apaixonado do mar. Há anos coleciono conhecimentos que não me servem muito porque navego sobre a terra.

Agora regresso ao Chile, ao meu país oceânico, e meu navio se aproxima da costa da África. Já passaram as antigas Colunas de Hércules hoje encouraçadas, a serviço do penúltimo imperialismo.

Olho o mar com o maior desinteresse, o do oceanógrafo puro que conhece a superfície e a profundidade, sem prazer literário, mas sim com um sabor de conhecedor, de paladar cetáceo.

Sempre gostei das histórias marinhas e tenho uma rede em minha biblioteca. O livro que mais consulto é um de William Beebe ou uma boa monografia descritiva das volutas marinhas do mar antártico.

É o plâncton o que me interessa, essa água nutritiva, molecular e eletrizada que tinge os mares de uma cor de relâmpago violeta. Foi assim que eu soube que as baleias se nutrem quase que exclusivamente desse inumerável crescimento marinho. Pequeníssimas plantas e infusórios irreais povoam nosso continente trêmulo. As baleias abrem as imensas bocas enquanto se deslocam, levantando a língua até o céu da boca, de modo que estas águas vivas e viscerais as vão enchendo e nutrindo. Assim se alimenta a baleia glauca que passa, rumo ao Sul do Pacífico e às ilhas quentes, diante das janelas de minha Isla Negra.

Por ali também passa a rota migratória do cachalote ou baleia dentada, o mais chileno dos perseguidos. Os marinheiros chilenos ilustram com eles o mundo folclórico do mar. Em seus dentes gravaram, a faca, corações e flechas, pequenos monumentos de amor, retratos ingênuos de seus veleiros e de suas noivas. Mas nossos baleeiros, os mais audazes do hemisfério marinho, não atravessaram o estreito e o cabo de Hornos, o Antártico e suas cóleras, simplesmente para tirar os dentes do ameaçador cachalote, mas sim para arrebatar-lhe seu tesouro de gordura e, mais ainda, a bolsa de âmbar cinzento que somente este monstro esconde em sua montanha abdominal.

Agora venho de outra parte. Deixei para trás o último santuário azul do Mediterrâneo, as grutas e os contornos marinhos e submarinos da ilha de Capri, onde as sereias saíam para pentear os cabelos azuis sobre os penhascos porque o movimento do mar havia tingido e encharcado as suas loucas cabeleiras.

No aquário de Nápoles vi as moléculas elétricas dos organismos primaveris e vi subir e descer a medusa, feita de vapor e prata, agitando-se em sua dança doce e solene, circundada por dentro pelo único cinturão elétrico nunca ostentado até agora por nenhuma outra dama das profundidades submarinas.

Há muitos anos em Madras, na sombria Índia de minha juventude, visitei um aquário maravilhoso. Até hoje recordo os peixes luzidios, as moreias venenosas, os cardumes vestidos de incêndio e arco-íris e, mais ainda, os polvos extraordinariamente sérios e medidos, metálicos como máquinas registradoras, com inumeráveis olhos, pernas, ventosas e conhecimentos.

Do grande polvo que nós todos conhecemos pela primeira vez em *Os trabalhadores do mar,* de Victor Hugo (também Victor Hugo é um polvo tentacular e polimorfo da poesia), dessa espécie só cheguei a ver um fragmento de tentáculo no Museu de História Natural de Copenhague. Esse sim era o antigo kraken, terror dos mares antigos, que agarrava um veleiro e o envolvia, cobrindo-o e o enredando. O fragmento que eu vi conservado em álcool sugeria que seu comprimento passava dos trinta metros.

Mas o que eu persegui com maior constância foi o vestígio, ou melhor, o próprio narval. Por ser tão desconhecido para meus amigos o gigantesco unicórnio marinho dos mares do Norte, cheguei a me sentir o responsável exclusivo dos narvais e a me acreditar narval eu mesmo.

Existirá o narval?

É possível que um animal do mar extraordinariamente pacífico, que tem na testa uma lança de marfim de quatro a cinco metros, estriada em todo o seu comprimento no estilo salomônico, terminada em agulha, possa passar despercebido por milhões de seres, inclusive em sua lenda e em seu maravilhoso nome?

De seu nome posso dizer — narwhal ou narval — que é o mais belo dos nomes submarinos, nome de taça marinha que canta, nome de esporão de cristal.

E por que então ninguém sabe seu nome?

Por que não existem os Narval, a bela casa dos Narval, e ainda Narval Ramírez ou Narvala Carvajal?

Não existem. O unicórnio marinho continua em seu mistério, em suas correntes de sombra transoceânica, com sua longa espada de marfim submersa no oceano ignoto.

Na Idade Média a caça a todos os unicórnios foi um esporte místico e estético. O unicórnio terrestre ficou para sempre, deslumbrante, nas tapeçarias, rodeado de damas alabastrinas e de alta linhagem, aureolado em sua majestade por todas as aves que trinam ou fulguram.

Quanto ao narval, os monarcas medievais enviavam uns aos outros, como presente magnífico, algum fragmento de seu corpo fabuloso e deste raspavam pó que, diluído em licores, dava — oh eterno sonho do homem! — saúde, juventude e potência.

Vagando certa vez pela Dinamarca, entrei numa antiga loja de história natural, esses negócios desconhecidos em nossa América que para mim têm toda a fascinação da terra. Ali, num canto, descobri três ou quatro cornos de narval. Os maiores mediam quase cinco metros. Por longo tempo os brandi e acariciei.

O velho proprietário da loja me via fazer lances ilusórios com a lança de marfim em minhas mãos contra os invisíveis moinhos do mar. Depois os deixei cada um em seu canto. Só pude comprar um pequeno, de narval recém-nascido, dos que saem explorando com seu esporão inocente as frias águas árticas.

Guardei-o em minha maleta. Mas em minha pequena pensão da Suíça, defronte ao lago Leman, precisei ver e tocar o mágico tesouro de unicórnio marinho que me pertencia e o tirei de minha maleta.

Agora não o encontro.

Terei esquecido na pensão de Vésenaz ou terá rolado à última hora para baixo da cama? Ou na verdade terá regressado de forma misteriosa e noturna ao círculo polar?

Olho as pequenas ondas de um novo dia no Atlântico. O navio deixa de cada lado da proa um risco branco, azul e enraivecido de águas, espumas e abismos agitados.

São as portas do oceano que tremem.

Sobre elas voam os diminutos peixes voadores de prata e transparência.

Volto do exílio.

Olho longamente as águas. Sobre elas navego até outras águas: as ondas atormentadas de minha pátria.

O céu de um longo dia cobre todo o oceano.

A noite chegará e com sua sombra esconderá uma vez mais o grande palácio verde do mistério.

CADERNO 10

NAVEGAÇÃO COM REGRESSO

UM CARNEIRO EM MINHA CASA

Eu tinha um parente senador que, depois de ter vencido novas eleições, veio passar uns dias em minha casa de Isla Negra. Assim começa a história do carneiro.

Acontece que seus eleitores mais entusiastas vieram para festejar o senador. Na primeira tarde da festa assaram um carneiro à moda do campo do Chile, com uma grande fogueira ao ar livre e o corpo do animal enfiado num assador de madeira. A isso chamam *asado al palo*, que é celebrado com muito vinho e queixosas guitarras *criollas*.

Outro carneiro ficou para a cerimônia do dia seguinte. Enquanto não chegava a sua hora, amarraram-no junto de minha janela. A noite toda gemeu e chorou, baliu e se queixou de sua solidão. Partia a alma escutar as modulações daquele carneiro, até que decidi me levantar de madrugada e raptá-lo.

Metido num automóvel levei-o a 150 quilômetros dali, à minha casa de Santiago, onde não o alcançassem as facas. Mal entrou, pôs-se a pastar vorazmente no melhor lugar de meu jardim. As tulipas o entusiasmaram, e ele não respeitou nenhuma delas. Ainda que por razões espinhosas, não se atreveu com as roseiras. Mas devorou em troca os goiveiros e os lírios com estranho prazer. Não tive remédio senão amarrá-lo outra vez. E de imediato se pôs a balir, tratando visivelmente de me comover como antes. Senti-me desesperado.

Nesse ponto se entrecruza a história de Juanito com a história do carneiro. Acontece que por aquele tempo havia começado uma greve de camponeses no Sul. Os latifundiários da região, que pagavam a seus rendeiros não mais de apenas 20 centavos de dólar por dia, terminaram a pauladas e prisões com aquela greve.

Um jovem camponês teve tanto medo que subiu num trem em movimento. O rapaz se chamava Juanito, era muito católico e não sabia nada das coisas deste mundo. Quando passou o cobrador do trem examinando as passagens, ele respondeu que não tinha, que se dirigia a Santiago e que pensava que os trens eram para que a gente subisse neles e viajasse quando precisasse. Trataram de desembarcá-lo, naturalmente. Mas os passageiros de terceira classe — gente do povo, sempre generosa — fizeram uma coleta e pagaram a passagem.

Por ruas e praças da capital andou Juanito com um embrulho de roupa debaixo do braço. Como não conhecia ninguém, não queria falar com ninguém. No campo, dizia-se que em Santiago havia mais ladrões do que habitantes, e ele tinha medo de que lhe roubassem a camisa e as alpercatas que levava debaixo do braço, embrulhadas num jornal. Durante o dia perambulava pelas ruas mais frequentadas, onde as pessoas sempre tinham pressa e afastavam com um empurrão esse Caspar Hauser* vindo de outro planeta. De noite buscava também os bairros mais concorridos, mas estes eram as avenidas de cabarés e de vida noturna, e ali sua presença era mais estranha ainda, pálido pastor perdido entre os pecadores. Como não tinha um só centavo, não podia comer, tanto assim que um dia caiu ao solo sem sentidos.

Uma multidão de curiosos rodeou o homem estendido na rua. A porta defronte da qual caiu correspondia a um pequeno restaurante. Levaram-no para dentro e o deixaram no chão. "É o coração", disseram uns. "É uma crise hepática", disseram outros. O dono do restaurante se aproximou, olhou-o e disse: "É fome." Mal comeu algumas garfadas, aquele cadáver reviveu. O dono o pôs para lavar pratos e se tomou de amores por ele. Tinha razões para isso. Sempre sorridente, o jovem camponês lavava montanhas de pratos. Tudo ia bem. Comia muito mais do que na sua terra.

---

* Caspar Hauser: personagem do romance homônimo de Jakob Wassermann. (N. T.)

O sortilégio da cidade se teceu de maneira estranha para que se juntassem certa vez, em minha casa, o pastor e o carneiro.

Deu vontade no pastor de conhecer a cidade, encaminhando então seus passos um pouco além das montanhas de louça. Tomou com entusiasmo uma rua, atravessou uma praça, e tudo o deslumbrava. Mas, quando quis voltar, já não o podia fazer. Não tinha anotado o endereço porque não sabia escrever, buscando assim em vão a porta hospitaleira que o tinha recebido. Nunca mais a encontrou.

Um transeunte, com pena de sua confusão, disse-lhe que devia se dirigir a mim, ao poeta Pablo Neruda. Não sei por que lhe sugeriram essa ideia. Provavelmente porque no Chile se tem por mania me encarregar de quanta coisa estranha passe pela cabeça das pessoas e ao mesmo tempo de me jogar a culpa de tudo o que acontece. São estranhos costumes nacionais.

O certo é que o rapaz chegou um dia à minha casa e se encontrou com o bicho preso. Já que eu estava tomando conta daquele carneiro inútil, não me custava também tomar conta do pastor. Deixei a seu cargo a tarefa de impedir que o carneiro *gourmet* devorasse exclusivamente minhas flores, mas sim que também, de vez em quando, saciasse o apetite com a grama de meu jardim.

Compreenderam-se na hora. Nos primeiros dias ele lhe pôs, só para constar, uma cordinha no pescoço com uma fita e com ela o conduzia de um lugar para o outro. O carneiro comia incessantemente, e o pastor individualista também, transitando ambos por toda a casa, inclusive por dentro de meus aposentos. Era uma união perfeita, conseguida pelo cordão umbilical da mãe terra, pelo autêntico mandato do homem. Assim se passaram muitos meses. Tanto o pastor como o carneiro arredondaram suas formas carnais, especialmente o ruminante, que apenas podia seguir seu pastor de tão gordo que ficou. Às vezes entrava parcimoniosamente em meu quarto, olhava-me com indiferença e saía deixando um pequeno rosário de contas escuras no chão.

Tudo acabou quando o camponês sentiu a nostalgia do campo e me disse que voltava para sua terra distante. Era uma resolução de última hora. Tinha que pagar uma promessa à Virgem de seu povoado. Não podia levar o carneiro. Despediram-se com ternura. O pastor tomou o trem, desta vez com sua passagem na mão. Foi patética aquela despedida.

Em meu jardim não deixou um carneiro, mas sim um problema grave, ou melhor, gordo. O que fazer com o ruminante? Quem cuidaria dele agora? Eu tinha preocupações políticas demais. Minha casa andava desordenada depois das perseguições que a minha poesia combativa me trouxe. O carneiro começou de novo a balir suas partituras queixosas.

Fechei os olhos e disse à minha irmã que o levasse. Ai, dessa vez eu tinha certeza de que não se livraria do forno!

DE AGOSTO DE 1952 A ABRIL DE 1957

Os anos transcorridos entre agosto de 1952 e abril de 1957 não figurarão detalhadamente em minhas memórias porque quase todo esse tempo eu o passei no Chile e não me aconteceram coisas curiosas capazes de divertir meus leitores. No entanto, é preciso enumerar alguns fatos importantes desse espaço de tempo. Publiquei o livro *As uvas e o vento*, que estava pronto. Trabalhei intensamente nas *Odes elementares*, nas *Nuevas odas elementales* e no *Tercer libro de las odas*. Organizei um congresso continental da cultura, que se realizou em Santiago e para o qual vieram relevantes personalidades de toda a América. Também celebrei em Santiago meus 50 anos, com a presença de escritores importantes de todo o mundo. Da China vieram Ai Ching e Emi Siao; Ilya Ehrenburg voou da União Soviética; Dreda e Kutvalek, da Tchecoslováquia; e, entre os latino-americanos, estiveram Miguel Ángel Asturias, Oliverio Girondo, Norah Lange, Elvio Romero, María Rosa Oliver, Raúl Larra e muitos outros. Doei à Universidade do Chile a minha biblioteca e outros bens. Fiz uma viagem à União Soviética como jurado do Prêmio Lenin da Paz, que eu mesmo tinha obtido quando ainda se chamava Prêmio Stalin. Separei-me definitivamente de Delia del Carril. Construí minha casa "La Chascona" e me mudei para viver nela com Matilde Urrutia. Fundei a revista *Gaceta de Chile*, dirigindo-a durante alguns números. Tomei parte nas campanhas eleitorais e em outras atividades do Partido Comunista do Chile. A editora Losada, de Buenos Aires, publicou minhas obras completas em papel-bíblia.

O JOVEM POETA BARQUERO

Quando o jovem poeta de 20 anos Efraín Barquero vem a minha casa acho que me lembro de mim mesmo quando, há trinta anos, cheguei à capital do meu país com um livro de versos provincianos debaixo do braço. Percorri as editoras sem encontrar quem quisesse publicar minha primeira poesia.

No entanto, em 1922 havia nas editoras um certo romantismo. Hoje não existe nada disso. Não sei como os versos de Barquero serão impressos. Agora o papel está mais caro, a inflação tornou astronômicos os custos de impressão, os editores não querem saber de jovens escritores e só se atrevem a imprimir livros de autores consagrados.

Na América Latina, por outro lado, o número de leitores aumenta. Um desenvolvimento cultural evidente, uma turbulência nunca vista, enche as cidades latino-americanas de pensamentos, polêmicas, quadros, relatos e poesia. Assim como o caminho dos povos que lutam para obter de novo sua independência, frustrada pela traição e a cobiça, em todos os lugares abrem-se as portas e entra o ar do mundo com os livros da antiga e da nova sabedorias.

Durante nosso passado colonial, os textos dos enciclopedistas franceses, encadernados como livros religiosos, eram lidos secretamente. Hoje, em grandes setores da América, na Guatemala, no Chile, no Peru, na Colômbia, a inquisição moderna, do tipo norte-americano, procura, condena, queima e proíbe livros e revistas. Entretanto, a verdade, a liberdade e a cultura germinam poderosamente na América Latina de hoje e os frutos estão à vista de todas as suas nações martirizadas.

Quando, com muito esforço, Barquero publicou seu primeiro livro, eu disse no prólogo algumas coisas claras sobre seu porvir poético: "A poesia de Efraín Barquero tem corpo. É um material rico, uma reconstrução de acordo com as leis da vida, com palavras, com frases que pareciam inúteis e que a seu pedido voltam a brilhar como espadas, reluzem como o vinho, transformam-se em pedra, elevam outra vez a dignidade do canto."

Por tudo o que disse dele em seu primeiro livro, me preocupa a publicação de sua nova obra.

Passaram-se tantos anos da minha juventude e, em vez de os caminhos dos jovens ficarem mais claros, eles encontram obstáculos maiores.

A vida social nos países ocidentais não progredirá enquanto tais problemas não forem resolvidos, e eles se manifestam de diversas e dolorosas formas. O talento do chileno Barquero parecia garantir seu destino. No entanto, ali está agora, em 1956, magro, pálido, recém-chegado de seu rio natal, de sua província perfumada, perdido na capital, no meio de seus dois milhões de habitantes, com um novo ramo de poemas em suas mãos.

Quando o vejo passar pelas ruas de Santiago, douradas por um outono precoce, parece que vejo a mim mesmo caminhando, há trinta anos, pelas mesmas ruas frias.

As duras mãos da luta não apagaram a luz da minha poesia, incendiaram-na profundamente em meu sangue.

Penso em Barquero e em tantos jovens poetas latino-americanos: que sobreviva neles o dom do canto e o selo da luz, apesar do desamparo.

Sua luta salvará de novo a honra e a poesia.

PRESO EM BUENOS AIRES

Ao cabo desse tempo fui convidado para um congresso da paz que se reunia em Colombo, na ilha do Ceilão, onde vivi há tantos anos. Estávamos em abril de 1957.

Encontrar-se com a poesia secreta não parece perigoso, mas, se se trata da polícia secreta argentina, o encontro toma outro caráter não desprovido de humor, ainda que imprevisível em suas consequências. Naquela noite, recém-chegado do Chile, disposto a prosseguir minha viagem até os países mais distantes, deitei-me fatigado. Apenas começava a cochilar quando irromperam na casa vários policiais. Registraram tudo com lentidão, recolhiam livros e revistas, remexiam os guarda-roupas, vasculhavam as roupas íntimas. Já tinham levado meu amigo argentino que me hospedava quando me descobriram no fundo da casa, que é onde ficava meu quarto.

— Quem é este senhor? — perguntaram.

— Chamo-me Pablo Neruda — respondi.

— Está doente? — perguntaram à minha mulher.

— Sim, está doente e muito cansado da viagem. Chegamos hoje e tomaremos amanhã um avião para a Europa.

— Muito bem, muito bem — disseram e saíram da peça.

Voltaram uma hora depois, munidos de uma ambulância. Matilde protestava, mas isso não alterou as coisas. Eles tinham instruções: deviam levar-me cansado ou descansado, são ou enfermo, vivo ou morto.

Chovia naquela noite. Grossas gotas caíam do céu denso de Buenos Aires. Sentia-me abatido. Perón já tinha caído. O general Aramburu, em nome da democracia, tinha jogado abaixo a tirania. No entanto, sem saber como nem quando, por que nem onde, se por isto ou por aquilo, se por nada ou se por tudo, esgotado ou enfermo, eu ia preso. Minha maca, levada por quatro policiais, se convertia num problema sério ao descer as escadas, entrar em elevadores, atravessar corredores. Os quatro padioleiros sofriam e resfolegavam. Matilde, para lhes acentuar o sofrimento, tinha dito com voz melíflua que eu pesava 110 quilos. E eu os tinha na verdade, com suéter e agasalho, coberto com cobertores até a cabeça. Resplandecia como uma massa informe, como o vulcão Osorno, sobre aquela maca com que a democracia argentina me brindava. Eu pensava, e isso me fazia me sentir melhor de meus sintomas de flebite, que não eram aqueles pobres-diabos que me conduziam os que suavam e cambaleavam sob o meu peso, mas sim que era o próprio general Aramburu quem carregava a minha padiola.

Fui recebido na prisão como de rotina: a catalogação do prisioneiro e o confisco de seus objetos pessoais. Não me deixaram conservar a gostosa novela policial que eu levava para não me aborrecer. A verdade é que não tive tempo de me aborrecer. Abriam-se e se cerravam grades. A maca atravessava pátios e portas de ferro, internando-se cada vez mais profundamente entre ruídos e ferrolhos. Subitamente me encontrei no meio de uma multidão: os outros presos da noite, mais de dois mil. Eu estava incomunicável, ninguém podia se aproximar de mim. No entanto, não faltaram mãos que apertassem a minha debaixo das cobertas nem o soldado que deixou o fuzil de lado e me estendeu um papel para que eu lhe assinasse um autógrafo.

Finalmente me colocaram em cima, na cela mais distante com uma janelinha muito alta. Eu queria descansar, dormir, dormir, dormir. Não consegui porque já tinha amanhecido e os presos argentinos faziam um barulho ensurdecedor, um vozerio estrondoso, como se estivessem assistindo a uma partida entre o River e o Boca.

Algumas horas depois já tinha funcionado a solidariedade de escritores amigos na Argentina, no Chile e em vários outros países. Tiraram-me da cela, levaram-me à enfermaria, devolveram meus pertences e me puseram em liberdade. Já estava para abandonar a penitenciária quando se aproximou de mim um dos guardas uniformizados e me pôs na mão uma folha de papel. Era um poema que dedicava a mim, escrito em versos toscos, cheios de simplicidade e inocência como um objeto popular. Creio que poucos poetas conseguiram receber uma homenagem poética da pessoa colocada para o vigiar.

POESIA E POLÍCIA

Certa vez em Isla Negra a empregada nos disse: "Senhora, Dom Pablo, estou grávida." Depois teve um menino. Nunca soubemos quem era o pai. A ela não importava. O que lhe importava, isto sim, é que Matilde e eu fôssemos padrinhos da criança. Mas não foi possível, não pudemos. A igreja mais próxima está em El Tabo, uma aldeola sorridente onde pusemos gasolina na camioneta. O padre se eriçou como um porco-espinho. "Um padrinho comunista? Jamais! Neruda não entrará por esta porta ainda que leve teu filho nos braços." A empregada voltou para suas vassouras na casa, cabisbaixa. Não compreendia.

Em outra ocasião vi Dom Asterio sofrer. É um velho relojoeiro, já bastante idoso e o melhor cronometrista de Valparaíso. Repara todos os cronômetros da Armada. Sua mulher, sua velha companheira de cinquenta anos de casamento, estava morrendo. Achei que devia escrever alguma coisa sobre ele, algo que o consolasse um pouco em tão grande aflição, que ele pudesse ler para sua esposa agonizante. Assim pensei, não sei se tinha razão, mas escrevi o poema, pondo nele minha admiração e minha emoção pelo artesão e seu artesanato, por aquela vida tão pura entre todos os tique-taques dos velhos relógios. Sarita Vial o levou ao jornal *La Unión*, dirigido por um senhor Pascal. O senhor Pascal é sacerdote, não quis publicá-lo; o poema não seria publicado. Neruda, seu autor, é um comunista excomungado. Não quis. Morreu a senhora, a velha companheira de Dom Asterio. E o sacerdote não publicou o poema.

Quero viver num mundo sem excomungados. Não excomungarei ninguém. Não diria amanhã a esse sacerdote: "O senhor não pode batizar ninguém porque é anticomunista." Não diria a outro: "Não publicarei seu poema, sua criação, porque o senhor é anticomunista." Quero viver num mundo em que os seres sejam somente humanos sem outros títulos a não ser estes, sem serem golpeados na cabeça com uma régua, com uma palavra, com um rótulo. Quero que se possa entrar em todas as igrejas e em todas as gráficas. Quero que não haja mais ninguém para esperar as pessoas à porta da prefeitura para detê-las e expulsá-las. Quero que todos entrem e saiam do Palácio Municipal sorridentes. Não quero que ninguém fuja de gôndola, que ninguém seja perseguido de motocicleta. Quero que a grande maioria, a única maioria, que todos possam falar, ler, escutar, florescer. Nunca entendi a luta senão para que esta termine. Nunca entendi o rigor senão para que o rigor não exista. Tomei um caminho porque acredito que esse caminho nos leva, a todos, a essa amabilidade duradoura. Luto por essa bondade ubíqua, extensa, inesgotável. De tantos encontros entre minha poesia e a polícia, de todos esses episódios e de outros que não contarei porque me repetiria, e de outros que não me aconteceram, mas a muitos que já não poderão contá-los, fica-me no entanto uma fé absoluta no destino humano, uma convicção cada vez mais consciente de que nos aproximamos de uma grande ternura. Escrevo sabendo que sobre nossas cabeças, sobre todas as cabeças, existe o perigo da bomba, da catástrofe nuclear que não deixaria ninguém nem nada sobre a terra. Pois bem, isso não altera minha esperança. Neste minuto crítico, neste pestanejar de agonia, sabemos que entrará a luz definitiva pelos olhos entreabertos. Todos nos entenderemos, progrediremos juntos, e essa esperança é irrevogável.

O CEILÃO REENCONTRADO

Uma causa universal, a luta contra a morte atômica, fazia com que eu voltasse de novo a Colombo. Atravessamos a União Soviética, rumo à Índia, no TU-104, o maravilhoso avião a jato posto especialmente à disposição para transportar nossa vasta delegação. Paramos somente em Tashkent, perto de Samarcanda. Em duas viagens o avião nos deixaria no coração da Índia.

Voávamos a dez mil metros de altura. Para atravessar o Himalaia, o gigantesco pássaro se elevou ainda mais alto, cerca de quinze mil metros. De tão alto se divisa uma paisagem quase imóvel. Aparecem as primeiras barreiras, contrafortes azuis e brancos da cordilheira do Himalaia. Por aí deve andar o imponente homem das neves em sua solidão espantosa. Depois, à esquerda, destaca-se a massa do monte Everest como um pequeno acidente a mais entre os diademas de neve. O sol cai plenamente sobre a paisagem estranha; sua luz recorta os perfis, as rochas dentadas e o império dominante do silêncio nevado.

Evoco os Andes americanos que atravessei tantas vezes. Aqui não predomina aquela desordem, aquela fúria ciclópica, aquele deserto enfurecido de nossas cordilheiras. Essas montanhas asiáticas refulgem mais clássicas, mais ordenadas. Suas cúpulas de neve esculpem mosteiros ou pagodes no vasto infinito. A solidão é mais ampla. As sombras não se alteiam como muros de pedra terrível, mas se estendem como misteriosos parques azuis de um mosteiro colossal.

Digo a mim mesmo que vou respirando o ar mais alto do mundo e contemplando de cima as maiores alturas da terra. É uma sensação única, na qual se mesclam a claridade e o orgulho, a velocidade e a neve.

Voamos até o Ceilão. Agora descemos, a pouca altura, sobre as terras quentes da Índia. Deixamos a nave soviética em Nova Délhi para tomar este avião hindu. Suas asas rangem e sacodem entre massas de nuvens violentas. No meio do vaivém, meus pensamentos estão na ilha florida. Aos 22 anos de idade vivi no Ceilão uma vida solitária e escrevi ali minha poesia mais amarga, rodeado pela natureza do paraíso.

Volto muito tempo depois para esta impressionante reunião de paz, para a qual o governo do país aderiu. Constato a presença de numerosos e às vezes centenas de monges budistas, agrupados, vestidos com suas túnicas cor de açafrão, mergulhados na seriedade e na meditação que caracterizam os discípulos de Buda. Ao lutar contra a guerra, a destruição e a morte, esses sacerdotes afirmam os antigos sentimentos de paz e harmonia pregados pelo príncipe Siddhartha Gautama, também chamado Buda. Que distante — penso — de assumir essa conduta está a Igreja de nossos países americanos, Igreja do tipo espanhol, oficial e beligerante. Que reconfortante seria para os verdadeiros cristãos ver que os sacerdotes católicos, de seus púlpitos, combatessem o crime mais grave e mais terrorífico: o da morte atômica, que assassina milhões de inocentes e deixa para sempre sua mácula biológica na estirpe do homem.

Fui tenteando pelas ruelas em busca da casa em que vivi no subúrbio de Wellawatha. Foi difícil encontrá-la. As árvores tinham crescido, e a aparência da rua tinha mudado.

A velha casa onde escrevi versos dolorosos ia ser brevemente demolida. As portas estavam carcomidas, a umidade do trópico tinha arruinado seus muros, mas havia me esperado de pé para este último minuto de despedida.

Não encontrei ninguém de meus velhos amigos. No entanto, a ilha voltou a ecoar em meu coração com seu som cortante, com seu fulgor imenso. O mar continuava cantando o mesmo canto antigo sob as palmeiras, contra os recifes. Voltei a percorrer as rotas da selva, voltei a ver os elefantes de passo majestoso cobrindo os caminhos, voltei a sentir a embriaguez dos perfumes exasperantes, o rumor do crescimento e a vida da selva. Cheguei até a rocha Sigiriya, onde um rei louco construiu uma fortaleza para si. Reverenciei como antigamente as imensas estátuas de Buda, a cuja sombra caminham os homens como pequenos insetos.

E me afastei de novo, seguro agora de que desta vez seria para nunca mais voltar.

SEGUNDA VISITA À CHINA

Desse congresso da paz em Colombo voamos, através da Índia, com Jorge Amado e Zélia, sua mulher. Os aviões hindus viajavam sempre repletos de passageiros cheios de turbantes, de cores e de cestos. Parecia impossível meter tanta gente num avião. Uma multidão descia no primeiro aeroporto, e outra multidão entrava em seu lugar. Nós devíamos continuar além de Madras, até Calcutá. O avião estremecia sob as tempestades tropicais. Uma noite diurna, mais escura que a noturna, envolvia-nos de repente e nos abandonava para dar lugar a um céu deslumbrante. De novo o avião oscilava, e raios e centelhas aclaravam a escuridão instantânea. Eu olhava como a cara de Jorge Amado passava do branco ao amarelo e do amarelo ao verde. Enquanto isso ele via em minha cara a mesma mutação de cores produzida pelo medo que nos agoniava. Começou a chover dentro do avião. A água se infiltrava por grandes goteiras que me recordavam minha casa de Temuco, no inverno. Mas eu não achava a menor graça nessas goteiras a dez mil metros de altura. O engraçado foi um monge que vinha atrás de nós. Abriu um guarda-chuva e continuou lendo, com serenidade oriental, seus textos de antiga sabedoria.

Chegamos sem acidentes a Rangoon, na Birmânia. Fazia nesses dias trinta anos de minha residência na terra, de minha residência na Birmânia, durante a qual, estritamente desconhecido, escrevi meus versos. Justamente em 1927, tendo eu 23 anos, desembarquei neste mesmo Rangoon, que era um lugar de cores delirantes, de idiomas impenetráveis, tórrido e fascinante. A colônia era explorada e oprimida por seus governantes ingleses. Mas a cidade era limpa e luminosa, as ruas resplandeciam de vida, as vitrinas ostentavam suas tentações coloniais.

A de agora era uma cidade semivazia, com vitrinas desprovidas de tudo e com a imundície acumulada nas ruas. É que a luta dos povos pela sua independência não é um caminho fácil. Depois da explosão das almas, das bandeiras da liberação, tem de se abrir caminho por entre dificuldades e tormentas. Até agora não conheço a história da Birmânia independente, tão enclausurada como está junto ao poderoso rio Irrawadhy e ao pé de seus pagodes de ouro, mas pude adivinhar — além do lixo das ruas e da tristeza ondulante — todos esses dramas que sacodem as novas repúblicas. É como se o passado as continuasse oprimindo.

Nem sombra de Josie Bliss, minha perseguidora, que inspirou o "Tango do viúvo". Ninguém me soube dar notícia de sua vida ou de sua morte. Já nem sequer existia o bairro onde vivemos juntos.

Voamos agora da Birmânia, atravessando os limites montanhosos que a separam da China. É uma paisagem austera, de idílica serenidade. De Mandalay o avião levantou voo sobre os arrozais, sobre os pagodes barrocos, sobre milhões de palmeiras, sobre a guerra fratricida dos birmaneses, e entrou na calma severa, linear da paisagem chinesa.

Em Kunming, a primeira cidade chinesa depois da fronteira, esperava-nos um velho amigo, o poeta Ai Ching. Seu largo rosto moreno, seus grandes olhos cheios de picardia e bondade, sua inteligência alerta eram outra vez uma antecipação de alegria para tão longa viagem.

Ai Ching e Ho Chi Minh eram poetas da velha cepa oriental, formados entre a dureza colonial do Oriente e uma vida difícil em Paris. Saindo das prisões, esses poetas de voz doce e natural se converteram fora de seu país em estudantes pobres ou garçons de restaurante. Mantiveram sua confiança na revolução. Suavíssimos em poesia e férreos em política, retornaram a tempo de cumprir seus destinos.

Em Kunming as árvores dos parques tinham sido tratadas com cirurgia estética. Todas tomavam formas antinaturais e às vezes se percebia uma amputação coberta com barro ou um ramo retorcido, mas enfaixado como um braço ferido. Levaram-nos para ver o jardineiro, o gênio maligno que reinava sobre um jardim tão estranho. Grossos e velhos abetos não tinham crescido além de trinta centímetros, e vimos inclusive laranjeiras-anãs cobertas de laranjas mínimas como dourados grãos de arroz.

Fomos também visitar um bosque de pedras bizarras. Cada rocha se alongava como uma agulha monolítica ou se encrespava como onda de um mar imóvel. Soubemos que esse gosto por pedras de forma estranha vinha de séculos. Muitas rochas grandes de aspecto enigmático decoram as praças das velhas cidades. Os governadores de outrora, quando queriam oferecer o melhor presente ao imperador, enviavam algumas dessas pedras colossais. Os presentes demoravam anos para chegar a Pequim, seus volumes empurrados durante milhares de quilômetros por dezenas de escravos.

A China para mim não parece enigmática. Pelo contrário, ainda que dentro do formidável ímpeto revolucionário, vejo-a como um país já construído milenarmente e sempre se estabelecendo e se estratificando. Imenso pagode, entram e saem de sua antiga estrutura os homens e os mitos, os guerreiros, os camponeses e os deuses. Não existe nada espontâneo — nem o sorriso. Em vão a gente busca por toda parte os pequenos objetos de arte popular, essa arte feita de erros de perspectiva que tantas vezes toca os limites do prodígio. As bonecas chinesas, as cerâmicas, as pedras e as madeiras lavradas reproduzem modelos milenares. Tudo tem a marca de uma perfeição repetida.

Tive minha maior surpresa quando encontrei no mercado de uma aldeia umas pequenas jaulas para cigarras feitas de delgado bambu. Eram maravilhosas porque em sua precisão arquitetônica superpunham uma habitação a outra, cada uma com sua cigarra presa, até formar castelos de quase um metro de altura. Pareceu-me, olhando os nós que atavam os bambus e a cor verde tenra dos talos, que surgia ressuscitada a mão popular, a inocência que pode fazer milagres. Ao perceber minha admiração, os camponeses não quiseram me vender aquele castelo sonoro. Deram-me de presente. Desse modo o canto ritual das cigarras me acompanhou por semanas, bem no íntimo, pelas terras chinesas. Somente em minha infância me lembro de ter recebido presentes tão memoráveis e silvestres.

Iniciamos a viagem num navio que leva mil passageiros, ao longo do rio Yangtsé. São camponeses, operários, pescadores, uma multidão vital. Por vários dias, em direção a Nanquim, percorremos o rio muito amplo, cheio de embarcações e trabalhos, atravessado e sulcado por milhares de vidas, de preocupações e de sonhos. Esse rio é a rua central da China. Larguíssimo e tranquilo, o Yangtsé se adelgaça às vezes, e a duras penas o navio consegue passar entre suas gargantas titânicas. De cada lado as altíssimas paredes de pedra parecem tocar as alturas, onde se divisa de vez em quando uma nuvenzinha no céu, desenhada com a mestria de um pincel oriental, ou surge uma pequena habitação humana entre as cicatrizes da pedra.

Poucas paisagens existem na terra de beleza tão esmagadora. Talvez somente os violentos desfiladeiros do Cáucaso ou nossos solitários e solenes canais do Estreito de Magalhães possam lhe ser comparados.

Nos cinco anos que estive longe da China observo uma transformação visível que vai se confirmando à medida que me interno de novo no país.

No princípio me dou conta de uma maneira confusa. O que noto, o que mudou nas ruas e nas pessoas? Ah, se vê menos a cor azul. Faz cinco anos visitei nessa mesma estação do ano as ruas da China, sempre repletas, sempre palpitantes de vidas humanas. Mas então todos estavam vestidos de azul proletário, uma espécie de roupa de sarja ou de brim para trabalho. Era o que usavam homens, mulheres e crianças. Agradava-me essa simplificação da roupa, com suas gradações de azul. Era bonito ver as inumeráveis manchas de azul cruzando ruas e caminhos.

Agora isso mudou. Que terá acontecido?

Simplesmente a indústria têxtil desses cinco anos terá crescido a ponto de poder vestir com todas as cores, com todos os floreados, com todas as listas e bolinhas, com todas as variações da seda milhões de chinesas, e até permitir também a milhões de chineses o uso de outras cores e de tecidos melhores.

Agora as ruas são o arco-íris delicado do refinado gosto da China, raça que não sabe fazer nada feio, país onde a sandália mais primitiva parece uma flor de palha.

Navegando pelo rio Yangtsé pude ver a fidelidade das antigas pinturas chinesas. Ali, no alto dos desfiladeiros, um pinheiro retorcido como um pagode minúsculo me evocou de imediato as velhas estampas imaginárias. Poucos lugares mais irreais, mais fantásticos e surpreendentes existem como esses desfiladeiros do grande rio que se erguem a alturas incríveis e que em qualquer fissura da rocha mostram a antiga marca humana do povo prodigioso: cinco ou seis metros de verdura recém-plantada ou um oratório de cinco tetos para contemplar e meditar. Mais além parecem se desenhar, na altura dos penhascos escalvados, as túnicas ou a névoa dos antigos mitos. Mas são apenas as nuvens e algum voo de pássaros que já foi muitas vezes pintado pelos mais antigos e sábios miniaturistas da Terra. Uma poesia profunda se desprende dessa natureza grandiosa, uma poesia breve e nua como o voo de uma ave ou como a cintilação prateada da água que flui quase imóvel entre os muros de pedra.

Mas o que há de definitivamente extraordinário nessa paisagem é ver o homem trabalhando em pequenos retângulos, em alguma mancha verde entre as rochas. A grande altura, no topo dos muros verticais, onde quer que haja uma dobra que guarde um pouco de terra vegetal, há um chinês cultivando-a. A mãe-terra chinesa é ampla e dura. Ela disciplinou e deu forma ao homem, transformando-o em um instrumento de trabalho, incansável, sutil e tenaz. Essa combinação de terra vasta, extraordinário trabalho humano e eliminação gradativa de todas as injustiças fará florescer a bela, extensa e profunda humanidade chinesa.

Durante toda a travessia do Yangtsé, Jorge Amado me pareceu nervoso e melancólico. Inumeráveis aspectos da vida no navio o molestavam, a ele e a Zélia, sua companheira. Mas Zélia tem um humor sereno que lhe permite passar pelo fogo sem se queimar.

Uma das causas era que nós estávamos recebendo, involuntariamente, um tratamento privilegiado no navio. Com nossos camarotes especiais e nossa sala de jantar exclusiva nos sentíamos mal no meio de centenas de chineses que se amontoavam por toda parte da embarcação. O novelista brasileiro me olhava com olhos sarcásticos, fazendo comentários engraçados e cruéis.

A verdade é que as revelações sobre a época stalinista haviam quebrantado o ânimo de Jorge Amado. Somos velhos amigos, compartilhamos anos de desterro, sempre nos tínhamos identificado numa convicção e esperança comuns. Mas creio que eu era menos sectário. Minha natureza e o temperamento de meu próprio país me inclinavam a um entendimento com os outros. Jorge, pelo contrário, tinha sido sempre rígido. Seu mestre, Luís Carlos Prestes, passou cerca de 15 anos de vida preso. São coisas de que não se pode esquecer e que endurecem a alma. Eu justificava ante mim mesmo, sem compartilhá-lo, o sectarismo de Jorge.

O informe do XX Congresso foi uma onda que nos empurrou, a todos os revolucionários, para situações e conclusões novas. Alguns de nós sentimos brotar da angústia engendrada por aquelas duras revelações o sentimento de que nascíamos de novo. Renascíamos purificados das trevas e do terror, dispostos a continuar o caminho com a verdade na mão.

Jorge, ao contrário, parece ter começado ali, a bordo daquele barco, entre os desfiladeiros fabulosos do rio Yangtsé, uma etapa diferente de sua vida. Desde então ficou mais tranquilo, foi muito mais sóbrio em suas atitudes e em suas declarações. Não creio que perdesse sua fé revolucionária, mas se reconcentrou mais em sua obra e tirou dela o caráter político direto que anteriormente a caracterizou. Como se revelasse o epicurista que existe nele, pôs-se a escrever seus melhores livros, a começar por *Gabriela, cravo e canela*, obra-prima transbordante de sensualidade e alegria.

O poeta Ai Ching era o chefe da delegação que nos guiava. Cada noite comíamos, Jorge Amado, Zélia, Matilde, Ai Ching e eu, numa saleta separada. A mesa se cobria de legumes dourados e verdes, peixes agridoces, patos e frangos guisados de maneira rara e sempre deliciosa. Depois de vários dias, por muito que nos agradasse, não aguentávamos mais aquela comida exótica. Imaginamos um dia um modo de nos livrarmos de manjares tão saborosos — mas nossa empresa não foi fácil e foi se enrolando cada vez mais como um ramo daquelas árvores tortuosas.

Acontece que eu ia fazer aniversário por aqueles dias. Matilde e Zélia programaram me homenagear com uma comida ocidental que variasse nosso regime. Tratava-se de um humílimo agrado: preparar um frango assado à nossa moda acompanhado de salada de tomate e cebola à chilena. As mulheres fizeram grande mistério dessa surpresa. Dirigiram-se confidencialmente ao nosso bom irmão Ai Ching. O poeta lhes respondeu, um pouco inquieto, que devia consultar os outros da comitiva para responder.

A resolução foi surpreendente. Todo o país passava por uma onda de austeridade. Mao Tsé-tung tinha renunciado a comemorar o seu aniversário. Como se podia comemorar o meu diante de precedentes tão severos? Zélia e Matilde responderam que se tratava exatamente do contrário: queríamos substituir a mesa coberta de manjares (na qual havia frangos, patos, peixes que ficavam intactos) por um único frango, um modestíssimo frango, porém assado ao forno de acordo com nosso estilo. Uma nova reunião de Ai Ching com o invisível comitê que ditava a austeridade respondeu no dia seguinte que não existia forno no navio em que viajávamos. Zélia e Matilde, que já tinham falado com o cozinheiro, disseram a Ai Ching que estavam enganados, que um magnífico forno esquentava, à espera de nosso possível frango. Ai Ching semicerrou os olhos e ficou com o olhar perdido na corrente do Yangtsé.

Naquele 12 de julho, data de meu aniversário, tivemos na mesa nosso frango assado, prêmio dourado daquele debate. Um par de tomates com cebola picada refulgiam numa pequena salva. Mais além se estendia a grande mesa, engalanada como todos os dias com fontes fulgurantes de rica comida chinesa.

Eu tinha passado em 1928 por Hong Kong e Xangai. Aquela era uma China ferreamente colonizada: um paraíso de antros de jogatina, de fumadores de ópio, de prostíbulos, de assaltantes noturnos, de falsas duquesas russas, de piratas do mar e da terra. Defronte aos grandes conjuntos bancários daquelas grandes cidades, a presença de oito ou nove encouraçados cinzentos revelava a insegurança e o medo, a extorsão colonial, a agonia de um mundo que começava a cheirar a coisa morta. As bandeiras de muitos países, autorizadas por cônsules indignos, ondeavam sobre navios corsários de malfeitores chineses e malaios. Os bordéis dependiam de companhias internacionais. Contei em outro trecho destas memórias como me assaltaram uma vez e me deixaram sem roupa, sem dinheiro e sem papéis, abandonado numa rua chinesa.

Todas essas lembranças voltaram à minha cabeça quando cheguei à China da revolução. Este era um novo país, assombroso por sua limpeza ética. Os defeitos, os pequenos conflitos e as incompreensões, muito do que conto, são circunstâncias minúsculas. O que mais me impressionou foi ver uma mudança vitoriosa na terra extensa da mais antiga cultura do mundo. Por toda parte se iniciavam experiências incontáveis. A agricultura feudal ia mudando. A atmosfera moral era transparente como depois da passagem de um ciclone.

O que me distanciou do processo chinês não foi Mao Tsé-tung, mas o mao-tsé-tungismo, quer dizer, o mao-stalinismo, a repetição do culto a uma deidade socialista. Quem pode negar a Mao a personalidade política de grande organizador, de grande libertador de um povo? Como poderia eu escapar da influência de sua auréola épica, de sua simplicidade tão poética, tão melancólica e tão antiga?

Mas, durante minha viagem, vi como centenas de pobres camponeses que voltavam de seu trabalho se prosternavam, antes de deixar suas ferramentas, para saudar o retrato do modesto guerrilheiro de Yunnan agora transformado em deus. Vi como centenas de pessoas agitavam em suas mãos um livrinho vermelho, panaceia universal para vencer no pingue-pongue, curar apendicite e resolver os problemas políticos. A adulação flui de cada boca e de cada dia, de cada jornal e de cada revista, de cada caderno e de cada livro, de cada almanaque e de cada teatro, de cada escultura e de cada pintura.

Eu já tinha experimentado a minha dose de culto à personalidade no caso de Stalin. Mas naquele tempo Stalin nos aparecia o vencedor avassalante dos exércitos de Hitler, o salvador do humanismo mundial. A degeneração de sua personalidade foi um processo misterioso, até agora enigmático para muitos de nós.

E agora aqui, em plena luz, no imenso espaço terrestre e celeste da nova China, implantava-se de novo diante de meus olhos a substituição de um homem por um mito. Um mito destinado a monopolizar a consciência revolucionária, a concentrar em uma só mão a criação de um mundo que será de todos. Não pude engolir, pela segunda vez, essa pílula amarga.

Em Chongqing meus amigos chineses me levaram para ver a ponte da cidade. Sempre amei as pontes. Meu pai, ferroviário, inspirou-me grande respeito por elas. Nunca as chamava de pontes; teria sido uma profanação. Chamava-as de obras de arte, qualificativo que não concedia às pinturas, às esculturas e nem, é claro, a meus poemas; somente às pontes. Meu pai me levou muitas vezes para contemplar o maravilhoso viaduto do Malleco, no

Sul do Chile. Até agora eu tinha pensado que a ponte mais bela do mundo era aquela, suspensa entre o verde austral das montanhas, alta e delgada e pura, como um violino de aço com suas cordas tensas, prontas para serem tocadas pelo vento de Collipulli. A imensa ponte que cruza o rio Yangtsé é outra coisa. É a obra mais grandiosa da engenharia chinesa, realizada com a participação dos engenheiros soviéticos. E é, além disso, o final de uma luta secular. A cidade de Chongqing estava dividida durante séculos pelo rio, uma incomunicabilidade que trazia atraso, lentidão e isolamento.

O entusiasmo dos amigos chineses que me mostram a ponte é excessivo para a capacidade de minhas pernas. Fazem-me subir torres e descer abismos para olhar a água que corre há milhares de anos, atravessada hoje por quilômetros de ferro. Por esses trilhos passarão os trens. Essas calçadas serão para os ciclistas. Essa enorme avenida será destinada aos pedestres. Sinto-me oprimido por tanta grandeza.

Ai Ching nos leva pela noite a comer num antigo restaurante, albergue da cozinha mais tradicional: chuva de flores de cerejeira, arco-íris com salada de bambu, ovos de cem anos, beiços de filhote de tubarão. É impossível descrever essa cozinha chinesa em sua complexidade, na fabulosa variedade, na inventiva extravagante, em seu apuro inacreditável. Ai Ching nos dá algumas noções. As três regras supremas que devem reger uma boa comida são: primeiro o sabor, segundo o cheiro, terceiro a cor. Esses três aspectos devem ser rigorosamente respeitados. O sabor deve ser delicado. O cheiro deve ser delicioso. E a cor deve ser estimulante e harmoniosa. Nesse restaurante onde vamos comer, disse Ai Ching, terá um requinte extra: o som. À grande fonte de porcelana rodeada de manjares é acrescentada, no último momento, uma pequena cascata de caudas de camarões que caem na chapa de metal aquecida, candente, para produzir uma melodia de flauta, uma frase musical que sempre e igualmente se repete.

Em Pequim fomos recebidos por Tien Ling, que era quem presidia o comitê de escritores e tinha sido designado para acolher a Jorge Amado e a mim. Estava também nosso velho amigo, Emi Siao, com sua mulher alemã e fotógrafa. Tudo era agradável e sorridente. Passeamos numa embarcação entre os lótus do imenso lago artificial que foi construído para entretenimento da última imperatriz. Visitamos fábricas, editoras, museus e pagodes. Comemos no mais exclusivo dos restaurantes do mundo (tão exclusivo que tem uma única mesa), administrado pelos descendentes da casa imperial. Nós, os dois casais de sul-americanos, nos reunimos na casa dos escritores chineses para beber, fumar e rir, como fazíamos em qualquer parte de nosso continente.

Eu passava o jornal diário para o meu jovem intérprete Li, mostrava-lhe com o dedo as impenetráveis colunas de caracteres chineses e dizia:

— Traduz para mim!

Ele começava a fazê-lo em seu espanhol recém-aprendido. Lia editoriais agrícolas, proezas natatórias de Mao Tsé-tung, indagações mao-marxistas, notícias militares que me aborreciam assim que começavam.

— *Stop!* — dizia-lhe. — É melhor que você me leia esta outra coluna. Assim foi que um dia, para minha surpresa, pus o dedo na ferida. Falava-se ali de um processo político no qual figuravam como acusados os amigos que eu via todo dia. Estes continuavam fazendo parte de nosso "comitê de recepção". Ainda que o processo estivesse em andamento, eles jamais nos tinham dito uma palavra de que estavam sendo investigados nem tinham mencionado nunca que uma ameaça pairava sobre suas cabeças.

A época havia mudado. Todas as flores se fechavam. Quando estas flores se abriram por ordem de Mao Tsé-tung, apareceram inumeráveis panfletos — nas fábricas e nas oficinas, nas universidades e nos escritórios, nas granjas e nas habitações coletivas — que denunciavam injustiças, extorsões, ações desonestas de chefes e de burocratas.

Assim como anteriormente havia cessado por ordem suprema a guerra às moscas e aos pardais, quando se revelou que seu aniquilamento traria consequências inesperadas, assim também terminou drasticamente o período em que se abriram as corolas. Uma nova ordem chegou de cima: descobrir os direitistas. E em seguida, em cada organização, em cada lugar de trabalho e em cada casa, os chineses começaram a delatar seu próximo ou a autoconfessar seu direitismo.

Minha amiga, a novelista Tieng Ling, foi acusada de ter tido relações amorosas com um soldado de Chiang Kai-chek. Era verdade que isso tinha acontecido, mas antes do grande movimento revolucionário. Pela revolução ela rechaçou o amante e, de Yenam, com um filho recém-nascido nos braços, fez toda a grande caminhada dos anos heroicos. Mas isso não lhe valeu de nada. Foi destituída de seu cargo de presidente da União de Escritores e condenada a servir à mesa como garçonete do restaurante da mesma União de Escritores que tinha presidido tantos anos. Mas fazia seu trabalho com tanta altivez ou dignidade que foi enviada logo para trabalhar na cozinha de uma remota comuna camponesa. Essa é a última notícia que tive da grande escritora comunista, primeira figura da literatura chinesa.

Não sei o que aconteceu com Emi Siao. Quanto a Ai Ching, o poeta que nos acompanhava a toda parte, seu destino foi muito triste. Primeiro mandaram-no ao deserto de Gobi. Depois autorizaram-no a escrever, contanto que nunca mais assinasse seus trabalhos com seu verdadeiro nome, um nome já famoso dentro e fora da China. Assim o condenaram ao suicídio literário.

Jorge Amado já tinha partido para o Brasil. Eu me despediria um pouco mais tarde com um gosto amargo na boca. Que sinto até hoje.

OS MACACOS DE SUJUMI

Regressei à União Soviética e me convidaram então para uma viagem até o Sul. Quando desço do avião, depois de ter atravessado o imenso território, deixei para trás as grandes estepes, as usinas e as estradas, as grandes cidades e os povoados soviéticos. Cheguei às imponentes montanhas caucasianas povoadas de abetos e de animais selváticos. A meus pés o mar Negro colocou um traje azul para receber-nos. Um perfume violento de laranjeiras em flor chegava de toda parte.

Estamos em Sujumi, capital de Abkhazia, pequena República soviética. Essa é a Cólquida lendária, a região do velocino de ouro que Jasão veio roubar seis séculos antes de Cristo, a pátria grega dos dióscuros. Mais tarde eu veria no museu um enorme baixo-relevo de mármore helênico recém-tirado das águas do mar Negro. Às margens desse mar, os deuses helênicos celebraram seus mistérios. Hoje, trocou-se o mistério pela vida simples e laboriosa do povo soviético. Não é a mesma gente de Leningrado. Essa terra de sol, de trigo e de grandes vinhas tem outro tom, um sotaque mediterrâneo. Esses homens andam de outra maneira, e essas mulheres têm olhos e mãos da Itália ou da Grécia.

Vivo uns dias na casa do novelista Simonov, e nos banhamos nas águas tépidas do mar Negro. Simonov me mostra no quintal suas belas árvores. Reconheço-as e a cada nome que me diz respondo como um camponês patriótico:

— Esta tem no Chile. Esta outra também tem no Chile. E também aquela outra.

Simonov me olha com um certo sorriso brincalhão. Eu digo a ele:

— Que triste é para mim que tu talvez nunca vejas a parreira de minha casa em Santiago nem os álamos dourados pelo outono chileno. Não há ouro como esse. Se visses as cerejeiras em flor na primavera e conhecesses o aroma do boldo do Chile! Se visses no caminho de Melipilla como os camponeses põem as douradas palhas de milho sobre os tetos! Se metesses os pés nas águas puras e frias de Isla Negra! Mas, meu querido Simonov, os países levantam barreiras, brincam de inimigo, lançam-se em guerras frias, e nós, os homens, ficamos ilhados. Aproximamo-nos do céu em velozes foguetes e não aproximamos nossas mãos na fraternidade humana.

— Talvez as coisas tenham mudado — diz Simonov sorrindo e lançando uma pedra branca aos deuses submersos do mar Negro.

O orgulho de Sujumi é a sua grande coleção de macacos. Aproveitando o clima subtropical, o Instituto de Medicina Experimental criou ali todas as espécies de macacos do mundo. Entremos. Em jaulas grandes veremos macacos elétricos e macacos estáticos, imensos e minúsculos, pelados e peludos, de caras reflexivas ou de olhos chamejantes, e também os taciturnos ou despóticos.

Existem macacos cinzentos, existem macacos brancos, existem micos de traseiro tricolor. Há grandes monos austeros e outros polígamos que não permitem que nenhuma de suas fêmeas se alimente sem seu consentimento, permissão dada somente depois que eles devoraram com solenidade sua própria comida.

Os estudos mais avançados de biologia se realizam nesse instituto. No organismo dos macacos estudam-se o sistema nervoso, a hereditariedade, as delicadas investigações sobre o mistério e o prolongamento da vida.

Uma pequena macaca com duas crias nos chama a atenção. Um dos filhotes a segue constantemente enquanto leva o outro nos braços com ternura humana. O diretor nos conta que o macaquinho que tanto mima não é seu filho, mas sim um macaquinho adotivo. Ela acabava de dar à luz quando morreu outra macaca recém-parida. Imediatamente essa mãe macaca adotou o orfãozinho. Desde então sua paixão maternal e sua doçura vigilante se projetam sobre o filho adotivo, mais ainda que sobre o filho verdadeiro. Os cientistas pensaram que tão intensa vocação maternal a levaria a adotar outros filhos alheios, mas ela os rechaçou um atrás do outro. Porque sua atitude não obedecia simplesmente a uma força vital, mas sim a uma consciência de solidariedade maternal.

ARMÊNIA

Agora voamos até uma terra laboriosa e legendária. Estamos na Armênia. Ao longe, até o Sul, o cume nevado do monte Ararat preside a história da Armênia. Foi aqui onde a arca de Noé se deteve, segundo a Bíblia, para repovoar a Terra. Tarefa difícil porque a Armênia é pedregosa e vulcânica. Os armênios cultivaram essa terra com sacrifício indizível e elevaram a cultura nacional ao ponto mais alto do mundo antigo. A sociedade socialista deu um desenvolvimento e um florescimento extraordinários a essa nobre nação martirizada. Durante séculos os invasores turcos massacraram e escravizaram os armênios. Cada pedra dos páramos e cada lousa dos mosteiros tem uma gota de sangue armênio. A ressurreição socialista desse país tem sido um milagre e o maior desmentido aos que, de má-fé, falam de imperialismo soviético. Visitei na Armênia fábricas de fiação que empregam cinco mil operários, imensas obras de irrigação e de energia, e outras indústrias poderosas. Percorri de uma ponta a outra as cidades e as campinas pastorais e não vi senão armênios, homens e mulheres armênios. Encontrei um único russo, um solitário engenheiro de olhos azuis entre os milhares de olhos negros daquela população morena. Aquele russo estava dirigindo uma central hidrelétrica no lago Sevan. A superfície do lago, cujas águas se deslocam por um só leito do rio, é demasiado grande. A água preciosa se evapora sem que a Armênia, sedenta, consiga recolher e utilizar seus dons. Para ganhar tempo sobre a evaporação alargaram o rio. Assim se reduzirá o nível do lago e, ao mesmo tempo, serão criadas com as novas águas do rio oito centrais hidrelétricas, novas indústrias, poderosas usinas de alumínio, luz elétrica e irrigação para todo o país. Nunca esquecerei minha visita àquela cidade hidrelétrica elevando-se sobre o lago que em suas águas puríssimas reflete o azul inolvidável do céu da Armênia. Quando os jornalistas me perguntaram sobre minhas impressões das antigas igrejas e mosteiros da Armênia respondi exagerando:

— A igreja de que mais gosto é a catedral hidrelétrica, o templo junto ao lago.

Vi muitas coisas na Armênia. Acho que Erevan é uma das mais belas cidades, construída de crosta vulcânica, harmoniosa como uma rosa rosada. Foi inesquecível a visita ao centro astronômico de Byurakan, onde vi pela primeira vez o registro das estrelas. Captava-se a luz trêmula dos astros, e delicadíssimos mecanismos iam registrando a palpitação da estrela do espaço como uma espécie de eletrocardiograma do céu. Naqueles gráficos observei que cada estrela tem um tipo de registro diferente, fascinante e trêmulo, ainda que incompreensível para meus olhos de poeta terrestre.

No jardim biológico de Erevan fui direto à jaula do condor, mas meu compatriota não me reconheceu. Estava ali num canto da jaula, calvo e com esses olhos céticos de condor sem ilusões, de grande pássaro saudoso de nossas cordilheiras. Olhei-o com tristeza porque eu voltaria à minha pátria e ele permaneceria infindavelmente prisioneiro.

Minha aventura com o tapir foi diferente. O zoológico de Erevan é um dos poucos que possui uma anta do Amazonas, esse animal extraordinário com corpo de boi, cara nariguda e olhos mínimos. Devo confessar que as antas se parecem comigo — isso não é um segredo.

A anta de Erevan dormitava em seu cercado, junto ao pequeno lago. Ao ver-me, dirigiu-me um olhar de inteligência; quem sabe alguma vez nos tínhamos encontrado no Brasil. O diretor perguntou se eu queria vê-la nadar, ao que respondi que só pelo prazer de ver uma anta nadar viajava pelo mundo. Abriram-lhe uma portinhola. Deu-me uma olhada de felicidade e se lançou na água, resfolegando como um cavalo marinho, como um tritão peludo. Alçava-se tirando todo o corpo fora da água; mergulhava, fazendo ondas tempestuosas; levantava-se, ébria de alegria, bufava e assoprava, e logo prosseguia com grande velocidade em suas acrobacias incríveis.

— Nunca a vimos tão contente — disse o diretor do zoológico.

Ao meio-dia, no almoço que a Sociedade de Escritores me oferecia, contei-lhes em meu discurso de agradecimento as proezas da anta amazônica e lhes falei de minha paixão pelos animais. Nunca deixo de visitar um jardim zoológico.

No discurso de resposta o presidente dos escritores armênios disse:

— Que necessidade tinha Neruda de ir visitar nosso jardim zoológico? Vindo à Sociedade de Escritores lhe bastava para encontrar todas as espécies. Aqui temos leões e tigres, raposas e focas, águias e serpentes, camelos e papagaios.

O VINHO E A GUERRA

Parei em Moscou na volta. Essa cidade é para mim não só a magnífica capital do socialismo, a sede de tantos sonhos realizados, mas também a morada de alguns de meus amigos mais queridos. Moscou, para mim, é uma festa. Mal chego, saio sozinho pelas ruas, contente de respirar, assobiando *cuecas*.*
Olho as caras dos russos, os olhos e as tranças das russas, os sorvetes que se vendem nas esquinas, as flores populares de papel, as vitrinas, em busca de coisas novas, das pequenas coisas que fazem grande a vida.

Fui visitar Ehrenburg mais uma vez. O bom amigo me mostrou primeiro uma garrafa de aguardente norueguesa, *aquavit*. Na etiqueta havia um grande veleiro pintado. Em outro lugar estava a data de partida e a de regresso do barco que levou até a Austrália esta garrafa e a devolveu à sua Escandinávia de origem.

Pusemo-nos a falar de vinhos. Lembrei aquela época de minha juventude em que nossos vinhos patrimoniais iam para o estrangeiro por exigência e excelência. Foram sempre demasiado caros para nós que usávamos roupas de ferroviários e vivíamos em boêmia tormentosa.

Em todos os países me preocuparam os caminhos do vinho desde que nascia de "los pies del pueblo"** até que se engarrafava em vidro verde ou cristal facetado. Gostei de tomar na Galícia o vinho de Ribeiro que se bebe

---

* *Cueca* ou *zamacueca*: dança popular chilena, originária do Peru, também dançada em outros países da América Meridional. Música e canto dessa dança. (N. T.)
** "Os pés do povo". (N. T.)

em caneca e que deixa na louça uma espessa marca de sangue. Lembro, na Hungria, de um vinho espesso, chamado "sangue de boi" e cujas investidas fazem trepidar os violinos dos ciganos.

Meus tataravós tiveram vinhas. Parral, onde nasci, é berço de ásperos mostos. De meu pai e de meus tios, Dom José Ángel, Dom Joel, Dom Oseas e Dom Amós, aprendi a diferençar o vinho *pipeño* do *filtrado*. Custou-me a aceitar suas preferências pelo vinho não refinado que cai do tonel, do coração original e irredutível. Como em todas as coisas, custou-me voltar ao primitivo, ao vigor, depois de ter feito a superação do gosto, saboreado o buquê formalista. Acontece o mesmo com a arte se a gente amanhece com a Afrodite de Praxíteles e se fica a viver com as estátuas selvagens da Oceania.

Foi em Paris que provei um vinho excelso numa casa excelsa. O vinho era um Mouton-Rothschild de corpo impecável, de aroma indizível, de paladar perfeito. A casa era de Aragon e Elsa Triolet.

— Acabo de receber estas garrafas e vou abri-las para ti — disse Aragon.

E me contou a história.

Avançavam os exércitos alemães dentro da terra francesa. O soldado mais inteligente da França, poeta e oficial Louis Aragon, chegou até um posto avançado. Comandava um destacamento de enfermeiros. Sua ordem era seguir mais além desse posto até um edifício situado trezentos metros adiante. O capitão da posição francesa o deteve. Era o conde Alfonso de Rothschild, mais jovem que Aragon e de sangue tão esquentado quanto o seu.

— Não pode passar daqui — disse-lhe. — É iminente o fogo alemão.

Minhas instruções são de chegar a esse edifício — respondeu vivamente Aragon.

— Minhas ordens são de que não continue e que permaneça aqui — replicou o capitão.

Conhecendo Aragon como eu o conheço, estou certo de que na discussão saíram chispas como granadas, contestações como pontas de faca. Mas ela não durou mais de dez minutos. Subitamente, diante dos olhos pasmos de Rothschild e Aragon, uma granada de um morteiro alemão caiu sobre aquele edifício próximo, convertendo-o instantaneamente em fumaça, escombros e fagulhas.

Assim, salvou-se o primeiro poeta da França graças à obstinação de um Rothschild.

Desde então, na mesma data natalícia do acontecimento, Aragon recebe umas quantas *bonnes bouteilles* de Mouton-Rothschild, das vinhas do conde que foi seu capitão na última guerra.

Agora estou em Moscou na casa de Ilya Ehrenburg. Esse grande guerrilheiro da literatura, tão perigoso inimigo para o nazismo como uma divisão de quarenta mil homens, era também um epicurista refinado. Nunca soube se sabia mais de Stendhal ou de *foie gras*. Saboreava os versos de Jorge Manrique com tanto deleite como degustava um Pommery Greno. Seu amor mais vívido era a França inteira, a alma e o corpo da França saborosa e perfumada.

O caso é que, depois da guerra, correu o rumor em Moscou de que seriam postas à venda certas misteriosas garrafas de vinho francês. O Exército Vermelho tinha conquistado, em seu avanço até Berlim, uma fortaleza-adega repleta da insana propaganda de Goebbels e dos vinhos que este tinha saqueado nas adegas da doce França. Papéis e garrafas foram enviados aos quartéis-generais do exército vencedor, o Exército Vermelho, que investigou os documentos e não soube o que fazer com as garrafas.

As garrafas eram gloriosos recipientes que ostentavam em etiquetas especiais suas datas de nascimento. Todos tinham procedência ilustre e celebérrima vindima. Os Romané, os Beaume, os Château-neuf du Pape se equiparavam com os brancos Pouilly, os ambarinos Vouvray, os aveludados Chambertin. A coleção inteira garantida por cifras cronológicas das mais supremas safras.

A mentalidade igualitária do socialismo distribuiu nos bares esses troféus sublimes dos lugares franceses ao mesmo preço dos vinhos russos. Como medida limitativa dispôs que cada comprador só podia adquirir um reduzido e determinado número de garrafas. Grandes são os desígnios do socialismo, mas nós, os poetas, somos iguais em toda parte. Cada um de meus companheiros de letras mandou que cada parente, vizinho, conhecido comprasse, a tão baixo preço, garrafas de tão alta linhagem. Esgotaram-se em um dia.

Uma quantidade que não revelarei chegou à casa de Ehrenburg, o irredutível inimigo do nazismo. E por esse motivo me encontro em sua companhia, falando de vinhos e bebendo parte da adega de Goebbels em homenagem à poesia e à vitória.

OS PALÁCIOS RECONQUISTADOS

Os magnatas nunca me convidaram para as grandes mansões, e a verdade é que tive sempre pouca curiosidade. No Chile o esporte nacional é o arremate. Vê-se muita gente correr atropeladamente aos leilões semanais que caracterizam meu país. Cada casarão desses tem um sino. Chegado o momento, o que dá o melhor lance arremata os gradis que não me deixaram passar nem o povo de que faço parte. E, com as grades, mudam de dono as poltronas, os cristos sanguinolentos, os retratos de época, os pratos, as colheres e os lençóis entre os quais foram procriadas tantas vidas ociosas. O chileno gosta de entrar, tocar e ver. Poucos são os que finalmente compram. Sem tardar o edifício é demolido, e são rematados pedaços da casa. Os compradores levam os olhos, isto é, as janelas; os intestinos, isto é, as escadas; os assoalhos são os pés; e finalmente repartem até as palmeiras.

Na Europa, ao contrário, as casas imensas são conservadas. Podemos ver às vezes os retratos de seus duques e de suas duquesas que só algum pintor afortunado viu como Deus os fez para felicidade dos que agora desfrutamos dessa pintura e dessas curvas. Podemos espreitar também os segredos, os crimes investigados, as repreensões ásperas e os arquivos desconcertantes que são as paredes atapetadas, que absorveram tantas conversações destinadas ao palco eletrônico do futuro.

Fui convidado para ir à Romênia e aceitei o convite. Os escritores me levaram para descansar em sua casa de campo coletiva, no meio dos belos bosques transilvanos. A casa dos escritores romenos tinha sido antes o palácio de Carol, o estouvado cujos amores plebeus chegaram a ser assunto de murmúrio mundial. O palácio, com seus móveis modernos e banheiros de mármore, estava agora a serviço do pensamento e da poesia da Romênia. Dormi muito bem na cama de sua majestade a rainha e, no dia seguinte, fomos visitar outros castelos convertidos em museus e casas de repouso ou de férias. Acompanhavam-me os poetas Jebeleanu, Beniuc e Radu Boureanu. Na manhã verde, sob a profundidade dos abetos dos antigos parques reais, cantávamos desbragadamente, ríamos com estardalhaço, gritávamos versos em todos os idiomas. Os poetas romenos, com sua longa história de padecimentos durante os regimes monarco-fascistas, são os mais valorosos e ao mesmo tempo os mais alegres do mundo. Aquele grupo de jograis, tão romenos como os pássaros de suas terras florestais, tão decididos em seu patriotismo, tão firmes em sua revolução e tão embriagadoramente apaixonados pela vida, foi uma revelação para mim. Em poucos lugares adquiri com tanta rapidez tantos irmãos.

Contei aos poetas romenos, para grande regozijo deles, minha visita anterior a outro palácio nobre, o palácio da Liria, em Madri, em plena guerra. Enquanto Franco marchava com seus italianos, mouros e cruzes gamadas, dedicado à santa tarefa de matar espanhóis, os milicianos ocuparam aquele palácio que eu tinha visto tantas vezes ao passar pela rua Argüelles, nos anos de 1934 e 1935. Do ônibus dirigia um olhar respeitoso, não por vassalagem aos novos duques de Alba que já não podiam submeter-me a mim, irredimível americano e poeta semibárbaro, fascinado somente pela majestade que têm os calados e brancos sarcófagos.

Quando veio a guerra, o duque se deixou ficar na Inglaterra porque seu sobrenome é em realidade Berwick. Ficou ali com seus melhores quadros e com seus tesouros mais valiosos. Recordando essa fuga ducal disse aos romenos que, na China, depois da liberação, o último descendente de Confúcio, que ficou rico com um templo e com os ossos do filósofo morto, foi para Formosa também provido de quadros, jogos de toalhas e baixelas, além dos ossos. Ali deve estar bem-instalado, cobrando entrada para mostrar as relíquias.

Da Espanha, naquela época, saíam para o resto do mundo notícias tremendas: "HISTÓRICO PALÁCIO DO DUQUE DE ALBA SAQUEADO PELOS VERMELHOS", "LÚBRICAS CENAS DE DESTRUIÇÃO", "SALVEMOS ESSA JOIA HISTÓRICA".

Fui ver o palácio, já que agora me deixavam entrar. Os supostos saqueadores estavam à porta de macacão e fuzil na mão. Dos aviões alemães caíam as primeiras bombas sobre Madri. Pedi aos milicianos que me deixassem passar. Examinaram minuciosamente meus documentos. Já me acreditava pronto para dar os primeiros passos nos opulentos salões quando me detiveram com horror: não tinha limpado os sapatos no grande capacho da entrada. Na realidade os assoalhos reluziam como espelhos. Limpei os sapatos e entrei. Os retângulos vazios das paredes significavam quadros ausentes. Os milicianos sabiam tudo. Contaram-me como o duque tinha esses quadros há anos em seu banco de Londres, depositados num cofre. No grande *hall*, a única coisa importante eram os troféus de caça, inumeráveis cabeças com chifres e cornos de diferentes pequenos animais. O mais notável era um imenso urso branco em pé sobre duas patas no meio da sala com os dois braços polares abertos e uma cara dissecada que ria com todos os dentes. Era o favorito dos milicianos, que o poliam a cada manhã.

Naturalmente me interessaram os quartos de dormir em que tantos Albas dormiram com pesadelos, originados pelos espectros flamengos que de noite chegavam a fazer-lhes cócegas nos pés. Os pés já não estavam ali, mas sim a maior coleção de sapatos que já vi na vida. O último duque nunca aumentou sua pinacoteca, mas sua sapataria era surpreendente e incalculável. Compridas estantes de cristal que chegavam ao teto guardavam milhares de sapatos. Como nas bibliotecas, havia escadinhas especiais, talvez para colhê-los delicadamente pelos saltos. Olhei com cuidado. Havia centenas de pares de finíssimas botas de montaria, amarelas e negras. Também havia dessas botinhas de camurça com botões de madrepérola. E quantidades de sapatões, sapatilhas e polainas, todos eles com suas fôrmas dentro, o que lhes dava aparência de que tinham pernas e pés sólidos à sua disposição. Se a gente lhes abrisse a vitrina, correriam todos para Londres atrás do duque! A gente podia dar uma festa de botinhas, alinhadas ao longo de três ou quatro salas, um festim com os olhos e só com os olhos porque os milicianos, fuzil ao braço, não permitiam sequer a uma mosca tocar naqueles sapatos. "A cultura", diziam. "A História", diziam. Eu pensava nos pobres rapazes de alpercatas detendo o fascismo nos cumes terríveis de Somosierra, enterrados na neve e no barro.

Junto à cama do duque tinha um quadrinho com moldura dourada cujas maiúsculas góticas me atraíram. Caramba!, pensei. Aqui deve estar impressa a árvore genealógica dos Albas. Engano: era o "If" de Rudyard Kipling, essa poesia vulgar e hipócrita, precursora do *Reader's Digest*, cuja altura intelectual não ia além, no meu entender, da dos sapatos do duque de Alba — com perdão do império britânico!

O banheiro da duquesa deve ser incitante, pensava eu. Evocava tantas coisas, sobretudo aquela madona recostada do Museu do Prado, a quem Goya colocou os mamilos tão distantes um do outro, que a gente pensa como o pintor revolucionário mediu a distância, acrescentando um beijo e mais outro, até deixar-lhe um colar invisível de um seio a outro. Mas o equívoco continuava. O urso, a sapataria de opereta, o "If" e, por último, em vez de um banheiro de deusa, encontrei um recinto redondo, falsamente pompeano, com uma tina abaixo do nível do chão, pretensamente finos cisnezinhos de alabastro, afetados e cômicos lampadários — um banheiro enfim para odalisca de filme norte-americano.

Já me retirava com desencanto sombrio quando tive minha recompensa. Os milicianos me convidaram para almoçar. Desci com eles até a cozinha. Quarenta ou cinquenta serventes e criados, cozinheiros e jardineiros do duque, continuavam cozinhando para si mesmos e para os milicianos que montavam guarda à mansão. Consideravam-me visita honrosa. Depois de alguns cochichos, voltas e mais voltas, recibos que eram assinados, tiraram uma garrafa empoeirada. Era um Lachrimae Christi de cem anos, do qual apenas me deixaram beber alguns sorvos. Era um vinho ardente, com uma contextura de mel e fogo, ao mesmo tempo severo e impalpável. Não esquecerei tão facilmente aquelas lágrimas do duque de Alba.

Uma semana depois os bombardeiros alemães deixaram cair quatro bombas incendiárias sobre o palácio da Liria. Do terraço da minha casa vi voarem dois pássaros agoureiros. Um clarão vermelho me fez compreender em seguida que estava presenciando os últimos minutos do palácio.

— Naquela mesma tarde passei pelas ruínas fumegantes — disse aos escritores romenos para concluir minha história. — Ali tomei conhecimento de um detalhe comovedor. Os nobres milicianos, debaixo do fogo que caía do céu, das explosões que sacudiam a terra e da fogueira que crescia, só pensaram em salvar o urso branco. Quase morreram na tentativa. As vigas despencavam, tudo ardia, e o imenso animal embalsamado se obstinava em não passar pelas janelas e pelas portas. Vi-o de novo e pela última vez, com os braços brancos abertos, morrendo de rir, sobre o gramado do jardim do palácio.

TEMPO DE COSMONAUTAS

Moscou de novo. Na manhã do dia 7 de novembro presenciei o desfile do povo, de seus esportistas, da luminosa juventude soviética. Marchavam firmes e seguros sobre a praça Vermelha. Eram contemplados pelos olhos agudos de um homem morto há muitos anos, fundador dessa segurança, dessa alegria e dessa força: Vladimir Ilich Ulianov, imortalmente conhecido como Lenin.

Dessa vez desfilaram poucas armas. Mas, pela primeira vez, foram vistos os enormes projéteis intercontinentais. Quase pude tocar com a mão aqueles imensos charutos de aparência bonachona, capazes de levar a destruição atômica a qualquer ponto do planeta.

Naquele dia eram condecorados os dois russos que voltavam do céu. Eu me sentia muito próximo de suas asas. O ofício de poeta é, em grande parte, vaguear como os pássaros. Justamente pelas ruas de Moscou, nas costas do mar Negro, entre os montanhosos desfiladeiros do Cáucaso soviético, me veio a tentação de escrever um livro sobre os pássaros do Chile. O poeta de Temuco estava conscientemente empenhado em passarinhar, em escrever sobre os pássaros de sua terra tão longínqua, sobre *chincoles** e *chercanas*,** *tencas**** e *diucas*,**** condores e *queltehues*,***** enquanto dois pássaros humanos, dois cosmonautas soviéticos, subiam ao espaço e deixavam o mundo inteiro pasmo de admiração. Contivemos todos a respiração, sentindo sobre nossas cabeças, vendo com nossos olhos o duplo voo cósmico.

Naquele dia eram condecorados. Junto deles, absolutamente terrestres, estavam seus familiares, sua origem e sua raiz de povo. Os velhos exibiam imensos bigodes camponeses, as velhas cobriam a cabeça com o lenço típico das aldeias e dos campos. Os cosmonautas eram como nós, almas do campo,

---

* *Chincol* ou *chingolo*: pássaro conirrostro da América Meridional, da família dos fringilídeos, de canto muito melodioso, cor pardo-avermelhada, com topete.
** *Chercán*: pássaro do Chile semelhante ao rouxinol na aparência e na cor, mas de canto muito menos doce. É insetívoro e domesticável.
*** *Tenca*: na Argentina e no Chile, ave da ordem dos pássaros, espécie de calhandra.
**** *Diuca* (palavra araucana): pássaro conirrostro do Chile e da Argentina, de cor cinza-escura, com uma listra branca no ventre; pouco maior que um pintassilgo, canta ao amanhecer.
***** *Queltehue* (palavra araucana): ave pernalta do Chile, que habita os campos úmidos e que, domesticada, se tem nos jardins para que destrua os insetos nocivos.

da aldeia, da fábrica, do escritório. Na praça Vermelha foram recebidos por Nikita Kruchev em nome da nação soviética. Depois os vimos na sala San Jorge. Apresentaram-me a Guerman Titov, o astronauta número dois, um rapaz simpático, de grandes olhos luminosos. Perguntei-lhe de supetão:

— Diga-me, comandante, quando navegava pelo cosmos e olhava em direção ao nosso planeta, se divisava claramente o Chile?

Era como dizer-lhe: "Você compreende que o importante de sua viagem era ver o Chilezinho do alto?"

Não sorriu como eu esperava, mas refletiu alguns minutos e depois me disse:

— Recordo umas cordilheiras amarelas pela América do Sul. Dava para se notar que eram muito altas. Talvez fossem o Chile.

Claro que era o Chile, camarada.

Justo quando a revolução socialista fazia quarenta anos deixei Moscou no trem até a Finlândia. Enquanto atravessava a cidade, em direção à estação, grande queima de fogos de artifício, fosfóricos, azuis, vermelhos, roxos, verdes, amarelos, alaranjados, subiam muito alto como descargas de alegria, como sinais de comunicação e amizade que partiam da noite vitoriosa para todos os povos.

Na Finlândia comprei um dente de nerval, e continuamos a viagem. Em Gotemburgo tomamos o navio que nos devolveria à América. Também a América e a minha pátria caminham com a vida e com o tempo. Acontece que quando passamos pela Venezuela, em direção a Valparaíso, o tirano Pérez Jiménez, bebê favorito do Departamento de Estado, bastardo de Trujillo e de Somoza, mandou tantos soldados como para uma guerra com a missão de nos impedir de descer do navio, a mim e à minha companheira. Mas, quando cheguei a Valparaíso, a liberdade já tinha expulsado o déspota venezuelano, e já o majestoso sátrapa tinha corrido para Miami como coelho sonâmbulo.

Rápido anda o mundo desde o voo do Sputnik. Quem diria que a primeira pessoa que bateu à porta de meu camarote em Valparaíso para nos dar as boas-vindas seria o novelista Simonov, a quem deixei banhando-se no mar Negro?

CADERNO 11

A POESIA É UM OFÍCIO

O PODER DA POESIA

Tem sido privilégio de nossa época — entre guerras, revoluções e grandes movimentos sociais — desenvolver a fecundidade da poesia até limites insuspeitados. O homem comum tem podido confrontá-la de maneira que fere ou é ferida, seguramente na solidão, seguramente na massa montanhosa das reuniões públicas.

Nunca pensei, quando escrevi meus primeiros livros solitários, que com o passar dos anos me encontraria em praças, ruas, fábricas, salas de aula, teatros e jardins dizendo meus versos. Percorri praticamente todos os rincões do Chile, derramando minha poesia entre a gente de meu povo.

Contarei o que me aconteceu na Vega Central, o mercado maior e mais popular de Santiago do Chile. Chegam ali ao amanhecer os infinitos carros, carretas, carroças e caminhões que trazem os legumes, as frutas, os comestíveis de todas as chácaras que rodeiam a capital devoradora. Os carregadores — uma comunidade numerosa, mal paga e em geral descalça — pululam pelos cafés, albergues noturnos e tascas dos bairros próximos à Vega.

Alguém veio me buscar um dia em um automóvel, e entrei nele sem saber exatamente aonde nem para o que ia. Levava no bolso um exemplar de meu livro *España en el corazón*. Dentro do carro me explicaram que estava convidado para dar uma conferência no sindicato de carregadores da Vega.

Quando entrei na sala desarrumada senti o frio do *Nocturno* de José Asunción Silva, não só pelo avançado do inverno como também pelo ambiente que me deixava atônito. Sentados em caixotes ou em improvisados bancos de madeira, uns cinquenta homens me esperavam. Alguns levavam à cintura um saco amarrado à maneira de avental, outros se cobriam com velhas camisetas remendadas, e outros desafiavam o frio mês de julho chileno com o torso nu. Sentei-me detrás de uma mesinha que me separava daquele estranho público. Todos me olhavam com os olhos negros e estáticos do povo de meu país.

Lembrei-me do velho Lafertte. A esses espectadores imperturbáveis que não movem um músculo da cara e olham de forma constante, Lafertte designava com um nome que me fazia rir. Certa vez no pampa salitreiro me disse:

— Olha lá no fundo da sala, apoiados na coluna, os muçulmanos estão nos olhando. Só lhes falta o albornoz para serem iguais aos impávidos crentes do deserto.

Que fazer com esse público? De que podia lhes falar? Que coisas de minha vida poderiam lhes interessar? Sem conseguir decidir nada e escondendo a vontade de sair correndo, tomei o livro que levava comigo e disse:

— Há pouco tempo estive na Espanha. Havia ali muita luta e muitos tiros. Ouçam o que escrevi sobre aquilo.

Devo explicar que meu livro *España en el corazón* nunca me pareceu um livro de compreensão fácil. Tem uma aspiração à claridade, mas está empapado pelo torvelinho daquele grande e múltiplo sofrimento.

O certo é que pensei ler umas poucas estrofes, acrescentar umas poucas palavras e me despedir. Mas as coisas não aconteceram assim. Ao ler um poema atrás do outro, ao sentir o silêncio como de água profunda em que caíam minhas palavras, ao ver como aqueles olhos e sobrancelhas escuras seguiam intensamente minha poesia, compreendi que meu livro estava chegando a seu destino. Continuei lendo mais e mais, comovido eu mesmo pelo som de minha poesia, sacudido pela magnética relação entre meus versos e aquelas almas abandonadas.

A leitura durou mais de uma hora. Quando estava para me retirar, um dos homens se levantou. Era dos que levavam o saco amarrado ao redor da cintura.

— Quero lhe agradecer em nome de todos — disse em voz alta. — Quero lhe dizer, além disso, que nunca nada nos impressionou tanto.

Ao terminar essas palavras explodiu num soluço. Outros vários também choravam. Saí à rua entre olhares úmidos e apertos de mãos rudes.

Pode um poeta ser o mesmo depois de ter passado por essas provas de frio e fogo?

Quando quero me lembrar de Tina Modotti tenho que fazer um esforço como se tratasse de recolher um punhado de névoa. Frágil, quase invisível, conheci-a ou não?

Era muito bonita ainda: um pálido rosto oval emoldurado por duas abas negras de cabelos presos, uns grandes olhos de veludo que continuam olhando através dos anos. Diego Rivera deixou sua figura num de seus murais, aureolada por coroamentos vegetais e espigas de milho.

Essa revolucionária italiana, grande artista da fotografia, chegou à União Soviética há tempos com o propósito de retratar multidões e monumentos. Mas ali, envolta pelo transbordante ritmo da criação socialista, atirou sua câmera ao rio Moscova e jurou a si mesma dedicar sua vida às mais humildes tarefas do Partido Comunista. Cumprindo esse juramento, conheci-a no México e a senti morrer naquela noite.

Foi em 1941. Seu marido era Vittorio Vidale, o célebre comandante Carlos do 5º Regimento. Tina Modotti morreu de um ataque do coração no táxi que a conduzia para casa. Ela sabia que seu coração andava mal, mas não contava a ninguém para que não lhe limitassem o trabalho revolucionário. Estava sempre disposta para o que ninguém queria fazer: varrer os escritórios, ir a pé aos lugares mais afastados, passar as noites em claro escrevendo cartas ou traduzindo artigos. Na guerra espanhola foi enfermeira para os feridos da República.

Houve um episódio trágico em sua vida quando era companheira do grande dirigente juvenil cubano Julio Antonio Mella, exilado então no México. O tirano Gerardo Machado deu ordem de Havana para que uns pistoleiros matassem o líder revolucionário. Iam saindo do cinema certa tarde, Tina de braço dado com Mella, quando este caiu sob uma rajada de metralhadora. Rolaram juntos pelo chão, ela salpicada pelo sangue de seu companheiro morto enquanto os assassinos fugiam altamente protegidos. E, para cúmulo, os mesmos funcionários policiais que protegeram os criminosos botaram a culpa em Tina Modotti pelo assassinato.

Doze anos mais tarde se esgotaram silenciosamente as forças de Tina Modotti. A reação mexicana intentou reviver a infâmia cobrindo de escândalo sua própria morte como antes a tinham querido envolver na morte de Mella. Enquanto isso, Carlos e eu velávamos o pequeno cadáver. Ver sofrer um homem tão forte e tão valente não é um espetáculo agradável. Aquele leão sangrava ao receber na ferida o veneno corrosivo da infâmia que queria manchar Tina Modotti uma vez mais, já morta. O comandante Carlos rugia com os olhos avermelhados. Tina estava como que de cera em seu pequeno ataúde de exilada, e eu calava, impotente, diante de toda a angústia humana reunida naquela sala.

Os jornais enchiam páginas inteiras de imundícies folhetinescas. Chamavam-na "a mulher misteriosa de Moscou", acrescentando alguns: "Morreu porque sabia demais." Impressionado pela furiosa dor de Carlos tomei uma decisão. Escrevi um poema desafiante contra os que ofendiam nossa morta, mandando-o a todos os jornais, sem esperança alguma de que o publicassem. Oh, milagre! No dia seguinte, em vez das novas e fabulosas revelações prometidas na véspera, apareceu em todas as primeiras páginas meu indignado e desabrido poema.

O poema se intitulava "Tina Modotti matou". Li-o naquela manhã no cemitério do México, onde deixamos seu corpo, que jaz para sempre sob uma pedra de granito mexicano. Sobre essa pedra estão gravadas minhas estrofes.

Nunca mais a imprensa voltou a escrever uma linha contra ela.

Foi em Lota, há muitos anos. Dez mil mineiros tinham acorrido ao comício. A zona do carvão, sempre agitada em sua secular pobreza, tinha enchido de mineiros a praça de Lota. Os oradores políticos falaram longamente. Pairava no ar quente do meio-dia um cheiro de carvão e de sal marinho. Muito próximo estava o oceano, sob cujas águas se estendem por mais de dez quilômetros os túneis sombrios em que aqueles homens cavavam o carvão.

Agora escutavam em pleno sol. A tribuna era muito alta, e dela eu divisava um mar de chapéus e capacetes de mineiros. Coube a mim falar por último.

Quando foi anunciado meu nome e meu poema "Novo canto de amor a Stalingrado" aconteceu algo insólito, uma cerimônia que nunca vou esquecer.

A imensa multidão, assim que escutou meu nome e o título do poema, se descobriu silenciosamente. Descobriu-se porque, depois daquela linguagem categórica e política, ia falar minha poesia, a poesia. Vi, da elevada tribuna, o movimento imenso de chapéus: dez mil mãos que baixavam em uníssono, num marulho indescritível, num golpe de mar silencioso, numa espuma negra de reverência silenciosa.

Meu poema cresceu então e readquiriu como nunca seu tom de luta e de liberação.

Outro fato se passou em minha juventude. Era eu aquele poeta estudantil de capa escura, magro e desnutrido como os poetas desse tempo. Acabava de publicar *Crepusculário* e pesava menos do que uma pluma negra.

Entrei com meus amigos num cabaré ordinário. Era a época dos tangos e da valentia rufianesca. De repente o baile parou, e o tango se quebrou como uma taça estilhaçada contra a parede.

No centro da pista gesticulavam e se insultavam mutuamente dois famosos valentões. Quando um avançava para agredir o outro, este retrocedia e com ele recuava a multidão no mesmo compasso, entrincheirando-se atrás das mesas. Aquilo parecia uma dança de duas bestas primitivas em uma clareira da selva primordial.

Sem pensar muito, me adiantei e os repreendi, apesar de minha fraqueza magricela.

— Miseráveis valentões, sujeitos torvos, insetos desprezíveis, deixem em paz as pessoas que vieram aqui para dançar e não para presenciar essa comédia!

Olharam-se surpreendidos como se não acreditassem no que escutavam. O mais baixo, que tinha sido pugilista antes de ser valentão, dirigiu-se para mim a fim de me assassinar. E o teria conseguido se não fosse a aparição repentina de um punho certeiro que deitou por terra o gorila. Era seu contendor que finalmente se decidiu a acabar com ele.

Quanto ao campeão derrotado, arrastavam-no como a um saco. Das mesas nos estendiam garrafas, e as bailarinas nos sorriam entusiasmadas. O grandalhão que tinha dado o golpe de misericórdia quis compartilhar justificadamente com o regozijo da vitória, mas eu o apostrofei, catoniano:

— Retira-te daqui! Tu és da mesma laia!

Meus minutos de glória terminaram pouco depois. Após atravessar um estreito corredor, divisamos uma espécie de montanha com cintura de pantera que obstruía a saída. Era o outro pugilista da malandragem, o vencedor golpeado por minhas palavras, que nos interceptava o caminho em busca de vingança.

— Estava te esperando — disse.

Com um leve empurrão me fez desviar até uma porta, enquanto meus amigos corriam desconcertados. Fiquei desamparado diante de meu verdugo. Olhei rapidamente o que poderia agarrar para me defender. Nada. Não havia nada. Os pesados tampos de mármore e as cadeiras de ferro eram impossíveis de levantar. Nem uma jarra de flores, nem uma garrafa ou uma mísera bengala esquecida.

— Vamos conversar — disse o homem.

Compreendi a inutilidade de qualquer esforço e pensei que queria me examinar antes de me devorar como o tigre diante de um almiscareiro. Percebi que toda a minha defesa estava em não demonstrar o medo que sentia. Devolvi-lhe o empurrão que me dera, mas não consegui tirá-lo um milímetro do lugar. Era um muro de pedra.

Subitamente lançou a cabeça para trás, e seus olhos de fera mudaram de expressão.

— É você o poeta Pablo Neruda? — disse.

— Sou sim.

Baixou a cabeça e continuou:

— Que desgraçado que sou! Estou diante do poeta que tanto admiro, e é ele quem me lança na cara o miserável que sou!

E continuou lamentando-se com a cabeça entre as mãos:

— Sou um rufião, e o outro que lutou comigo é um traficante de cocaína. Somos o que há de mais baixo. Mas em minha vida há uma coisa limpa. É minha noiva, o amor de minha noiva. Veja-a, Dom Pablito. Olhe seu retrato. Algum dia lhe direi que você o teve entre as mãos. Isso a fará feliz.

Estendeu-me a fotografia de uma moça sorridente.

— Ela gosta de mim pelo senhor, Dom Pablito, por seus versos que aprendemos de memória.

E sem mais aquela começou a recitar:

— "Do fundo de ti, e ajoelhado, um menino triste, como eu, nos olha..."

Nesse momento a porta se abriu de supetão. Eram meus amigos que voltavam com reforços armados. Vi as cabeças que se ajuntavam atônitas à porta.

Saí lentamente. O homem ficou só, sem mudar de atitude, dizendo "por essa vida que arderá em suas veias deveriam matar as minhas mãos", derrotado pela poesia.

O avião do piloto Powers, enviado em missão de espionagem sobre o território soviético, caiu de uma altura inacreditável. Dois fantásticos projéteis o tinham atingido e derrubado das nuvens. Os jornalistas acorreram ao perdido lugar montanhoso de onde partiram os disparos.

Os artilheiros eram dois rapazes solitários. Naquele mundo imenso de abetos, neves e rios, comiam maçãs, jogavam xadrez, tocavam acordeão, liam livros e vigiavam. Tinham apontado para cima em defesa do amplo céu da pátria russa.

Perseguiram os dois com perguntas:

— O que comem? Quem são seus pais? Gostam de dançar? Que livros leem?

Respondendo a esta última pergunta, um dos jovens artilheiros contou que liam versos e que entre seus poetas favoritos estavam o clássico russo Pushkin e o chileno Neruda.

Senti-me infinitamente contente quando soube. O projétil que subiu tão alto e fez cair o orgulho tão baixo levava de alguma forma um átomo de minha ardente poesia.

A PERSISTENTE INFLUÊNCIA DAS ÁRVORES

A poesia deve ser orgânica em cada poeta, fluido de seu sangue, pulso e palpitação de toda a sua pessoa. É uma matéria de tal intimidade que não se presta ao exame e, no entanto, deve enfrentar tempestades.

Eu comecei a escrever muito jovem. Talvez não tenha feito outra coisa boa ou ruim além de escrever meus poemas. Tive sempre uma influência persistente das grandes árvores, da natureza selvagem do Sul de meu país, que também é o extremo Sul do mundo. É uma comarca de grande solidão, pouco habitada e onde chove em grande parte do ano.

Escrevi uma poesia melancólica, derivada daquele ambiente escuro e deserto.

Naqueles tempos tive muitos amigos distantes. Muitos deles vinham da Rússia. Eram personagens, incidências, dores intensas, alegrias fortes, todo o conteúdo extraordinário de uma grande literatura que povoava as solidões da minha adolescência com vidas lancinantes. Nunca esquecerei aquelas noites de leitura febril em que os sentimentos do príncipe Muichkine ou as peripécias de Tomás Gordeiev se misturavam em meu coração com o estrépito das ondas dos arquipélagos austrais.

Escrevi muitos versos de amor, muitos versos sobre a morte e sobre a vida, dediquei grande parte de minha poesia às intensas, extraordinárias lutas dos povos americanos. Cada lugar do imenso espaço do continente está marcado com sangue, com agonias, com vitórias e dores. Não há geografia na América do Sul, nem há poesia da América do Sul se não se levar em conta o coração martirizado do homem americano. Exploradores inescrupulosos chegaram de todos os lugares, como aves de rapina, em todos os cantos, e alguém tem de contar e cantar essa história.

No entanto, não creio que a poesia deva ser totalmente política. Os poetas devem ter os sentidos abertos a todos os horizontes. Esses horizontes podem ser desconhecidos. Alguns dos maiores poemas foram uma espécie de diálogo com a escuridão. Dois deles: "Coplas" de Jorge Manrique e a "Elegia" de Thomas Gray são batidas de aldrava nas portas fechadas da morte. Essas batidas continuam sendo ouvidas e serão ouvidas enquanto o homem existir.

Em meus poemas quis falar das coisas mais simples, mais correntes e mais primordiais. Fiz poemas sobre a madeira, o ar, a pedra, o relógio, o mar, os tomates, a ameixa, a cebola. São poemas de alegria transbordante, neles quis voltar a cantar tudo o que foi cantado, para que tudo volte a viver. Assim como acreditei que é dever do poeta reviver a trágica história do sangue e da exploração na América indígena, acreditei que é dever do poeta lavar e limpar as coisas usuais, colocar uma toalha nova em todas as vidas.

É estranho, mas não fui bastante compreendido por aqueles que mais deveriam compreender. Um jornal dirigido por jovens em uma das capitais do mundo me pediu com insistência algumas poesias. Enviei uma sobre o milho e outra sobre as ameixas. São dois poemas simples, com a clareza e a alegria dessa parte de minha obra. Não foram publicados. Não gostaram deles. No entanto, me deram como presente extraordinário a sensação de que esses jovens talvez fossem mais velhos do que eu.

A POESIA

Quantas obras de arte... Já não cabem no mundo... É preciso pendurá-las fora das casas... Quantos livros... Quantos livrinhos... Quem é capaz de lê-los?... Se fossem comestíveis... E se numa onda de grande apetite fizéssemos deles salada, se os picássemos e os enfileirássemos... Mas já não se pode mais... Já nos têm pelo cabresto... O mundo se afoga nessa maré... Reverdy me dizia: "Avisei o correio para que não mandasse mais livros. Não podia abri-los. Não tinha lugar. Trepavam pelos muros, temi uma catástrofe, despencariam sobre minha cabeça..." Todos conhecem Eliot... Antes de ser pintor, de dirigir teatro, de escrever luminosas críticas, lia meus versos... Eu me sentia lisonjeado... Ninguém os compreendia melhor... Até que um dia começou a me ler os seus, e eu, egoisticamente, corri protestando: "Não os leia, não os leia"... Me tranquei no banheiro, mas Eliot, através da porta, continuava lendo... Senti-me muito triste... O poeta Fraser, da Escócia, estava presente e me repreendeu: "Por que tratas Eliot assim?"... Respondi: "Não quero perder meu leitor. Eu o cultivei. Ele conhece até as rugas de minha poesia... Tem tanto talento... Pode fazer quadros... Pode escrever ensaios... Mas quero guardar este leitor, conservá-lo, regá-lo como planta exótica... Tu me compreendes, Fraser"... Porque a verdade, se isso continua, os poetas publicarão somente para outros poetas... Cada um tirará seu livrinho e o meterá no bolso do outro... seu poema... e o deixará no prato do outro... Quevedo o deixou um dia sob o guardanapo de um rei... Isso, sim, valia a pena... Ou, em pleno sol, a poesia numa praça... Ou que os livros se desgastem, se despedacem nos dedos da multidão humana... Mas a publicação de poeta para poeta não me tenta, não me provoca, não me incita senão a me emboscar na natureza diante de um rochedo ou de uma onda, longe dos editoriais, do papel impresso... A poesia perdeu seu vínculo com o distante leitor... É preciso recobrá-lo... É preciso caminhar na escuridão e se encontrar com o coração do homem, com os olhos da mulher, com os desconhecidos das ruas, dos que a certa hora crepuscular ou em plena noite estrelada precisam nem que seja de um único verso... Esse encontro com o imprevisto vale pelo tanto que a gente andou, por tudo o que a gente leu e aprendeu... É preciso perder-se entre os que não conhecemos para que subitamente recolham o que é nosso da rua, da areia, das folhas caídas mil anos no mesmo bosque... e tomem ternamente esse objeto que nós fizemos... Somente então seremos verdadeiramente poetas... Nesse objeto viverá a poesia...

VIVENDO COM O IDIOMA

Nasci em 1904. Em 1921 foi publicado um folheto com um de meus poemas. No ano de 1923 foi editado meu primeiro livro, *Crepusculário*. Estou escrevendo estas rememorações em 1973. Passaram-se já cinquenta anos desde o momento emocionante em que um poeta sente os primeiros vagidos da criatura impressa, viva, agitada e desejosa de chamar a atenção como qualquer outro recém-nascido.

Não se pode viver toda uma vida com um idioma, vendo-o em sua maior dimensão, explorando-o, alisando-lhe o pelo e a barriga, sem que esta intimidade faça parte do organismo. Assim aconteceu comigo em relação à língua espanhola. A língua falada tem outras dimensões; a língua escrita adquire uma dimensão imprevista. O uso do idioma como veste ou como a pele no corpo, com suas mangas, suas emendas, suas transpirações e suas manchas de sangue e suor revela o escritor. Isso é o estilo. Encontrei minha época transtornada pelas revoluções da cultura francesa. Sempre me atraíram, mas de certa maneira não me assentavam como traje. Huidobro, poeta chileno, tomou a seu cargo as modas francesas que ele adaptou à sua maneira de existir e de se expressar de forma admirável. Às vezes me pareceu que superava seus modelos. Alguma coisa assim aconteceu, em escala maior, com a irrupção de Rubén Darío na poesia hispânica. Mas Rubén Darío foi um grande elefante sonoro que rompeu todos os cristais de uma época do idioma espanhol para que entrasse em seu circuito o ar do mundo. E entrou.

Entre americanos e espanhóis, o idioma nos separa algumas vezes. Mas sobretudo é a ideologia do idioma a que se parte em dois. A beleza congelada de Góngora não convém a nossas dimensões e não há poesia espanhola, nem a mais recente, sem o travo, sem a opulência gongórica. As camadas estratificadas da América são de pedra poeirenta, de lava triturada, de argila com sangue. Não sabemos lapidar o cristal. Nossos preciosistas soam vazios. Uma só gota de vinho de *Martín Fierro* ou do mel turvo de Gabriela Mistral os põe em seu devido lugar: bem-arrumadinhos no salão como jarrões de flores de outra parte.

O idioma espanhol tornou-se de ouro depois de Cervantes, adquiriu uma elegância cortesã, perdeu a força selvagem que trazia de Gonzalo de Berceo, do Arcipreste, perdeu a paixão genital que ardia em Quevedo. O mesmo aconteceu na Inglaterra, na França, na Itália. O desregramento de Chaucer e de Rabelais foi castrado. A petrarquização preciosista fez brilhar as esmeraldas e os diamantes, mas a fonte da grandeza começou a se extinguir.

Esse manancial anterior tinha que ver com o homem inteiro, com sua grandeza, sua riqueza e seu transbordamento.

Pelo menos esse foi meu problema, ainda que eu não colocasse nesses termos. Se minha poesia tem algum significado, é essa tendência espacial, ilimitada, que não se satisfaz em um lugar só. Minha fronteira tinha que ultrapassar a mim mesmo, não me tinha confinado no enquadramento de uma cultura distante. Eu tinha que ser eu mesmo, esforçando-me por me estender como as próprias terras, onde me tocou nascer. Outro poeta deste mesmo continente me ajudou neste caminho. Refiro-me a Walt Whitman, meu companheiro de Manhattan.

OS CRÍTICOS DEVEM SOFRER

Os contos de Maldoror são no fundo um grande folhetim. Não nos esqueçamos de que Isidore Ducasse tomou seu pseudônimo de uma novela do folhetinista Eugène Sue, *Lautréamont*, escrita em Chatenay em 1873. Mas Lautréamont, segundo se sabe, foi muito mais longe que Lautréamont. Desceu muito mais, quis ser infernal. E muito mais alto, um arcanjo maldito. Maldoror, na grandeza da desgraça, celebra o "matrimônio do céu e do inferno". A fúria, os ditirambos e a agonia formam as ondas envolventes da retórica ducassiana. Maldoror: *Maldolor*.*

Lautréamont projetou uma nova etapa, renegou seu rosto sombrio e escreveu o prólogo de uma nova poesia otimista que não conseguiu criar. A morte em Paris levou o jovem uruguaio. Mas essa prometida mudança de sua poesia, esse movimento em direção à bondade e ao que é saudável, que não conseguiu cumprir, suscitou muitas críticas. Celebram-no em seu sofrimento e condenam sua transição para a alegria. O poeta deve se torturar e sofrer, deve

---

* Jogo de palavras com *mal* e *dor*. (N. T.)

viver desesperado, deve continuar escrevendo a canção desesperada. Essa tem sido a opinião de uma camada social, de uma classe. Essa fórmula lapidar foi obedecida por muitos que se dobraram ao sofrimento imposto por leis não escritas, porém não menos lapidares. Esses decretos invisíveis condenavam o poeta ao tugúrio, aos sapatos rotos, ao hospital e à morgue. Todo o mundo ficava assim contente: a festa continuava com muito poucas lágrimas.

As coisas mudaram porque o mundo mudou. E nós, os poetas, inopinadamente, encabeçamos a rebelião da alegria. O escritor desventurado, o escritor crucificado, faz parte do ritual da felicidade no crepúsculo do capitalismo. A tendência do gosto foi habilmente canalizada para exaltar a desgraça como fermento da grande criação. A má conduta e o padecimento foram considerados fórmulas na elaboração poética. Hölderlin, lunático e desgraçado, Rimbaud, errante e amargo, Gérard de Nerval, enforcando-se num poste de um beco miserável, deram ao fim do século não só o paroxismo da beleza, mas também o caminho dos tormentos. O dogma era que esse caminho de espinhos devia ser a condição inerente da produção espiritual.

Dylan Thomas foi o último no martirológio dirigido.

O estranho é que essas ideias da antiga e severa burguesia continuam vigentes em alguns espíritos, espíritos que não captam a pulsação do mundo no nariz, que é onde deve ser captado, porque o nariz do mundo fareja o futuro.

Existem críticos cucurbitáceos, cujos guias e marcas buscam o último grito da moda com terror de perdê-lo. Mas suas raízes continuam mergulhadas no passado.

Nós, os poetas, temos o direito de ser felizes, uma vez que estamos ferreamente unidos a nossos povos e à luta pela felicidade.

"Pablo é um dos poucos homens felizes que conheci", disse Ilya Ehrenburg em um de seus trabalhos. Esse Pablo sou eu, e Ehrenburg não se engana.

Por isso não estranho que esclarecidos ensaístas semanais se preocupem com meu bem-estar material, ainda que a vida particular não devesse ser objeto da crítica. Compreendo que a provável felicidade ofende a muitos. Mas o caso é que não sou feliz por dentro. Tenho uma consciência tranquila e uma inteligência intranquila.

Aos críticos que parecem reprovar nos poetas um nível melhor de vida, eu os convidaria a se mostrarem orgulhosos de que os livros de poesia são impressos, são vendidos e cumprem sua missão de preocupar a crítica. A celebrar que os direitos autorais sejam pagos e que alguns autores pelo menos possam viver de seu santo trabalho. Esse orgulho o crítico deve proclamar e não cuspir no prato em que come.

Por isso, quando li há pouco os parágrafos dedicados a mim por um crítico jovem, brilhante e eclesiástico, não por ser brilhante me pareceu menos equivocado.

Segundo ele, minha poesia se ressentia de ser feliz. Receitava-me a dor. De acordo com essa teoria, uma apendicite produziria excelente prosa, e uma peritonite, possivelmente cantos sublimes.

Continuo trabalhando com os materiais que tenho e com o que sou. Sou onívoro de sentimentos, de seres, de livros, de acontecimentos e lutas. Comeria toda a terra. Beberia todo o mar.

VERSOS CURTOS E LONGOS

Como poeta ativo combati meu próprio ensimesmamento. Por isso o debate entre o real e o subjetivo foi determinado dentro do meu próprio ser. Minhas experiências podem ajudar, sem pretensões de aconselhar ninguém. Vejamos à primeira vista os resultados.

É natural que minha poesia esteja submetida ao juízo, tanto da crítica elevada como exposta à paixão do libelo. Isso faz parte das regras do jogo. Sobre esse ponto da discussão não tenho o que dizer, mas tenho argumento. Para a crítica especializada, meu argumento são meus livros, minha poesia inteira. Para o libelo incompatível tenho também o direito de argumentar com a minha própria e constante criação.

Se o que digo parece vaidoso, vocês teriam razão. Em meu caso, trata-se da vaidade do artesão que exercitou um ofício por longos anos com amor indelével.

Mas de uma coisa estou satisfeito: de uma forma ou de outra fiz respeitar, pelo menos em minha pátria, o ofício do poeta, a profissão da poesia.

No tempo em que comecei a escrever, o poeta tinha duas características. Uns eram poetas — grandes senhores, que se faziam respeitar por seu dinheiro que os ajudava em sua legítima ou ilegítima importância; a outra família de poetas era a dos militantes erráticos da poesia, gigantes de bar, loucos fascinantes, sonâmbulos atormentados. Fica também, antes que eu me esqueça, a situação dos escritores acorrentados — como os galés aos seus grilhões — ao banco dos réus da administração pública. Seus sonhos foram quase sempre afogados por montanhas de papel timbrado e terríveis temores à autoridade e ao ridículo.

Lancei-me à vida mais nu do que Adão, mas disposto a manter a integridade de minha poesia. Essa atitude irredutível não valeu somente para mim, mas também para que os bobalhões deixassem de rir. Mas depois os ditos bobalhões, se tiveram coração e consciência, renderam-se como bons seres humanos diante do essencial que meus versos despertavam. E, se eram malignos, foram ficando com medo.

E assim a Poesia, com maiúscula, foi respeitada. Não só a poesia como também os poetas foram respeitados. Toda a poesia e todos os poetas.

Deste serviço à cidadania estou consciente, e este galardão não deixo que me seja arrebatado por ninguém porque gosto de carregá-lo como uma condecoração. Tudo o mais pode ser discutido, mas isto que estou dizendo é a verdade nua e crua.

Os inimigos obstinados do poeta esgrimirão com muitas argumentações que já não contam. A mim me chamaram de morto de fome na minha juventude. Agora me hostilizam, fazendo crer às pessoas que sou um potentado, dono de uma fabulosa fortuna que, embora não tenha, gostaria de ter, entre outras coisas, para aborrecê-los mais.

Outros medem as linhas de meus versos provando que os divido em pequenos fragmentos ou os alongo demais. Não tem importância alguma. Quem institui os versos mais curtos ou mais longos, mais delicados ou mais largos, mais amarelos ou mais vermelhos? O poeta que os escreve é quem o determina. Determina-o com a respiração e com o sangue, com sua sabedoria e com sua ignorância porque tudo isso entra no pão da poesia.

O poeta que não seja realista está morto. Mas o poeta que seja somente realista está morto também. O poeta que seja somente irracional será entendido só por si mesmo e por sua amada — e isso é bastante triste. O poeta que seja só um racionalista será entendido até pelos asnos e isso é também sumamente triste. Para tais equações não existem cifras no quadro-negro, não há ingredientes decretados por Deus nem pelo Diabo, mas sim que esses dois personagens importantíssimos mantêm uma luta dentro da poesia e nessa batalha vence ora um e ora outro, mas a poesia não pode ficar derrotada.

É claro que está havendo um certo abuso no ofício de poeta. Aparecem tantos poetas novos e incipientes poetisas que logo parecemos todos poetas, desaparecendo os leitores. Teremos que ir buscar os leitores em expedições que atravessarão os areais em camelos ou circulando pelo céu em astronaves.

A inclinação profunda do homem é a poesia, e dela saíram a liturgia, os salmos e também o conteúdo das religiões. O poeta ousou contra os fenômenos da natureza e nas primeiras eras se intitulou sacerdote para preservar sua vocação. Daí que na época moderna o poeta, para defender sua poesia, tome a investidura que as ruas e as massas lhe conferem. O poeta civil de hoje continua sendo o poeta do mais antigo sacerdócio. Antes compactuou com as trevas e agora deve interpretar a luz.

A ORIGINALIDADE

Não creio na originalidade, que é mais um fetiche criado em nossa época de demolição vertiginosa. Acredito na personalidade através de qualquer linguagem, de qualquer forma, de qualquer sentido da criação artística. Mas a originalidade delirante é uma invenção moderna e uma fraude eleitoral. Existem os que querem ser eleitos "primeiro poeta" de seu país, de sua língua ou do mundo. Correm então em busca de eleitores, insultam os que acreditam com possibilidades de lhes disputar o cetro, e desse modo a poesia se transforma em uma mascarada.

No entanto, é essencial conservar a diretriz interior, manter o controle do crescimento que a natureza, a cultura e a vida social ocasionam para desenvolver as excelências do poeta.

Antigamente os mais nobres e rigorosos poetas, como Quevedo, por exemplo, escreveram poemas com esta advertência: "Imitação de Horácio", "Imitação de Ovídio", "Imitação de Lucrécio".

De minha parte conservo meu tom próprio, que foi se fortalecendo por sua própria natureza, como crescem todas as coisas vivas. É indubitável que as emoções fazem parte principal de meus primeiros livros — e ai do poeta que não responde com seu canto aos ternos ou impetuosos chamados do coração. Entretanto, depois de quarenta anos de experiência, creio que a obra poética pode chegar a um domínio mais substancial das emoções. Creio na espontaneidade dirigida. Para isso são necessárias reservas que devem estar sempre à disposição do poeta, digamos em seu bolso, para qualquer emergência. Em primeiro lugar, a reserva de observações formais, virtuais, de palavras, sons e figuras, dessas que passam perto da gente como abelhas. É preciso caçá-las de imediato e guardá-las no bolso interno. Sou muito preguiçoso nesse sentido, mas sei que estou dando um bom conselho. Maiakovski tinha um caderninho e corria incessantemente para ele. Existe também a reserva de emoções. Como são guardadas? Tendo consciência delas quando surgem. Logo, diante do papel, recordaremos essa nossa consciência mais vivamente do que a emoção em si.

Em boa parte de minha obra quis provar que o poeta pode escrever sobre tudo o que lhe for indicado, sobre aquilo que seja necessário para uma coletividade humana. Quase todas as grandes obras da antiguidade foram feitas sobre a base de estritas reivindicações. As *Geórgicas* são a propaganda dos cultivos no campo romano. Um poeta pode escrever para uma universidade ou para um sindicato, para as associações e para os ministérios. Nunca se perdeu a liberdade com isso. A inspiração mágica e a comunicação do poeta com Deus são invencionices interesseiras. Nos momentos de maior transe criador, o produto pode ser parcialmente alheio, influído por leituras e pressões exteriores.

Inopinadamente interrompo estas considerações um tanto teóricas e me ponho a rememorar a vida literária de minha mocidade. Pintores e escritores se agitavam surdamente. Havia um lirismo outonal na pintura e na poesia. Cada um tratava de ser mais anárquico, mais desagregante, mais desordenado. A vida social chilena se alterava profundamente. Alessandri pronunciava discursos subversivos. Nos pampas salitreiros se organizavam os operários que criariam o movimento popular mais importante do continente. Eram os sacrossantos dias de luta. Carlos Vicuña, Juan Gandulfo. Aderi logo à ideologia anarcossindicalista estudantil. Meu livro favorito era o *Sacha Yegulev*, de Andreiev. Outros liam as novelas pornográficas de Arzivachev e lhe atribuíam consequências ideológicas, exatamente como acontece hoje com a pornografia existencialista. Os intelectuais se refugiavam nos bares. O velho vinho fazia brilhar a miséria que reluzia como ouro até a manhã seguinte. Juan Egaña, poeta extraordinariamente dotado, debilitava-se até morrer. Contava-se que, ao herdar uma fortuna, deixou todo o dinheiro sobre uma mesa, numa casa abandonada. Os companheiros de boêmia, que dormiam de dia, saíam de noite para buscar vinho em barris. No entanto, o raio lunar da poesia de Juan Egaña é um estremecimento desconhecido de nossa *Selva lírica*. Esse era o título romântico da grande antologia modernista de Molina Núñez e O. Segura Castro. É um livro completo, cheio de grandeza e de generosidade. É a Suma Poética de uma época confusa, assinalada por imensos vazios e por um esplendor puríssimo. A personalidade que mais me impressionou foi a do ditador da jovem literatura. Ninguém se lembra mais dele. Chamava-se Aliro Oyarzún, um desnutrido baudelairiano, um decadente cheio de qualidades, um Barba-Jacob do Chile, atormentado, cadavérico, bonito e lunático. Falava com voz cavernosa do alto da sua alta estatura. E inventou essa maneira hieroglífica de propor os problemas estéticos, tão peculiar em certa parte de nosso mundo literário. Elevava a voz, e sua fronte parecia uma cúpula amarela do templo da inteligência. Dizia por exemplo: "o circular do círculo", "o dionisíaco de Dionísio", "o obscuro dos obscuros". Mas Aliro Oyarzún não era nenhum tolo. Resumia em si o paradisíaco e o infernal de uma cultura. Era um cosmopolita que por teorizar foi matando sua essência. Dizem que para ganhar uma aposta escreveu seu único poema, e não compreendo por que esse poema não figura em todas as antologias da poesia chilena.

GARRAFAS E CARRANCAS

Aproxima-se o Natal. Cada Natal que passa nos aproxima do ano 2000. Para essa alegria futura, para essa paz de amanhã, para essa justiça universal, para esses sinos do ano 2000, nós os poetas deste tempo de agora temos lutado e cantado.

Lá pelos anos 1930, Sócrates Aguirre, aquele homem sutil e excelente que foi meu chefe no consulado de Buenos Aires, pediu-me num 24 de dezembro que eu me fantasiasse de São Nicolau ou Papai Noel, em sua casa. Fiz muitas coisas mal em minha vida, mas nada ficou tão mal quanto esse Papai Noel. Caíam os algodões do bigode, e me enganei demais na distribuição dos brinquedos. E como disfarçar minha voz que a natureza do Sul do Chile tornou fanhosa, nasalada e inconfundível, desde a minha mais tenra idade? Recorri a um truque: me dirigi às crianças em inglês, mas as crianças cravaram em mim vários pares de olhos negros e azuis e mostravam mais desconfiança do que convém a uma infância bem-educada.

Quem diria que entre aquelas crianças estava a que seria uma de minhas amigas prediletas, escritora notável e autora de uma de minhas melhores biografias? Estou falando de Margarita Aguirre.

Em minha casa fui reunindo brinquedos pequenos e grandes, sem os quais não podia viver. A criança que não brinca não é criança. Mas o homem que não brinca perdeu para sempre a criança que vivia nele e que lhe fará muita falta. Edifiquei minha casa também como um brinquedo e brinco nela da manhã à noite.

São meus próprios brinquedos. Juntei-os através de toda a minha vida com o propósito de me entreter sozinho. Vou descrevê-los para as crianças pequenas e para as de todas as idades.

Tenho um veleiro dentro de uma garrafa. Para dizer a verdade, tenho mais de um. É uma verdadeira frota, com seus nomes escritos, seus mastros, suas velas, suas proas e suas âncoras. Alguns vêm de longe, de outros mares minúsculos. Um dos mais belos me foi mandado da Espanha em pagamento de direitos autorais de um livro de minhas *Odes*. No alto, no mastro maior, está nossa bandeira com sua solitária e pequena estrela. Mas quase todos os outros são feitos pelo senhor Carlos Hollander. O senhor Hollander é um velho marinheiro que reproduziu para mim muitos daqueles barcos famosos e majestosos que vinham de Hamburgo, de Salem ou da costa bretã para carregar salitre ou para caçar baleias pelos mares do Sul.

Ao descer o longo caminho do Chile para encontrar, em Coronel, o velho marinheiro, entre o cheiro de carvão e chuva da cidade sulista, entro na verdade no menor estaleiro do mundo. Na saleta, na sala de jantar, na cozinha, no jardim, acumulavam-se e se alinhavam os elementos que serão colocados nas claras garrafas, das quais o *pisco** se foi. Dom Carlos toca com seu sopro mágico proas e velas, traquetes e gáveas. Até a menor fumaça do porto passa por suas mãos e se converte numa criação, em um novo barco engarrafado, completo e radiante, pronto para o mar quimérico.

Em minha coleção sobressaem, entre os outros barcos comprados em Amberes ou Marselha, os que saíram das modestas mãos do navegante de Coronel. Porque não só ele lhes deu vida como também os ilustrou com a sua sabedoria, colando-lhes uma etiqueta que conta o nome e o número das proezas do modelo, as viagens que manteve contra vento e maré, as mercadorias que distribuiu pelo Pacífico com seus velames que já não veremos mais.

Tenho barcos engarrafados tão famosos como a poderosa *Potosí* e a magna *Prússia*, de Hamburgo, que naufragou no Canal da Mancha em 1910. Mestre Hollander me deleitou também fazendo para mim duas versões da *María Celeste*, que, desde 1882, se converteu em estrela, em mistério dos mistérios.

Não estou disposto a revelar o segredo navegatório que vive em sua própria transparência. Trata-se de como entraram os minúsculos barcos em suas garrafas ternas. Eu, enganador profissional, com o objetivo de mistificar, descrevi minuciosamente em uma ode o enorme e mínimo trabalho dos misteriosos construtores e contei como entravam e saíam das garrafas marinheiras. Mas o segredo continua de pé.

Meus brinquedos maiores são as carrancas de proa. Como muitas coisas minhas, estas carrancas saíram retratadas nos jornais, nas revistas, e têm sido discutidas com benevolência ou com rancor. Os que as julgam com benevolência riem compreensivamente e dizem:

— Que sujeito mais louco! O que lhe deu para colecionar!

Os malignos veem as coisas de outro modo. Um deles, amargado pelas minhas coleções e pela bandeira azul com um peixe branco que eu icei em minha casa de Isla Negra, disse:

— Eu não ponho bandeira própria nem tenho carrancas.

O coitado chorava como um garoto que inveja o pião dos outros garotos. Enquanto isso, minhas carrancas marinhas sorriam, lisonjeadas pela inveja que despertavam.

---

* *Pisco* (Chile e Peru): aguardente fabricada em Pisco, localidade do Peru. (N. T.)

Na verdade se deveriam dizer carrancas de proa. São figuras com busto, estátuas marinhas, efígies do oceano perdido. O homem, ao construir suas naves, quis elevar suas proas com um sentido superior. Colocou antigamente nos navios figuras de aves, pássaros totêmicos, animais míticos talhados em madeira. Depois, no século XIX, os barcos baleeiros esculpiram figuras de caráter simbólico: deusas seminuas ou matronas republicanas de barrete frígio.

Tenho carrancas e mais carrancas. A menor e mais deliciosa, que muitas vezes Salvador Allende tentou me arrebatar, chama-se María Celeste. Pertenceu a um navio francês, de tamanho menor, e provavelmente não navegou senão nas águas do Sena. De cor escura, esculpida em madeira de azinheira, com tantos anos e viagens virou morena para sempre. É uma mulher pequena que parece voar com os sinais do vento talhando suas belas vestes do Segundo Império. Acima das covinhas das faces, os olhos de louça olham o horizonte. E, ainda que pareça estranho, esses olhos choram durante o inverno, todos os anos. Não há explicação para isso. A madeira tostada terá talvez alguma impregnação que recolhe a umidade. Mas o certo é que esses olhos franceses choram no inverno e que eu vejo todos os anos as preciosas lágrimas descerem pelo pequeno rosto de María Celeste.

Talvez seja religioso o sentimento despertado no ser humano diante das imagens, sejam cristãs ou pagãs.

RELIGIÃO E POESIA

Uma dessas carrancas de proa, que representa uma mulher colossal, de grandes seios redondos, descansava de suas navegações em meu jardim, perto do mar.

É o adorno mais querido, que me leva a recordar uma época desaparecida: a dos grandes veleiros que sulcavam os sete mares.

Percebi, há algum tempo, que as mulheres dos camponeses se ajoelhavam e acendiam velas para essa escultura robusta e pagã. Deu-me muito trabalho convencê-las de que não era uma virgem nem uma deusa. Que só era uma deusa para mim, deusa do mar e da distância. Porém, embora a carranca alta e solene se parecesse muito com Gabriela Mistral, tivemos que desiludir as crentes para que não continuassem adorando com ta-

manha inocência a imagem de uma mulher marinha que havia viajado pelos mares mais pecaminosos do nosso pecaminoso planeta.

Desde então a tirei do jardim e agora está mais perto de mim, ao lado da lareira.

Acredito que nesse episódio está o núcleo original das religiões. Estão ali o ídolo, os crentes, e eu, se tivesse menos escrúpulos, teria sido facilmente sacerdote, taumaturgo, explorador do medo, da idolatria primitiva que, de alguma maneira, os seres humanos atrasados e atormentados procuram.

Depois se ergue a Igreja, se enfeita o mistério com as belas artes e então vem o dogma que ninguém pode discutir.

O negócio é claro.

Há séculos os sacerdotes, de diferentes ritos e linguagens, vendem um pedaço do céu com todos os confortos: água, luz elétrica, televisão suprema, satisfação da consciência etc. O curioso é que esse prédio, onde mora um ser terrível chamado Deus, nunca foi visto por ninguém; no entanto, continua sendo vendido e cada vez sobe mais o preço do metro cúbico de ar celeste ou de terra divina.

Desde muito pequeno me rebelei contra esse reino sempre invisível e contra os estranhos procedimentos dos diferentes deuses.

Com frequência acontecem nas Américas catástrofes naturais. Aqui a geologia não concluiu seu trabalho. Os vulcões continuam lançando fogo por seus imensos focinhos, o mar sai amiúde de seus limites e entra uma "marejada" nas terras habitadas, destruindo povoados, seres humanos e animais. Os terremotos sacodem nossa terra; cidades inteiras são exterminadas. Os rios fazem o possível para não serem dominados, e, em meu país, só dois deles são navegáveis.

Grandes incêndios devoram as montanhas e reduzem a cinzas a selva fragrante.

Em todas essas catástrofes, só os pobres, a gente esquecida, homens, mulheres e crianças desvalidos, são as vítimas. São as pessoas para quem Cristo pregava. No entanto, o Deus dos cristãos não tem muito a ver com eles. Vive em outro lugar. Vive em casas que um terremoto não destrói nem o fogo aniquila, nem são derrubadas pelas inundações. Ao que parece, Deus vive nas casas dos ricos.

Desde criança não consigo compreender essas coisas práticas da religião. Também não consegui entender os mistérios teológicos. Tam-

pouco entendi por que Deus se enfurecia com seus próprios e fervorosos partidários. Meu país foi surpreendido pelo incêndio de um templo que aconteceu há cem anos em pleno centro da capital. O calor apertou mais as portas que não se abriram quando os fiéis se atropelaram para sair. Deus tampouco as abriu, ainda que tudo isso tenha acontecido durante a missa. Ali morreram mais de mil católicos fervorosos.

Esses incêndios de templos se repetiram muitas vezes em toda a América. Em geral são igrejas pequenas, construídas de madeira. Ninguém se salva, nem o padre que prega. Como entender isso?

Tampouco fez sentido para mim essa constante obrigação de crer "com a fé do carvoeiro", como dizia Pascal. A Igreja põe uma espada de Dâmocles sobre sua cabeça. O inferno é o castigo dos que não acreditam. Mas por quê? Logicamente, a razão teria uma origem divina, de acordo com os sistemas religiosos, e não é possível que alguém seja obrigado a crer no que não compreende, e, em todo caso, tal acerto ou tal fracasso não podem ser objeto de prêmio ou de castigo. Vê-se com clareza que a inescrutabilidade das intenções divinas é um sistema de fraude e de desprezo em relação à razão humana.

De qualquer forma, não é possível conceber que a contínua bajulação às divindades, a humilhação deliberada, tudo o que constitui o sentido das orações, possa ter influência nas decisões divinas. Tais coisas são inexplicáveis, e as orações se repetem de forma mecânica. Chegaram a ser fórmulas desprovidas de verdade. Em sua degeneração, alguns sistemas religiosos substituíram essas orações já desprovidas de sentido por mecanismos que nem sequer requerem pensamentos nem palavras: rodinhas que giram ou contas de rosário que escorregam suavemente entre os dedos.

Há cinco séculos, na América Antiga, aconteceu um fato de incalculáveis consequências. Em nome da religião católica, os conquistadores espanhóis derrubaram as milenares estátuas dos deuses antigos da América, que, por sua vez, haviam servido às oligarquias indígenas e teocráticas para a exploração dos americanos primitivos. Os invasores, ajudados pelos sacerdotes da religião espanhola, destruíram os templos, queimaram bibliotecas que continham tesouros, manuscritos de imenso valor, e derramaram cruelmente o sangue da população dos povoados invadidos. Deu-se à conquista um sentido de guerra religiosa. Com a cruz e a espada completamente unidas, atacaram e destruíram antigos impérios e tribos pastoris, culturas extraordinárias. Só um religioso, porque o humanismo chegou muitas vezes aos mosteiros, o extraordinário padre Las Casas, protestou contra a carnificina. Porém, por sua vez, foi perseguido e vencido pela força da Igreja.

A Igreja, em seu longo caminho, teve, sim, um valor inegável: com o sacrifício do povo, ergueu templos que muitas vezes são grandes obras de imutável esplendor. Superou o poder político de nossa época pelo fato de ter chamado, para fazer as obras de pintura, não os piores pintores e escultores, e sim os mais criativos e melhores. Ainda hoje em dia o grande Henri Matisse, embora de tendências progressistas, executou, a pedido da Igreja francesa, a bela decoração da capela do rosário, em Vence. Os velhos ícones russos são, de acordo com meu gosto pessoal, obras das mais interessantes que a humanidade executou.

Porém, essa é outra história, outra relação de valores e, possivelmente, uma forma sutil de atrair um vasto número de seres humanos às diferentes crenças. Também se recorreu à melhor música das épocas antigas.

Em meu poema "O Barco", quis dar um panorama da humanidade, no atual estado capitalista. É um pequeno poema em que minha poesia protesta pelo fato de que a injustiça social pareça ser aceita como coisa inamovível.

A esse "Barco", a essa nave em que desigualdades e dores se veem de maneira manifesta, ajudou muito, para que não naufrague e se mantenha tal estado de coisas, a religião, as religiões.

Não posso discutir nem aprofundar filosófica nem historicamente todo o processo religioso.

Minha tarefa de poeta é denunciar o que contribui para o atraso e levantar as esperanças, as possibilidades e a alegria da sociedade humana.

LIVROS E CARACÓIS

Um bibliófilo pobre tem infinitas ocasiões de sofrer. Os livros não lhe fogem das mãos, mas, em compensação, passam pelo ar, a voo de pássaro, a voo de preços.

No entanto, entre muitas explorações, surge a pérola.

Lembro-me da surpresa do livreiro García Rico, em Madri, em 1934, quando propus comprar dele uma antiga edição de Góngora que custava apenas cem pesetas, em mensalidades de vinte. Era bem pouco dinheiro, mas eu não o tinha. Paguei pontualmente ao longo daquele semestre. Era a edição de Foppens, editor flamengo do século XVII que imprimiu em incomparáveis e magníficos caracteres as obras dos mestres espanhóis do Século de Ouro.

Não gosto de ler Quevedo senão naquelas edições em que os sonetos se desdobram em linha de combate com férreos navios. Depois me internei na selva das livrarias, pelos desvãos suburbanos das de segunda mão ou pelas naves catedralícias das grandiosas livrarias da França e da Inglaterra. Saía com as mãos empoeiradas, mas de vez em quando obtive algum tesouro — ou pelo menos a alegria de pensar que assim fora.

Prêmios literários marcantes e sonantes me ajudaram a adquirir certos exemplares de preços extravagantes. Minha biblioteca passou a ser considerável. Os antigos livros de poesia relampejavam nela, e minha inclinação para a história natural encheu-a de grandiosos livros de botânica com iluminuras coloridas; e livros de pássaros, de insetos ou de peixes. Encontrei pelo mundo milagroso livros de viagens, *Quixotes* incríveis, impressos por Ibarra, infólios de Dante com os maravilhosos tipos Bodoni. Até alguns Molières em edições limitadas, *ad usum delphini*, para o filho do rei da França.

Mas na realidade o melhor que colecionei em minha vida foram meus caracóis. Deram-me o prazer de sua prodigiosa estrutura: a pureza lunar de uma porcelana misteriosa agregada à multiplicidade das formas, táteis, góticas, funcionais.

Milhares de pequenas portas submarinas se abriram para meu conhecimento desde aquele dia em que Dom Carlos de la Torre, ilustre malacólogo de Cuba, me presenteou com os melhores exemplares de sua coleção. Desde então e ao acaso de minhas viagens, percorri os sete mares espreitando-os e buscando-os. Mas devo reconhecer que foi o mar de Paris que, entre uma onda e outra, descobriu para mim mais caracóis. Paris havia transmigrado todo o nácar dos oceanos para suas lojas naturalistas, para seus "mercados de pulgas".

Mais fácil que meter as mãos nas rochas de Veracruz ou Baixa Califórnia foi encontrar sob o sargaço urbano, entre lâmpadas rotas e sapatos velhos, a delicada silhueta da *Oliva textil*. Ou surpreender a lança de quartzo que se alonga, como um verso de água, na *Rosellaria fusus*. Ninguém me tirará o deslumbramento de ter tirado do mar o *Espondylus roseo*, grande ostra tacheada de espinhos de coral. E mais adiante entreabrir o *Espondylus blanco*, de espinhos nevados como estalagmites de uma gruta gongórica.

Alguns desses troféus poderiam ser históricos. Lembro que no Museu de Pequim abriram a caixa mais sagrada dos moluscos do mar da China para me fazer presente do segundo dos dois únicos exemplares da *Thatcheria mirabilis*. E assim pude arrebanhar o tesouro dessa inacreditável obra com que o oceano presenteou a China no estilo de templos e pagodes que perduram naquelas latitudes.

Demorei trinta anos para juntar tantos livros. Minhas prateleiras guardavam incunábulos e outros volumes que me comoviam; Quevedo, Cervantes e Góngora, em edições originais, assim como Laforgue, Rimbaud e Lautréamont. Essas páginas me pareciam conservar o tato dos poetas amados. Tinha manuscritos de Rimbaud. Paul Éluard me deu de presente em Paris, por meu aniversário, as duas cartas de Isabelle Rimbaud para sua mãe, escritas no hospital de Marselha onde o nômade teve uma perna amputada. Eram tesouros ambicionados pela Biblioteca Nacional de Paris e pelos vorazes bibliófilos de Chicago.

Tanto corria eu pelo mundo que minha biblioteca cresceu desmedidamente, ultrapassando as condições de uma biblioteca particular. Certo dia presenteei a grande coleção de caracóis que levei vinte anos para juntar e aqueles cinco mil volumes escolhidos por mim com o maior amor em todos os países. Presenteei-os à universidade de minha pátria. Foram recebidos como dádiva cintilante pelas bonitas palavras de um reitor.

Qualquer homem esclarecido pensará no regozijo com que receberiam no Chile essa doação minha. Mas existem também homens não esclarecidos. Um crítico oficial escreveu artigos furiosos. Protestava com veemência contra meu gesto. Quando se poderá interceptar o comunismo internacional?, proclamava. Outro senhor fez no parlamento um discurso inflamado contra a universidade por ter aceitado meus maravilhosos cunábulos e incunábulos, ameaçando cortar os subsídios que ela recebia do Instituto Nacional. O articulista e o parlamentar lançaram uma onda de gelo sobre o pequeno mundo chileno. O reitor da universidade ia e vinha pelos corredores do congresso, desarvorado.

O certo é que se passaram vinte anos do fato, e ninguém tornou a ver nem meus livros nem meus caracóis. É como se houvessem retornado às livrarias e ao oceano.

CRISTAIS PARTIDOS

Faz três dias que voltei a entrar, depois de uma longa ausência, em minha casa de Valparaíso. Grandes gretas feriam as paredes. Os cristais estilhaçados formavam um doloroso tapete sobre o chão dos aposentos. Os relógios, também no solo, marcavam teimosamente a hora do terremoto. Quantas coisas belas Matilde varria agora com uma vassoura. Quantos objetos raros que o abalo da terra transformou em lixo.

Temos que limpar, pôr em ordem e começar tudo de novo. Custa encontrar o papel em meio à desordem e depois é difícil ordenar os pensamentos.

Meus últimos trabalhos foram uma tradução de *Romeu e Julieta* e um longo poema de amor em ritmo antiquado, poema que ficou inconcluso.

Vamos, poema de amor, levanta-te dentre os vidros partidos, que chegou a hora de cantar.

Ajuda-me, poema de amor, a restabelecer a integridade, a cantar sobre a dor.

É verdade que o mundo não se limpa de guerras, não se lava de sangue, não se corrige do ódio. É verdade.

Mas é igualmente verdade que nos aproximamos de uma evidência: os violentos se refletem no espelho do mundo, e seu rosto não é bonito nem para eles mesmos.

E continuo acreditando na possibilidade do amor. Tenho a certeza do entendimento entre os seres humanos, logrado sobre o sofrimento, sobre o sangue e sobre os cristais quebrados.

MATILDE URRUTIA, MINHA MULHER

Minha mulher é da província como eu. Nasceu numa cidade do Sul, Chillán, famosa de maneira feliz por sua cerâmica camponesa e de maneira desgraçada pelos seus terríveis terremotos. Ao falar-lhe, disse tudo em meus *Cem sonetos de amor*.

Talvez estes versos definam o que ela significa para mim. A terra e a vida nos reuniram.

Ainda que isto não interesse a ninguém, somos felizes. Dividimos nosso tempo comum em longas temporadas na solitária costa do Chile. Não no verão porque o litoral, ressequido pelo sol, mostra-se então amarelo e desértico; mas no inverno sim, quando uma estranha floração se veste com as chuvas e o frio, de verde e amarelo, de azul e purpúreo. Algumas vezes subimos do selvagem e solitário oceano para a trepidante cidade de Santiago, na qual juntos padecemos com a complicada existência dos demais.

Matilde canta com voz poderosa as minhas canções.

Dedico-lhe tudo o que escrevo e tudo o que tenho. Não é muito, mas ela está contente.

Diviso-a agora como afunda os sapatos minúsculos no barro do jardim e depois também afunda suas mãos minúsculas na profundidade da planta.

Da terra, com pés e mãos e olhos e voz, trouxe para mim todas as raízes, todas as flores, todos os frutos fragrantes da felicidade.

UM INVENTOR DE ESTRELAS

Um homem dormia em seu quarto num hotel de Paris. Como era um notívago convicto, não se surpreendam se era já meio-dia e o homem continuava dormindo.

Teve que despertar. A parede da esquerda caiu subitamente demolida. Depois foi derrubada a da frente. Não se tratava de um bombardeio. Pelas brechas recém-abertas entravam operários bigodudos, de picareta na mão, que repreendiam o dorminhoco:

— *Eh, lève-toi, bourgeois!* Bebe conosco!

Abriu-se o champanhe. Entrou o prefeito, com faixa tricolor ao peito. Soou uma fanfarra com os acordes de A Marselhesa. Que motivo originava fatos tão estranhos? Acontecia que justamente no subsolo do quarto de dormir daquele sonhador tinha se produzido o encontro dos dois trechos do metrô de Paris, em construção nessa época.

Desde o momento em que aquele homem me contou essa história, decidi ser seu amigo, ou melhor, seu adepto ou seu discípulo. Como lhe aconteciam coisas tão estranhas, e eu não queria perder nenhuma delas, segui-o através de vários países. Federico García Lorca adotou uma posição semelhante à minha, seduzido pela fantasia daquele fenômeno.

Federico e eu estávamos sentados na cervejaria de Correos, junto à Cibeles madrilenha, quando o dorminhoco de Paris irrompeu na reunião. Ainda que vistoso e mapa-múndico de aparência, chegou desarvorado. Tinha lhe sucedido mais uma vez o inenarrável. Estava em seu modestíssimo esconderijo de Madri e quis pôr em ordem suas anotações musicais (porque esqueci de dizer que nosso protagonista era um compositor mágico). E o que aconteceu?

— Um carro parou à porta de meu hotel. Ouvi como subiam as escadas, como entravam os passos no quarto vizinho ao meu. Depois o novo inquilino começou a roncar. A princípio era um sussurro. Depois estremeceu todo o ambiente. Os armários e as paredes se moviam sob o impulso rítmico do grande roncador.

Tratava-se, sem dúvida, de um animal selvagem. Quando os roncos se desataram em uma imensa catarata, nosso amigo não teve mais nenhuma dúvida: era o Javali Cornúpeto. Em outros países seu estrondo tinha estremecido basílicas, obstruído estradas, enfurecido o mar. Que aconteceria com esse perigo planetário, com esse monstro abominável que ameaçava a paz da Europa?

A cada dia contava novas peripécias espantosas do Javali Cornúpeto a Federico, a mim, a Rafael Alberti, ao escultor Alberto, a Fulgencio Díaz Pastor e a Miguel Hernández. Todos nós o recebíamos sôfregos e nos despedíamos com ansiedade.

Até que um dia chegou com seu antigo riso globular e nos disse:

— O pavoroso problema foi resolvido. O Graaf Zeppelin alemão aceitou transportar o Javali Cornúpeto, deixando-o cair na selva brasileira. As grandes árvores o nutrirão. Não há perigo de que beba o Amazonas de um só gole. Dali continuará atordoando a terra com seus terríveis roncos.

Federico o ouvia estourando de rir, com os olhos fechados pela emoção. Então nosso amigo contava da vez em que foi colocar um telegrama, e o telegrafista o convenceu de que não enviasse nunca telegramas, mas sim cartas, porque as pessoas se assustavam muito quando recebiam essas mensagens aladas e até havia quem morresse de enfarte antes de as abrir. Aludia à vez em que assistiu por curiosidade a um leilão de cavalos "puro-sangue" em Londres e levantou a mão para saudar um amigo. Com isso o leiloeiro lhe adjudicou em 10 mil libras uma égua em que Aga Khan tinha dado um lance até 9.500 libras.

— Tive que levar a égua para meu hotel e devolvê-la no dia seguinte — concluía.

Agora o fabulista não pode contar a história do Javali Cornúpeto nem nenhuma outra. Morreu aqui, no Chile. Esse chileno orbital, músico transbordante, esbanjador de histórias inigualáveis, chamou-se em vida Acario Cotapos. Coube a mim falar no enterro desse homem insepultável. Disse somente: "Hoje entregamos às sombras um ser resplandecente que nos dava uma estrela todo dia."

ÉLUARD, O MAGNÍFICO

Meu camarada Paul Éluard morreu faz pouco tempo. Era tão íntegro, tão denso, que me custou dor e trabalho acostumar-me com seu desaparecimento. Era um normando azul e rosa, de aspecto grave e delicado. A guerra de 1914, na qual foi vítima de gases duas vezes, deixou-o para sempre de mãos trêmulas. Mas Éluard me deu em todos os momentos a ideia da cor celeste, de uma água profunda, de uma doçura que conhecia a força. Sua poesia tão pura, transparente como as gotas de uma chuva de primavera contra os cristais, fazia com que Paul Éluard parecesse um homem apolítico, um poeta contra a política. Não era assim. Sentia-se fortemente ligado ao povo da França, à sua causa e à sua luta.

Paul Éluard era firme, uma espécie de torre francesa, com essa lucidez apaixonada que não é o mesmo que a estupidez apaixonada tão comum.

Pela primeira vez, no México, para onde viajamos juntos, vi-o à beira de um abismo escuro, ele que sempre — com uma sábia perseverança — rejeitou a tristeza.

Estava abatido. Eu tinha convencido e arrastado esse francês central para essas terras distantes e ali, no mesmo dia em que enterramos José Clemente

Orozco, caí doente com uma perigosa tromboflebite que me manteve quatro meses preso à cama. Paul Éluard sentiu-se solitário, sombriamente solitário, com o desamparo do explorador cego. Não conhecia ninguém, as portas não se abriam para ele. A viuvez o acometeu e se sentia ali sozinho e sem amor. Dizia-me: "Precisamos ver a vida com companhia, participar em todos os fragmentos da vida. É irreal e criminosa a minha solidão."

Chamei meus amigos e o obrigamos a sair. De má vontade o levaram a percorrer os caminhos do México e em um desses recantos se encontrou com o amor, com seu último amor: Dominique.

É muito difícil para mim escrever sobre Paul Éluard. Continuarei vendo-o vivo junto de mim, acesa em seus olhos a elétrica profundidade azul que olhava tão amplamente e de tão longe.

Saía do solo francês em que lauréis e raízes entretecem suas fragrantes heranças. Sua grandeza era feita de água e pedra, e para ela subiam antigas trepadeiras, portadoras de flor e fulgor, de ninhos e cantos transparentes.

Transparência — é essa a palavra. Sua poesia era cristal de pedra, água imobilizada em sua corrente cantante.

Poeta do amor mais alto, fogueira pura do meio-dia, nos dias desastrosos da França deu o coração para sua pátria — e dele saiu o fogo decisivo para as batalhas.

Assim chegou às fileiras do Partido Comunista. Para Éluard, ser um comunista era confirmar com sua poesia e sua vida os valores da humanidade e do humanismo.

Não se pense que Éluard foi menos político que poeta. Muitas vezes me assombravam sua clara visão e sua formidável razão dialética. Juntos examinamos muitas coisas, homens e problemas de nosso tempo, e sua lucidez me foi útil para sempre.

Não se perdeu no irracionalismo surrealista porque não foi um imitador, mas sim um criador e, como tal, descarregou sobre o cadáver do surrealismo disparos de claridade e inteligência.

Foi meu amigo de todo dia, e perco sua ternura que era parte de meu pão. Ninguém me poderá dar agora o que ele levou consigo porque sua fraternidade ativa era um dos mais preciosos luxos de minha vida.

Torre da França, irmão! Inclino-me sobre teus olhos cerrados que continuarão me dando a luz e a grandeza, a simplicidade e a retidão, a bondade e a simplicidade que implantaste sobre a terra.

PIERRE REVERDY

Nunca chamarei de mágica a poesia de Pierre Reverdy. Essa palavra, lugar-comum de uma época, é como um chapéu de farsante de feira: nenhuma pomba selvagem sairá de seu bojo para levantar voo.

Reverdy foi um poeta material que designava e tocava inumeráveis coisas da terra e do céu. Designava a evidência e o esplendor do mundo.

Sua poesia em si era como um filão de quartzo, subterrâneo e esplêndido, inesgotável. Às vezes reluzia duramente, com fulgor de mineral negro, arrancado arduamente da terra espessa. Inesperadamente voava numa chispa fosfórica ou se ocultava em seu corredor de mina, longe da claridade, mas preso à sua própria verdade. Talvez essa verdade, essa identidade do corpo de sua poesia com a natureza, essa tranquilidade reverdyana, essa autenticidade inalterável foram lhe antecipando o esquecimento. Pouco a pouco foi considerado pelos outros como uma evidência, fenômeno natural, casa, rio ou rua conhecida, que não mudariam jamais de aspecto nem de lugar.

Agora que mudou de lugar, agora que um grande silêncio, maior que seu honorável e orgulhoso silêncio, o levou, vemos que já não está aqui, que este fulgor insubstituível se foi, sendo enterrado na terra e no céu.

Digo que seu nome, como anjo ressuscitado, fará cair algum dia as injustas portas do esquecimento.

Sem trombetas, aureolado pelo silêncio sonoro de sua grande e contínua poesia, o veremos no juízo final, no Juízo Essencial, deslumbrando-nos com a simples eternidade de sua obra.

JERZY BOREJSZA

Já não me espera na Polônia Jerzy Borejsza. O destino reservou a esse velho emigrado a restituição de sua pátria. Quando entrou como soldado, depois de muitos anos de ausência, Varsóvia era somente um montão de ruínas trituradas. Não havia ruas nem árvores. Ninguém o esperava. Borejsza, fenômeno dinâmico, trabalhou com seu povo. De sua cabeça saíram planos colossais e depois uma imensa iniciativa: a Casa da Palavra Impressa. Construíram os andares um a um, chegaram as rotativas maiores do mundo, e ali são impressos agora milhares e milhares de livros e revistas. Borejsza era um infatigável transmutador telúrico dos ideais para os fatos. Na vitalidade da nova Polônia, suas proposições audazes se cumpriram como os castelos nos sonhos.

Eu não o conhecia. Fui conhecê-lo no campo de férias onde me esperava, ao Norte da Polônia, na região dos lagos masurianos.

Quando desci do carro, vi um homem desarrumado e com a barba por fazer, vestido apenas com um short de cor indefinível. Imediatamente gritou para mim, com energia frenética, num espanhol aprendido nos livros: "Pablo, *non habrás fatiga. Debes tomar reposo.*" De fato não me deixou *tomar reposo* nenhum. Sua conversa era vasta, multiforme, inesperada e interjetiva. Contava-me ao mesmo tempo sete planos diferentes de edificações, misturados com a análise de livros que traziam novas interpretações sobre os feitos históricos ou a vida. "O verdadeiro herói era Sancho Pança, e não Dom Quixote, Pablo." Para ele Sancho era a voz do realismo popular, o centro verdadeiro de seu mundo e de seu tempo. "Quando Sancho governa, ele o faz bem porque governa o povo."

Tirava-me cedo da cama, sempre bradando *debes tomar reposo*, e me levava pelas florestas de abetos e pinheiros para me mostrar um convento de uma seita religiosa que emigrou há um século da Rússia e que conservava todos os seus ritos. As monjas o recebiam como uma bênção. Borejsza era todo tato e respeito para com aquelas religiosas.

Era terno e ativo. Aqueles anos tinham sido terríveis. Certa vez me mostrou o revólver com que tinha sido executado um criminoso de guerra, depois de um julgamento sumário.

Haviam encontrado a caderneta em que o nazista tinha cuidadosamente anotado seus crimes: velhos e crianças enforcados por suas mãos, violações de mocinhas. Surpreenderam-no na mesma aldeia de suas devastações. Desfilaram as testemunhas. Leram para ele a caderneta acusadora. O insolente assassino respondeu somente com uma frase: "Voltaria a fazê-lo se pudesse começar de novo." Tive aquela caderneta em minhas mãos e aquele revólver que suprimiu a vida de um cruel foragido.

Nos lagos masurianos, multiplicados até o infinito, pescam-se enguias. De manhã cedinho partíamos para a pesca e depois as víamos, palpitantes e molhadas, como cinturões negros.

Familiarizei-me com aquelas águas, com seus pescadores e com sua paisagem. Da manhã à noite meu amigo me fazia subir e descer, correr e remar, conhecer pessoas e árvores. Tudo ao brado de: "Aqui deves repousar. Não há lugar como este para se repousar."

Quando deixei os lagos masurianos, deu-me de presente uma enguia defumada, a mais comprida que eu tinha visto.

Esse estranho bastão me complicou a vida. Eu queria comê-la porque sou grande apreciador das enguias defumadas e esta vinha diretamente de seu lago natal, sem armazéns nem intermediários, de toda confiança. Mas por esses dias não faltava em meu hotel enguia em todos os cardápios. E eu não tinha ocasião de me servir de minha enguia particular nem de dia nem de noite. Começou a ser uma obsessão para mim.

De noite tirava-a para a sacada para que tomasse a fresca. Às vezes, no meio de conversas interessantes, lembrava que já era meio-dia e que minha enguia continuava às intempéries, em pleno sol. Perdia então todo o interesse pelo assunto e corria para deixá-la em um lugar fresco de meu quarto, dentro de um armário, por exemplo.

Por fim encontrei um aficionado a quem presenteei, não sem remorsos, com a mais comprida, a mais tenra e a mais bem defumada das enguias que já existiram.

Agora o grande Borejsza, quixote magro e dinâmico, admirador de Sancho como o outro Quixote, sensível e sábio, construtor e sonhador, repousa pela primeira vez. Repousa nas trevas que tanto amou. Junto ao seu túmulo continuamos acreditando num mundo ao qual ele deu sua explosão vital, sua energia infatigável.

SOMLYÓ GYÖRGY

Amo na Hungria o entrelaçamento da vida e da poesia, da história e da poesia, do tempo e do poeta. Em outros lugares se discute este assunto com mais ou menos inocência, com mais ou menos injustiça. Na Hungria todo poeta está comprometido antes de nascer. Attila József, Ady Endre, Gyula Illyés são produtos naturais de um grande vaivém entre o dever e a música, entre a pátria e a sombra, entre o amor e a dor.

Somlyó György é um poeta a quem vi crescer com segurança e poder há vinte anos. Poeta de tom apurado e ascendente como um violino, poeta preocupado com sua vida e com as outras vidas, poeta húngaro até a medula, húngaro em sua generosa disposição de compartilhar a realidade e os sonhos de um povo. Poeta do amor mais decidido e da ação mais ardente, guarda em sua universalidade a marca singular da grande poesia de sua pátria.

Um jovem poeta maduro, digno da atenção de nossa época. Uma poesia quieta, transparente e embriagadora como o vinho das areias de ouro.

QUASIMODO

A terra da Itália guarda as vozes de seus amigos poetas em suas puríssimas entranhas. Ao pisar o solo das campinas, ao cruzar os parques onde a água cintila, ao atravessar as areias de seu pequeno oceano azul, pareceu-me ir pisando substâncias diamantinas, cristais secretos, todo o fulgor guardado pelos séculos. A Itália deu forma, som, graça e arrebatamento à poesia da Europa; tirou-a de sua primeira forma disforme, de sua rusticidade vestida de sotaina e armadura. A luz da Itália transformou as vestimentas esfarrapadas dos jograis e a ferragem das canções de gesta em um rio caudaloso de diamantes cinzelados.

Para nossos olhos de poetas recém-chegados à cultura, vindos de países onde as antologias começam com os poetas do ano 1880, era um assombro ver nas antologias italianas a data de 1230 e tantos, 1310 ou 1450 e — entre estas datas — os tercetos deslumbrantes, o apaixonado atavio, a profundidade e a pedraria dos Alighieri, Cavalcanti, Petrarca, Poliziano.

Esses nomes e esses homens emprestaram luz florentina ao nosso doce e poderoso Garcilaso de la Vega, ao suave Boscán, iluminaram Góngora e tingiram com seu dardo de sombra a melancolia de Quevedo, moldaram os sonetos de William Shakespeare da Inglaterra e inflamaram as essências da França, fazendo florescer as rosas de Ronsard e Du Bellay.

Assim, pois, nascer em terras de Itália é empresa difícil para um poeta, empresa estrelada que implica assumir um firmamento de heranças resplandecentes.

Conheço há anos Salvatore Quasimodo e posso dizer que sua poesia representa essa consciência que para nós pareceria fantasmagórica por sua carga pesada e ardente. Quasimodo é um europeu que dispõe para a ciência certa do conhecimento e do equilíbrio de todas as armas da inteligência. No entanto, sua posição de italiano central, de protagonista atual de um intermitente mas inesgotável classicismo, não o converteram em um guerreiro preso dentro de sua fortaleza. Quasimodo é um homem universal por excelência, que não divide o mundo belicosamente em Ocidente e Oriente, mas sim que considera, como absoluto dever contemporâneo, apagar as fronteiras da cultura e estabelecer como dons indivisíveis a poesia, a verdade, a liberdade, a paz e a alegria.

Em Quasimodo, unem-se as cores e os sons de um mundo melancolicamente sereno. Sua tristeza não significa a derrotada insegurança de Leopardi, mas sim o recolhimento germinal da terra na tarde, essa unção que adquire a tarde quando os perfumes, as vozes, as cores e os sinos protegem o trabalho das sementes mais profundas. Amo a linguagem recolhida desse grande poeta, seu classicismo e seu romantismo e sobretudo admiro nele sua própria impregnação na continuidade da beleza, assim como o poder de transformar tudo em uma linguagem de verdadeira e comovedora poesia.

Por cima do mar e da distância levanto uma fragrante coroa feita com folhas de Araucanía e a deixo voando no ar para que a levem o vento e a vida, deixando-a sobre a fronte de Salvatore Quasimodo. Não é a apolínea coroa de louros que tantas vezes vimos nos retratos de Francesco Petrarca. É uma coroa de nossos bosques inexplorados, de folhas que no entanto não têm nome, encharcadas pelo orvalho de auroras austrais.

VALLEJO SOBREVIVE

Outro homem foi Vallejo. Nunca esquecerei sua grande cabeça amarela, parecida com as que se veem nas antigas janelas do Peru. Vallejo era sério e puro. Morreu em Paris. Morreu do ar sujo de Paris, do rio sujo de onde tiraram tantos mortos. Vallejo morreu de fome e de asfixia. Se o tivéssemos trazido para o Peru, se o tivéssemos feito respirar ar e terra peruanos, talvez estivesse vivo e cantando. Escrevi em épocas diferentes dois poemas sobre meu amigo íntimo, sobre meu bom camarada. Neles creio estar descrita a biografia de nossa amizade diversificada. O primeiro, "Ode a César Vallejo", aparece no primeiro volume das *Odes elementares*.

Nos últimos tempos, nesta pequena guerra da literatura, a guerra mantida por pequenos soldados de dentes ferozes, têm lançado Vallejo, a sombra de César Vallejo, a ausência de César Vallejo, a poesia de César Vallejo contra mim e minha poesia. Isso pode acontecer em toda parte. Trata-se de ferir os que trabalharam muito. Dizer: "Este não é bom; Vallejo, sim, é que era bom." Se Neruda estivesse morto, o lançariam contra Vallejo vivo.

O segundo poema, cujo título é uma letra só (a letra V), aparece em *Estravagario*.

Para buscar o indefinível, o mapa ou o fio que une o homem à obra, falo daqueles que tiveram algo ou muito que ver comigo. Vivemos em parte a vida juntos e agora eu sobrevivo a eles. Não tenho outro meio de indagar o que chamam de mistério poético e que eu chamaria de claridade poética. Tem que haver alguma relação entre as mãos e a obra, entre os olhos, as vísceras, o sangue do homem e seu trabalho. Mas eu não tenho teoria a respeito. Não ando com um dogma debaixo do braço para deixá-lo cair na cabeça de ninguém. Como quase todas as pessoas, vejo tudo claro na segunda-feira, vejo tudo escuro na terça e acho que este ano é claro-escuro. Os próximos anos serão azuis.

LEÓN FELIPE

"Você é feliz?", perguntava León Felipe a qualquer um e a todo mundo, coçando, ao mesmo tempo, sua messiânica barbinha.
Para mim não são super-homens os inumanos, e sim os super-humanos: neles reside a gradação da grandeza. E León Felipe foi super-

-humano, extra-humano, feito da argamassa de toda a humanidade. Dava prazer ouvi-lo, senti-lo, vê-lo.

Além disso, eu lia a ele, a León Felipe; mais que ler seus próprios poemas, eu lia muitas vezes esse homem tão considerável e ameno.

Era feito de muitas páginas. Era um infólio jovem e amarelo em que todos os versículos, os aprendizados, as referências, a sabedoria e a ternura estavam perceptivelmente escritos em seu gesto.

Nobre poeta! Querido homem bom!

Ah, quanto perdemos! Quanto continuaremos perdendo!

Eu me conformo porque ele foi para mim um grande exemplo de valor meditativo. Ensinou muitas vezes a perder. E quando sua ausência já vai ficando transparente, me conformo com seu benigno e desesperado ensinamento.

Poucos homens como ele. Poucos poetas como o galego errante León Felipe Camino.

GABRIELA MISTRAL

Já tinha dito anteriormente que conheci Gabriela Mistral em minha cidade, Temuco, de onde depois ela foi embora para sempre. Gabriela estava na metade de sua difícil e trabalhosa vida e era exteriormente monástica, algo assim como uma madre superiora de uma ordem retilínea.

Naquela época escreveu os "Poemas del hijo", feitos em prosa escorreita, lavrada e constelada, porque sua prosa foi muitas vezes sua poesia mais penetrante. Como nesses "Poemas del hijo" descreve a gravidez, o parto e o crescimento, algo confuso se sussurrou em Temuco, algo impreciso, algo inocentemente torpe, talvez um comentário grosseiro que feria sua condição de solteira, feito por essa gente ferroviária e madeireira que eu conheço tanto, gente bravia e tempestuosa que chamam pão ao pão e vinho ao vinho.

Gabriela se sentiu ofendida e morreu ofendida.

Anos depois, na primeira edição de seu grande livro, pôs uma longa nota inútil contra o que se tinha dito e sussurrado sobre sua pessoa naquelas montanhas do fim do mundo.

Na ocasião de sua vitória memorável, com o Prêmio Nobel consagrando sua cabeça, devia passar na viagem pela estação de Temuco. Os colégios a aguardavam todos os dias. As jovens estudantes chegavam salpicadas pela chuva e palpitantes de *copihues*. O *copihue* é a flor austral, a corola bela e selvagem da Araucanía. Inútil espera. Gabriela Mistral arranjou para passar por ali de noite, procurou um complicado trem noturno para não receber os *copihues* de Temuco.

Bem, e isso depõe contra Gabriela? Isso quer dizer simplesmente que a ferida permanecia no íntimo de sua alma e não se fecharia facilmente. Isso revela na autora de tão grandiosa poesia que em sua alma lutaram, como em qualquer alma de homem, o amor e o rancor.

Para mim teve sempre um sorriso aberto de boa camaradagem, um sorriso de farinha em sua cara de pão moreno.

Mas quais foram as melhores substâncias no forno de seus trabalhos? Qual foi o ingrediente secreto de sua sempre dolorosa poesia?

Não vou averiguar isso e com certeza não conseguiria sabê-lo e, mesmo que soubesse, não iria dizer.

Neste mês de setembro florescem os joios; e o campo é uma alfombra tremulante e amarela. Já faz quatro dias, aqui na costa, que o vento Sul golpeia com magnífica fúria. A noite está cheia de seu movimento sonoro. O oceano é a um tempo aberto cristal verde e titânica brancura.

Chegas, Gabriela, amada filha destes joios, destas pedras, deste vento gigantesco. Todos te recebemos com alegria. Ninguém esquecerá teus cantos aos espinheiros, às neves do Chile. És chilena. Pertences ao povo. Ninguém esquecerá tuas estrofes aos pés descalços de nossos meninos. Ninguém esqueceu tua "palavra maldita". És uma comovedora partidária da paz. Por essas e por outras razões te amamos.

Chegas, Gabriela, aos joios e aos espinheiros do Chile. Vale bem a pena que te dê as boas-vindas verdadeiras, florida e áspera, em conformidade com tua grandeza e com nossa amizade inquebrantável. As portas de pedra e a primavera de setembro se abrem para ti. Nada mais grato a meu coração do que ver teu largo sorriso entrar na sagrada terra que o povo do Chile fez florescer e cantar.

Cabe a mim compartilhar contigo a essência e a verdade que, graças a nossa voz e nossos atos, serão respeitadas. Que teu coração maravilhoso descanse, viva, lute, cante e creia na oceânica e andina solidão da pátria. Beijo tua nobre fronte e reverencio tua extensa poesia.

VICENTE HUIDOBRO

O grande poeta Vicente Huidobro, que sempre adotou um ar travesso em relação a todas as coisas, me perseguiu com suas múltiplas brincadeiras de mau gosto, enviando infantis cartas anônimas contra mim e acusando-me continuamente de plágio. Huidobro é o representante de uma longa linha de egocêntricos impenitentes. Essa forma de se defender na contraditória vida da época, que não concedia nenhum papel ao escritor, foi uma característica dos anos imediatamente anteriores à Primeira Guerra Mundial. A posição egodesafiante repercutiu na América como eco dos desplantes de D'Annunzio na Europa. Esse escritor italiano, grande esbanjador e violador dos cânones pequeno-burgueses, deixou na América um marco vulcânico de messianismo. O mais magnificente e revolucionário de seus seguidores foi Vargas Vila.

É difícil para mim falar mal de Huidobro, que me honrou durante toda a sua vida com uma espetacular guerra de tinta. Ele conferiu a si mesmo o título de "Deus da Poesia" e não achava justo que eu, muito mais jovem que ele, fizesse parte de seu Olimpo. Nunca soube bem de que se tratava nesse Olimpo. A gente de Huidobro criacionava, surrealizava, devorava a última moda de Paris. Eu era infinitamente inferior, irredutivelmente provinciano, regional, semisselvagem.

Huidobro não se conformava em ser um poeta extraordinariamente dotado, como era com efeito. Queria também ser "superman". Tinha algo de infantilmente belo em suas travessuras. Se tivesse vivido até hoje já teria se oferecido como voluntário insubstituível para a primeira viagem à Lua. Imagino-o provando aos sábios que seu crânio era o único sobre a Terra genuinamente dotado, por sua forma e flexibilidade, para se adaptar aos foguetes cósmicos.

Algumas anedotas o definem. Por exemplo: quando voltou para o Chile, depois da última guerra, já velho e próximo do fim, mostrava a todo o mundo um telefone oxidado, dizendo:

— Arrebatei-o pessoalmente de Hitler. Era o telefone favorito do *Führer*.

Certa vez lhe mostraram uma má escultura acadêmica, e ele disse:

— Que horror! É ainda pior que as de Michelangelo.

Vale a pena contar também uma aventura estupenda, protagonizada por ele em Paris, em 1919. Huidobro publicou um livrinho intitulado *Finis Britannia*, no qual prognosticava a queda imediata do império britânico. Como ninguém tomou conhecimento de sua profecia, o poeta resolveu desaparecer. A imprensa se ocupou do caso: "Diplomata chileno misteriosamente sequestrado." Alguns dias depois apareceu estendido à porta de sua casa.

— *Boy scouts* ingleses tinham me sequestrado — declarou à polícia. Mantiveram-me amarrado a uma coluna, num subterrâneo, e me obrigaram a gritar um milhão de vezes: "Viva o império britânico!"

Depois voltou a desmaiar. Mas a polícia examinou um pacotinho que levava debaixo do braço. Era um pijama novo, comprado três dias antes em uma boa loja de Paris pelo próprio Huidobro. Foi descoberto tudo. Mas Huidobro perdeu um amigo. O pintor Juan Gris, que tinha acreditado de pés juntos no sequestro e sofrido horrores pela violência imperialista ao poeta chileno, não lhe perdoou jamais aquela mentira.

Huidobro é um poeta como o cristal. Sua obra brilha por toda parte e tem uma alegria fascinante. Em toda a sua poesia há um resplendor europeu que ele cristaliza e burila com um jogo cheio de graça e inteligência.

O que mais me surpreende em sua obra relida é sua diafaneidade. Esse poeta literário, que seguiu todas as modas de uma época emaranhada e que se propôs ignorar a solenidade da natureza, deixa fluir através de sua poesia um constante canto de água, um rumor de ar e de folhas e uma grave humanidade que se apodera por completo de seus penúltimos e últimos poemas.

Dos encantadores artifícios de sua poesia afrancesada às poderosas forças de seus versos fundamentais, há em Huidobro uma luta entre o jogo e o ardor, entre a evasão e a imolação. Esta constitui um espetáculo, realiza-se a plena luz e quase a plena consciência, com uma claridade deslumbrante.

Não há dúvida de que temos vivido afastados de sua obra por um antecipado preconceito de sobriedade. Estamos de acordo que o pior inimigo de Vicente Huidobro foi Vicente Huidobro. A morte apagou sua existência contraditória e irredutivelmente brincalhona. A morte correu um véu sobre sua vida mortal, mas levantou outro véu que deixou para sempre a descoberto sua deslumbrante qualidade. Propus um monumento para ele, junto a Rubén Darío. Mas nossos governos são parcos em erigir estátuas aos criadores, assim como são pródigos em monumentos sem sentido.

Não podíamos pensar em Huidobro como um protagonista político apesar de suas velozes incursões no edifício revolucionário. Teve para com as ideias inconsequência de menino mimado. Mas tudo isso ficou para trás, na poeira, e seríamos nós mesmos inconsequentes se nos puséssemos a lhe cravar agulhas com o risco de despregar suas asas. Diremos melhor ainda que seus poemas à Revolução de Outubro e à morte de Lenin são contribuição fundamental de Huidobro ao despertar humano.

Huidobro morreu no ano de 1948, em Cartagena, perto de Isla Negra, não sem antes ter escrito alguns dos mais arrojados e sérios poemas que li na minha vida. Pouco antes de morrer, visitou minha casa de Isla Negra, acompanhando Gonzalo Losada, meu bom amigo e editor. Huidobro e eu falamos como poetas, como chilenos e como amigos.

INIMIGOS LITERÁRIOS

Suponho que os conflitos de maior ou menor importância entre os escritores existiram e continuarão existindo em todas as regiões do mundo.

Na literatura do continente americano proliferam os grandes suicidas. Na Rússia revolucionária, Maiakovski foi encurralado até o disparo pelos invejosos.

Os pequenos rancores se exacerbam na América Latina. A inveja chega às vezes a ser uma profissão. Diz-se que esse sentimento nós o herdamos da gasta Espanha colonial. A verdade é que em Quevedo, em Lope e em Góngora encontramos com frequência as feridas que mutuamente se causaram. No que pese seu fabuloso esplendor intelectual, o Século de Ouro foi uma época infeliz, com a fome rondando em torno dos palácios.

Nos últimos anos, a novela tomou uma nova dimensão em nossos países. Os nomes de García Márquez, Juan Rulfo, Vargas Llosa, Sabato, Cortázar, Carlos Fuentes, o chileno Donoso são ouvidos e lidos em toda parte. A alguns deles batizaram com o nome de *boom*. É corrente também ouvir dizer que eles formam um grupo de autopromoção.

Conheci-os quase todos e os acho notavelmente saudáveis e generosos. Compreendo — cada dia com maior clareza — que alguns tenham tido que emigrar de seus países em busca de uma maior tranquilidade para o trabalho, longe da má vontade política e da inveja pululante. As razões de seus exílios são irrefutáveis: seus livros têm sido cada vez mais essenciais na verdade e no sonho de nossas Américas.

Não queria falar de minhas experiências pessoais nesse extremo da inveja. Não desejava aparecer como egocêntrico, como excessivamente preocupado comigo mesmo. Mas cruzaram meu caminho invejosos tão persistentes e pitorescos que vale a pena contar.

É possível que em certas ocasiões essas sombras persecutórias me irritassem. No entanto, a verdade é que cumpriam involuntariamente um estranho dever propagandístico, tal como se fizessem parte de uma empresa especializada em fazer divulgar meu nome.

O LITERÁRIO ANTAGÔNICO

A morte trágica de um desses sombrios adversários deixou uma espécie de buraco em minha vida. Ele manteve sua beligerância em relação a tudo o que eu fazia durante tantos anos que, ao não a ter, estranho sua ausência.

Quarenta anos de perseguição literária é algo fenomenal. Com certa fruição, me ponho a ressuscitar a batalha solitária que foi a de um homem contra sua própria sombra, já que eu não fiz parte dela.

Vinte e cinco revistas foram publicadas por um diretor invariável (que era sempre ele), destinadas a me destruir literalmente, atribuindo-me todo tipo de crimes, traições, esgotamento poético, vícios públicos e secretos, plágio, sensacionais aberrações sexuais. Também surgiam panfletos que eram distribuídos com assiduidade e reportagens não desprovidas de humor e, finalmente, um volume inteiro intitulado *Neruda e eu*, livro gordo, cheio de insultos e ímprecações.

Embora este "eu" de *Neruda e eu* seja desconhecido — e talvez continue sendo — para muitos que lerão este livro, vale a pena que eu me detenha a recordar pormenores que revelam o personagem que me perseguiu durante anos. Seu trágico final — suicidou-se já velho — me fez vacilar muito antes de escrever estas recordações. No entanto, há um imperativo de época e localidade. Uma grande cordilheira de Ódio atravessa os países de fala espanhola, prejudicando, através de trabalhosa inveja, as tarefas do escritor. Poucos escapam da ferocidade dessa cordilheira.

A única maneira de acabar com ela é descrever e exibir seus acidentes.

Meu adversário era um poeta chileno mais velho do que eu, acérrimo e absolutista, e mais gesticulador que intrínseco. Esse tipo de escritores dotados de ferocidade egocêntrica pulula nas Américas: têm diversas formas de aspereza e de autossuficiência, mas sua ascendência dannunziana é tragicamente verdadeira. Só que aqui, em nossas pobres latitudes, nós, poetas quase maltrapilhos e famintos, acreditávamos pelo menos no veludo operístico do narciso D'Annunzio. Suas imitações sul-americanas tinham uma triste aliança com a sordidez de uma época em que as falsas aristocracias crioulas viviam entrincheiradas em suas fazendas. Nós, poetas, vagávamos nas madrugadas imisericordiosas no meio do vômito dos bêbados.

Nesses ambientes miseráveis, a literatura exibia, estranhamente, sujeitos valentões e façanhas da sobrevivência picaresca. Um grande niilismo, um falso cinismo nietzschiano autorizava muitos dos nossos a cobrir-se com máscaras de delinquentes. Muitos retorceram sua vida até a autodestruição ou o delito.

Meu antagonista precoce surgiu dessa maneira, primeiro tentando me seduzir para que eu embarcasse nas regras de seu jogo. Tal coisa era inconcebível para meu provincianismo pequeno-burguês. Não me atrevia e não gostava de viver de expedientes. O homem, maior do que eu, era um especialista em tirar proveito das conjunturas. Vivia em um mundo de incessantes vigarices no qual o mais certo era que enganava a si mesmo implantando-se uma personalidade ameaçadora que lhe servia de profissão e proteção.

Está na hora de nomearmos o personagem. Chamava-se Perico de Palothes. Era um homem forte e peludo e tentava impressionar tanto com sua literatura como com sua imagem.

Certa vez, quando eu tinha apenas 18 ou 19 anos de idade, sugeriu-me que publicássemos uma revista literária composta apenas de duas seções: uma em que ele, em diversos tons, prosas e metros, declararia que eu era um poderoso poeta genial e a outra seria feita por mim, atribuindo-lhe uma genialidade absoluta. Tudo ficaria assim combinado.

Embora eu fosse muito jovem, achei isso excessivo.

Foi difícil dissuadi-lo. Era um grande editor de revistas e, na verdade, é assombroso como conseguia obter os fundos destinados a sua perpetuidade panfletária.

Tanto para seus livros e revistas como para suas necessidades domésticas, De Palothes recorria sistematicamente à chantagem. Nas isoladas províncias invernais, havia traçado um plano preciso de ação. A gente sacrificada que exerce no país as profissões liberais vive afastada da cultura, que se transforma em privilégio e mitologia metropolitana. Nosso personagem fabricara uma longa lista de médicos, advogados, dentistas, agrônomos, professores, engenheiros, chefes de serviços públicos. Amparado em suas volumosas publicações, revistas, obras completas, panfletos épicos e líricos, oferecia-os de forma severa, apresentando-se como um "mensageiro da cultura universal" que se dignava a dirigir sua atenção e receber alguns miseráveis escudos do pobre homem que visitava e que, por arte de sua verve grandiloquente, ia se apequenando até ficar do tamanho de uma mosca. Em geral saía com os escudos no bolso e deixava a mosca entregue à cultura universal.

Outras vezes esgrimia um quadro recém-pintado por alguém de sua família e, embora ostentasse tinta fresca, atribuía-o a algum mestre do passado, mundial ou nacional.

Algumas vezes, consumado o ato, me dizia ao sair: "Arranquei cinquenta pesos deste porco. Quer ficar com dez?"

Eu protestava timidamente e horrorizado por dentro.

Lá pelo ano de 1925, eu estava passando as férias na casa de meus pais e Perico de Palothes foi me visitar. Trazia uma artimanha para tirar dinheiro dos fazendeiros do Sul. Dessa vez, estava acompanhado por Rubén Azócar, um de meus companheiros de juventude, romancista e poeta, de imensas sobrancelhas, rosto de máscara indígena, estatura baixa e coração interminável. De Palothes o havia convencido a acompanhá-lo.

Era um espetáculo. O energúmeno De Palothes com calças de montar e botas de policial, envolto em uma magnífica batina de procedência exótica. Ao seu lado, meu raquítico companheiro, defendendo-se do frio noturno com um paletó de tweed quadriculado que era o seu grande tesouro neste mundo.

De Palothes se apresentava como um técnico de publicidade agrícola e propunha aos selvagens agricultores sulistas produzir luxuosas monografias de suas fazendas, com fotografias de seus proprietários e de suas vacas.

Entrava e saía dos ranchos, sempre acompanhado por meu pobre amigo. Entre elogios e ameaças oblíquas de publicações contrárias aos fazendeiros, nosso homem saía com alguns cheques. Em geral, esses proprietários terríveis, mas realistas, entregavam-lhe algumas cédulas para se livrar dele.

A característica suprema de Perico de Palothes, filósofo nietzschiano e grafômano irredimível, era sua agressividade intelectual e física. Foi um fanfarrão da vida literária do Chile. Ao longo da história, os valentões sempre tiveram uma pequena corte de covardes que os homenageavam, e esse foi o caso do nosso herói durante muitos anos. Porém, a vida costuma desiludir de forma implacável esses seres circunstanciais.

Recordo que, precisamente durante aquela visita agrícola do impostor, aconteceu, na minha presença, uma coisa humilhante, uma espécie de escândalo. Ele próprio havia convidado a Rubén Azócar e a mim para beber umas garrafas de vinho com o produto de algumas dessas monografias agrícolas que os agricultores jamais veriam. Na terceira garrafa, De Palothes assumiu por inteiro seu papel de Ferrabrás. Insultava, gritando, inimigos imaginários ou verdadeiros, não poupando nem a mim nem a Azócar de alguns de seus epítetos. Sua linguagem vulgar era pouco imaginativa, com intermináveis alusões porcas. Quando quis me retirar da mesa, levantou-se para me impedir. Afirmava que nós dois éramos as bases da vida intelectual deste planeta e que ele havia percebido certa resistência minha ao seu gênio. Chorava aos prantos.

Como, ao tentar me abraçar, caiu de bruços e arrastou algumas taças e garrafas, o barman, que era o dono da casa, se aproximou. Ao contrário de Rubén e eu, que éramos uns jovenzinhos subnutridos, o comerciante era um homem sorridente e robusto e tirou sem dificuldade Perico de Palothes de baixo de uma mesa. Depois de colocá-lo em pé, nos propôs: "Parece que o senhor bebeu além da conta. Com esta noite fria e com este barro nas ruas, poderia se acidentar. Eu não alugo quartos, mas sem que me paguem nada posso lhe dar uma cama para que se tranquilize e cure a bebedeira." Enquanto isso, segurava com firmeza nosso energúmeno para que não desabasse de novo. De Palothes ouviu a oferta e teve a péssima ideia de responder: "Se está me oferecendo uma cama com mulher, eu fico."

Dirigindo-se a nós, o maciço cantineiro comentou: "Este senhor me confunde. Não sou um safado e acho que sou um cavaleiro. Por isso vou lhe dar uma lição."

Então, pegando nosso Ferrabrás pela lapela, lhe deu uma fenomenal bofetada na boca. Depois, o virou para o outro lado, como se fosse um manequim de vitrine, e avançando com ele até a porta, posicionou-o estrategicamente e lhe deu um pontapé final no traseiro. Nosso titã rodou na noite chuvosa e ficou deitado no barro.

O hotelzinho em que Palothes e Rubén estavam hospedados ficava ao lado de minha casa e avançamos até lá na escuríssima noite, enquanto o machucado personagem, sem ainda ter digerido os golpes do cantineiro, caminhava vociferando contra a gente.

Conseguimos afastá-lo de sua cólera e me despedi de Perico de Palothes e de meu pobre amigo, seu auxiliar, na porta do hotel.

No dia seguinte, o condutor Reyes, meu pai, que sempre gostou de ser pontual, prestes a se sentar à mesa do almoço, olhou-me severamente e disse: "É meio-dia e meia e seus amigos ainda não chegaram."

Saí correndo para procurar Perico de Palothes e Rubén Azócar. Por mais desagradável que tivesse sido a noite da véspera, minha extrema juventude me impedia de cortar os vínculos com aquele abusivo visitante.

Ao entrar em seu quarto, deparei com uma situação insólita. O poeta Rubén Azócar estava sozinho, em mangas de camisa, sentado em sua cama. Meu bom companheiro sempre foi uma pessoa emotiva, sujeita a grandes explosões de alegria e abismos depressivos. Dessa vez, com a cabeça entre as mãos, parecia uma antiga estátua asteca da desolação.

— O que há com você? — perguntei. — Eu o estava esperando para almoçar. Meu pai já está sentado à mesa.

— Ele partiu — respondeu, sem levantar a cabeça.

— De Palothes? — perguntei. — Tanto melhor. Por fim o deixou tranquilo. Vamos comer.

— Não posso — respondeu.

— Por que não pode? Vamos logo.

— Ele levou meu paletó — disse, quase chorando.

Levei-o quase aos empurrões. Na minha casa, pus em seus ombros minha capa de poeta e assim conseguiu almoçar, com uma veste superficialmente honorável, na mesa de meu pai, observante rigoroso das boas maneiras.

Então resolvi me livrar daquela pesada amizade. Porém, as coisas não são tão simples.

O pavoroso indivíduo me perseguia com sua admiração, que queria ver retribuída com um sentimento literário recíproco. Sua produção literária me parecia um trejeito interminável, uma falsificação messiânica do poeta, dotada de uma repetida retórica grandiloquente. Por outro lado, eu trilhava um caminho verticalmente diferente, o do meu livro *Tentativa del hombre infinito*.

Comecei a receber umas inflamadas cartas de amor, muito literárias, apesar de numerosos erros de ortografia. No entanto, me entusiasmavam uns "veijos", assim, com "v", que não sei por que me pareciam melhores que os beijos normais, com "b". Esses "veijos" deviam ter um sabor de admiração, era o que eu achava.

E assim achei, até que um dia chegou, descobrindo meu novo domicílio, o próprio Ferrabrás. Dessa vez, olhando-me severamente, como se eu tivesse cometido um crime abominável, dirigiu-se a mim como um inquisidor:

— Você tem recebido certas cartas de amor, não negue.

— Sim, algumas, de vez em quando — respondi com a vaidade da adolescência,

— Refiro-me a uma mulher jovem e bonita que lhe escreve. Aqui está seu retrato.

Olhei a foto de uma garota nada extraordinária. Tive trabalho para relacioná-la com aqueles ardentes beijos com erros de ortografia.

— Bem — respondi. — E daí?

— Gostaria que se casasse com ela — respondeu.

O tom de sua voz implicava uma espécie de súplica. Também tinha certos matizes de proteção, como se me anunciasse que eu estava entrando na Ordem de la Jarretière. Porém, também havia uma certa ameaça para que eu passasse a fazer parte da família, de seu clã, em geral tão agressivo como ele mesmo.

Decidi mudar mais uma vez de casa. E dessa vez não me encontrou facilmente, pois fui viver na Índia.

Tão insana e igualmente persistente tem sido a folhetinesca perseguição lítero-política desatada contra minha pessoa e minha obra, por certo uruguaio ambíguo de sobrenome galego, algo assim como Ribeyro. O sujeito publica há vários anos, em espanhol e em francês, panfletos em que me retalha. O sensacional é que suas proezas antinerudianas não só transbordam do papel de imprensa que ele mesmo custeia, como também financiou para si mesmo custosas viagens com o propósito implacável de me destruir.

Esse curioso personagem empreendeu uma ida à sede universitária de Oxford quando se anunciou que ali me seria outorgado o título de doutor *honoris causa*. Até lá chegou o poetinha uruguaio com suas fantásticas incriminações, disposto ao meu esquartejamento literário. Os Dones comentaram comigo, divertidos, as acusações feitas contra mim quando eu ainda estava vestido com a toga escarlate, depois de ter recebido a honorífica distinção, enquanto bebíamos o vinho do Porto ritual.

Mais inconcebível e mais imprevista ainda foi a viagem a Estocolmo desse mesmo uruguaio, no ano de 1963. Murmurava-se que eu obteria o Prêmio Nobel naquela ocasião. Pois bem, o sujeito visitou os acadêmicos, deu entrevistas para a imprensa, falou pelo rádio para assegurar que eu era um dos assassinos de Trotski. Com essa manobra pretendia me impossibilitar de receber o prêmio.

Com o correr do tempo foi comprovado que o homem andou sempre com má sorte e que, tanto em Oxford como em Estocolmo, perdeu tristemente seu dinheiro e sua força.

SE O ATINGIREM, CANTE

Nestes últimos tempos, multiplicaram-se os ataques às minhas ideias e à minha poesia. No Chile e fora do Chile surgiram alguns profissionais antinerudistas. Quando se referem à minha poesia, não há discussão possível. Não porque seja maior nem mais alta nem mais espessa nem mais clara nem melhor nem pior do que outras poesias. Não, não é por isso. Minha poesia tem que se defender sozinha. Saiu das madeiras úmidas de Temuco cantando como a chuva nos tetos de Cautín. Que se defenda sozinha com seu canto. Se lhe aplicarem um garrote, cante. Se cuspirem em seus olhos, cante. Se o arrastarem pelos cabelos por uma rua suja, cante, e que os vizinhos apareçam nas sacadas para ouvir o que canta, meu canto de chuvas e lutas, de povos e plantas, de saladas e cebolas, de cóleras e amor. Nunca me verão indo à rua ou aos jornais para defender minha poesia. Não vou distribuir adjetivos nem socos a ninguém porque acha que sou mau poeta, péssimo poeta, intolerável poeta. Não podemos brigar pelo que somos, e sim por aquilo em que acreditamos. Ninguém pode moralmente brigar por seu nariz ou por seus pés, por seus dentes ou seu cabelo. O poeta inerente não pode lutar por sua poesia. O carpinteiro não luta por suas madeiras, não vai aos jornais para proclamar a supremacia de suas vigas nem o estilo grandioso da cadeira com assento de palha que está construindo.

Não é por modéstia que não me veem polemizando sobre minha poesia. É porque sou poeta.

Porém, o carpinteiro e o poeta, qualquer homem comum — e todos nós somos homens e mulheres comuns — tem o dever de lutar por aquilo em que acredita.

E quanto a isso, há muito tempo aceitei a batalha.

CRÍTICA E AUTOCRÍTICA

Não se pode negar que tive alguns críticos bons. Não me refiro às adesões de banquetes literários nem falo tampouco das injúrias que involuntariamente provoquei.

Refiro-me a outras pessoas. Entre os livros sobre minha poesia, além dos escritos por jovens fervorosos, devo nomear em lugar de destaque o do soviético Lev Ospovat. Esse jovem chegou a dominar a língua espanhola e viu minha poesia com algo mais que a simples análise de sentido e som: deu a ela uma perspectiva vindoura, atribuindo-lhe a luz boreal de seu mundo.

Emir Rodríguez Monegal, crítico de primeira ordem, publicou um livro sobre minha obra poética, intitulando-o *El viajero inmóvil*. Observa-se, de relance, que não é tolo esse estudioso. Viu logo que gosto de viajar sem me mover de casa, sem sair de meu país, sem me apartar de mim mesmo. (Em um exemplar que tenho desse maravilhoso livro de literatura policial intitulado *A pedra lunar*, há uma gravura de que gosto muito. Representa um velho cavaleiro inglês, envolto em sua túnica ou gibão ou sobrecasaca ou lá o que seja, sentado diante da lareira com um livro na mão, o cachimbo na outra e dois cães sonolentos a seus pés. Assim gostaria de ficar sempre, diante do fogo, junto ao mar, entre dois cães, lendo os livros que bastante trabalho me custou para reunir, fumando meus cachimbos.)

O livro de Amado Alonso, *Poesía y estilo de Pablo Neruda*, é válido para muitos. É interessante sua apaixonada análise na sombra, buscando os níveis entre as palavras e a escorregadia realidade. Além disso, o estudo de Alonso revela a primeira preocupação séria em nosso idioma pela obra de um poeta contemporâneo. E isso me honra além da conta.

Para estudar e expressar uma análise de minha poesia, muitos críticos recorreram a mim, entre eles o mesmo Amado Alonso, que me encurralava com perguntas e me encostava contra a parede da claridade, onde muitas vezes não podia segui-lo então.

Alguns me creem um poeta surrealista, outros um realista, e outros ainda não me creem poeta. Todos eles têm um pouco de razão e um pouco de falta de razão.

Residência na terra foi escrito, ou pelo menos começado, antes do apogeu surrealista, como também *Tentativa del hombre infinito*, mas nisso de datas não se deve confiar. O ar do mundo transporta as moléculas da poesia, leve como o pólen ou duro como o chumbo, e essas sementes caem nos sulcos ou sobre as cabeças, dão às coisas ar de primavera ou de batalha, produzem igualmente flores e projéteis.

Quanto ao realismo devo dizer, por que não me convém fazê-lo, que detesto o realismo quando se trata da poesia. E mais, a poesia não precisa ser super-realista ou surrealista, mas pode ser antirrealista, com toda a razão, com toda a falta de razão, isto é, com toda a poesia.

Gosto do livro, da densa matéria do trabalho poético, do bosque da literatura, gosto de tudo, até das lombadas dos livros, mas não dos rótulos das escolas. Quero livros sem escolas e sem classificação, como a vida.

Gosto do "herói positivo" em Walt Whitman e em Maiakovski, quer dizer, naqueles que o encontraram sem fórmula e o incorporaram, não sem sofrimento, à intimidade de nossa vida corporal, fazendo-o compartilhar conosco o pão e o sonho.

A sociedade socialista tem que terminar com a mitologia de uma época apressada, na qual valiam mais os rótulos do que as mercadorias e na qual as essências foram deixadas de lado. Mas a necessidade mais imperiosa para os escritores é escrever bons livros. Do mesmo modo que gosto do "herói positivo" encontrado nas turbulentas trincheiras das guerras civis pelo norte-americano Whitman ou pelo soviético Maiakovski, cabe também em meu coração o herói enlutado de Lautréamont, o cavaleiro suspirante de Laforgue e o soldado negativo de Charles Baudelaire. Cuidado ao separar essas metades da maçã da criação porque talvez cortaríamos nosso coração e deixaríamos de ser. Cuidado! Devemos exigir do poeta lugar na rua e no combate, assim como na luz e na sombra.

Talvez os deveres do poeta fossem sempre os mesmos na história. O valor da poesia foi sair à rua, foi tomar parte num e noutro combate. Não se assustou o poeta quando o chamaram de rebelde. A poesia é uma insurreição. Não se ofendeu o poeta porque o chamaram de subversivo. A vida ultrapassa as estruturas e há novos códigos para a alma. De todas as partes salta a semente, todas as ideias são exóticas, esperamos a cada dia mudanças imensas, vivemos com entusiasmo a mutação da ordem humana: a primavera é insurrecional.

Dei tudo o que tinha. Lancei minha poesia na arena e muitas vezes sangrei com ela, sofrendo as agonias e exaltando as glórias que me coube presenciar e viver. Algumas vezes fui incompreendido, e isso não é de todo mau.

Um crítico equatoriano disse que em meu livro *As uvas e o vento* não há mais de seis páginas de verdadeira poesia. Acontece que o equatoriano leu sem amor meu livro por ser esse um livro político, assim como outros críticos superpolíticos detestaram *Residência na terra* por considerarem-na subjetiva e sombria. O próprio Juan Marinello, tão eminente, condenou-a em outra época em nome dos princípios. Acho que ambos cometeram um erro, oriundo das mesmas fontes.

Às vezes também eu posso ter falado contra *Residência na terra*. Mas não o fiz pensando na poesia, mas sim no clima duramente pessimista que esse livro meu respira. Não posso esquecer que há poucos anos um rapaz de Santiago se suicidou ao pé de uma árvore, deixando aberto meu livro no poema "Significa sombras".

Creio que tanto *Residência na terra*, livro sombrio e essencial dentro de minha obra, como *As uvas e o vento,* livro de grandes espaços e muita luz, têm direito de existir de alguma maneira. E não estou me contradizendo ao dizer isso.

A verdade é que tenho certa predileção por *As uvas e o vento*, talvez por ser meu livro mais incompreendido ou porque através de suas páginas eu saí a andar pelo mundo. Ele tem pó de caminhos e água de rios, tem seres, continuidades e ultramar de outros lugares que eu não conhecia e que me foram revelados de tanto andar. É um dos livros de que mais gosto, repito.

De todos os meus livros, *Estravagario* não é o que canta mais, mas é o que salta melhor. Seus versos dançarinos passam ao largo da ordem, do respeito, da proteção mútua, das instituições e das obrigações, para auspiciar o reverente desacato. Por sua irreverência é meu livro mais íntimo. Por seu alcance logra transcendência dentro de minha poesia. No meu modo de gostar, é um livro difícil, com esse gosto de sal que tem a verdade.

Nas *Odes elementares* me propus uma base originária, nascedoura. Quis reescrever muitas coisas já cantadas, ditas e reditas. Meu ponto de partida deliberado devia ser o do menino que empreende, chupando o lápis, uma composição obrigatória sobre o sol, o quadro-negro, o relógio ou a família humana. Nenhum tema podia ficar fora de minha órbita, eu devia tocar tudo andando ou voando, submetendo minha expressão à máxima transparência e pureza.

Como comparei umas pedras com uns patinhos, um crítico uruguaio se escandalizou. Ele tinha decretado que os patinhos não eram material poético, como tampouco outros pequenos animais. A essa falta de seriedade chegou a verborreia literária. Querem obrigar os criadores a não tratar senão de temas sublimes. Mas estão enganados. Faremos poesia até com as coisas mais desprezadas pelos mestres do bom gosto.

A burguesia exige uma poesia cada vez mais isolada da realidade. O poeta que sabe chamar o pão de pão e o vinho de vinho é perigoso para o agonizante capitalismo. Mais conveniente é que o poeta acredite ser "um pequeno deus", como dissera Vicente Huidobro. Essa crença ou atitude não incomoda as classes dominantes. O poeta permanece assim comovido por seu isolamento divino e não é necessário suborná-lo ou esmagá-lo. Ele mesmo se terá subornado ao se condenar ao céu. Enquanto isso, a terra treme em seu caminho, em seu fulgor.

Nossos povos americanos têm milhões de analfabetos. A falta de cultura é preservada como circunstância hereditária e privilégio do feudalismo. Poderíamos dizer, em que pese aos nossos setenta milhões de analfabetos, que nossos leitores não nasceram ainda. Devemos apressar esse parto para que leiam a nós e a todos os poetas. É preciso abrir a matriz da América para tirar dela a gloriosa luz.

Frequentemente os críticos de livros se prestam a satisfazer as ideias dos empresários feudais. No ano de 1961, por exemplo, apareceram três livros meus: *Canción de gesta*, *Las piedras de Chile* e *Cantos cerimoniais*. Nem sequer os títulos foram mencionados pelos críticos de meu país durante todo o ano.

Quando foi publicado pela primeira vez meu poema "Alturas de Machu Picchu", tampouco ninguém se atreveu a mencioná-lo no Chile. O editor do poema chegou aos escritórios do jornal chileno mais volumoso, *El Mercurio*, um diário que se publica há quase um século e meio. Levava uma notícia paga que anunciava a aparição do livro. Aceitaram-na sob a condição de que suprimisse meu nome.

— Mas se Neruda é o autor — protestava Neira.

— Não importa — responderam.

"Alturas de Machu Picchu" teve que aparecer como de autor anônimo no anúncio. De que serviam 150 anos de vida a esse jornal? Em tanto tempo não aprendeu a respeitar a verdade, nem os fatos, nem a poesia.

Às vezes as paixões negativas contra mim não obedecem simplesmente a um exasperado reflexo da luta de classes, mas sim a outras causas. Com mais de quarenta anos de trabalho, honrado com vários prêmios literários, meus livros editados nos idiomas mais surpreendentes, não passa um dia sem que receba algum pequeno golpe ou golpes seguidos da inveja circundante. Tal é o caso de minha casa. Comprei há vários anos esta casa em Isla Negra, em um lugar deserto, quando aqui não havia água potável nem eletricidade. À custa de livros a melhorei e a ampliei. Trouxe amadas estátuas de madeira, carrancas de velhos barcos, que em meu lar encontraram asilo e descanso depois de longas viagens.

Porém muitos não podem tolerar que um poeta tenha alcançado, como fruto de sua obra publicada em toda parte, o conforto material que merecem todos os escritores, todos os músicos, todos os pintores. Os anacrônicos escribas reacionários, que pedem a toda hora honras para Goethe, negam aos poetas de hoje o direito à vida. O fato de eu ter um automóvel os exaspera particularmente. Segundo eles, o automóvel deve ser exclusividade dos comerciantes, dos especuladores, dos gerentes de prostíbulos, dos agiotas e dos trapaceiros.

Para que fiquem mais furiosos darei minha casa de Isla Negra para o povo, para que ali se façam reuniões sindicais e colônias de férias para mineiros e camponeses. Minha poesia estará vingada.

OUTRO ANO COMEÇA

Um jornalista me pergunta:

— Como o senhor vê o mundo neste ano que começa?

Respondo:

— Neste momento exato, às nove e vinte da manhã do dia 5 de janeiro, vejo o mundo inteiramente rosa e azul.

Isso não tem implicação literária, nem política, nem subjetiva. Isto significa que de minha janela grandes canteiros de flores rosadas me golpeiam a vista e, mais além, o mar Pacífico e o céu se confundem num abraço azul.

Mas compreendo, como se sabe, que outras cores existem no panorama do mundo. Quem pode esquecer a cor de tanto sangue derramado inutilmente a cada dia no Vietnã? Quem pode esquecer a cor das aldeias queimadas pelo *napalm*?

Respondo a outra pergunta do jornalista. Como em outros anos, nestes novos 365 dias publicarei um novo livro. Estou certo disso. Eu o acaricio e o maltrato, escrevendo-o todo dia.

— De que ele trata?

Que posso responder? Em meus livros sempre se trata do mesmo, sempre escrevo o mesmo livro. Que me perdoem meus amigos que, desta nova vez e neste novo ano cheio de novos dias, eu não tenha o que lhes oferecer senão meus versos, os mesmos novos versos.

O ano que termina trouxe vitórias para nós, terrestres, vitórias no espaço e nas suas rotas. Durante o ano, todos os homens quiseram voar. Todos nós temos viajado em sonhos cosmonautas. A conquista da grande altura nos pertence a todos, tenham sido norte-americanos ou soviéticos os que cingiram a primeira auréola lunar e comeram as primeiras uvas lunares.

Deve tocar a nós, os poetas, a maior parte dos dons descobertos. Desde Júlio Verne, que concebeu materialmente num livro o antigo sonho espacial, até Jules Laforgue, Heinrich Heine e José Asunción Silva (sem esquecer Baudelaire, que descobriu seu malefício), o pálido planeta foi investigado, cantado e publicado por nós, os poetas, antes de todos os outros.

Passam-se os anos. A gente se gasta, floresce, sofre e sente prazer. Os anos levam e trazem a vida para a gente. As despedidas se fazem mais frequentes: os amigos entram e saem da prisão, vão ou voltam da Europa ou simplesmente morrem.

Os que se vão quando a gente está muito longe do lugar onde morrem, parece que morreram menos, continuam vivendo dentro da gente tais como foram. Um poeta que sobrevive a seus amigos se inclina a cumprir em sua obra uma antologia enlutada. Eu me abstive de continuá-la por temor à monotonia da dor humana diante da morte. É que a gente não quer se converter em um catálogo de defuntos, ainda que estes sejam os muito amados. Quando escrevi no Ceilão, em 1928, "Ausencia de Joaquín", pela morte de meu companheiro e poeta Joaquín Cifuentes Sepúlveda, e quando mais tarde escrevi "Alberto Rojas

Jiménez vem voando", em Barcelona, em 1931, pensei que ninguém mais dos meus ia morrer. E morreram muitos. Aqui ao lado, nas colinas argentinas de Córdoba, jaz sepultado o melhor de meus amigos argentinos: Rodolfo Aráoz Alfaro, que deixou viúva nossa chilena Margarita Aguirre.

Neste ano que acaba de findar, o vento levou a frágil estatura de Ilya Ehrenburg, amigo queridíssimo, heroico defensor da verdade, titânico demolidor da mentira. Na mesma Moscou enterraram este ano o poeta Ovadi Savich, tradutor da poesia de Gabriela Mistral e a minha, não só com exatidão e beleza, mas também com resplandecente amor. O mesmo vento da morte levou meus irmãos poetas Nazim Hikmet e Semion Kirsanov. E muitos outros.

Amargo acontecimento foi o assassinato oficial do Che Guevara na bem triste Bolívia. O telegrama de sua morte percorreu o mundo como um calafrio sagrado. Milhões de elegias trataram de fazer coro à sua existência heroica e trágica. Em sua memória foram espalhados, por todas as latitudes, versos nem sempre dignos de tal dor. Recebi um telegrama de Cuba, de um coronel literário, pedindo-me os meus. Até agora não os escrevi. Penso que tal elegia deve conter não só o protesto imediato, mas também o eco profundo da dolorosa história. Pensarei sobre esse poema até que amadureça em minha cabeça e em meu sangue.

Comove-me que no diário do Che Guevara seja eu o único poeta citado pelo grande chefe guerrilheiro. Recordo que o Che me contou certa vez, diante do sargento Retamar, como leu muitas vezes meu *Canto geral* aos primeiros, humildes e gloriosos barbudos de Sierra Maestra. Em seu diário transcreve, com ênfase de presságio, um verso de meu "Canto a Bolívar": "su pequeño cadáver de capitán valiente..."*

O PRÊMIO NOBEL

Meu prêmio Nobel tem uma história longa. Durante muitos anos soou meu nome como candidato sem que esse som se cristalizasse em algo.

No ano de 1963 a coisa foi séria. As rádios disseram e repetiram várias vezes que meu nome era discutido firmemente em Estocolmo e que eu era o

---

* "Seu pequeno cadáver de capitão valente..." (N. T.)

mais provável vencedor entre os candidatos ao Prêmio Nobel. Então Matilde e eu pusemos em prática o plano nº 3 de defesa doméstica. Dependuramos um cadeado grande no velho portão de Isla Negra e nos munimos de alimentos e vinho tinto. Acrescentei algumas novelas policiais de Simenon a essas perspectivas de enclausuramento.

Os jornalistas chegaram logo. Mantivemo-los a distância. Não puderam traspassar o portão, salvaguardado por um enorme cadeado de bronze tão bonito quanto poderoso. Detrás do muro exterior rondavam como tigres. A que se propunham? Que podia eu dizer de uma discussão na qual só tomavam parte acadêmicos suecos no outro lado do mundo? No entanto, os jornalistas não ocultavam suas intenções de tirar água de pedra.

A primavera tinha sido tardia no litoral do Pacífico Sul. Aqueles dias solitários me aproximaram intimamente da primavera marinha que, ainda que tarde, tinha se engalanado para sua festa solitária. Durante o verão não cai uma gota de chuva. A terra é gretada, hirsuta, pedregosa, e não se divisa um filamento verde. Durante o inverno, o vento do mar desata fúria, sal, espuma de grandes ondas, e então a natureza resplandece oprimida, vítima daquelas forças terríveis.

A primavera começa com um grande trabalho amarelo. Tudo se cobre de inumeráveis e minúsculas flores douradas. Essa germinação pequena e poderosa reveste encostas, rodeia as rochas, avança até o mar e surge no meio de nossos caminhos cotidianos como se quisesse desafiar-nos e nos provar sua existência. Tanto tempo sustiveram essas flores uma vida invisível, tanto tempo a desolada negação da terra estéril as esmagou, que agora tudo lhes parece pouco para sua fecundidade amarela.

Logo se extinguem as pequenas flores pálidas, e tudo se cobre de uma intensa floração violeta. O coração da primavera passou do amarelo ao azul e logo ao vermelho. Como se substituíram umas às outras as corolas pequenas, desconhecidas e infinitas? O vento arremessava uma cor e no dia seguinte outra cor, como se entre as colinas solitárias mudasse o pavilhão da primavera, e as diferentes repúblicas ostentassem seus estandartes invasores.

Nesta época florescem os cactos da costa. Longe desta região, nos contrafortes da cordilheira andina, os cactos se elevam gigantescos, estriados e espinhosos como colunas hostis. Os cactos da costa, ao contrário, são pequenos e redondos. Eu os vi coroarem-se com vinte botões escarlates como se uma mão tivesse deixado ali seu ardente tributo de gotas de sangue. Depois se abriram. Diante das grandes espumas brancas do oceano se divisam milhares de cactos inflamados por suas flores desabrochadas.

A velha agave de minha casa tirou do fundo das entranhas sua floração suicida. Essa planta, azul e amarela, gigantesca e carnuda, durou mais de dez anos junto à minha porta, crescendo até ficar mais alta que eu. E agora floresce para morrer. Ergueu uma poderosa lança verde que subiu até sete metros de altura, interrompida por uma seca inflorescência, apenas coberta por um pó dourado. Depois todas as folhas colossais da *Agave americana* caem e morrem.

Junto à grande flor que morre, há aqui outra flor titânica que nasce. Ninguém a conhecerá fora de minha pátria, pois não existe senão nestas margens antárticas. Chama-se *chagual* (*Puya chilensis*). Essa planta ancestral foi adorada pelos araucanos. O antigo Arauco já não existe.

O sangue, a morte, o tempo e depois os cantos épicos de Alonso de Ercilla encerraram a antiga história de uma tribo de argila que despertou bruscamente de seu sonho geológico para defender a pátria invadida. Ao ver surgir suas flores outra vez, sobre séculos e mortos obscuros, sobre camadas de sangrento esquecimento, creio que o passado da terra floresce contra o que somos, contra o que somos agora. Só a terra continua sendo, preservando a essência.

Mas esqueci de descrevê-la.

É uma bromeliácea de folhas agudas e denticuladas. Irrompe nos caminhos como um incêndio verde, acumulando em uma panóplia suas misteriosas espadas de esmeralda. Mas, inesperadamente, uma única flor colossal, um cacho nasce-lhe da cintura, uma imensa rosa verde da altura de um homem. Essa flor solitária, composta por uma multidão de florezinhas que se agrupam em uma única catedral verde, coroada pelo pólen dourado, resplandece à luz do mar. É a única imensa flor verde que já vi, o solitário monumento à onda.

Os camponeses e os pescadores de meu país esqueceram faz tempo os nomes das pequenas plantas, das pequenas flores, que agora não têm nome. Pouco a pouco foram esquecendo e lentamente as flores perderam seu orgulho. Ficaram enredadas e obscuras como as pedras que os rios arrastam desde a neve andina até os desconhecidos litorais. Camponeses e pescadores, mineiros e contrabandistas mantiveram-se consagrados à sua própria aspereza, à contínua morte e ressurreição de seus deveres e de suas derrotas. É obscuro ser herói de territórios ainda não descobertos. A verdade e que neles, em seu canto, não resplandece senão o sangue mais anônimo e as flores cujo nome ninguém conhece.

Entre estas existe uma que invadiu toda a minha casa. É uma flor azul de longo, orgulhoso, lustroso e resistente talhe. Em sua ponta balançam-se as múltiplas florezinhas infra-azuis e ultra-azuis. Não sei se a todos os seres humanos será dado contemplar o mais excelso azul. Será revelado exclusivamente a alguns? Permanecerá fechado, invisível para outros seres, aos quais algum deus azul negou essa contemplação? Ou se tratará de minha própria alegria, nutrida na solidão e transformada em orgulho, presumida de encontrar este azul, esta onda azul, esta estrela azul na primavera abandonada?

Por último falarei das docas.* Não sei se existem em outras partes estas plantas, milionariamente multiplicadas, que arrastam pela areia seus dedos triangulares. A primavera encheu essas mãos verdes com insólitos anéis da cor do amaranto. As docas levam um nome grego: *aizoaceae*. O esplendor de Isla Negra nestes tardios dias de primavera são as *aizoaceaes* que se derramam como uma invasão marinha, como a emanação da gruta verde do mar, como o sumo dos purpúreos cachos que o longínquo Netuno acumulou em sua adega.

Justo nesse momento, o rádio anuncia que um bom poeta grego obteve o renomado prêmio. Os jornalistas emigraram. Matilde e eu ficamos finalmente tranquilos. Com solenidade retiramos o grande cadeado do velho portão para que todo o mundo continue entrando sem bater à porta de minha casa, sem se anunciar — como a primavera.

À tarde os embaixadores suecos vieram me ver. Traziam-me uma cesta com garrafas e delicatéssen. Tinham-na preparado para festejar o Prêmio Nobel que consideravam certo para mim. Não ficamos tristes e tomamos um trago por Seferis, o poeta grego que o tinha ganhado. Já ao se despedir, o embaixador me levou a um lado e me disse:

---

* *Doca*: planta rasteira do Chile, de flores grandes e rosadas, de fruto comestível, que cresce em areais e penhascos perto do mar. (N. T.)

— Com certeza a imprensa vai me entrevistar, e eu não sei nada a respeito. Pode me dizer quem é Seferis?

— Eu também não sei — respondi sinceramente.

A verdade é que todo escritor deste planeta chamado Terra quer alcançar alguma vez o Prêmio Nobel, inclusive os que não o dizem e também os que o negam.

Na América Latina, especialmente, os países têm seus candidatos, planificam suas campanhas, desenham sua estratégia. Esta foi fatal para alguns que mereceram recebê-lo, como é o caso de Rómulo Gallegos. Sua obra é grande e honesta. Mas a Venezuela é o país do petróleo, quer dizer, o país do dinheiro, e por esse caminho se propôs conseguir o prêmio para ele. Designou um embaixador na Suécia que se propôs, como suprema meta, a obtenção do prêmio para Gallegos. Prodigalizava os convites para jantar e publicava as obras dos acadêmicos suecos em espanhol, em gráficas da própria Estocolmo — exatamente o que deve ter parecido excessivo aos suscetíveis e reservados acadêmicos. Gallegos nunca se deu conta de que a imoderada eficácia de um embaixador venezuelano foi talvez a circunstância que o privou de receber um título literário que tanto merecia.

Em Paris me contaram, em certa ocasião, uma história triste, com um toque de humor cruel. Dessa vez se tratava de Paul Valéry. Corria o rumor de que seu nome se fixava na França como o mais firme candidato ao Prêmio Nobel daquele ano. Na mesma manhã em que se discutia o veredicto de Estocolmo, buscando apaziguar o nervosismo que a notícia próxima lhe produzia, Valéry saiu muito cedo de sua casa de campo, acompanhado de sua bengala e de seu cachorro.

Voltou da excursão ao meio-dia, a hora do almoço. Mal abriu a porta, perguntou à secretária:

— Algum telefonema?

— Sim, senhor. Faz poucos minutos chamaram de Estocolmo.

— Que notícias deram? — disse, já manifestando abertamente sua emoção.

Era um jornalista sueco que queria saber sua opinião sobre o movimento de emancipação das mulheres.

O próprio Valéry contava a anedota com certa ironia. E a verdade é que tão grande poeta e escritor tão impecável jamais obteve o famoso prêmio.

No que me concerne, devem reconhecer que fui muito precavido. Tinha lido num livro de um erudito chileno, que quis enaltecer Gabriela Mistral, as numerosas cartas que minha austera compatriota dirigiu a muitos lugares, sem perder a austeridade, mas impulsionada pelos naturais desejos de se aproximar do prêmio. Isso me fez ser mais reticente. Desde que soube que meu nome era mencionado (e foi mencionado não sei quantas vezes) como candidato, decidi não voltar à Suécia, país que me atraiu desde rapaz quando, com Tomás Lago, nos transformamos em discípulos autênticos de um pastor excomungado e meio bêbado chamado Gösta Berling.

Além disso, estava aborrecido de ser mencionado todo ano sem que as coisas fossem adiante. Já me parecia irritante ver meu nome nas competições anuais como se eu fosse um cavalo de corrida. Por outro lado os chilenos, escritores ou não, consideravam-se agredidos pela indiferença da academia sueca. Era uma situação que beirava perigosamente o ridículo.

Finalmente, como todo o mundo sabe, deram-me o Prêmio Nobel. Estava eu em Paris, em 1971, recém-chegado para cumprir minhas atribuições de embaixador do Chile, quando começou a aparecer outra vez meu nome nos jornais. Matilde e eu franzimos o cenho. Acostumados à anual decepção, nossa pele se tinha tornado insensível. Certa noite de outubro desse ano, entrou na sala de jantar Jorge Edwards, conselheiro de nossa embaixada e escritor. Com a parcimônia que o caracteriza, me propôs uma aposta muito simples. Se me dessem o Prêmio Nobel nesse ano, eu pagaria um jantar no melhor restaurante de Paris, a ele e à sua mulher. Se não me dessem, pagaria ele a Matilde e a mim.

— Aceito — disse. — Comeremos esplendidamente à tua custa.

Uma parte do segredo de Jorge Edwards e de sua ousada aposta começou a acontecer no dia seguinte. Soube que uma amiga o tinha chamado ao telefone de Estocolmo. Era escritora e jornalista. Disse-lhe que todas as possibilidades tinham sido dadas desta vez para que Pablo Neruda ganhasse o Prêmio Nobel.

Os jornalistas começaram a chamar de longa distância: de Buenos Aires, do México e sobretudo da Espanha. Neste último país consideravam um fato consumado. Naturalmente me neguei a dar declarações, porém minhas dúvidas começaram a surgir novamente.

Naquela noite, Artur Lundkvist, o único amigo escritor que eu tinha na Suécia, veio me ver. Lundkvist era acadêmico há três ou quatro anos. Chegava de seu país, em viagem até o Sul da França. Depois do jantar, contei-lhe as dificuldades que tinha para responder pelo telefone internacional aos jornalistas que me atribuíam o prêmio.

— Quero pedir uma coisa, Artur — disse-lhe. — Caso seja verdade, interessa-me muito sabê-lo antes que seja publicado pela imprensa. Quero comunicá-lo, antes de qualquer pessoa, a Salvador Allende, com quem compartilhei tantas lutas. Ele ficará muito alegre de ser o primeiro a receber a notícia.

O acadêmico e poeta Lundkvist me olhou com olhos suecos, extremamente sério:

— Nada posso te dizer. Se existe algo, o rei da Suécia ou o embaixador da Suécia em Paris te comunicará por telefone.

Isso acontecia em 19 ou 20 de outubro. Na manhã de 21 os salões da embaixada começaram a se encher de jornalistas. Os operadores das televisões sueca, alemã, francesa e de países latino-americanos demonstravam uma impaciência que ameaçava transformar-se em motim diante de meu mutismo, que não era senão carência de informações. Às onze e meia o embaixador sueco me chamou para pedir que o recebesse, sem me antecipar do que se tratava, o que não contribuiu para apaziguar os ânimos, porque a entrevista se realizaria duas horas depois. Os telefones continuavam repicando histericamente.

Nesse momento uma rádio de Paris lançou um *flash*, uma notícia de última hora, anunciando que o Prêmio Nobel 1971 tinha sido dado ao "poeta chileno Pablo Neruda". Imediatamente desci para enfrentar a tumultuada assembleia dos meios de comunicação. Felizmente apareceram nesse instante meus velhos amigos Jean Marcenac e Aragon. Marcenac, grande poeta e meu irmão na França, dava gritos de alegria. Aragon, por sua vez, parecia mais contente que eu com a notícia. Ambos me auxiliaram na difícil situação de tourear os jornalistas.

Eu estava recém-operado, anêmico e titubeante ao andar, com pouca vontade de me mover. Chegaram os amigos para jantar comigo naquela noite: Matta, da Itália; García Márquez, de Barcelona; Siqueiros, do México; Miguel Otero Silva, de Caracas; Arturo Camacho Ramírez, da própria Paris;

Cortázar, de seu esconderijo. Carlos Vasallo, chileno, viajou de Roma para me acompanhar a Estocolmo.

Os telegramas (que até agora não pude ler nem responder inteiramente) se acumularam em pequenas montanhas. Entre as inumeráveis cartas chegou uma curiosa e um tanto ameaçadora. Quem a escrevia era um senhor da Holanda, um homem corpulento e de raça negra, segundo podia ser observado no recorte de jornal que anexava. "Represento" — dizia aproximadamente a carta — "o movimento anticolonialista de Georgetown, Guiana Holandesa. Pedi um convite para assistir à cerimônia que será realizada em Estocolmo para lhe entregar o Prêmio Nobel. Na embaixada sueca me informaram que é preciso um fraque, uma exigência da rigorosa etiqueta para essa ocasião. Não tenho dinheiro para comprar um fraque e jamais colocarei um alugado, visto que seria humilhante para um americano livre vestir uma roupa usada. Por isso lhe anuncio que, com o escasso dinheiro que possa reunir, irei a Estocolmo para dar uma entrevista à imprensa e denunciar o caráter imperialista e antipopular dessa cerimônia, assim que seja celebrada a homenagem ao mais anti-imperialista e mais popular dos poetas universais."

No mês de novembro viajamos, Matilde e eu, para Estocolmo. Alguns velhos amigos nos acompanharam. Fomos alojados no esplendor do Gran Hotel. Dali víamos a bela cidade fria e o palácio real defronte de nossas janelas. No mesmo hotel se alojaram os outros laureados desse ano em Física, em Química, em Medicina etc., personalidades diferentes, uns loquazes e formalistas, outros simples e rústicos como operários mecânicos recém-saídos por acaso de suas oficinas. O alemão Willy Brandt não se hospedava no hotel; receberia seu Nobel, o da Paz, na Noruega. Foi uma lástima porque, entre todos aqueles premiados, era ele o que mais me teria interessado conhecer e falar. Não consegui vê-lo depois senão em meio às recepções, separados um do outro por três ou quatro pessoas.

Para a grande cerimônia era necessário praticar um ensaio prévio, que o protocolo sueco nos fez encenar no mesmo lugar onde se celebraria. Era verdadeiramente cômico ver gente tão séria se levantar de sua cama e sair do hotel a uma hora precisa, chegar pontualmente a um edifício vazio, subir escadas sem se enganar. Andar para a esquerda e para a direita em estrita disciplina, sentar no estrado e nas poltronas exatas que teríamos de ocupar no dia do prêmio. Tudo isso defrontados com as câmeras de televisão, em uma imensa sala vazia, na qual se destacavam os assentos do rei e da família real, também melancolicamente vazios. Nunca pude entender por que capricho a televisão sueca filmava aquele ensaio teatral interpretado por tão péssimos atores.

O dia da entrega do prêmio foi inaugurado com a festa de Santa Lúcia. Fui despertado por umas vozes que cantavam docemente nos corredores do hotel. Logo as louras donzelas escandinavas, coroadas de flores e iluminadas por velas acesas irromperam em meu quarto. Traziam-me o café da manhã e me traziam também, como presente, um longo e belo quadro que representava o mar.

Um pouco mais tarde aconteceu um incidente que inquietou a polícia de Estocolmo. Na recepção do hotel me entregaram uma carta. Estava assinada pelo mesmo anticolonialista desenfreado de Georgetown, Guiana Holandesa. "Acabo de chegar a Estocolmo", dizia. Tinha fracassado em seu empenho de convocar a imprensa para uma entrevista coletiva, mas, como homem de ação revolucionária, tinha tomado suas medidas. Não era possível que Pablo Neruda, o poeta dos humilhados e dos oprimidos, recebesse o Prêmio Nobel de fraque. Consequentemente, tinha comprado umas tesouras com as quais me cortaria publicamente "as pontas do fraque e quaisquer outros penduricalhos". "Por isso cumpro o dever de lhe prevenir. Quando o senhor vir um homem de cor que se levanta ao fundo da sala, munido de grandes tesouras, deve supor exatamente o que vai acontecer."

Estendi a estranha carta ao jovem diplomata, representante do protocolo sueco que me acompanhava em todas as providências. Disse-lhe sorrindo que já tinha recebido em Paris outra carta do mesmo louco e que na minha opinião não devíamos levá-lo em conta. O jovem sueco não estava de acordo.

— Nesta época de contestadores podem acontecer as coisas mais inesperadas. É meu dever prevenir a polícia de Estocolmo — disse e partiu velozmente para cumprir o que considerava seu dever.

Devo assinalar que entre meus acompanhantes a Estocolmo estava o venezuelano Miguel Otero Silva, grande escritor e poeta brilhante, que é para mim não somente uma grande consciência americana, mas também um companheiro incomparável. Faltavam apenas algumas horas para a cerimônia.

Durante o almoço comentei a seriedade com que os suecos tinham recebido o incidente da carta de protesto. Otero Silva, que almoçava conosco, deu um tapa na testa, exclamando:

— Essa carta eu a escrevi de próprio punho, de brincadeira, Pablo. Que faremos agora com a polícia buscando um autor que não existe?

— Irás para a cadeia. Por tua brincadeira pesada de selvagem do Caribe receberás o castigo destinado ao homem de Georgetown — disse-lhe.

Nesse instante sentou-se à mesa meu jovem acompanhante sueco que tinha acabado de prevenir as autoridades. Dissemos a ele o que acontecia:

— Trata-se de uma brincadeira de mau gosto. O autor está almoçando aqui conosco.

Voltou a sair às pressas. Mas a polícia já tinha visitado todos os hotéis de Estocolmo, procurando um negro de Georgetown ou de qualquer outro território similar.

E mantiveram suas precauções. Ao entrar para a cerimônia e ao sair do baile de celebração, Matilde e eu observamos que, em vez dos porteiros de costume, precipitavam-se para atender-nos quatro ou cinco rapagões, sólidos guarda-costas louros à prova de tesouradas.

A cerimônia ritual do Prêmio Nobel teve um público imenso, tranquilo e disciplinado, que aplaudiu oportunamente e com cortesia. A cada um o idoso monarca estendia a mão, entregava-nos o diploma, a medalha e o cheque. Retornávamos ao nosso lugar no cenário, já não despojado como no ensaio, mas sim coberto agora de flores e de poltronas ocupadas. Houve quem dissesse (ou disseram a Matilde para a impressionar) que o rei se demorou mais tempo comigo do que com os outros laureados, que me apertou a mão por mais tempo, que me tratou com evidente simpatia. Talvez tenha sido uma reminiscência da antiga deferência palaciana para com os jograis. De qualquer maneira, nenhum outro rei me deu a mão nem por longo nem por curto tempo.

Aquela cerimônia, tão rigorosamente protocolar, teve indubitavelmente a solenidade devida. A solenidade aplicada às ocasiões transcendentais sobreviverá talvez para sempre no mundo. Parece que o ser humano precisa dela. No entanto, achei uma engraçada semelhança entre aquele desfile de eminentes laureados e uma distribuição de prêmios escolares em uma cidadezinha de província.

CHILE CHICO

Vinha eu de Puerto Ibáñez, assombrado pelo grande lago General Carrera, assombrado por essas águas metálicas, que são um paroxismo da natureza, somente comparáveis ao mar cor de turquesa de Varadero em Cuba ou a nosso Petrohué. E logo o selvagem salto do rio Ibáñez, indivisível em sua aterradora grandeza. Vinha também transido pela incomunicabilidade e a pobreza da gente da região: vizinha da energia colossal, porém desprovida de luz elétrica, vivendo entre as inúmeras ovelhas lanosas, mas vestida com roupa pobre e rota. Até que cheguei a Chile Chico.

Ali, fechando o dia, o grande crepúsculo me esperava. O vento perpétuo cortava as nuvens de quartzo. Rios de luz azul isolavam um grande bloco que o vento mantinha suspenso entre a terra e o céu.

Terras de rebanhos e sementeiras que lutavam sob a pressão polar do vento. Ao redor a terra se elevava com as torres duras da roca Castillo, pontas cortantes, agulhas góticas e ameias naturais de granito. As montanhas dominadoras de Aysén, redondas como bolas, elevadas e lisas como mesas, mostravam retângulos e triângulos de neve.

E o céu trabalhava seu crepúsculo com véus e metais: cintilava o amarelo nas alturas, suspenso como um pássaro imenso pelo espaço puro. Tudo mudava inesperadamente, transformando-se em boca de baleia, em leopardo incendiado, em luminárias abstratas.

Senti que a imensidade tombava sobre minha cabeça, nomeando-me testemunha do Aysén deslumbrante com seus morros, suas cascatas, seus milhões de árvores mortas e queimadas que acusam seus antigos homicidas, com o silêncio de um mundo em nascimento em que está tudo preparado: as cerimônias do céu e da terra. Porém faltam o amparo, a ordem coletiva, a edificação, o homem. Os que vivem em tão grandes solidões necessitam de uma solidariedade tão ampla quanto suas grandes extensões.

Afastei-me quando se apagava o crepúsculo e a noite caía, surpreendente e azul.

A PAISAGEM DO SUL

Entre idas e vindas, amores fugazes e reprováveis, em minha juventude fui tomando consciência não apenas da terra natural, mas também dos conflitos, dores e depredações que se espalhavam entre as sementeiras dos bosques.

A conquista espanhola foi, nos reinos antigos do México e no Peru, um fato fulgurante, como um raio maligno, os dois impérios indígenas já carcomidos, divisionistas e parasitários, sucumbiram sem pena nem glória aos invasores barbudos. No Chile, a história foi diferente.

A história foi um longo massacre mútuo que durou três séculos. Os defensores índios e os conquistadores espanhóis se exterminaram mutuamente; no entanto, os soldados da conquista e suas famílias, embora reduzidos à miséria pela guerra implacável, deixaram na terra um sistema de fazendas que persistia, inexplicavelmente. A verdade é que só o primeiro governo popular do Chile, ou seja, o do presidente Salvador Allende, dividiu os latifúndios entre 1971 e estes meses de 1973 em que estou escrevendo estas memórias. É claro que as memórias são, em geral, recordações pessoais. Mas, de alguma maneira, meu país, com seus problemas, tem andado comigo por todos os lugares. Embora alguém na Europa, na Ásia ou nos Estados Unidos possa se interessar por minha poesia, achará talvez que o Chile, esse país longo e magérrimo como um asteroide, mal é visível do céu na geografia do mundo. Não tem sido assim para mim.

Nós, os chilenos, viemos em parte de uma estranha linhagem. No resto da América os mestiços descendem de índias violadas pela soldadesca ibérica. Nós, os chilenos, descendemos também do rapto das mulheres espanholas pelos guerreiros de Arauco. Durante esses séculos da mais longa guerra pátria, os índios chilenos, tão implacáveis como os espanhóis, não deixavam nas cidades ou fortalezas arrasadas por eles um único espanhol com vida. Porém, curiosamente, nunca mataram uma mulher.

Não sei a que se deve esse costume de sua guerra; os araucanos, cujo sangue também herdei, continuam sendo para mim tão misteriosos, distantes e ensimesmados como aqueles que desde o século XVI apareceram seminus e providos de flechas primitivas, opondo-se aos imbatíveis conquistadores.

As espanholas cativas deram filhos aos seus raptores índios, estes são os chilenos. Viemos de circunstâncias muito estranhas. Quando, em

1810, expulsa a monarquia hispânica, o Chile teve um governo nacional, meus compatriotas recém-chegados se sentiram confortáveis dentro do sistema anacrônico. Inventaram títulos, designaram a si mesmos nobres e primogênitos, e continuaram vivendo do trabalho alheio. Para crescer, também continuaram matando índios. Essa etapa sangrenta do Chile independente é denominada pela história burguesa, com repulsiva hipocrisia, de "Pacificação da Araucanía".

Os pacificadores arrasaram militarmente os araucanos e suas propriedades. Depois de estabelecidos nas terras virgens, se armaram de códigos, de juízes, de advogados e de policiais. Assim, à bala e a pauladas na cabeça, os crioulos se estabeleceram nessas terras. Eram terras sangrentas aquelas por onde eu passeava a cavalo.

As pessoas esforçadas, como os Hernández, enfiados nas montanhas com suas ceifadeiras, eram como os primeiros soldados de uma nova guerrilha. Depois chegavam os indiferentes proprietários. A oligarquia santiaguina, que já havia devorado as extensas províncias do vinho, espalhou-se por todo o Sul. A vida se dividiu entre alguns senhores agrícolas e uma impressionante multidão de camponeses pobres, tão chilenos como os novos proprietários, mas desnutridos, descalços, ignorantes e esfarrapados.

Esta foi a organização social na qual minha juventude cresceu: consumidos pelo amor e pela melancolia, íamos aprendendo com espanto a história oculta do país.

Comecei a procurar pessoas que me falassem do passado, do presente, e procurei, febrilmente, livros que pudessem me contar a verdade.

Soube da existência de um pequeno livro heroico que relatava as atrocidades cometidas durante aqueles mesmos anos: a história do genocídio das últimas raças da Patagônia, e isso acontecera quando eu, aprendiz de poeta, talvez navegasse no barco fluvial, comovido por uma melodia de acordeão ou pelas pernas de alguma daquelas garotas silvestres.

Procurei o livro, mas não o encontrei: os proprietários assassinos haviam perseguido, comprado ou destruído cada exemplar.

Intitulava-se A Patagônia trágica e apenas 35 anos depois consegui um exemplar do perseguido documento.

Ali estava a história nua e crua que sujou a terra e os últimos homens onas. Essa gente pastoril era a única que conservava sobre o planeta os usos e costumes da Idade da Pedra. Porém, esses títulos não assustam ninguém. Eram pobres tribos de pescadores que sobreviviam sobre a terra mais dura do mundo inteiro.

No entanto, não sobreviveram aos Menéndez, aos Montes, aos Echarlate. Estes achavam que, para a criação de suas ovelhas, era perigoso ter como vizinhos aqueles esquálidos patagões e procuraram homem por homem e assassinaram mulher por mulher e criança por criança e pagaram uma libra esterlina por cada cabeça de homem austral que os caçadores lhes traziam. À tarde, os novos proprietários contavam a colheita de cabeças como se contassem melões e pagavam a seus capangas.

Assim, na Terra do Fogo, os Menéndez, cujos descendentes são agora, em Santiago do Chile, diretores do Club de la Unión, e, em Buenos Aires, do Jockey Club, formaram seus rebanhos de ovelhas.

Dessa maneira, restaram três ou quatro sobreviventes daquelas raças perdidas nos confins do mundo de minha pátria.

E assim também a família chileno-argentina Menéndez chegou há poucos anos a ter mais de um milhão de ovelhas.

BANDEIRAS DE SETEMBRO

O mês de setembro, no Sul do continente latino-americano, é um mês amplo e florido. Esse mês está também cheio de bandeiras.

No início do século passado, em 1810 e no mês de setembro, despontaram ou se consolidaram as insurreições contra o domínio espanhol em numerosos territórios da América do Sul.

Neste mês de setembro, nós, os americanos do Sul, recordamos a emancipação, celebramos os heróis e recebemos a primavera tão dilatada, que ultrapassa o estreito de Magalhães e floresce até na Patagônia austral, até no cabo de Hornos.

Foi muito importante para o mundo a cadeia cíclica de revoluções que brotavam do México até a Argentina e o Chile.

Os caudilhos eram diferentes. Bolívar, guerreiro e cortesão, dotado de um resplendor profético; San Martín, organizador genial de um exército que cruzou as mais altas e hostis cordilheiras do planeta para travar no Chile as batalhas decisivas de sua libertação; José Miguel Carrera e Bernardo O'Higgins, criadores dos primeiros exércitos chilenos, assim como das primeiras gráficas e dos primeiros decretos contra a escravidão, que foi abolida no Chile muitos anos antes que nos Estados Unidos.

José Miguel Carrera, como Bolívar e alguns outros libertadores, saía da classe aristocrática *criolla*. Os interesses dessa classe se chocavam vivamente com os interesses espanhóis na América. O povo como organização não existia senão como uma vasta massa de servos sob o domínio espanhol. Os homens como Bolívar e Carrera, leitores dos enciclopedistas, estudantes nas academias militares da Espanha, deviam atravessar os muros do isolamento e da ignorância para chegar a comover o espírito nacional.

A vida de Carrera foi curta e fulgurante como um relâmpago. *El húsar desdichado** foi o título que dei a um antigo livro de lembranças que eu mesmo publiquei há alguns anos. Sua personalidade fascinante atraiu os conflitos sobre sua cabeça como um para-raios atrai a faísca das tempestades. Por fim foi fuzilado em Mendoza pelos governantes da recém-declarada República Argentina. Seus desesperados desejos de derrubar o domínio espanhol o tinham colocado à frente dos índios selvagens dos pampas argentinos. Sitiou Buenos Aires e esteve a ponto de tomá-la de assalto. Mas seus desejos eram libertar o Chile e neste empenho precipitou guerras e guerrilhas civis que o conduziram ao patíbulo. A revolução naqueles anos turbulentos devorou um de seus filhos mais brilhantes e valentes. A História culpa O'Higgins e San Martín desse feito sangrento. Mas a história desse mês de setembro, mês de primavera e de bandeiras, cobre com as asas a memória dos três protagonistas desses combates libertadores no vasto cenário de imensos pampas e de neves eternas.

O'Higgins, outro dos libertadores do Chile, foi um homem modesto. Sua vida teria sido obscura e tranquila se não houvesse encontrado em Londres, quando tinha apenas 17 anos de idade, um velho revolucionário que percorria todas as cortes da Europa buscando ajuda para a causa da emancipação americana. Chamava-se Dom Francisco de Miranda e, entre outros amigos, contou com o poderoso afeto da imperatriz Catarina da Rússia. Com passaporte russo chegou a Paris, entrando e saindo pelas chancelarias da Europa.

---

* "O hussardo infeliz". (N. T.)

É uma história romântica, com tal ar de "época" que parece uma ópera. O'Higgins era filho natural de um vice-rei espanhol, um rico militar de ascendência irlandesa e que foi governador do Chile. Miranda tratou de apurar a origem de O'Higgins quando compreendeu a utilidade que aquele jovem poderia ter na insurreição das colônias americanas da Espanha. Está narrado o momento exato em que revelou ao jovem O'Higgins o segredo de sua origem e o impulsionou para a ação insurgente. O jovem revolucionário caiu de joelhos e, abraçando Miranda, entre soluços se comprometeu a partir imediatamente para sua pátria, o Chile, e encabeçar aqui a rebelião contra o poder espanhol. O'Higgins foi o que alcançou as vitórias finais contra o sistema colonial, sendo considerado o fundador de nossa República.

Miranda, prisioneiro dos espanhóis, morreu no temível presídio de La Carraca, em Cádiz. O corpo desse general da Revolução Francesa e mestre de revolucionários foi envolto em um saco e atirado ao mar do alto do presídio.

San Martín, desterrado por seus compatriotas, morreu em Boulogne, na França, idoso e solitário.

O'Higgins, libertador do Chile, morreu no Peru, longe de tudo o que amava, proscrito pela classe latifundiária *criolla* que se apoderou prontamente da revolução.

Há pouco, ao passar por Lima, encontrei no Museu Histórico do Peru alguns quadros pintados pelo general O'Higgins em seus últimos anos. Todos esses quadros têm o Chile por tema. Pintava a primavera do Chile, as folhas e as flores do mês de setembro.

Neste mês de setembro me pus a recordar os nomes, os feitos, os amores e os sofrimentos daquela época de insurreições. Um século mais tarde os povos se agitam de novo, e uma corrente tumultuosa de vento e de fúria move as bandeiras. Tudo mudou desde aqueles anos distantes, mas a História continua seu caminho, e uma nova primavera povoa os intermináveis espaços de nossa América.

ANDRÉS BELLO

Vínhamos do tempestuoso mar do Norte. O céu foi ficando azul; o ar, suave e morno.

O barco que me levava à minha pátria tocaria terras sul-americanas. O porto de La Guayra, na Venezuela, seria o nosso primeiro ponto de chegada.

Para um sul-americano, nenhum país do mundo pode substituir o continente, conhecemos a história quase sempre sangrenta de todos os rincões americanos, a música popular de cada povo nos acalenta e nos encanta. Aqui estão as frutas que amamos.

Estava me preparando para chegar à Venezuela. Diante da porta da Universidade, em Santiago do Chile, está o melhor monumento de todo o Chile. É um homem sentado, de rosto severo. Esse homem encarna para as jovens gerações os antigos ideais de liberdade e independência que deram origem às repúblicas irmãs. Essa estátua de mármore belamente escurecida pelo sol, pela chuva e pelo tempo do Chile representa um político, escritor, professor. Chamava-se Andrés Bello. Amigo de Bolívar, nasceu na Venezuela e foi o primeiro reitor da Universidade de minha pátria.

Ao me aproximar de Guayra, avistei, na confusa linha verde da costa, o olhar de mármore de Andrés Bello. Aquele olhar que acompanhou minhas lutas estudantis, meus primeiros versos, meus primeiros amores. Aquele venezuelano, que fundara em Londres a melhor revista literária e científica do romantismo revolucionário em língua espanhola, era para nós, e continua sendo para os jovens chilenos, a unidade de duas repúblicas, separadas pela imensa extensão do continente americano, unidas em um único pensamento libertário. O venezuelano Bello deu um sentido profundo e organizou a república recém-nascida do Chile. Escreveu o Código Civil chileno, inspirado nas ideias da Revolução Francesa, e inaugurou os estudos das letras e das ciências em meu país, recém-saído das trevas coloniais.

Minha história pessoal também se une de alguma maneira com aquela estátua das ruas de Santiago.

Bello não foi um poeta brilhante. Dominava nele o organizador, o legislador, o cientista, mas sua obra literária, em especial suas poesias, estavam cheias de amor pela terra americana, por nossas montanhas e nossos rios. Bello tratou de dar um sentido nacional à literatura, nos albores na Independência da América. Essa tradição foi esquecida e, com o enriquecimento da burguesia, foi quase inteiramente substituída por uma literatura europeizante e cosmopolita. Quando escrevi Canto geral, minha intenção foi restituir à poesia da América Latina seu sentido multinacional, ou seja, voltar ao caminho indicado pelo grande venezuelano.

E agora se destacava da água do mar uma longa linha de terra verde e brilhante como uma água-marinha, a terra venezuelana, a pátria de Bolívar e de Bello.

RECABARREN

Recabarren e Lafertte fazem parte do pequeno grupo de chilenos que constroem a alma nacional, a nacionalidade. Ao decidir as lutas populares dirigindo-as de forma definitiva para uma maior dignidade, bem-estar e cultura dos trabalhadores do Chile, esses patriotas conseguiram que o povo fosse levado em conta em nossa história.

Esse foi seu trabalho de patriotas e comunistas.

Continua sendo, até agora, quase impossível sintetizar a vida e os trabalhos de Luis Emilio Recabarren.

Seria uma tarefa vã tentar encontrar um lutador tão poderoso, de tão colossal envergadura, na história política e social do continente americano. Não há outro titã como Recabarren, nem na América do Norte, nem na América Central, nem na América do Sul.

Sua figura ultrapassa, como um grande cume, o panorama americano. Por outro lado, suas características imprimirão para sempre um sentido à luta do povo chileno. Guerrilheiros turbulentos e grandiosos, como Emiliano Zapata, no México, ou Sandino, na Nicarágua, imprimiram com pólvora e sangue a insurreição na alma dos povos do norte.

Com razão eles são recordados com veneração por seus feitos e ações atrevidas.

Recabarren conheceu a nossa pátria melhor que ninguém. É também um herói grandioso: mas é o herói da organização. Ele é o formador da consciência da massa: um agitador infatigável. Porém, sua agitação caminha para um único ponto: para a ação organizada do povo. Ele é o primeiro nas Américas que multiplica sindicatos e federações criando-os do nada ou, mais ainda, criando-os com nova vida no próprio terreno da destruição, do sacrifício e do massacre.

Os governos da burguesia viram pela primeira vez diante de si o povo que batia na mesa exigindo seus direitos. As reformas sociais do primeiro Alessandri são a consequência direta da tenacidade organizadora, da moral revolucionária de Recabarren.

Todos sabemos que Recabarren foi o criador sistemático da imprensa operária.

No entanto, vocês sabem o que significa publicar um jornal de luta e fazê-lo antes de 1920?

Publicá-lo é planejá-lo, escrevê-lo, imprimi-lo em gráficas clandestinas, conseguir publicidade, distribuí-lo homem a homem, e financiá-lo sem ter recursos, ou seja, sem mais recursos do que a solidariedade. E a solidariedade tinha que ser criada, plantada no areal da indiferença e sob a ameaça de implacáveis represálias.

Recabarren fundou, nessas condições, dúzias de jornais. Ele compreendeu o poder da palavra escrita, assim como compreendeu o contato pessoal com as grandes massas de trabalhadores.

Em Norte Chico, os companheiros me levaram certa vez para ver uma velha impressora que ainda imprimia um pequeno diário do Partido. Era antiquada como uma peça de museu, mas continuava trabalhando. Tinha em seus eixos tremendas amassaduras. Perguntei a que se deviam aquelas fendas. Disseram que fazia menos de meio século que o local havia sido tomado de assalto pela polícia. A impressora fora destroçada, os tipos atirados na rua e o recinto incendiado e destruído. Porém, aquela velha impressora continuava trabalhando, continuava defendendo a causa do povo.

Passei minha mão por aquelas velhas feridas e, ao contato daquele metal, senti que tocava a alma de Recabarren e sua herança inquebrantável.

LAFERTTE

Para muitos, foi o camarada Lafertte. Para outros, Elías. Para mim sempre foi e continuará sendo, na memória, Dom Elías.

Aprendi muitas coisas com ele. Entre outras coisas, antes de conhecê-lo, me parece que eu havia meio que aprendido várias virtudes do homem. Havia aprendido a metade da retidão, a metade da simplicidade. Havia meio que aprendido a dignidade. Andando pelo pampa com Dom Elías pude ver um homem inteiramente simples, conheci um ser humano completamente reto, cheguei a ser amigo de um homem integralmente digno.

Essa é uma lição rara, escolhida, que a vida e o Partido me deram de presente.

Outra coisa que Dom Elías me ensinou — sem que soubesse, era um grande professor — foi a amar o Partido. Falando centenas de vezes, em circunstâncias alegres ou difíceis, com a multidão dos homens do pampa, cresceu meu amor pelo Partido, desenvolveu-se em mim esse sentimento comunista que carrego com orgulho e humildade.

Aprendi com ele que um homem, mesmo que o considerem eminente, deve se submeter à lei da luta, deve se associar à esperança humana, deve ser uma célula viva do Partido. Nossa liberdade é importante, mas a libertação humana é mais.

Dom Elías nunca acreditou que fosse possível ser comunista fora do Partido. Ele foi uma grande personalidade e, portanto, foi um grande disciplinado.

Ali, entre os areais de Tarapacá ou nas alturas minerais de Antofagasta, nos acompanhamos caminhando e conversando.

O Partido havia nascido ali, nas cruéis planícies, e ali pude ver a capacidade de sofrimento e de heroísmo de meus companheiros de luta. Certa vez falamos diante de metralhadoras. Os movimentos grevistas se perpetuavam. Menos salários, vida amarga, e as crianças maravilhosas do pampa crescendo sem possibilidades de ter acesso à cultura naqueles páramos desabitados.

Vi como o salitre era arrancado da crosta arenosa e como o homem afundava para ressurgir mais tarde como um espectro de suor e dor. Sentados à mesa, em Iquique, Dom Elías e eu, escrevi o soneto "Salitre", que ele aprendeu de memória.

São muitas e diferentes as histórias, anedotas, algumas patéticas, outras faiscantes, que brotam das vidas agitadas e agitadoras de Recabarren e Lafertte.

Não é possível esquecer que, perseguido pela polícia das empresas imperialistas, sem poder reunir os operários para conversar com eles, Recabarren usou os inesgotáveis recursos de sua inteligência. Reuniam-se em bibocas de minas abandonadas e em cemitérios isolados. Porém, certa vez, a companhia inglesa do salitre proibiu qualquer manifestação operária no pampa, determinando que todo o terreno lhe pertencia como concessão. Recabarren fez com que os homens do pampa se enfileirassem entre os trilhos da estrada de ferro que atravessava a planície.

"Pelo menos este terreno não lhes pertence, porque a estrada de ferro é do Estado", e assim, no estreito espaço deixado pelos trilhos, os homens ouviram suas palavras em uma longa fileira.

Não quero que, através dessas evocações, tenha-se a ideia de que nossos grandes companheiros eram pessoas desprovidas de senso de humor ou personalidades que só viviam enfrentando o sublime acontecimento.

Recabarren foi um ser dotado de humor e alegria, humanidade e ternura. Com Lafertte, muito mais jovem do que ele, brincava e contava piadas rindo estrondosamente da ingenuidade juvenil e das atrevidas ideias do jovem.

Dom Elías me contava que, em suas primeiras conversas com Recabarren, surgiu a teoria da transmigração das almas.

— E o que é isso, me explique do que se trata, em que consiste essa teoria? — perguntou Lafertte.

— Essa teoria vem do Oriente. Na Índia acreditam que a alma do homem, depois de morto, passa a ocupar o corpo de um animal, transformando-se em elefante, em tartaruga, em pássaro ou em peixe. — Essa foi a resposta de Recabarren.

Então Lafertte continuou ensimesmado, sem saber se Recabarren estava querendo zombar dele.

Recabarren lhe perguntou:

— E você, o que gostaria de ser depois de morto? Em que animal gostaria de se transformar se essas teorias forem verdadeiras?

— Gostaria de me transformar em um burro, então, quando passasse perto de você, lhe daria um coice — respondeu Lafertte.

Recabarren, ironicamente, retrucou:

— Elías, por que você sempre quer continuar na mesma família?

PRESTES

Nenhum dirigente comunista da América teve uma vida tão trágica e portentosa quanto Luís Carlos Prestes. Herói militar e político do Brasil, sua verdade e sua lenda ultrapassaram há muito tempo as restrições ideológicas, e ele se converteu em uma encarnação viva dos heróis antigos.

Por isso, quando em Isla Negra recebi um convite para visitar o Brasil e conhecer Prestes, aceitei imediatamente. Soube, além disso, que não havia outro convidado estrangeiro, e isso me lisonjeou. Senti que de alguma maneira eu tomava parte em uma ressurreição.

Depois de mais de dez anos de prisão, Prestes tinha sido posto em liberdade. Essas longas prisões não são excepcionais no "mundo livre". Nazim Hikmet, meu companheiro e poeta, passou 13 ou 14 anos numa prisão da Turquia. Agora mesmo, quando escrevo estas lembranças, fez já 12 anos que seis ou sete comunistas do Paraguai estão enterrados em vida, sem comunicação alguma com o mundo. A mulher de Prestes, alemã de origem, foi entregue pela ditadura brasileira à Gestapo. Os nazistas a acorrentaram no navio que a levava ao martírio. Deu à luz uma menina que hoje vive com o pai, resgatada dos dentes da Gestapo pela infatigável Dona Leocádia Prestes, mãe do líder. Após ter dado à luz no pátio de um cárcere, a mulher de Luís Carlos Prestes foi decapitada pelos nazistas. Todas essas vidas martirizadas fizeram com que Prestes jamais fosse esquecido durante seus longos anos de prisão.

Eu estava no México quando morreu sua mãe, Dona Leocádia Prestes. Ela tinha percorrido o mundo pedindo a libertação de seu filho. O general Lázaro Cárdenas, ex-presidente da República mexicana, telegrafou ao ditador brasileiro pedindo para Prestes alguns dias de liberdade que lhe permitissem assistir ao enterro de sua mãe. O presidente Cárdenas, em sua mensagem, responsabilizava-se pelo regresso de Prestes à prisão. A resposta de Getúlio Vargas foi negativa.

Compartilhei da indignação de todo o mundo e escrevi um poema em honra de Dona Leocádia, em lembrança de seu filho ausente e execrando o tirano.

Li-o junto ao túmulo da nobre senhora que em vão bateu às portas do mundo para libertar seu filho. Meu poema começava sobriamente:

> *Señora, hiciste grande, más grande a nuestra América.*
> *Le diste un río puro de colosales aguas:*
> *le diste un árbol grande de infinitas raíces:*
> *un hijo tuyo digno de su patria profunda.**

Porém, à medida que o poema continuava, fazia-se mais violento contra o déspota brasileiro.

---

* "Senhora, fizeste grande, muito maior nossa América./ Deste-lhe um rio puro de águas colossais:/ deste-lhe uma grande árvore de raízes infinitas:/ um filho teu digno de sua pátria profunda." (N. T.)

Continuei lendo em toda parte, tendo sido reproduzido em folhetos e em cartões-postais que percorreram o continente.

Certa vez, de passagem pelo Panamá, incluí-o em um de meus recitais, logo depois de ter lido meus poemas de amor. A sala estava repleta, e o calor do istmo me fazia transpirar. Começava eu a ler minhas imprecações contra o presidente Vargas, quando senti minha garganta se ressecando. Detive-me e alonguei a mão para uma jarra que estava perto de mim. Nesse instante vi que uma pessoa vestida de branco se aproximava apressada da tribuna. Pensando tratar-se de um empregado subalterno da sala, estendi-lhe a jarra para que a enchesse de água. Mas o homem vestido de branco a rechaçou indignado e, dirigindo-se à assistência, gritou nervosamente: "Sou o embaixador do Brasil. Protesto porque Prestes é somente um delinquente comum..."

A essas palavras, o público o interrompeu com assobios estrondosos. Um jovem estudante de cor, largo como um armário, surgiu do meio da sala e, com as mãos perigosamente dirigidas à garganta do embaixador, abriu caminho até a tribuna. Corri para proteger o diplomata e por sorte consegui que saísse do recinto sem maior dano para sua investidura.

Com tais antecedentes, minha viagem de Isla Negra até o Brasil, para tomar parte no regozijo popular, pareceu natural aos brasileiros. Fiquei surpreso quando vi a multidão que enchia o estádio do Pacaembu, em São Paulo. Dizem que havia mais de cento e trinta mil pessoas. As cabeças se divisavam pequeníssimas dentro do vasto círculo. A meu lado Prestes, diminuto de estatura, pareceu-me um Lázaro recém-saído do túmulo, elegante e correto para a ocasião. Era seco e branco até a transparência, com essa brancura estranha dos prisioneiros. O olhar intenso, as grandes olheiras arroxeadas, as delicadíssimas feições, a grave dignidade, tudo recordava o longo sacrifício de sua vida. No entanto, falou com a serenidade de um general vitorioso.

Li um poema que escrevi poucas horas antes em sua homenagem. Jorge Amado trocou somente a palavra *albañiles* pela portuguesa *pedreiros*. Apesar de meus temores, o poema lido em espanhol foi compreendido pela multidão. A cada linha de minha leitura pausada estalava o aplauso dos brasileiros. Aqueles aplausos tiveram profunda ressonância em minha poesia. Um poeta que lê seus versos diante de cento e trinta mil pessoas nunca mais será o mesmo nem pode escrever da mesma maneira depois dessa experiência.

*

Finalmente me encontro frente a frente com o legendário Luís Carlos Prestes. Está me esperando na casa de uns amigos seus. Todas as peculiaridades de Prestes — a pequena estatura, a magreza, a brancura de papel transparente — adquirem uma precisão de miniatura. Também suas palavras e talvez seu pensamento parecem se ajustar a essa imagem exterior.

Dentro de sua reserva, é muito cordial comigo. Creio que me dispensa esse trato carinhoso que frequentemente recebemos nós, os poetas, uma condescendência entre terna e evasiva muito parecida com a que adotam os adultos ao falar com as crianças.

Prestes me convidou para almoçar num dia da semana seguinte. Sucedeu-me então uma dessas catástrofes só atribuíveis ao destino ou à minha irresponsabilidade. Acontece que o idioma português, não obstante ter seu sábado e seu domingo, não assinala os outros dias da semana como *lunes*, *martes*, *miércoles* etc., mas sim com as infernais denominações de *segunda-feira*, *terça-feira*, *quarta-feira*, saltando a primeira feira para complemento. Eu me enredo inteiramente nessas feiras sem saber de que dia se trata.

Fui passar algumas horas na praia com uma bela amiga brasileira, lembrando a mim mesmo o tempo todo que no dia seguinte eu tinha um almoço marcado com Prestes. Na quarta-feira fiquei sabendo que Prestes me esperou na terça-feira inutilmente com a mesa posta enquanto eu passava as horas na praia de Ipanema. Procurou-me por toda parte sem que ninguém soubesse meu paradeiro. O ascético capitão tinha encomendado, em homenagem às minhas predileções, vinhos excelentes, difíceis de serem conseguidos no Brasil. Íamos almoçar só nós dois.

Toda vez que me lembro desta história, gostaria de morrer de vergonha. Pude aprender tudo em minha vida, menos os nomes dos dias da semana em português.

CODOVILA

Ao sair de Santiago soube que Victorio Codovila queria conversar comigo. Fui vê-lo. Sempre mantive uma boa amizade com ele até a sua morte.

Codovila tinha sido um representante da III Internacional e tinha todos os defeitos da época. Era individualista, autoritário e acreditava ter sempre razão.

Impunha facilmente seu critério e entrava na vontade dos demais como uma faca na manteiga. Chegava apressadamente às reuniões, dando a sensação de ter tudo já pensado e resolvido. Parecia que escutava por cortesia e com certa impaciência as opiniões alheias, logo dando suas instruções peremptórias. Sua capacidade era imensa, e seu poder de síntese, esmagador. Trabalhava sem nenhum descanso e impunha esse ritmo a seus companheiros. Sempre me deu a ideia de ser uma grande máquina do pensamento político daquela época.

Por mim teve sempre um sentimento muito especial de compreensão e deferência. Esse imigrante italiano, objetivo em relação às pessoas, era transbordantemente humano, com um profundo sentido artístico que o fazia compreender os erros e as fraquezas nos homens da cultura. Isso não o impedia de ser implacável — e às vezes funesto — na vida política.

Estava preocupado, disse-me, pela incompreensão de Prestes diante da ditadura peronista. Codovila pensava que Perón e seu movimento eram um prolongamento do fascismo europeu. Nenhum antifascista podia aceitar passivamente o crescimento de Perón nem suas sucessivas ações repressivas. Codovila e o Partido Comunista argentino pensavam nesse momento que a única resposta a Perón era a insurreição.

Codovila queria que eu falasse do assunto com Prestes. Não se trata de uma missão, disse-me, mas eu o senti preocupado dentro da segurança em si mesmo que o caracterizava.

Depois do comício do Pacaembu, conversei longamente com Prestes. Não se podiam encontrar dois homens mais diferentes, mais antípodas. O ítalo-argentino, volumoso e derramado, pareceu sempre ocupar todo o aposento, toda a mesa, todo o ambiente. Prestes, mirrado e ascético, parecia tão frágil, que uma rajada de vento podia levá-lo pela janela.

No entanto vi, por trás das aparências, que um era tão duro quanto o outro.

"Não há fascismo na Argentina; Perón é um caudilho, mas não é um chefe fascista", disse Prestes, respondendo às minhas perguntas. "Onde estão os camisas-pardas? Os camisas-negras? As milícias fascistas?"

"Além disso, Codovila se engana. Lenin disse que não se brinca com a insurreição. E não se pode estar anunciando uma guerra sem soldados, contando só com voluntários."

Esses dois homens tão diferentes eram, no fundo, irredutíveis. Um deles, provavelmente Prestes, teve razão nisso, mas o dogmatismo de ambos, destes dois revolucionários admiráveis, produzia amiúde em torno deles uma atmosfera que eu achava irrespirável.

Devo acrescentar que Codovila era um homem vital. A mim me agradava muito seu combate à hipocrisia e ao puritanismo de uma época comunista. Nosso grande homem chileno dos velhos tempos partidários, Lafertte, era contra o álcool até a obsessão. O velho Lafertte grunhia igualmente a cada instante contra os amores e as paixões que surgiam fora do Registro Civil entre companheiros e companheiras do partido. Codovila derrotava nosso limitado mestre com sua amplitude vital.

MAIAKOVSKI

Li na minha juventude, com calafrios, o conto de Chamisso sobre o homem que vendeu sua sombra. Para mim, o momento mais grave era aquele em que, acertada a transação, o Diabo se agachava e enrolava cuidadosamente a sombra do homem que a havia vendido.

Sempre achei que alguns grandes poetas venderam, de uma maneira ou outra, a sombra que os acompanhou. Esta foi recortada do solo, enrolada, diminuída e arrancada de seu proprietário por vários diabos, entre os quais estiveram a moda do momento, a intranscendência sem ambição, o salão literário e, às vezes, também o paulatino suborno da burguesia.

Herdamos de Maiakovski sua poesia incompleta e sua vastíssima sombra.

É a imagem do poeta que não venderá sua sombra, que a usará durante toda a sua vida abrigando-se com ela como se fosse uma capa e dormindo envolto naquela sombra pessoal que faz destacar cada um de seus atos e de seus sonhos em preto e branco com a dramática luz e a escuridão de sua pessoa insubstituível.

Sua poesia, vista de fora, nos parece incompleta porque a morte a cortou com sua espantosa tesoura. Enquanto isso, a União Soviética cresceu de maneira prodigiosa. Faz falta o poema de Maiakovski sobre Valentina, a cosmonauta, a mulher que foi mais longe e mais alto do que todas as mulheres da história humana. Só Maiakovski teria esses tons semelhantes a disparos para celebrar a nave espacial. Esses poemas que ele não pôde escrever não poderão ser escritos por ninguém porque ele tinha a atitude imperiosa do cosmonauta e até seus poemas de amor e de combate têm substâncias cósmicas. Ele arrebatou a seu tempo tantos materiais novos com a ênfase de um conquistador e a eloquência que é seu grande atributo que a poesia mudou com sua entrada e saída como se tivesse sobrevindo uma tempestade natural.

Se a cada revolução corresponde mais de um poeta, porque a poesia se eletriza no movimento humano, nem todas as revoluções se fazem corpo, sangue e alma em um poeta como no caso de Maiakovski. A grande palpitação humana da Revolução de Outubro ficou viva em sua poesia de tal maneira que seus cantos são acontecimentos, fatos memoráveis com os quais é necessário contar. Em revoluções anteriores, um poeta deu uma canção ou muitos outros deram adesões sonoras mais ou menos bem-sucedidas. Maiakovski entregou sua alma turbulenta, que se consumiu de cima a baixo, entregando sua poesia como um material deslumbrante para a construção socialista.

Por isso, a sombra de Maiakovski é tão incalculável e não se gasta, mas sim se acrescenta.

Essa sombra atravessa o Equador e chega como uma cauda de cometa aos subúrbios perdidos da América Latina, iluminando a consciência do jovem escritor. Essa sombra sai de uma biblioteca derrubando, de forma ruidosa, muitos volumes de palavras dogmáticas. Irrompe nas lutas de rua e entra como influência sutil na conduta dos seres. Essa sombra é, às vezes, como uma espada e, outras vezes, como uma laranja, tem a cor do verão.

Nós, os poetas da minha geração, tentamos preservar Maiakovski como um bom clássico, muito bem organizado naquela prateleira. Porém, sua péssima educação o faz sair a cada dia de seu lugar e a fazer parte conosco dos combates e das vitórias do nosso tempo. É que Maiakovski foi, sobretudo, um bom companheiro.

Um grande companheiro para todas as latitudes, para todas as raças, para todos os povos, para todos os poetas.

E um mestre para todos os poetas de todas as latitudes, de todas as raças, de todos os povos.

STALIN

Muita gente pensa que sou ou fui um político importante. Não sei de onde surgiu lenda tão extraordinária. Certa vez vi, com cândida surpresa, um retrato meu, pequeno como um selo, incluído nas duas páginas da revista *Life* que mostravam a seus leitores os chefes do comunismo mundial. Minha efígie, colocada entre Prestes e Mao Tsé-tung, pareceu-me uma brincadeira divertida, mas nada esclareci porque sempre detestei as cartas de retificação. Além disso, não deixava de ser engraçado que a CIA se enganasse, não obstante os cinco milhões de agentes que mantém no mundo.

O contato mais longo que mantive com um líder supremo do mundo socialista foi durante nossa visita a Pequim. Consistiu num brinde que troquei com Mao Tsé-tung no decorrer de uma cerimônia. Ao tocarmos nossas taças olhou-me com olhos sorridentes e largo sorriso, entre simpático e irônico. Manteve minha mão na sua, apertando-a por uns segundos além do costume. Logo voltei à mesa de onde tinha saído.

Nunca vi, em minhas muitas visitas à URSS, nem Molotov, nem Vishinski, nem Beria; nem sequer Mikoian, nem Litvinov, estes últimos personagens mais sociáveis e menos misteriosos do que os outros.

Vi Stalin de longe mais de uma vez, sempre no mesmo ponto: a tribuna que sobre a Praça Vermelha se eleva cheia de dirigentes de alto nível, tanto no 1º de Maio como no 7 de Novembro de cada ano. Passei longas horas no Kremlin, como participante do comitê dos prêmios que levavam o nome de Stalin, sem que nunca nos cruzássemos no corredor, sem que ele nos visitasse durante as deliberações ou os almoços ou nos chamasse para nos saudar. Os prêmios foram sempre concedidos por unanimidade, mas não faltavam acirradas discussões prévias para a seleção do candidato. Sempre tive a impressão de que alguém da secretaria do júri, antes que se tomassem as decisões finais, corria com os pareceres para ver se o grande homem os referendava. Mas a verdade é que não me lembro de que se recebesse nunca uma objeção de sua parte tampouco recordo que, apesar de sua perceptível proximidade, tomasse conhecimento da nossa presença. Decididamente Stalin cultivava o mistério como sistema ou era um grande tímido, um homem prisioneiro de si mesmo. É possível que essa característica tenha contribuído para a influência preponderante que teve Beria sobre ele. Beria era o único que entrava e saía dos aposentos de Stalin sem avisar.

No entanto, tive, em certa oportunidade, uma relação inesperada que até agora me parece insólita com o homem misterioso do Kremlin. Íamos até Moscou com os Aragon — Louis e Elsa — para participar da reunião que daria esse ano os prêmios Stalin. Grandes nevascas nos detiveram em Varsóvia. Já não chegaríamos a tempo ao encontro. Um dos nossos acompanhantes soviéticos se encarregou de transmitir em russo, para Moscou, as candidaturas que Aragon e eu indicávamos e que por certo foram aprovadas na reunião. Mas o curioso é que o soviético que recebeu a resposta telefônica me chamou à parte e me disse surpreso:

— Felicito-o, camarada Neruda. O camarada Stalin, ao lhe ser submetida a lista de possíveis premiados, exclamou: "E por que não está o de Neruda entre esses nomes?"

No ano seguinte recebia eu o Prêmio Stalin pela Paz e a Amizade entre os Povos. É possível que eu não o merecesse, mas me pergunto como aquele homem distante tomou conhecimento de minha existência.

Soube por aquela época de outras intervenções similares de Stalin. Quando aumentava a campanha contra o cosmopolitismo, quando os sectários esnobes pediam a cabeça de Ehrenburg, tocou o telefone certa manhã na casa do autor de *Julio Jurenito*. Foi Luba quem atendeu. Uma voz vagamente desconhecida perguntou:

— Ilya Grigorievich está?

— Depende — respondeu Luba. — Quem é o senhor?

— Aqui é Stalin — disse a voz.

— Ilya, um engraçadinho quer falar contigo — disse Luba a Ehrenburg.

Mas, uma vez ao telefone, o escritor reconheceu a voz de Stalin, tão conhecida de todos:

— Passei a noite lendo seu livro *A queda de Paris*. Chamei-o para lhe dizer que continue escrevendo muitos livros tão interessantes quanto esse, querido Ilya Grigorievich.

Talvez essa inesperada chamada telefônica tenha tornado possível a longa vida do grande Ehrenburg.

Outro caso: Maiakovski já estava morto, mas seus recalcitrantes e reacionários inimigos atacavam com unhas e dentes a memória do poeta, obstinados em apagá-lo do mapa da literatura soviética. Aconteceu então um fato que transtornou aqueles propósitos. Sua amada Lily Brik escreveu uma carta a Stalin, acusando o desrespeito desses ataques e argumentando apaixonadamente em defesa da poesia de Maiakovski. Os agressores se acreditavam impunes, protegidos por sua mediocridade em conjunto. Tiveram uma decepção. Stalin escreveu à margem da carta de Lily Brik: "Maiakovski é o melhor poeta da era soviética."

Desde então surgiram museus e monumentos em homenagem a Maiakovski e sucederam-se as edições de sua extraordinária poesia. Os impugnadores ficaram fulminados e inertes diante daquela trombetada de Jeová.

Soube também que, quando da morte de Stalin, foi encontrada entre seus papéis uma lista que dizia: "Não tocar", escrita por ele, de próprio punho. Esta lista estava encabeçada pelo músico Shostakovitch, seguido de outros nomes eminentes: Eisenstein, Pasternak, Ehrenburg etc.

Muitos têm me julgado um stalinista convicto. Fascistas e reacionários têm me pintado como um exegeta lírico de Stalin. Nada disso me irrita em especial. Todas as conclusões se tornam possíveis numa época diabolicamente confusa.

A tragédia íntima para nós, comunistas, foi nos darmos conta de que, em diversos aspectos do problema Stalin, o inimigo tinha razão. A essa revelação que sacudiu a alma, seguiu-se um doloroso estado de consciência. Alguns se sentiram enganados, aceitaram violentamente a razão do inimigo e passaram para suas fileiras. Outros pensaram que os espantosos fatos, revelados implacavelmente no XX Congresso, serviam para demonstrar a integridade de um partido comunista que sobrevivia, mostrando ao mundo a verdade histórica e aceitando sua própria responsabilidade.

Apesar de essa responsabilidade pesar sobre todos nós, o fato de denunciar aqueles crimes nos devolvia a autocrítica e a análise — elementos essenciais de nossa doutrina — e nos dava as armas para impedir que coisas tão horríveis pudessem se repetir.

Esta tem sido minha posição: sobre as trevas, desconhecidas para mim, da época stalinista, surgia diante de meus olhos o primeiro Stalin, um homem principista e bonachão, sóbrio como um anacoreta, defensor titânico da revolução russa. Além disso, esse pequeno homem de grandes bigodes se agigantou na guerra; com seu nome nos lábios, o Exército Vermelho atacou e pulverizou a fortaleza dos demônios hitleristas.

No entanto, dediquei um único poema a essa poderosa personalidade. Foi por ocasião de sua morte. Qualquer pessoa pode encontrá-lo nas edições de minhas obras completas. A morte do ciclope do Kremlin teve uma ressonância cósmica. A selva humana estremeceu. Meu poema captou a sensação daquele pânico terrestre.

LIÇÃO DE SIMPLICIDADE

Gabriel García Márquez me contou, muito ofendido, como tinham suprimido em Moscou algumas passagens eróticas de seu maravilhoso livro *Cem anos de solidão*.

— Isso está muito errado — disse eu aos editores.

— O livro não perde nada — responderam, e eu me dei conta de que o haviam cortado sem má-fé. Mas foi cortado.

Como conciliar essas coisas? Cada vez sou menos sociólogo. Fora dos princípios gerais do marxismo, fora de minha antipatia pelo capitalismo e minha confiança no socialismo, cada vez entendo menos da tenaz contradição da humanidade.

Nós, os poetas desta época, sempre temos que optar. A opção não tem sido um mar de rosas. As terríveis guerras injustas, as contínuas pressões, a agressão do dinheiro, todas as injustiças se têm tornado mais evidentes. Os engodos do sistema decadente têm sido a "liberdade" condicionada, a sexualidade, a violência e os prazeres pagos por cômodas quotas mensais.

O poeta do presente tem buscado uma saída para sua angústia. Alguns têm escapado pelo misticismo ou pelo sonho da razão. Outros se sentem fascinados pela violência espontânea e destrutiva da juventude; passaram a ser imediatistas, sem considerar que essa experiência, no beligerante mundo atual, tem conduzido sempre à repressão e ao sacrifício estéril.

Encontrei em meu partido, o Partido Comunista do Chile, um grupo grande de gente simples, que tinha deixado muito para trás a vaidade pessoal, o caudilhismo, os interesses materiais. Senti-me feliz de conhecer gente honrada que lutava pela honradez comum, quer dizer, pela justiça.

Nunca tive dificuldades com meu partido, que com sua modéstia conseguiu extraordinárias vitórias para o povo do Chile, meu povo. Que mais posso dizer? Não aspiro senão a ser tão simples como meus companheiros, tão persistente e invencível como eles são. Da humildade nunca se aprende o bastante. O orgulho individualista que se encastela no ceticismo para não ser solidário do sofrimento humano nunca me ensinou nada.

FIDEL CASTRO

Duas semanas depois de sua vitoriosa entrada em Havana, chegou Fidel Castro a Caracas para uma curta visita. Vinha agradecer publicamente ao governo e ao povo venezuelano a ajuda que lhe tinham prestado. Essa ajuda consistia em armas para suas tropas, e não foi naturalmente Betancourt (recém-eleito presidente) quem as proporcionou, mas sim seu antecessor, o almirante Wolfgang Larrazábal. Tinha sido Larrazábal amigo das esquerdas venezuelanas, incluindo os comunistas, e foi solidário com Cuba quando isso lhe foi solicitado.

Poucas vezes vi acolhida mais calorosa que a proporcionada pelos venezuelanos ao jovem vencedor da revolução cubana. Fidel falou quatro horas seguidas na grande praça de El Silencio, coração de Caracas. Eu era uma das duzentas mil pessoas que escutaram, de pé e sem abrir a boca, aquele longo discurso. Para mim, como para muitos outros, os discursos de Fidel têm sido uma revelação. Ouvindo-o falar diante daquela multidão, compreendi que uma época nova tinha começado para a América Latina. Gostei do que havia de novo em sua linguagem. Os melhores dirigentes operários e políticos costumam repisar fórmulas cujo conteúdo pode ser válido, mas são palavras gastas e debilitadas pela repetição. Fidel não tomava conhecimento de tais fórmulas. Sua linguagem era natural e didática. Parecia que ele mesmo ia aprendendo enquanto falava e ensinava.

O presidente Betancourt não estava presente. Assustava-o a ideia de enfrentar a cidade de Caracas, onde nunca foi popular. A cada vez que Fidel Castro se referiu a ele em seu discurso, escutaram-se imediatamente vaias e assobios que as mãos de Fidel trataram de silenciar. Creio que naquele dia foi selada uma inimizade definitiva entre Betancourt e o revolucionário cubano. Fidel não era marxista nem comunista nesse tempo; suas próprias palavras distavam muito dessa posição política. Minha ideia pessoal é que aquele discurso, a personalidade fogosa e brilhante de Fidel, o entusiasmo que despertava na multidão, a paixão com que o povo de Caracas o ouvia entristeceram Betancourt, político de velho estilo, de retórica, comitês e conciliábulos. Desde então Betancourt tem perseguido com sanha implacável tudo quanto de perto ou de longe lhe cheire a Fidel Castro ou à revolução cubana.

No dia seguinte ao comício, quando eu estava fazendo um piquenique dominical, chegou um motociclista que me trouxe um convite para a embaixada de Cuba. Tinha me procurado o dia todo e finalmente havia descoberto meu paradeiro. A recepção seria nessa mesma tarde. Matilde e eu saímos diretamente para a sede da embaixada. Os convidados eram tão numerosos que transbordavam dos salões e dos jardins. Lá fora o povo se amontoava, e era difícil cruzar as ruas que conduziam à casa.

Atravessamos salões repletos de gente, uma trincheira de braços com taças de coquetel no alto. Alguém nos levou por corredores e escadas até outro andar. Em um lugar inesperado, Celia, a amiga e secretária mais próxima de Fidel, estava nos esperando. Matilde ficou com ela. Quanto a mim, introduziram-me num aposento vizinho. Encontrei-me em um quarto de dormir rústico, como de jardineiro ou de chofer. Havia só uma cama, da qual alguém se tinha levantado precipitadamente, deixando lençóis em desordem e um travesseiro pelo chão. Uma mesinha a um canto e nada mais. Pensei que dali me passariam a alguma saleta decente para me encontrar com o Comandante. Mas não foi assim. De repente se abriu a porta, e Fidel Castro encheu o vazio com a sua estatura.

Era um palmo mais alto do que eu. Dirigiu-se com passos rápidos até mim.

— Olá, Pablo! — disse e me envolveu num abraço estreito e apertado.

Surpreendeu-me sua voz firme, quase infantil. Alguma coisa em seu aspecto combinava também com o tom de sua voz. Fidel não dava a sensação de um homem grande, mas sim de um menino grande, de quem as pernas tinham se encompridado rapidamente sem perder sua cara de garoto e sua rala barba de adolescente.

Interrompeu o abraço bruscamente. Ficou como que galvanizado. Deu meia-volta e se dirigiu resolutamente a um canto do quarto. Sem que eu percebesse, tinha entrado sigilosamente um fotógrafo de jornal e desse canto apontava sua câmera em nossa direção. Fidel caiu a seu lado de um só impulso. Vi que o tinha agarrado pela garganta e o sacudia. A câmera caiu no chão. Aproximei-me de Fidel e o tomei por um braço, espantado diante da visão do minúsculo fotógrafo que se debatia inutilmente. Mas Fidel lhe deu um empurrão em direção à porta e o obrigou a desaparecer. Logo se voltou para mim sorrindo, recolheu a câmera do chão e a jogou sobre a cama.

Não falamos do incidente, mas sim das possibilidades de uma agência de imprensa para a América inteira. Parece-me que daquela conversa nasceu a Prensa Latina. Em seguida, cada um por uma porta, voltamos para a recepção.

Uma hora mais tarde, regressando já da embaixada em companhia de Matilde, evoquei a cara aterrorizada do fotógrafo e a rapidez instintiva do chefe guerrilheiro que percebeu de costas a silenciosa chegada do intruso.

Esse foi meu primeiro encontro com Fidel Castro. Por que rechaçou tão redondamente aquela fotografia? Encerraria sua rejeição um pequeno mistério político? Até agora não consegui compreender por que motivo nossa entrevista devia ter caráter tão secreto.

Foi muito diferente meu primeiro encontro com Che Guevara, em Havana. Por volta de uma da madrugada cheguei para vê-lo, convidado por ele ao seu escritório no Ministério da Fazenda ou da Economia, não me lembro exatamente. Ainda que tivesse marcado um encontro para a meia-noite, cheguei atrasado. Tinha assistido a um ato oficial interminável, no qual me colocaram como presidente da mesa.

O Che calçava botas, usava uniforme de campanha e pistolas à cintura. Sua indumentária destoava do ambiente bancário do escritório.

O Che era moreno, pausado no falar, com indubitável sotaque argentino. Era um homem para a gente conversar com vagar, no pampa, entre um mate e outro. Suas frases eram curtas e arrematadas num sorriso, como se deixasse no ar o comentário.

Lisonjeou-me o que disse de meu livro *Canto geral*. Costumava lê-lo à noite para seus guerrilheiros, na Sierra Maestra. Agora, já passados tantos anos, estremeço ao pensar que meus versos também o acompanharam em sua morte. Régis Debray me disse que, nas montanhas da Bolívia, guardou até o último momento em sua mochila somente dois livros: um texto de aritmética e meu *Canto geral*.

O Che me disse algo naquela noite que me desorientou bastante, mas que talvez explique seu destino. Seu olhar ia de meus olhos para a janela escura do gabinete bancário. Falávamos de uma possível invasão norte-americana em Cuba. Eu tinha visto pelas ruas de Havana sacos de areia distribuídos em pontos estratégicos. Ele disse subitamente:

— A guerra... A guerra... Sempre estamos contra a guerra, mas, quando a fazemos, não podemos viver sem a guerra. A todo instante queremos voltar para ela.

Pensava em voz alta e para mim. Escutei-o com sincero estupor. Para mim a guerra é uma ameaça, e não um destino.

Despedimo-nos, e nunca mais voltei a vê-lo. Em seguida aconteceram seu combate na selva boliviana e sua trágica morte. Mas eu continuo vendo em Che Guevara o homem meditativo que em suas batalhas heroicas destinou sempre, junto às suas armas, um lugar para a poesia.

A América Latina gosta muito da palavra "esperança". Agrada-nos que nos chamem "continente da esperança". Os candidatos a deputados, a senadores, a presidentes se autointitulam "candidatos da esperança".

Na realidade essa esperança é algo assim como o céu prometido, uma promessa de recompensa cujo cumprimento se adia. Adia-se para o próximo período legislativo, para o próximo ano ou para o próximo século.

Quando aconteceu a revolução cubana, milhões de sul-americanos tiveram um brusco despertar. Não acreditavam no que ouviam. Isso não estava nos livros de um continente que viveu desesperadamente pensando na esperança.

Eis que inesperadamente Fidel Castro, um cubano a quem antes ninguém conhecia, agarra a esperança pelos cabelos ou pelos pés, não lhe permitindo voar, mas sim sentando-a à sua mesa, quer dizer, à mesa e na casa dos povos da América.

Desde então temos nos adiantado muito nesse caminho da esperança feita realidade. Porém vivemos com a alma por um fio. Um país vizinho, muito poderoso e muito imperialista, quer esmagar Cuba com esperança e tudo. As massas da América leem o jornal todos os dias, escutam o rádio todas as noites. E suspiram de satisfação. Cuba existe. Um dia mais. Um ano mais. Um lustro mais. Nossa esperança não foi decapitada. Nem será decapitada.

A CARTA DOS CUBANOS

Fazia tempo que os escritores peruanos, entre os quais sempre contei com muitos amigos, pressionavam para que me dessem em seu país uma condecoração oficial. Confesso que as condecorações sempre me pareceram um tanto ridículas. As poucas que tinha me foram penduradas no peito, sem nenhum amor, por funções desempenhadas, por permanências consulares, isto é, por obrigação ou rotina. Passei certa vez por Lima, e Ciro Alegría, o grande novelista de *Los perros hambrientos*, que era então presidente dos escritores peruanos, insistiu para que me condecorassem em sua pátria. Meu poema "Alturas de Machu Picchu" tinha passado a ser parte da vida peruana; talvez tenha conseguido expressar nesses versos alguns sentimentos que jaziam adormecidos como as pedras da grande construção. Além disso, o presidente peruano desse tempo, o arquiteto Belaúnde, era meu amigo e meu leitor. Ainda que a revolução que depois o expulsou do país com violência tenha dado ao Peru um governo inesperadamente aberto aos novos caminhos da História, continuo acreditando que o arquiteto Belaúnde foi um homem de honestidade irrepreensível, empenhado em tarefas algo quiméricas que finalmente o apartaram da realidade terrível, separaram-no de seu povo que tão profundamente amava.

Aceitei ser condecorado, desta vez não por meus serviços consulares, mas sim por um de meus poemas. Além disso, diga-se de passagem, entre os povos do Chile e do Peru há ainda feridas por fechar. Não só os atletas e os diplomatas e os estadistas devem se empenhar em fortalecer esse sangue do passado, mas também, e com maior razão, os poetas, cujas almas têm menos fronteiras do que as dos demais.

Por essa mesma época, fiz uma viagem aos Estados Unidos. Tratava-se de um congresso do Pen Clube mundial. Entre os convidados estavam meus amigos Arthur Miller, os argentinos Ernesto Sabato e Victoria Ocampo, o crítico uruguaio Emir Rodríguez Monegal, o novelista mexicano Carlos Fuentes. Também afluíram escritores de quase todos os países socialistas da Europa.

Foi-me notificado, à chegada, que os escritores cubanos tinham sido igualmente convidados. No Pen Clube estavam surpreendidos porque Carpentier não tinha chegado e me pediram que eu tratasse de esclarecer o assunto. Dirigi-me ao representante da Prensa Latina em Nova York, que se ofereceu para transmitir um recado para Carpentier.

A resposta, através da Prensa Latina, foi que Carpentier não podia vir porque o convite tinha chegado demasiado tarde e os vistos norte- americanos não tinham ficado prontos. Alguém mentia nessa ocasião: os vistos estavam concedidos havia três meses e fazia também três meses que os cubanos tinham conhecimento do convite e o tinham aceitado. Compreende-se que houve um acordo superior de ausência à última hora.

Cumpri minhas atribuições de sempre. Dei meu primeiro recital de poesia em Nova York com uma afluência tão grande que tiveram de pôr telas de televisão fora do teatro para que milhares de pessoas que não puderam entrar vissem e ouvissem. Comoveu-me o eco que meus poemas, violentamente anti-imperialistas, despertavam naquela multidão norte-americana. Compreendi muitas coisas ali e em Washington e na Califórnia, quando os estudantes e a gente comum manifestavam sua aprovação às minhas palavras condenatórias do imperialismo. Comprovei à queima-roupa que os inimigos norte-americanos de nossos povos eram igualmente inimigos do povo norte-americano.

Fizeram algumas entrevistas comigo. A revista *Life* em espanhol, dirigida por latino-americanos radicados, tergiversou e mutilou minhas opiniões. Não retificaram quando lhes pedi. Porém não era nada grave. O que suprimiram foi um parágrafo, em que eu condenava o que acontecia no Vietnã, e outro acerca de um líder negro assassinado naquela época. Somente anos mais tarde a jornalista que redigiu a entrevista declarou que tinha sido censurada.

Soube durante minha visita — e isso honra meus companheiros, os escritores norte-americanos — que eles exerceram uma pressão irredutível para que me fosse concedido o visto de entrada nos Estados Unidos. Parece-me que chegaram a ameaçar o Departamento de Estado com uma moção de censura do Pen Clube se continuassem recusando minha permissão de entrada. Numa reunião pública, na qual era homenageada a personalidade mais respeitada da poesia norte-americana, a veterana poetisa Marianne Moore, que morreu muitos meses depois, pediu ela a palavra para se regozijar de que se tivesse conseguido meu ingresso legal no país por meio da união dos poetas. Contaram-me que suas palavras, vibrantes e comovedoras, receberam uma grande ovação.

O certo e o inaudito é que depois dessa excursão, assinalada por minha atividade política e poética mais combativa, grande parte da qual foi empregada em defesa e apoio da revolução cubana, recebi, ao regressar ao Chile, a célebre e maligna carta dos escritores cubanos, encaminhada para me acusar nada menos que de submissão e traição. Já não me lembro dos termos empregados por meus fiscais. Mas posso dizer que se erigiam mestres das revoluções, preceptores das normas que devem reger os escritores de esquerda. Com arrogância, insolência e adulações pretendiam modificar minha atividade poética, social e revolucionária. Minha condecoração por "Machu Picchu" e minha assistência ao congresso do Pen Clube, minhas declarações e recitais, minhas palavras e atos contrários ao sistema norte-americano, expressados na boca do lobo, tudo era posto em dúvida, falsificado ou caluniado pelos já mencionados escritores, muitos deles recém-chegados ao campo revolucionário e muitos deles remunerados, justa ou injustamente, pelo novo Estado cubano.

Esse amontoado de injúrias foi engrossado por assinaturas e mais assinaturas que foram pedidas com suspeitosa espontaneidade nas associações de escritores e artistas. Comissionados corriam daqui para acolá em Havana, em busca de assinaturas de sindicatos inteiros de músicos, bailarinos e artistas plásticos. Convocavam-se para que assinassem os numerosos artistas e escritores em trânsito, que tinham sido generosamente convidados a Cuba e que enchiam os hotéis de maior luxo. Alguns dos escritores, cujos nomes apareceram estampados ao pé do injusto documento, me fizeram chegar posteriormente notícias sub-reptícias: "Nunca o assinei. Inteirei-me do conteúdo depois de ver minha assinatura, que nunca pus ali." Um amigo de Juan Marinello me sugeriu que aconteceu o mesmo com ele, ainda que nunca tenha podido comprová-lo. Comprovei-o com outros.

O assunto era um novelo, uma bola de neve ou de desvios ideológicos que era preciso fazer crescer a todo o custo. Instalaram-se agências especiais em Madri, Paris e outras capitais, ocupadas em despachar em massa exemplares da carta mentirosa. Saíram milhares dessas cartas, especialmente de Madri, em remessas de vinte ou trinta exemplares para cada destinatário. Resultava sinistramente divertido receber esses envelopes com retratos de Franco em selos postais, em cujo interior se acusava a Pablo Neruda de contrarrevolucionário.

Não me cabe indagar os motivos daquela fúria: a falsidade política, as fraquezas ideológicas, os ressentimentos e as invejas literárias, sei lá quantas coisas determinaram essa batalha de tantos contra um. Contaram-me depois que os empolgados redatores, promotores e caçadores de assinaturas para a famosa carta foram os escritores Roberto Fernández Retamar, Edmundo Desnoes e Lisandro Otero. Não me lembro de ter lido nunca Desnoes e Otero nem de tê-los conhecido pessoalmente. Retamar, sim. Em Havana e em Paris me perseguiu assiduamente com sua adulação. Dizia-me que tinha publicado incessantes prólogos e artigos laudatórios sobre minhas obras. A verdade é que nunca o considerei um valor autêntico, apenas um a mais entre os arrivistas políticos e literários de nossa época.

Talvez tenham imaginado que podiam me prejudicar ou destruir como revolucionário militante. Mas quando cheguei à rua Teatinos de Santiago do Chile, para tratar pela primeira vez do assunto diante do comitê central do partido, já tinham sua opinião firmada, ao menos quanto ao aspecto político.

— Trata-se do primeiro ataque contra nosso partido chileno — disseram.

Havia sérios conflitos naquele tempo. Os comunistas venezuelanos, os mexicanos e outros disputavam ideologicamente com os cubanos. Mais tarde, em trágicas circunstâncias, porém silenciosamente, diferenciaram-se também os bolivianos.

O Partido Comunista do Chile decidiu me conceder em um ato público a medalha Recabarren, recém-criada então e destinada aos seus melhores militantes. Era uma resposta sóbria. O Partido Comunista chileno superou com inteligência aquele período de divergências, persistiu no propósito de analisar internamente nossos desacordos. Com o tempo toda a sombra de luta foi eliminada, e existem, entre os dois Partidos Comunistas mais importantes da América Latina, um entendimento claro e uma relação fraternal.

Quanto a mim, não deixei de ser o mesmo que escreveu *Canción de gesta*. É um livro de que continuo gostando. Através dele não posso esquecer que fui o primeiro poeta que dedicou um livro inteiro a enaltecer a revolução cubana.

Compreendo, naturalmente, que as revoluções e em especial seus homens caíam de vez em quando no erro e na injustiça. As leis não escritas da humanidade envolvem igualmente revolucionários e contrarrevolucionários. Ninguém pode escapar dos equívocos. Um ponto obscuro, um pequeno ponto obscuro dentro de um processo não tem grande importância no contexto de uma grande causa. Continuei cantando, amando e respeitando a revolução cubana, seu povo e seus nobres protagonistas.

Mas cada um tem sua fraqueza. Tenho muitas. Por exemplo: não abro mão do orgulho que sinto por minha atitude inflexível de combatente revolucionário. Será talvez por isso, ou por outra fissura de minha pequenez, que tenho me negado até agora e continuarei me negando a dar a mão a qualquer um dos que, consciente ou inconscientemente, assinaram aquela carta que continua me parecendo uma infâmia.

CADERNO 12

PÁTRIA DOCE E DURA

EXTREMISMO E ESPIÕES

Com muita frequência os antigos anarquistas — e acontecerá o mesmo amanhã com os anarcoides de hoje — derivam para uma posição muito cômoda, o anarcocapitalismo, guarida na qual se abrigam também os franco-atiradores políticos, os esquerdizantes e os falsos independentes. O capitalismo repressivo tem como inimigo fundamental os comunistas, e sua pontaria não costuma se equivocar. Todos esses rebeldes individualistas são bajulados de uma maneira ou de outra pela astúcia ou primarismo reacionário que os considera defensores heroicos de sagrados princípios. Os reacionários sabem que o perigo de mudanças em uma sociedade não reside nas rebeliões individualistas, mas sim na organização das massas e numa extensiva consciência de classe.

Vi tudo isso claramente na Espanha durante a guerra. Certos grupos antifascistas estavam brincando um carnaval mascarado diante das forças de Hitler e de Franco que avançavam em direção a Madri. Excluo naturalmente os anarquistas indomáveis, como Durruti e seus catalães, que em Barcelona combateram como leões.

Algo mil vezes pior que os extremistas são os espiões. Entre os militantes dos partidos revolucionários infiltram-se de vez em quando os agentes adversários, assalariados da polícia, dos partidos reacionários ou de governos estrangeiros. Alguns deles cumprem missões especiais de provocação, outros de observação paciente. É clássica a história de Azeff. Antes da queda do czarismo, tomou parte em numerosos atentados terroristas e foi preso muitas vezes. As memórias do chefe da polícia secreta do czar, publicadas depois da revolução, contavam em detalhe como Azeff foi o tempo todo um agente da Ochrana. Na cabeça desse estranho personagem, de cujos atentados um causou a morte de um grão-duque, conviviam o terrorista e o delator.

Outra das experiências curiosas foi aquela que se deu em Los Angeles, São Francisco ou outra cidade da Califórnia. Durante a onda desvairada do macarthismo detiveram toda a militância do Partido Comunista local. Eram 75 pessoas, numeradas, fichadas e investigadas até nos menores detalhes de suas vidas. Pois bem, as 75 pessoas eram agentes da polícia. O FBI se tinha dado ao luxo de constituir seu próprio pequeno "Partido Comunista" com indivíduos que não se conheciam entre si para em seguida persegui-los e alardear triunfos sensacionais sobre inimigos inexistentes. O FBI chegou por esse caminho a episódios tão grotescos como o do repolho onde um tal Chalmers, ex-comunista comprado a peso de dólar pela polícia, escondia explosivos segredos internacionais. O FBI chegou a histórias horrendas, entre as quais a execução ou assassinato do casal Rosenberg indignou particularmente a humanidade.

No Partido Comunista do Chile, organização de história longa e de origem predominantemente proletária, foi sempre mais difícil a entrada desses agentes. As teorias de guerrilha na América Latina, por outro lado, abriram comportas para toda classe de delatores. A espontaneidade e a juventude dessas organizações tornaram mais difíceis a detecção e o desmascaramento dos espiões. Por isso as dúvidas acompanharam sempre os chefes guerrilheiros que tiveram de vigiar até sua própria sombra. O culto ao perigo foi alimentado de certo modo pela fogosidade romântica e a descabelada teorização guerrilheira que inundou a América Latina. Essa época acabou com o assassinato e a morte heroica de Ernesto Guevara. Porém durante muito tempo os sustentadores teóricos de uma tática inundaram o continente de teses e documentos que virtualmente apontavam o governo revolucionário popular do futuro, não às classes exploradas pelo capitalismo, mas sim aos grupos armados da *mon-*

tonera.* O erro desse raciocínio provém de sua debilidade política: pode ser que em algumas ocasiões o grande guerrilheiro coexista com uma poderosa mentalidade política, como no caso de Che Guevara; porém essa é uma questão minoritária e fortuita. Os sobreviventes de uma guerrilha não podem dirigir um Estado proletário pelo simples fato de serem mais valentes, de terem tido maior sorte diante da morte ou melhor pontaria diante dos vivos.

Agora contarei uma experiência pessoal. Estava eu então no Chile, recém-chegado do México. Numa das reuniões políticas às quais eu comparecia, aproximou-se um homem para me cumprimentar. Era um senhor de meia-idade, figura do cavalheiro moderno, muito corretamente vestido e provido desses óculos que tanta respeitabilidade dão às pessoas, umas lentes sem armação, apenas presas no nariz. Era uma figura muito afável.

— Dom Pablo, nunca tinha me atrevido a me aproximar do senhor, apesar de lhe dever a vida. Sou um dos refugiados que o senhor salvou dos campos de concentração e dos fornos de gás quando nos embarcou no *Winnipeg* com destino ao Chile. Sou catalão e maçom. Tenho uma situação estabelecida. Trabalho como vendedor especialista em artigos sanitários para a companhia tal, que é a mais importante do Chile.

Contou-me que ocupava um bom apartamento no centro de Santiago. Seu vizinho era um famoso campeão de tênis chamado Iglesias, que tinha sido meu companheiro de colégio. Falavam de mim com frequência e, por último, decidiram me convidar e me homenagear. Por isso tinha vindo me ver.

O apartamento do catalão dava mostras do bem-estar de nossa pequena burguesia: mobiliário impecável, uma *paella*** dourada e abundante. Iglesias esteve conosco todo o almoço. Rimo-nos, recordando o velho liceu de Temuco, em cujos porões as asas dos morcegos nos roçavam a cara. No final do almoço, o hospitaleiro catalão disse umas breves palavras e me deu duas esplêndidas cópias fotográficas: uma de Baudelaire e outra de Edgar Allan Poe. Esplêndidas cabeças de poetas que certamente conservo ainda em minha biblioteca.

---

* *Montonera*: guerrilheiros que lutam contra as forças do governo em alguns dos países da América do Sul. (N. T.)
** *Paella*: prato feito de arroz cozido com carne, peixes, camarões, mariscos etc., típico das regiões de Valência, Espanha. (N. T.)

Um dia desses nosso catalão caiu fulminado por uma paralisia, imobilizado na cama, sem poder falar nem se mover. Somente seus olhos se moviam angustiosamente, como querendo dizer alguma coisa à sua esposa, uma excelente republicana espanhola de irrepreensível história, ou a seu vizinho Iglesias, meu amigo e campeão de tênis. Mas o homem morreu sem fala e sem movimento.

Quando a casa se encheu de lágrimas, amigos e coroas, o vizinho tenista recebeu um misterioso chamado: "Conhecemos a íntima amizade que o senhor manteve com o falecido cavalheiro catalão. Ele não se cansava de fazer elogios à sua pessoa. Se quer prestar um serviço inestimável à memória de seu amigo, abra a caixa-forte e tire uma caixinha de ferro que está ali depositada. Voltarei a chamá-lo dentro de três dias."

A viúva não quis ouvir falar de semelhante coisa, sua dor era paroxística, não queria saber de nada, deixou o apartamento e se mudou para uma pensão da rua Santo Domingo. O dono da pensão era um iugoslavo da resistência, homem acostumado à política. A viúva lhe pediu que examinasse os papéis de seu marido. O iugoslavo encontrou a caixinha metálica e a abriu com muita dificuldade. Então saltou a mais inesperada das lebres: os documentos guardados revelavam que o morto tinha sido sempre um agente fascista. As cópias de suas cartas apontavam os nomes de dezenas de emigrados que, ao voltarem para a Espanha clandestinamente, foram presos e executados. Havia inclusive uma carta assinada por Francisco Franco agradecendo por seus serviços. Outras indicações do catalão serviram à marinha nazista para afundar navios de carga que saíam do litoral chileno com munições. Uma dessas vítimas foi nossa bela fragata, orgulho da marinha do Chile, a veterana *Lautaro*. Afundou durante a guerra com sua carga de salitre ao sair de nosso porto de Tocopilla. O naufrágio custou a vida de 17 cadetes navais. Morreram afogados ou carbonizados.

Essas foram as proezas criminosas de um catalão sorridente que um dia me convidou para almoçar.

OS COMUNISTAS

Passaram-se alguns anos desde que ingressei no partido... Estou contente... Os comunistas formam uma boa família... Têm a pele curtida e o coração mode-

rado... Por toda parte recebem golpes... Golpes exclusivos para eles... Viva os espíritas, os monarquistas, os anormais, os criminosos de todas as espécies... Viva a filosofia com muita fumaça e pouco fogo... Viva o cão que ladra e que morde, viva os astrólogos libidinosos, viva a pornografia, viva o cinismo, viva o camarão, viva todo o mundo, menos os comunistas... Viva os cintos de castidade, viva os conservadores que não lavam os pés ideológicos há quinhentos anos... Viva os piolhos das populações miseráveis, viva a fossa comum gratuita, viva o anarcocapitalismo, viva Rilke, viva André Gide com seu corydonzinho, viva qualquer misticismo... Está tudo bem... Todos são heroicos... Todos os jornais devem sair... Todos podem ser publicados, menos os comunistas... Todos os políticos devem entrar em Santo Domingo sem algemas... Todos devem celebrar a morte do sanguinário Trujillo, menos os que mais duramente o combateram... Viva o carnaval, os últimos dias de carnaval... Há disfarces para todos... Disfarces de idealista cristão, disfarces de extrema-esquerda, disfarces de damas beneficentes e de matronas caritativas... Mas cuidado: não deixem entrar os comunistas... Fechem bem a porta... Não se enganem... Eles não têm direito a nada... Preocupemo-nos com o subjetivo, com a essência do homem, com a essência da essência... Assim estaremos todos contentes... Temos liberdade... Que grande coisa é a liberdade!... Eles não a respeitam, não a conhecem... A liberdade para se preocupar com a essência... Com o essencial da essência...

Assim têm passado os últimos anos... Passou o jazz, chegou o soul, naufragamos nos postulados da pintura abstrata, a guerra nos abalou e nos matou... Tudo ficava como está... Ou não ficava?... Depois de tantos discursos sobre o espírito e de tantas pauladas na cabeça, alguma coisa ia mal... Muito mal... Os cálculos tinham falhado... Os povos se organizavam... Continuavam as guerrilhas e as greves... Cuba e o Chile se tornavam independentes... Muitos homens e mulheres cantavam a Internacional... Que estranho... Que desanimador... Agora cantam-na em chinês, em búlgaro, em espanhol da América... É preciso tomar medidas urgentes... É preciso bani-lo... É preciso falar mais do espírito... Exaltar mais o mundo livre... É preciso dar mais pauladas... É preciso dar mais dólares... Isso não pode continuar... Entre a liberdade das pauladas e o medo de Germán Arciniegas... E agora Cuba... Em nosso próprio hemisfério, na metade de nossa maçã, esses barbudos com a mesma canção... E para que nos serve Cristo?... Para que servem os padres?... Já não se pode confiar *em ninguém... Nem mesmo nos padres. Não veem nossos pontos de vista... Não veem como baixam nossas ações na Bolsa...*

Enquanto isso sobem os homens pelo Sistema Solar... Deixam pegadas de sapatos na Lua... Tudo luta por mudanças, menos os velhos sistemas... A vida dos velhos sistemas nasceu de imensas teias de aranha medievais... Teias de aranha mais duras do que os ferros das máquinas... No entanto, há gente que acredita numa mudança, que tem posto em prática a mudança, que tem feito triunfar a mudança, que tem feito florescer a mudança... Caramba!... A primavera é inexorável!

POÉTICA E POLÍTICA

Passei quase todo o ano de 1969 em Isla Negra. Desde cedo o mar começa a se avolumar de forma fantástica. Parece estar amassando um pão infinito. É branca como farinha a espuma derramada, impulsionada pelo fermento frio da profundidade.

O inverno é estático e brumoso. Ao seu encanto acrescentamos todo dia o fogo da lareira. A brancura das areias na praia nos oferece um mundo sempre solitário, como era antes de existirem habitantes ou veranistas na terra. Mas não se pense que eu detesto a multidão estival. Mal chega o verão, as moças se aproximam do mar, homens e crianças entram nas ondas com precaução e saem saltitando do perigo. Assim consumam a dança milenar do homem diante do mar, talvez a primeira dança dos seres humanos.

No inverno as casas de Isla Negra vivem envoltas pela escuridão da noite. Somente a minha se acende. Às vezes penso que há alguém na casa defronte. Vejo uma janela iluminada. É só um reflexo. Não tem ninguém na casa do capitão. É a luz da minha janela que reflete na sua.

Todos os dias do ano escrevi no meu canto de trabalho. Não é fácil chegar ali nem se manter nele. No entanto, há algo que atrai meus dois cães, Panda e Chou Tu. É uma pele de tigre de Bengala que serve de tapete no pequeno quarto. Trouxe-a da China há muitíssimos anos. Caíram-lhe as garras e os pelos, além de certa ameaça de traças que Matilde e eu conjuramos.

Meus cães gostam de se estender sobre o velho inimigo. Como se fossem vencedores de uma contenda, dormem de maneira instantânea, extenuados pelo combate. Estendem-se atravessados diante da porta como obrigando-me a não sair, a prosseguir meu trabalho.

A cada momento acontece algo na casa. Do telefone distante mandam um recado. O que devem responder? Não estou. Logo mandam outro recado. O que devem responder? Estou.

Não estou. Estou. Estou. Não estou. Essa é a vida de um poeta para quem o lugar remoto de Isla Negra deixou de ser remoto.

Sempre me perguntam, especialmente os jornalistas, que obra estou escrevendo, que coisa estou fazendo. Essa pergunta sempre me surpreendeu pela superficialidade. Porque a verdade é que sempre estou fazendo a mesma coisa. Nunca deixei de fazer a mesma coisa. Poesia?

Só soube muito depois que o que eu escrevia se chamava poesia. Nunca tive interesse pelas definições, pelos rótulos. Aborrecem-me mortalmente as discussões estéticas. Sem desfazer dos que as sustentam, apenas me sinto alheio tanto do ponto de vista da gênese como do *post mortem* da criação literária. "Que nada exterior se imponha a mim", disse Walt Whitman. E a parafernália da literatura, com todos os seus méritos, não deve substituir a pura criação.

Mudei de caderno várias vezes no ano. Esses cadernos andam por aí, amarrados com o fio verde da minha caligrafia. Enchi muitos deles, que foram se tornando livros, como se passassem de uma metamorfose para outra, da imobilidade para o movimento, de larvas para vaga-lumes.

A vida política veio como uma tempestade para me tirar de meu trabalho. Voltei uma vez mais para a multidão.

A multidão tem sido para mim a lição de minha vida. Posso chegar a ela com a inerente timidez do poeta, com o temor do tímido, mas — uma vez em seu seio — sinto-me transfigurado. Sou parte da maioria essencial, sou mais uma folha da grande árvore humana.

Solidão e multidão continuarão sendo deveres elementares do poeta de nosso tempo. Na solidão, minha vida se enriqueceu com o marulhar no litoral chileno. Intrigaram-me e me apaixonaram as águas que arremetiam e os penhascos fustigados, a multiplicação da vida oceânica, a formação impecável dos pássaros migradores, o esplendor da espuma marinha.

Mas aprendi muito mais da grande maré das vidas, da ternura vista em milhares de olhos que me olharam ao mesmo tempo. Essa mensagem pode não estar ao alcance de todos os poetas, mas quem a sentiu a guardará em seu coração, desenvolvendo-a em sua obra.

É memorável e dilacerador para o poeta ter encarnado para muitos homens, durante um minuto, a esperança.

CANDIDATO À PRESIDÊNCIA

Certa manhã de 1970 chegaram ao meu esconderijo à beira-mar, à minha casa de Isla Negra, o secretário-geral de meu partido e outros companheiros. Vinham me oferecer a candidatura parcial à presidência da República, candidatura que propunham aos seis ou sete partidos da Unidade Popular. Tinham tudo pronto: programa, caráter do governo, futuras medidas de emergência etc. Até esse momento todos aqueles partidos tinham seu candidato, e cada um queria mantê-lo. Só os comunistas não tinham ainda. Nossa posição era apoiar o candidato único que os partidos de esquerda designaram e que seria o da Unidade Popular. Mas não havia decisão, e as coisas não podiam continuar assim. Os candidatos da direita estavam lançados e faziam propaganda. Se não nos uníssemos em uma aspiração eleitoral comum, seríamos esmagados por uma derrota espetacular.

A única maneira de precipitar a unidade consistia em que os comunistas designassem seu próprio candidato. Quando aceitei a candidatura postulada por meu partido, tornamos ostensiva a posição comunista. Nosso apoio seria para o candidato que contasse com a vontade dos outros. Se não se conseguisse tal consenso, minha indicação se manteria até o final.

Era um meio heroico de obrigar os outros a estarem de acordo. Quando disse ao camarada Corvalán que aceitava foi com a crença de que igualmente se aceitaria minha futura renúncia, certo de que minha renúncia seria inevitável. Era bastante improvável que se conseguisse a unidade em torno de um comunista. Em outras palavras, todos precisavam de nosso apoio (inclusive alguns candidatos da democracia cristã), mas ninguém precisava de nós para nos apoiar.

Mas minha candidatura, saída daquela manhã marinha de Isla Negra, pegou fogo. Era solicitado em todos os lugares. Cheguei a me enternecer diante daquelas centenas ou milhares de homens e mulheres do povo que me estreitavam, me beijavam e choravam. Gente dos subúrbios de Santiago, mineiros de Coquimbo, homens do cobre e do deserto, camponesas que me esperavam horas com seus filhos nos braços, gente que vivia seu desamparo desde o rio Biobío até mais além do estreito de Magalhães, a todos eles eu falava ou lia meus poemas em plena chuva, no barro das ruas e dos caminhos, debaixo do vento austral que faz as pessoas tiritarem.

Estava me entusiasmando. Cada vez mais gente assistia a meus comícios, cada vez vinham mais mulheres. Com fascínio e terror comecei a pensar no que ia fazer se fosse eleito presidente da República mais bravia, mais dramaticamente insolúvel, a mais endeusada e, possivelmente, a mais ingrata. Os presidentes eram aclamados durante o primeiro mês e martirizados, com ou sem justiça, os cinco anos e onze meses restantes.

A CAMPANHA DE ALLENDE

Em um momento feliz chegou a notícia: Allende surgia como candidato possível de toda a Unidade Popular. Previa a aceitação de meu partido; apresentei rapidamente a renúncia da minha candidatura. Diante de uma imensa e alegre multidão, falei de minha renúncia e da indicação de Allende. O grande comício era em um parque. As pessoas enchiam todo o espaço visível e também as árvores. Das ramagens sobressaíam pernas e cabeças. Não há nada como esses chilenos aguerridos.

Eu conhecia o candidato. Tinha-o acompanhado nas três vezes anteriores, fazendo versos e discursos por todo o áspero e interminável território do Chile. Três vezes consecutivas, a cada seis anos, tinha sido candidato à presidência o meu tão porfiado companheiro. Esta seria a quarta e a vitoriosa.

Conta Arnold Bennet ou Somerset Maugham (não recordo bem qual dos dois) que certa vez coube a ele dormir (segundo diz) no mesmo quarto de Winston Churchill. A primeira coisa que o político extraordinário fez ao despertar, ao abrir os olhos, foi estirar a mão, pegar um imenso charuto

Havana da mesa de cabeceira e, sem mais aquela, começar a fumá-lo. Isso só pode ser feito por um saudável homem das cavernas, com essa saúde mineral da Idade da Pedra.

A resistência de Allende deixava para trás a de todos os seus acompanhantes. Tinha uma habilidade digna do mesmíssimo Churchill: dormia quando tinha vontade. Às vezes íamos pelas infinitas terras áridas do Norte do Chile. Allende dormia profundamente em qualquer canto do automóvel. De repente surgia um pequeno ponto vermelho no caminho. À nossa aproximação, convertia-se em um grupo de 15 ou 20 homens com suas mulheres, seus filhos e suas bandeiras. O carro parava. Allende esfregava os olhos para enfrentar o sol vertical e o pequeno grupo que cantava. Unia-se e cantava com eles o hino nacional. Depois lhes falava, vivo, rápido e eloquente. Voltava ao carro e continuávamos percorrendo os longuíssimos caminhos do Chile. Allende voltava a mergulhar no sono sem o menor esforço. A cada 25 minutos se repetia a cena: grupo, bandeiras, canto, discurso e volta ao sono.

Confrontando-se com imensas manifestações de milhares e milhares de chilenos, mudando de automóvel para trem, de trem para avião, de avião para navio, de navio para cavalo, Allende cumpriu sem vacilar as jornadas daqueles meses exaustivos. Para trás, fatigados, ficavam quase todos os membros de sua comitiva. Mais tarde, já presidente de fato e de direito do Chile, sua implacável eficiência causou quatro ou cinco enfartes entre seus colaboradores.

EMBAIXADA EM PARIS

Quando assumi nossa embaixada em Paris, me dei conta de que tinha que pagar um pesado tributo à minha vaidade. Tinha aceitado o posto sem pensar duas vezes, deixando-me levar uma vez mais pelo vaivém da vida. Agradava-me a ideia de representar um vitorioso governo popular, alcançado depois de tantos anos de governos medíocres e mentirosos. Talvez, no fundo, o que me cativava mais era entrar com uma nova dignidade na sede da embaixada chilena, na qual engoli tantas humilhações quando organizei a imigração dos republicanos espanhóis ao meu país. Cada um dos embaixadores anteriores tinha colaborado na minha perseguição, tinha contribuído para me desonrar e para me ferir. O perseguido tomaria assento na cadeira do perseguidor, comeria em sua mesa, dormiria em sua cama e abriria as janelas para que o ar novo do mundo entrasse numa velha embaixada.

O mais difícil era fazer entrar o ar. O asfixiante estilo monumental me entrou pelas narinas e pelos olhos quando, nessa noite de março de 1971, cheguei com Matilde ao nosso quarto de dormir e nos recostamos nas ilustres camas onde morreram, plácidos ou atormentados, alguns embaixadores e embaixatrizes.

É um quarto de dormir adequado para alojar um guerreiro e seu cavalo; há espaço suficiente para que se alimente o cavalo e durma o cavaleiro. Os tetos são altíssimos e suavemente decorados. Os móveis são coisas felpudas, vagamente da cor de folha seca, ataviados com espantosas franjas, uma parafernália de estilos que mostra ao mesmo tempo indícios da riqueza e marcas da decadência. Os tapetes podem ter sido belos há sessenta anos. Agora adquiriram uma invencível cor de pisadas e um cheiro de roído de traça junto a conversações convencionais e defuntas.

Para complementar, o pessoal nervoso que nos esperava tinha pensado em tudo, menos na calefação do gigantesco quarto de dormir. Matilde e eu passamos, transidos de frio, nossa primeira noite diplomática em Paris. Na segunda noite a calefação funcionou. Tinha sessenta anos de uso e já se tinham inutilizado os filtros. O ar quente do antigo sistema só deixava passar o anidrido carbônico. Não tínhamos direito de nos queixar do frio, como na noite anterior, mas sentíamos as palpitações e a angústia do envenenamento. Tivemos que abrir as janelas para que entrasse o frio do inverno. Quem sabe os velhos embaixadores estivessem se vingando de um arrivista que chegava para suplantá-los sem méritos burocráticos nem brasões genealógicos.

Pensamos: devemos procurar uma casa onde possamos respirar com as folhas, com a água, com os pássaros e com o ar. Esse pensamento se converteria com o tempo em obsessão. Como prisioneiros ciosos de sua liberdade, buscávamos e buscávamos o ar puro fora de Paris.

Ser embaixador era algo novo e incômodo para mim. Mas implicava um desafio. Tinha sido feita uma revolução no Chile, uma revolução à chilena, muito analisada e muito discutida. Os inimigos de dentro e de fora afiavam os dentes para destruí-la. Por 180 anos se sucederam em meu país os mesmos governantes com diferentes rótulos. Todos fizeram o mesmo. Continuaram os farrapos, as moradias indignas, as crianças sem escolas nem sapatos, as prisões e as bordoadas contra meu pobre povo.

Agora podíamos respirar e cantar. Isso era o que me agradava na minha nova situação.

As nomeações diplomáticas requerem no Chile a aprovação do Senado. A direita chilena me tinha adulado continuamente como poeta, fazendo até discursos em minha homenagem. É claro que esses discursos eles o teriam pronunciado com mais regozijo em meus funerais. Por três votos a mais o Senado me confirmou no cargo de embaixador. Os da direita e alguns hipócrita-cristãos votaram contra mim, sob o sigilo das bolinhas brancas e pretas.

O embaixador anterior tinha as paredes atapetadas com as fotografias de seus predecessores no cargo, sem exceção, além de seu próprio retrato. Era uma impressionante coleção de personagens vazios, salvo dois ou três, entre os quais estava o ilustre Blest Gana, nosso pequeno Balzac chileno. Dei ordens que descessem os espectrais retratos e os substituí por figuras mais sólidas: cinco efígies gravadas dos heróis que deram bandeira, nacionalidade e independência ao Chile; e três fotografias contemporâneas: a de Aguirre Cerda, progressista presidente da República, a de Luis Emilio Recabarren, fundador do Partido Comunista, e a de Salvador Allende. As paredes ficaram infinitamente melhores.

Não sei o que pensariam os secretários da embaixada, direitistas em sua quase totalidade. Os partidos reacionários tinham açambarcado a administração do país durante cem anos. Não se nomeava nem a um porteiro que não fosse conservador e monárquico. Os democrata-cristãos, por sua vez, autodenominando-se "revolução em liberdade", mostraram uma voracidade paralela à dos antigos reacionários. Mais tarde as paralelas convergiriam até se tornarem quase uma mesma linha.

A burocracia, o excesso de edifícios públicos, tudo ficou cheio de empregados, inspetores e assessores da direita, como se nunca Allende e a Unidade Popular tivessem triunfado no Chile, como se os ministros do governo não fossem agora socialistas e comunistas.

Por tais circunstâncias pedi que o cargo de conselheiro da embaixada em Paris fosse ocupado por um de meus amigos, o diplomata de carreira e escritor de relevo Jorge Edwards. Mesmo pertencendo à família mais oligárquica e reacionária de meu país, ele era um homem de esquerda, sem filiação partidária. Eu precisava sobretudo de um funcionário inteligente que conhecesse seu ofício e fosse digno de minha confiança. Edwards tinha sido até esse momento encarregado de negócios em Havana. Tinham chegado aos meus ouvidos vagos rumores de algumas dificuldades que ele teria tido em Cuba. Como o conhecia há anos como um homem de esquerda, não dei maior importância ao assunto.

Meu brilhante conselheiro chegou de Cuba muito nervoso e me contou sua história. Tive a impressão de que a razão estava dos dois lados e não de um lado só — como às vezes acontece na vida. Pouco a pouco Jorge Edwards recompôs os nervos destroçados, deixou de roer as unhas e trabalhou comigo com evidente capacidade, inteligência e lealdade. Durante aqueles dois anos de árduo trabalho na embaixada, meu conselheiro foi meu melhor companheiro e um funcionário, talvez o único, nesse grande escritório, politicamente impecável.

Quando a companhia norte-americana pediu o boicote do cobre chileno, uma onda de comoção percorreu a Europa inteira. Não só os jornais, as televisões, as rádios se preocuparam com o assunto, como uma vez mais fomos defendidos por uma consciência majoritária e popular.

Os estivadores da França e da Holanda se negaram a descarregar o cobre em seus portos para demonstrar seu repúdio à agressão. Esse gesto maravilhoso comoveu o mundo. Tais histórias solidárias ensinam mais sobre a história de nosso tempo do que as cátedras de uma universidade.

Lembro também de situações mais humildes, ainda que mais comovedoras. No segundo dia do boicote, uma modesta senhora francesa de uma pequena cidade da província mandou-nos uma nota de cem francos, fruto de suas economias, para ajudar a defesa do cobre chileno. E também uma carta de adesão calorosa, assinada por todos os habitantes da cidade, o prefeito, o pároco, os operários, os esportistas e os estudantes.

Do Chile chegaram mensagens de centenas de amigos, conhecidos e desconhecidos, que me cumprimentavam pela minha oposição aos piratas internacionais em defesa de nosso cobre. Enviada por uma mulher do povo, recebi uma encomenda que continha uma cuia de mate, quatro abacates e meia dúzia de pimentões verdes.

Ao mesmo tempo, o nome do Chile tinha crescido de maneira extraordinária. Tínhamos nos transformado num país que *existia*. Antes passávamos despercebidos entre a multidão do subdesenvolvimento. Agora, pela primeira vez, tínhamos fisionomia própria e não havia ninguém no mundo que se atrevesse a desconhecer a grandeza de nossa luta na construção de um destino nacional.

Tudo o que acontecia em nossa pátria apaixonava a França e a Europa inteira. Reuniões populares, assembleias estudantis, livros editados em todos os idiomas nos estudavam, nos examinavam e nos retratavam. Eu tinha que conter os jornalistas que a cada dia queriam saber tudo e muito mais que tudo. O presidente Allende era um homem universal. A disciplina e a firmeza de nossa classe operária eram admiradas e elogiadas.

A ardente simpatia para com o Chile se multiplicou por causa dos conflitos derivados da nacionalização de nossas jazidas de cobre. Compreendeu-se em toda parte que esse era um passo gigantesco no caminho da nova independência do Chile. Sem subterfúgios de nenhuma espécie, o governo popular mantinha definitivamente nossa soberania ao reconquistar o cobre para nossa pátria.

RETORNO AO CHILE

Voltando ao Chile, fui recebido por uma vegetação nova nas ruas e nos parques. Nossa maravilhosa primavera pintara de verde as folhagens dos bosques. Fazem tanta falta as folhas verdes à nossa capital cinzenta como faz falta o amor ao coração humano. Respirei o frescor dessa jovem primavera. Quando estamos longe da pátria nunca nos lembramos dos seus invernos. A distância apaga os rigores do inverno, as populações desamparadas, as crianças descalças no frio. A arte da memória só nos traz campinas verdes, flores amarelas e vermelhas, o céu azulado do hino nacional. Dessa vez encontrei a bela estação que tinha sido tantas vezes visão longínqua.

Outra vegetação salpicava os muros da cidade. Era o musgo do ódio que os recobria. Cartazes anticomunistas derramavam insolência e mentira, cartazes contra Cuba, cartazes antissoviéticos, cartazes contra a paz e a humanidade, cartazes sanguinários que prognosticavam carnificinas e Jacartas. Essa era a nova vegetação que aviltava os muros da cidade.

Eu conhecia por experiência o tom e o sentido dessa propaganda. Vivi na Europa anterior a Hitler. Era justamente esse o espírito da propaganda hitlerista, o esbanjamento da mentira a todo custo, a cruzada da ameaça e o medo, o desdobramento de todas as armas do ódio contra o futuro. Senti que queriam mudar a essência mesma de nossa vida. Não conseguia entender como podiam existir chilenos que ofendiam dessa maneira nosso espírito nacional.

Quando o terrorismo foi necessário para a direita reacionária, esta o empregou sem escrúpulos. Assassinaram o general Schneider, chefe supremo do exército, homem respeitado e respeitável, que se opôs a um golpe de Estado destinado a impedir o acesso de Allende à presidência da República. Uma variada coleção de celerados o metralhou pelas costas perto de sua casa. A operação foi dirigida por um ex-general expulso das fileiras do exército. A quadrilha era composta por jovens grã-finos e delinquentes profissionais.

Provado o crime e preso o autor intelectual, foi este condenado a trinta anos de prisão pela justiça militar. Mas a sentença foi reduzida para dois anos pela Corte Suprema da Justiça. Um pobre-diabo que rouba por fome uma galinha recebe no Chile o dobro da pena que foi imputada ao assassino do comandante em chefe do exército. É a aplicação classista das leis elaboradas pela classe dominante.

O triunfo de Allende constituiu para essa classe dominante um sobressalto macabro. Pela primeira vez pensaram que as leis tão cuidadosamente fabricadas pudessem desabar sobre suas próprias cabeças. Trataram de se refugiar em alguma parte com suas ações, suas joias, suas cédulas, suas moedas de ouro. Foram para a Argentina, para a Espanha, inclusive chegaram à Austrália. O pavor ao povo os teria feito chegar facilmente ao Polo Norte.

Depois voltariam.

FREI

O caminho chileno, limitado em toda parte por obstáculos infernais e legais, foi todo o tempo estritamente constitucional. Enquanto isso, a oligarquia recompôs seu traje esburacado e se transformou em facção fascista. O bloqueio norte-americano se tornou mais implacável na base da nacionalização do cobre. A I.T.T., de acordo com o presidente Frei, deixou a democracia cristã à mercê da nova direita fascista.

As personalidades correspondentes e antagônicas de Allende e Frei têm preocupado o Chile de forma permanente. Talvez por isso mesmo, porque são homens tão diferentes, caudilhos à sua maneira num país sem caudilhismo, cada um com seus objetivos e com seu caminho bem-traçados.

Creio ter conhecido bem Allende. Não tinha nada de enigmático. Quanto a Frei, coube-me ser colega seu no Senado da República. É um homem curioso, sumamente premeditado, muito afastado da espontaneidade allendista. No entanto, explode muitas vezes em risadas violentas, em gargalhadas estridentes. Gosto das pessoas que riem às gargalhadas (não tenho esse dom). Mas há gargalhadas e gargalhadas. As de Frei saem de um rosto preocupado, sério, atento à agulha com que cose seu fio político vital. É um riso súbito que assusta um pouco, como o grasnido de certas aves noturnas. Além disso, sua conduta costuma ser parcimoniosa e friamente cordial.

Sua inconstância política me deprimiu muitas vezes antes de me desiludir por completo. Recordo que uma vez veio me ver em minha casa de Santiago. Pairava então a ideia de um entendimento entre comunistas e democrata-cristãos. Estes últimos não se chamavam ainda assim, mas sim Falange Nacional, um nome horrendo adaptado sob a impressão que lhes tinha causado o jovem fascista Primo de Rivera. Em seguida, passada a guerra espanhola, Maritain os influenciou e se converteram em antifascistas e mudaram de nome.

Minha conversa foi vaga, porém cordial. A nós, comunistas, interessava um entendimento com todos os homens e setores de boa vontade. Isolados não chegaríamos a parte alguma. Dentro de seu ar evasivo, Frei me confirmou seu aparente esquerdismo dessa época. Despediu-se de mim, brindando-me com uma dessas gargalhadas que lhe caem como pedras da boca. "Continuaremos em contato", disse. Porém dois dias depois compreendi que nossa conversa tinha terminado para sempre.

Depois do triunfo de Allende, Frei, político ambicioso e frio, acreditou ser indispensável uma aliança reacionária para sua volta ao poder. Era uma mera ilusão, o sonho congelado de uma aranha política. Sua teia não sobreviverá e de nada lhe irá valer o golpe de Estado que propiciou.

O fascismo não tolera barganhas, mas somente obediência. A figura de Frei se tornará a cada ano mais tétrica. E sua memória terá que enfrentar algum dia a responsabilidade do crime.

TOMIC

O Partido Democrata Cristão me interessou muito desde seu nascimento, desde que abandonou o nome inadmissível de Falange. Surgiu quando um grupo reduzido de intelectuais católicos formou uma elite maritainista e tomista. Esse pensamento filosófico não me preocupou. Tenho uma indiferença natural pelos teóricos da poesia, da política, do sexo. As consequências práticas daquele pequeno movimento revelaram-se de forma singular e inesperada. Consegui que alguns jovens dirigentes falassem a favor da República Espanhola, nos grandes comícios que organizei no meu regresso de Madri em luta. Essa participação era insólita. A velha hierarquia eclesiástica, impulsionada pelo Partido Conservador, esteve a ponto de dissolver o novo partido. Só a intervenção de um bispo precursor os salvou do suicídio político. A declaração do prelado de Talca permitiu a sobrevivência do grupo que com o tempo se transformaria no partido político mais numeroso do Chile. Sua ideologia mudou totalmente com os anos.

Depois de Frei, o homem mais importante entre os democratas cristãos foi Radomiro Tomic. Conheci-o em minha época de parlamentar, em meio a greves e campanhas eleitorais pelo Norte do Chile. Os democratas cristãos de então nos perseguiam (aos comunistas) para tomar parte em nossos comícios. Nós éramos (e continuamos sendo) a gente mais popular no deserto do salitre e do cobre, quer dizer, entre os mais sacrificados trabalhadores do continente americano. Dali tinha saído Recabarren, ali tinham nascido a imprensa operária e os primeiros sindicatos. Nada disso teria existido sem os comunistas.

Tomic era por essa época não só a melhor esperança dos democratas cristãos, mas também sua personalidade era mais atraente e seu verbo, mais eloquente.

As coisas tinham mudado muito em 1964 quando a democracia cristã ganhou as eleições que levaram Frei à presidência da República.

A campanha do candidato que triunfou sobre Allende se fez sobre uma base de inaudita violência anticomunista, orquestrada com avisos de imprensa e rádio que procuravam aterrorizar a população. Aquela propaganda punha os cabelos em pé: as monjas seriam fuziladas, os meninos morreriam espetados em baionetas por barbudos parecidos com Fidel, as meninas seriam separadas de seus pais e enviadas à Sibéria. Soube-se mais tarde, por declarações feitas diante da comissão especial do Senado norte-americano, que a CIA gastou vinte milhões de dólares naquela truculenta campanha de terror.

Uma vez eleito presidente, Frei deu um presente de grego a seu único e grande rival no partido: designou Radomiro Tomic como embaixador do Chile nos Estados Unidos. Frei sabia que seu governo ia negociar com as empresas norte-americanas do cobre. Nesse momento todo o país pedia a nacionalização. Como um esperto prestidigitador, Frei mudou o termo por "chilenização" e reforçou com novos convênios a entrega de nossa principal riqueza nacional aos poderosos consórcios Kennecot e Anaconda Copper Company. O resultado econômico para o Chile foi monstruoso. O resultado político para Tomic foi muito triste: Frei o tinha riscado do mapa. Um embaixador do Chile nos Estados Unidos, que tivesse colaborado na entrega do cobre, não seria apoiado pelo povo chileno. Nas eleições presidenciais seguintes, Tomic ocupou penosamente o terceiro lugar entre três candidatos.

Pouco depois de renunciar a seu cargo de embaixador nos Estados Unidos, em começo de 1969, Tomic veio me ver em Isla Negra. Estava recém-chegado do Norte e ainda não era oficialmente candidato à presidência. Nossa amizade tinha se mantido através das agitações políticas, como se mantém ainda. Mas dificilmente poderíamos nos entender daquela vez. Ele queria uma aliança mais ampla das forças progressistas, para substituir nosso movimento de Unidade Popular, sob o título de União do Povo. Tal propósito era impossível; sua participação nas negociações do cobre tornava inviável a candidatura diante da esquerda política. Além disso, os dois grandes partidos básicos do movimento popular, o comunista e o socialista, eram já maiores de idade, com capacidade para levar à presidência um homem de suas fileiras.

Antes de deixar minha casa, bastante desiludido certamente, Tomic me fez uma revelação. O ministro da Fazenda, o democrata cristão Andrés Zaldívar, tinha lhe mostrado com documentação a bancarrota da realidade econômica do país nesse momento.

— Vamos cair num abismo — disse Tomic. — A situação não vai além de quatro meses. Isto é uma catástrofe. Zaldívar me deu todos os detalhes de nossa inevitável falência.

Um mês depois de eleito Allende, e antes que assumisse a presidência da República, o mesmo ministro Zaldívar anunciou publicamente o iminente desastre econômico do país; mas desta vez atribuiu às repercussões internacionais provocadas pela eleição de Allende. Assim se escreve a História. Pelo menos assim a escrevem os políticos tortuosos e oportunistas como Zaldívar.

ALLENDE

Meu povo tem sido o mais atraiçoado deste tempo. Dos desertos do salitre, das minas submarinas do carvão, das alturas terríveis onde jaz o cobre e onde as mãos de meu povo o extraem com trabalho desumano, surgiu um movimento libertador de importância grandiosa. Esse movimento levou à presidência do Chile um homem chamado Salvador Allende para que realizasse reformas e medidas de justiça inadiáveis, para resgatar nossas riquezas nacionais das garras estrangeiras.

Onde estive, nos países mais longínquos, os povos admiraram o presidente Allende e elogiaram o extraordinário pluralismo de nosso governo. Jamais na história da sede das Nações Unidas, em Nova York, se escutou uma ovação como a que os representantes de todo o mundo proporcionaram ao presidente do Chile.

Aqui no Chile estava se construindo, entre imensas dificuldades, uma sociedade verdadeiramente justa, erguida sobre a base de nossa soberania, de nosso orgulho nacional, do heroísmo dos melhores habitantes do Chile.

Do nosso lado, do lado da revolução chilena, estavam a Constituição e a lei, a democracia e a esperança.

Do outro lado não faltava nada. Havia arlequins e polichinelos, palhaços a granel, terroristas de pistola e prisão, monges falsos e militares degradados. Uns e outros davam voltas no carrossel do despeito. O fascista Jarpa ia de mãos dadas com seus sobrinhos de "Pátria e Liberdade", dispostos a quebrar a cabeça e a alma de tudo quanto existe, com o propósito de recuperar o grande latifúndio que eles chamavam Chile. Junto com eles, para amenizar a farândola, dançava um grande banqueiro e dançarino, um tanto manchado de sangue. Era o campeão de rumba González Videla, que rumbeando entregou faz tempo seu partido aos inimigos do povo. Agora era Frei quem oferecia seu Partido Democrata Cristão aos mesmos inimigos do povo, dançando segundo a música deles, dançando além disso com o ex-coronel Viaux, de cuja canalhice foi cúmplice. Esses eram os principais artistas da comédia. Tinham preparados os víveres do monopólio, os "miguelitos", os garrotes e as mesmas balas que há pouco tempo feriram de morte nosso povo em Iquique, em Ranquíl, em Salvador, em Puerto Montt, em José María Caro, em Frutillar, em Puente Alto e em tantos outros lugares. Os assassinos de Hernán Mery dançavam com os que deveriam defender sua memória. Dançavam com naturalidade, hipocritamente. Sentiam-se ofendidos quando lhes reprovavam esses "pequenos detalhes".

O Chile tem uma longa história civil com poucas revoluções e muitos governos estáveis, conservadores e medíocres. Muitos presidentes menores e somente dois grandes presidentes: Balmaceda e Allende. É curioso que os dois provinham do mesmo meio, da burguesia endinheirada, que aqui chamamos aristocracia. Como homens de princípios, empenhados em engrandecer um país diminuído pela oligarquia medíocre, os dois foram conduzidos à morte da mesma maneira. Balmaceda foi levado ao suicídio por resistir na entrega da riqueza salitreira às companhias estrangeiras.

Allende foi assassinado por ter nacionalizado a outra riqueza do subsolo chileno, o cobre. Em ambos os casos a oligarquia chilena organizou revoluções sangrentas. Em ambos os casos os militares fizeram o papel de matilha. As companhias inglesas no período de Balmaceda e as norte-americanas no período de Allende favoreceram esses movimentos militares.

Em ambos os casos, as casas dos presidentes foram saqueadas por ordem de nossos distintos "aristocratas". Os salões de Balmaceda foram destruídos a golpes de machado. A casa de Allende, graças ao progresso, foi bombardeada, do ar, por nossos heroicos aviadores.

No entanto, esses dois homens foram muito diferentes. Balmaceda foi um orador cativante. Tinha um temperamento imperioso que o aproximava cada vez mais da autoridade unipessoal. Estava seguro da elevação de seus propósitos. A todo instante se viu rodeado de inimigos. Sua superioridade sobre o meio em que vivia era tão grande e tão grande sua solidão que acabou por se reconcentrar em si mesmo. O povo que devia ajudá-lo não existia como força, quer dizer, não estava organizado. O presidente estava condenado a se conduzir como um iluminado, como um sonhador: seu sonho de grandeza ficou no sonho. Depois de seu assassinato, os vorazes mercadores estrangeiros e os parlamentares *criollos* se apossaram do salitre. Para os estrangeiros, a propriedade e as concessões; para os *criollos*, os subornos. Recebidos os trinta dinheiros, tudo voltou à normalidade. O sangue de uns quantos milhares de homens do povo secou logo nos campos de batalha. Os operários mais explorados do mundo, os das regiões do Norte do Chile, não cessaram de produzir imensas quantidades de libras esterlinas para a *city* de Londres.

Allende nunca foi um grande orador. E como estadista era um governante que fazia consultas antes de tomar qualquer medida. Foi o antiditador, o democrata por princípio até nos menores detalhes. Coube-lhe um país que já não era a nação inexperiente de Balmaceda; encontrou uma classe operária poderosa que sabia o que estava fazendo. Allende era um dirigente coletivo; um homem que, sem sair das classes populares, era um produto da luta dessas classes contra o imobilismo e a corrupção de seus exploradores. Por tais motivos e razões, a obra que Allende realizou em tão curto tempo é superior à de Balmaceda; mais ainda, é a mais importante da história do Chile. Só a nacionalização do cobre foi uma empresa titânica. E a destruição dos monopólios, a profunda reforma agrária e muitos objetivos mais que foram cumpridos sob seu governo de essência coletiva.

As obras e os feitos de Allende, de indelével valor nacional, enfureceram os inimigos de nossa liberação. O simbolismo trágico dessa crise se revela no bombardeio do palácio do governo. A gente evoca a *blitzkrieg* da aviação nazista contra indefesas cidades estrangeiras, espanholas, inglesas, russas. Agora sucedia o mesmo crime no Chile; pilotos chilenos atacavam o palácio que durante dois séculos foi o centro da vida civil do país.

Escrevo estas rápidas linhas para minhas memórias decorridos apenas três dias desde os fatos inqualificáveis que levaram à morte meu grande companheiro, o presidente Allende. Seu assassinato foi mantido em silêncio, foi enterrado secretamente, permitiram somente à sua viúva acompanhar o imortal cadáver. A versão dos agressores é que acharam seu corpo inerte, com mostras visíveis de suicídio. A versão que foi publicada no estrangeiro é diferente. Após o bombardeio aéreo, vieram os tanques, muitos tanques, para lutar intrepidamente contra um só homem: o presidente da República do Chile, Salvador Allende, que os esperava em seu gabinete, sem outra companhia a não ser seu grande coração envolto em fumaça e chamas.

Não podiam perder uma ocasião tão boa. Era preciso metralhá-lo porque jamais renunciaria a seu cargo. O corpo foi enterrado secretamente num lugar qualquer. O cadáver que foi para a sepultura acompanhado por uma única mulher que levava em si mesma toda a dor do mundo, a gloriosa figura morta ia crivada e despedaçada pelas balas das metralhadoras dos soldados do Chile, que outra vez tinham atraiçoado o Chile.

DESPEDIDA

E aqui terminamos hoje esta viagem ao redor de mim mesmo. Ao falar, ao estar com vocês, ao colocar frente a frente de seus critérios e de seu coração minha poesia e meus combates, não quis ferir nenhuma consciência nem apagar nenhum de seus sonhos. Tomara que em minhas palavras tenham encontrado resposta a algumas perguntas escondidas que apertam contra seu peito. Porém, também desejo que novas perguntas, novas insatisfações, despertem essa tarde em vocês. Que a vida, as alegrias e as dores do mundo entrem cada dia em nossa casa derrubando as portas. A vida é feita das misteriosas substâncias da noite que morre e da alba que vai nascer. Que para vocês se levante, ao lado de cada resposta recém-encontrada, uma nova interrogação que nasce. Então, até amanhã, senhoras e senhores. Até o mistério de amanhã.

Pablo Neruda, "Viagem ao redor de minha poesia"

APÊNDICES

AS CONFERÊNCIAS NA UNIVERSIDADE DO CHILE

Os textos que incluímos neste apêndice correspondem à segunda, à terceira e à quinta conferências de um ciclo de cinco que o poeta proferiu como parte das comemorações de seus 50 anos. O tema foi sua vida e sua poesia; o lugar, a Universidade do Chile; a ocasião, a Escola Internacional de Temporada dessa universidade, e as datas, de 20 a 24 de janeiro de 1954.

Outras duas conferências desse mesmo ciclo, a primeira e a quarta, já foram publicadas, com os nomes de "Infância e poesia" e "Algo sobre minha poesia e minha vida", nas *Obras completas* do poeta.

O conjunto dessas conferências é a primeira das três elaborações autobiográficas mais importantes desenvolvidas em prosa por Neruda. É assim, como parágrafos e páginas da segunda conferência, publicada aqui, que podem ser encontradas em alguns capítulos do caderno 2 de *Confesso que vivi*: em "Perdido na cidade" e no capítulo "A originalidade", do caderno 11 da mesma obra, intitulado "A poesia é um ofício". Em sua biografia do poeta, Margarita Aguirre também reproduz alguns parágrafos.

Há outras páginas que permaneceram inéditas, como aquelas em que Neruda se refere ao livro *Odes elementares*, que então estava escrevendo, e alguns dos *Vinte poemas*. Também trata de temas como o dos elementos proféticos da poesia e o da condição do poeta como um mero trabalhador, sem uma condição social nem ontológica de privilégio, tópico que continuará desenvolvendo ao longo de sua vida.

Partes do texto da terceira conferência também foram usadas por Neruda em *Confesso que vivi*, especialmente no capítulo "Ceilão". Por sua vez, são inéditas, entre outras, suas considerações bastante categóricas sobre *Residência na terra* que correspondem a essa época, mas que o poeta revisou posteriormente, e seus comentários sobre leituras de Rimbaud, Baudelaire, Mallarmé e o conde Villamediana.

A introdução à última conferência foi, em sua maior parte, um recital e contém interessantes considerações sobre a poesia que também são inéditas.

Para além das páginas estritamente inéditas e dos fragmentos incorporados a *Confesso que vivi*, essas conferências têm um valor associado à arte que o poeta desenvolvia em seu relato autobiográfico. Como o próprio Neruda diz na terceira de suas conferências: "Estas recordações devem andar com fluidez e arranco delas qualquer obstáculo que, com seu peso, detivesse a corrente." Nessas três conferências que estão sendo publicadas integralmente pela primeira vez, encontramos marcas inéditas na organização, na ordem e no ritmo que o poeta lhes deu na época em que escreveu os textos. Assim, o que é completamente novo no texto dessas conferências é a forma e a ordem que o poeta dá ao seu relato.

Como foi dito anteriormente, Neruda escreveu muitos textos especialmente para *Confesso que vivi*, mas, além disso, reelaborou, reorganizou e incorporou textos ou trechos de textos escritos muito tempo antes, como alguns tirados dessas conferências. Essa reorganização corresponde, naturalmente, à visão que o poeta, já quase septuagenário, tinha de sua própria biografia em 1972, que, sem dúvida, não era a mesma da do Neruda que completaria 50 anos em 1954.

O conjunto dessas três conferências, mais as duas que já foram publicadas, são parte medular dos estratos e afluentes textuais que convergiram na elaboração de *Confesso que vivi*.

Agregamos a este apêndice "Pablo Neruda, esse desconhecido", texto de uma conferência provavelmente escrita para ser radiodifundida. Consideramos que esse é um bom exemplo do tipo de conferências autobiográficas que

Neruda proferia, nas quais o relato de sua vida se alternava com a recitação de seus poemas. Isso dá conta, mais uma vez, da imbricação de narrativa e poesia na construção de seu relato autobiográfico.

SEGUNDA CONFERÊNCIA, 21 DE JANEIRO DE 1954

A poesia resiste mais do que se pensa, resiste às mais bruscas mudanças do meio ambiente e da temperatura. Cheguei a Santiago vindo da província e dos bosques. Haviam me informado de tudo antes de sair, mas não me contaram nada sobre os percevejos. No Sul, como no Norte do Chile, não há percevejos. Na pensão, eles me comeram naquela noite. Estava tão cansado que não os senti. De manhã, ao acordar, vi meu rosto tomado por manchas roxas. Achei que estava doente. Então me mostraram os terríveis bichos. Ensinaram-me a caçá-los com vela, despejando cera quente.

Senti-me humilhado e perdido na cidade. Em março de 1921, Santiago cheirava a gás e café. Milhares de casas estavam ocupadas por pessoas que eu não conhecia, e por percevejos. Eu não entendia nada.

O outono e depois o inverno terminavam com folhas nas ruas e nos parques. O mundo ficou mais sujo, mais escuro e doloroso.

No número 513 da rua Maruri, acabei de escrever meu primeiro livro. Escrevia dois, três, quatro e cinco poemas por dia. À tarde, quando o sol se punha, diante da sacada se desenvolvia um espetáculo diário que eu não perdia por nada no mundo. Era o pôr do sol, com grandiosos amontoamentos de cores, com distribuição de luz, leques imensos de alaranjado e escarlate. O capítulo central do meu primeiro livro se chama "Os crepúsculos de Maruri". Ninguém nunca me perguntou o que é Maruri. Talvez alguns saibam que é essa humilde rua visitada pelos mais extraordinários crepúsculos.

Refugiei-me em minha poesia com ferocidade de tímido. Esvoaçavam sobre Santiago as novas escolas literárias. Rojas Giménez conhecia todos os ismos. Ele havia fundado, com Martín Bunster, uma escola, "Agú", que não foi além do primeiro manifesto. As escolas de Paris e a influência de Reverdy chegavam à rua Ahumada. Comecei a ler todas as coisas, mas me defendia.

Eu não acredito na originalidade. Esse é mais um fetiche criado em nossa época de vertiginoso desencanto. Creio na personalidade através de qualquer linguagem, de qualquer forma, de qualquer sentido da criação artística. Mas a originalidade delirante é uma invenção moderna e uma fraude eleitoral. Há aqueles que querem se eleger primeiros poetas de seu país, da língua ou do mundo. Então correm procurando eleitores, insultando os que acham que podem conquistar o cetro. Então a poesia se transforma em um fingimento.

Nos tempos antigos, os mais nobres e rigorosos poetas, como Quevedo, por exemplo, a quem considero talvez o maior de todos, escreveram poemas com esta advertência: "Imitação de Horácio", "Imitação de Ovídio", "Imitação de Lucrécio".

No entanto, é essencial conservar a direção interior, ir controlando esse crescimento em que a natureza, a cultura e a vida social vão desenvolvendo as excelências do poeta.

De minha parte, conservei meu próprio tom, que foi se robustecendo por sua própria natureza, como crescem todas as coisas vivas. Não há dúvida de que as emoções são a parte principal de meus primeiros livros, e ai daquele poeta que não responda com seu canto aos ternos e furiosos chamados do coração. No entanto, creio, depois de 35 anos de experiência, que é possível chegar a um domínio mais importante das emoções para a obra poética. Acredito na espontaneidade dirigida. Para isso são necessários dois tipos de reservas, que devem estar sempre à disposição do poeta, digamos em seu bolso, para qualquer emergência: primeiro, a reserva de observações formais, virtuais, de palavras, sons e figuras, que, embora dispersas, passem perto de você como abelhas. É preciso caçá-las imediatamente e guardá-las na algibeira. Eu sou muito preguiçoso neste sentido, mas é um bom conselho. Maiakovski tinha uma pequena caderneta e recorria incessantemente a ela. Mas não é menos importante a reserva de emoções. E como estas são guardadas? Tendo consciência delas quando acontecem. Quando estivermos diante do papel, recordaremos mais vivamente essa nossa consciência, esse efeito sensível da causa ou do próprio fato. Isso para o poeta, não para o romancista.

Escrevo nestes dias meu novo livro. Chama-se *Odes elementares*. Antes quis provar que o poeta pode escrever sobre o que lhe seja indicado, sobre aquilo que seja necessário para algum grupo de homens. Quase todas as grandes obras da antiguidade foram feitas sobre a base de estritas petições.

As *Geórgicas* são a propaganda do cultivo no campo romano. Um poeta deve escrever para uma universidade ou um sindicato, para um grêmio e ofícios. Nunca se perdeu a liberdade com isso. A inspiração mágica, o poeta comunicando-se com Deus, são invenções interesseiras. Nos momentos de maior tensão de um poeta criando sua própria obra, o produto lhe pode ser totalmente alheio, influenciado por leituras e coisas exteriores.

Nos novos poemas que estou escrevendo, quis abordar os temas mais afastados de mim mesmo e quero desenvolvê-los com plena consciência de meus meios de expressão e da direção que quero dar à minha nova obra.

Falaremos disso mais tarde.

Recordar a vida literária daqueles anos... pintores e escritores se agitavam surdamente e havia um lirismo outonal na pintura e na poesia. Cada um tentava ser mais anárquico, mais ousado, mais desordenado... a vida social chilena se agitava profundamente. Eram sacrossantos dias de luta... Alessandri fazia discursos subversivos, Carlos Vicuña, Juan Gandulfo... Nos pampas salitreiros se organizavam os operários que criariam o movimento popular mais importante do continente. Eu me somei imediatamente à ideologia anarcossindicalista... meu livro favorito era *Sacha Yegulev*, de Andreiev... outros liam os romances pornográficos de Arzivachev atribuindo-lhes consequências ideológicas, exatamente como acontece hoje com a pornografia existencialista. Os intelectuais se refugiavam nas cantinas... o velho vinho fazia brilhar a miséria como ouro até a manhã seguinte. Juan Egaña, poeta extraordinariamente dotado, definhava até a tumba... contava-se que, ao herdar uma fortuna, colocou todas as cédulas em cima de uma mesa, em uma casa abandonada... os companheiros de mesa que dormiam de dia saíam à noite para procurar vinho em barris... no entanto, esse raio lunar da poesia de Juan Egaña era um frêmito desconhecido de nossa selva lírica. Esse era o título romântico da grande antologia modernista de Molina Núñez e O. Segura Castro. É um livro íntegro, cheio de grandeza e de generosidade... É a "suma poética" de uma época confusa, cheia de gigantes vazios e de puríssimo esplendor... A personalidade que mais me impressionou foi o ditador da jovem literatura. E ninguém o recorda mais. Chamava-se Aliro Oyarzún. Era um abatido baudelairiano, um decadente cheio de qualidades, um Barba Jacob do Chile, atormentado, cadavérico, belo e lunático. Era alto, falava com voz cavernosa e inventou essa maneira hieroglífica de abordar problemas estéticos, tão peculiar em certa parte de nosso mundo literário... levantava a voz, sua testa parecia uma cúpula amarela do templo da inteligência e dizia, por exemplo: "o circular do círculo" ou "o dionisíaco de Dionísio", "o obscuro do obscuro", mas Aliro Oyarzún não era nenhum tonto. Era o protagonista de uma época cosmopolita e resumia em si o paradisíaco e o infernal de uma cultura. Era um cosmopolita que, por teorizar, foi matando sua essência. Dizem que, para ganhar uma aposta, escreveu seu único poema que, não entendo por que, não está em todas as antologias da poesia chilena.

O BARCO AMARELO

Aliro Oyarzún (1896–1923)

>Pelos mares teimosos
>derivando vai o barco amarelo.
>Em suas negras telas,
>no mastro se enrosca o delírio.
>Vai um marinheiro áspero
>sobre a ponte, ululando o abismo.
>
>No céu morto
>se entediam os astros vencidos.
>No mar de medo
>se fatigam dançando os signos,
>e do vento enfermo
>se ouvem ácidos os hinos antigos.
>
>Oh, baixel ateu
>governado por torvos desígnios,
>serpentino, lento
>pelo Ártico mar do fastio!
>Ah cansaço eterno
>da tenaz caravela amarela!

É o mistério do terror individual, da evasão da inteligência. É, no entanto, um poema belo e preciso como um relógio exato.

O Chile tem um substrato de poesia que nós mesmos desconhecemos. Creio que há muito por chegar, que virá muito das novas germinações, mas também creio que Gabriela Mistral, por exemplo, e outros poetas nossos, famosos, são as partes visíveis de um continente ou de um país submerso. Falei há alguns minutos de O. Segura Castro, como autor da vasta obra chamada *Selva lírica*. Agora vou ler parte deste poema dele, escrito em 1913.

É um poema maldito, baudelairiano, mas é uma bela construção, cheia de força, de profundidade e de equilíbrio. Como muitos outros.

CONCUPISCÊNCIA MINHA

>Lei fatal que sustentas minha lâmina de vida
>sobre a terra pródiga; mão vermelha que empurra
>minha carne, em ondas de ouro, estremecida
>como um deus estatuário, por uma força bruxa.
>
>Concupiscência minha, sopro de alma na terra
>e quiçá em quantos céus que meus olhos não viram,
>teu fim já se aproxima, e em vão a mim se aferra,
>entre o fogo do mundo, a lenda de Cristo.
>
>Concupiscência minha, não abandones o copo!
>Sabes o que significa para mim teu abandono?
>Passear um corpo estéril a todo céu raso
>(...)

Se Aliro Oyarzún, que logo desapareceu do cenário, havia escolhido ser um ativista maldito da poesia, Rojas Giménez foi um agitador arcangélico da poesia. Sua impressionante rapidez de compreensão, sua fantasia criadora de minúsculas delicadezas, seu porte de pequeno mosqueteiro das musas fazia com que fosse uma das presenças mais atraentes e mais ruidosas daquela época.

Eu estava em Barcelona quando tive a notícia da morte de Rojas Giménez. Senti-me terrivelmente triste. Sabia que morreria de um momento para outro, porque sua vida desregrada era a continuação de outro suicídio. Porém, parecia-me desleal que a morte o tivesse levado sem que eu estivesse ao seu lado. Sua amizade havia sido muito valiosa em meus primeiros anos. Zombando de mim, com infinita delicadeza, me ajudara a me livrar do meu tom sombrio. Quanta alegria e loucura, e quanto gênio espalhara pelas ruas! Era uma espécie de marinheiro descontraído, infinitamente literário, revelador de pequenas e decisivas maravilhas da vida cotidiana. Ele me mostrou Valparaíso e, embora sua visão do nosso porto extraordinário fosse como se estivesse dentro de uma garrafa encantadora, ele descobria as cores, os objetos, e fazia de tudo algo irresistivelmente novelesco.

Assim, pois, quando fiquei sabendo de sua morte foi como se desaparecesse uma parte de mim mesmo que tinha de partir.

Estava nesse momento com o pintor Isaías Cabezón, também seu amigo, diante da grande basílica de Santa María del Mar. Essa igreja não é como as outras. Sua construção românica foi feita pedra por pedra pelos pescadores e marinheiros de Barcelona no século XIII. Dentro também é muito diferente de todas as igrejas que há no mundo. É um imenso santuário de barquinhos, de modelos de embarcações que navegam na eternidade. Foram trazidos através dos séculos pelos navegantes catalães, por essa população do mar.

Percebemos que aquele era o lugar para lembrar o poeta errante, aquele irmão louco que morria.

Então compramos os maiores círios que encontramos, de cerca de um metro.

Entramos na grande basílica. Parecia que não era a hora de levar velas. Procuramos, sem encontrar, entre os altares e os incontáveis ex-votos marinheiros, alguém que cuidasse dos círios e, por fim, subimos à parte mais alta. Ali, perto de uma virgem pescadora, perto do céu, os colocamos e acendemos.

Depois nos afastamos para contemplar nossa obra da entrada.

A basílica estava escura como o interior da cripta de uma nave imensa. A claridade mal penetrava pelos antigos vitrais, como se viesse do oceano, e lá no fundo nossos dois círios, no alto, eram a única coisa que vivia.

Então fomos ao porto para beber vinho verde e cantar.

O rapaz alegre, o poeta marinho, morreu longe de mim, mas teve essa recordação terna e solene.

Voltemos a 1923.

O poeta "da torre", Joaquín Cifuentes Sepúlveda, saiu da prisão escrevendo inumeráveis versos belos, empapando em terrível álcool sua desamparada bondade.

Continuava, no fundo, a trágica trajetória de Pedro Antonio González e Pezoa Véliz.

Por um lado, o cosmopolitismo fechava os caminhos, mostrando como um ideal a neurose de arrasto da Primeira Guerra Mundial. Por outro, a burguesia mais refinada queria uma literatura estritamente estrangeira, exigia os jogos do espírito, a desumanização e a desnacionalização.

Enquanto isso, deixava-se cair sobre os escritores o fel amargo e os ácidos corrosivos, até derrubá-los, condenando-os a um suicídio lento, descontraído e certeiro.

Era difícil manter a cabeça fria.

Quando penso naqueles dias turbulentos, recordo que, sem saber, passávamos todos os dias perto da solução de nossos problemas estéticos. De fato, ao lado da sede da Federação dos Estudantes, da qual saíamos toda tarde, ficava a Federação Operária, e, na porta dela, víamos todos os dias, com respeito, um homem grisalho e de olhos carrancudos, volumoso, vestindo camisa de mangas. Chamava-se Luis Emilio Recabarren.

Como em um plácido balcão, as grandes figuras da geração anterior amadureciam suas obras e nos olhavam com benevolência. Aqueles anos marcam a plenitude de Prado, Barrios e Latorre. Hernán Díaz Arrieta, "Alone", era e continua sendo o melhor crítico literário, não, o melhor escritor de crítica literária. Joaquín Edwards era e continua sendo um fascinante memorialista dos fatos de cada dia.

No entanto, através da cordialidade existente, a luta de classes também iria dividir as gerações. Seriam necessários longos anos para nos desenvolvermos, de um e de outro lado, mas nessa época estão as sementes de futuras posições.

Já ia deixando para trás *Crepusculário*. Grandes inquietações moviam minha poesia. Em rápidas viagens ao Sul renovava minhas forças. Em 1923

tive uma experiência curiosa. Voltara tarde para minha casa em Temuco. Passava da meia-noite. Antes de me deitar, abri as janelas do meu quarto. O céu me deslumbrou. Era uma multidão pululante de estrelas. Todo o céu vivia. A noite estava recém-lavada e as estrelas antárticas se desdobravam sobre minha cabeça.

Fui tomado por uma embriaguez de estrelas, senti um golpe celeste. Como que possuído, corri para minha mesa e mal tinha tempo de escrever, como se recebesse um ditado.

No dia seguinte, li cheio de prazer meu poema noturno. É o primeiro de *El hondero entusiasta*.

Quando cheguei a Santiago, o mago Aliro Oyarzún ouviu com admiração minha leitura. Depois, com sua voz profunda, perguntou-me: "Você tem certeza de que esses versos não têm influência de Sabat Ercasty?"

"Acho que tenho certeza, escrevi-os em um ímpeto", respondi-lhe.

Movia-me de uma nova forma, como se estivesse nadando em minhas verdadeiras águas. Estava apaixonado e *Hondero* foi seguido por torrentes e rios de versos amorosos. Logo tive um novo livro.

Então me ocorreu enviar o poema daquela noite a Sabat Ercasty, em Montevidéu, e lhe perguntei se havia ou não influência de sua poesia. O grande poeta me respondeu bem depressa. Suas nobres palavras foram mais ou menos estas: "Poucas vezes li um poema tão bem feito, tão magnífico, mas tenho que lhe dizer: sim, há alguma coisa de Sabat nestes versos."

Também foi um golpe noturno, mas de clareza, que até agora agradeço. Andei muitos dias com a carta se amassando em meus bolsos até que se desfez. Estavam em jogo muitas coisas. Sobretudo me obcecava o delírio daquela noite. Havia caído em vão nessa submersão de estrelas, em vão havia recebido aquela tempestade astral.

Isso queria dizer que eu estava equivocado. Que devia desconfiar da inspiração. Que a razão devia me guiar passo a passo pelas estreitas veredas. Tinha que aprender a ser modesto. Rasguei todos os originais que estavam ao meu alcance e perdi os outros. Só dez anos depois reapareceram e foram publicados.

Então, enxugando a forma, cuidando de cada passo, sem perder meu ímpeto original, procurando de novo minhas mais simples reações, meu próprio mundo harmônico, comecei a escrever outro livro de amor. Foram os *Vinte poemas*.

Assim, de um drama íntimo, do desencontro com meu próprio ser e do amor, nasceu aquele livro.

É um livro que amo porque, apesar de sua aguda melancolia, se compraz com a existência. Ajudou-me muito a escrevê-lo um rio e sua desembocadura: o rio Imperial. Os *Vinte poemas* são o romance de Santiago, com as ruas estudantis, a universidade e o cheiro de madressilva do amor compartilhado.

Os trechos de Santiago foram escritos entre a rua Echaurren e a avenida Espanha e dentro do antigo edifício do Instituto Pedagógico, mas o panorama era sempre o das águas e das árvores do sul.

Os cais da "Canção desesperada" são os velhos cais de Carahue e de Bajo Imperial. São as vigas quebradas e as madeiras como tocos golpeados pelo largo rio. O esvoaçar de gaivotas que ali se sente e continua se sentindo nessa desembocadura.

Deitado na coberta daqueles vapores pequeninos, com rodas dos lados, que faziam o trajeto entre Carahue e Porto Saavedra, iam me apertando o amor e a memória. Tocávamos Nehuentúe, seguíamos pela costa, entre boldos ou pinhais. Algum acordeão tocava em algum lugar do barco. Não cito esses acordeões por literatura: ouvi-os pela primeira vez no rio Imperial.

A biblioteca de Porto Saavedra me esperava. Eu fui um homem de sorte que, em cada ponta de seu destino, encontrou a substância estrelada. Ninguém poderia dizer que naquele extremo da costa, na confluência abandonada de céu e oceano, no final do rio, entre as pobres casas agrupadas, eu iria encontrar a suprema biblioteca da minha adolescência.

Encontrei, em uma esquina qualquer de Porto Saavedra, o recinto sagrado. Lá fora, o frio da costa. Dentro, a intimidade fabulosa dos livros, do conhecimento universal. Ali, os livros tinham um cheiro especial, como redomas misteriosas, com as visitas do oceano. Atrás dessa incrível biblioteca, perfeita em sua integridade, em sua profundidade, em seu ambiente popular, tinha que haver um santo, porque aquilo também tinha algo de igreja campestre, com cheiro de santo de igreja, de madeira envelhecida e rústica.

Mas se tratava de um herético, de um mago heresiarca.

Eu sabia quem era. Ninguém no Chile desconhecia um dos mais maravilhosos poemas que foram escritos nesta terra, "A fuga dos cisnes". Mas eu entrava na Biblioteca Municipal de Porto Saavedra para devorar volumes.

Meus impulsos me levavam a meus lugares prediletos. Cavernas no cerro de Huilque, celeiros abandonados de meus amigos Pacheco, botes resgatados dos naufrágios. Nesses lugares recônditos, continuei lendo e escrevendo.

Não há nada mais incômodo para ler ou escrever do que um bote, um bote de navio. Acontece que a barra do rio Imperial é tão difícil como todas as nossas coisas, a cordilheira, o Pacífico, o salitre, o cobre, a Patagônia. Ali naufragavam muitos barcos. Havia equipes de salvamento. Não faltavam naufrágios. Por isso, em nossos bem-aventurados portos do Sul que só têm de vez em quando a colheita de um naufrágio e em que morrem mais socorristas do que náufragos, existe um departamento especial de naufrágios. Ali se guarda, longe dos tigres do seguro, um bom timão de teca, um conjunto de bandeiras de navegação e outras coisas. É preciso escondê-las por muito tempo.

Em um delgado e longo bote de não sei que barco náufrago, li todo o *Juan Cristóbal* e escrevi a "Canção desesperada". Acima da minha cabeça, o céu tinha um azul tão violento como nunca vi outro. Eu escrevia em um bote escondido na terra. Assim caminha pouco a pouco a existência. Creio que nunca existi tão alto e tão profundo como naqueles dias. Lá em cima, o céu azul impenetrável. Em minhas mãos, o *Juan Cristóbal* ou meu pobre poema. Perto de mim, tudo o que existiu para sempre em minha poesia, o que continua existindo: o ruído do mar distante, o grito dos pássaros selvagens e o amor ardendo sem se consumir como um arbusto imortal.

Dom Augusto Winter era baixinho, tinha uma barba aparada, amarelada e curta. Em cima da barba, uns olhos cheios de amor. Não tinha nenhum interesse em me conhecer. Eu não sabia que esse pequeno bruxo existia.

Dom Augusto Winter tinha uma paciência inesgotável comigo. Na época, eu lutava contra os formatos. Meus livros eram quadrados. Ele tirava cuidadosamente da máquina meus *Vinte poemas*. Eu exigia que só usasse letras maiúsculas. Depois tinha que esmagar o papel com um serrote e nós os puxávamos pelas margens para que as bordas ficassem dentadas.

Eu vivia cheio de invenções dessa natureza, que complicavam a vida de todo mundo. Nunca esquecerei a devoção do velho poeta cortando com um serrote as páginas daquela poesia que achava enigmática.

Nas colinas de Porto Saavedra, de onde se divisa o largo estuário e o oceano, fica o pequeno túmulo de Augusto Winter, o cantor das aves austrais. Descanse em paz, querido amigo.

Para mim, Porto Saavedra está cheio de feitiçarias. Antes não conhecia o mar e este preenchia a noite. No jardim dos Pacheco floresciam as mais complicadas amapolas. Estas continuaram florescendo em minha poesia. Tudo estava carregado de uma estranha atmosfera.

Ali andei a cavalo pelas areias, até Toltén.

Não há nada mais belo em minha pátria do que um galope a cavalo perto do mar. Nossas praias são como os caminhos circulares de um planeta. Outros países popularizaram suas costas, encheram-nas de restaurantes, de cafés, de espetáculos pitorescos. Nós nos concentramos nos vales, nos unimos sob as pedras.

Abandonamos o litoral mais selvagem, mais selvático, mais planetário. O Chile é como um caminho entre planetas, com suas longas praias, seus precipícios barulhentos, seus abismos de oceano, sua população de pássaros.

Talvez os geógrafos não saibam disso.

Mas os poetas devem conhecer sua pátria.

Depois do verão, vinha março, com seu longo trem noturno que me devolvia a Santiago.

Em Santiago, os escritores viviam fechados em caixas. Saíam da caixa onde trabalhavam e se enfiavam em uma caixa em forma de bar ou de café e depois iam dormir muito tarde em uma caixa em forma de casa. Essa era minha maneira de ver a vida literária. Como podiam viver sem correr todas as tardes colhendo *copihues* ou perseguindo pinguins como nas praias de Bajo Imperial?

Assim vi pela primeira vez Ángel Cruchaga, saindo das grades do Banco Espanhol, onde o nobre, ilustre e maravilhoso poeta trabalhou durante longos anos. Antes de tê-lo conhecido, já acolhera meus *Vinte poemas* com um daqueles artigos em que tantas vezes manifestou sua generosidade inesgotável.

Romeo Murga, poeta dolente, meu irmão daquelas horas, foi de caixa em caixa, sem respirar, até que morreu.

De uma caixa também saía todas as tardes Rosamel del Valle, que agora escolheu viver em uma caixa maior: Nova York.

Eu não sei se Juvencio Valle, Edecio Alvarado, Aldo Torres, poetas madeireiros, sulistas irredutíveis, que chegaram depois de mim, sentiriam o mesmo em Santiago.

Esses poetas representam os sentidos do Sul, a penetrante intempérie.

Juvencio Valle alcançou a maior maestria. Sua obra é essência pura. Suas estrofes são ondas vegetais.

De Edecio Alvarado, Pablo Guiñez, Claudio Solar e Aldo Torres, intérpretes constantes dessa natureza, irrompe o conteúdo social, dando-lhes ainda mais extensão e riqueza.

Eu lhes prometi uma explicação para cada um de meus poemas de amor. Esqueci que os anos passaram. Não é que tenha esquecido alguém, mas que, pensando bem, o que vocês tirariam dos nomes que lhes desse?

O que tirariam de umas tranças negras em um determinado crepúsculo? O que tirariam de uns olhos largos sob a chuva de agosto? O que posso lhes dizer que vocês não saibam de meu coração?

Falemos francamente. Nunca disse uma palavra de amor que não fosse sincera, nem teria podido escrever um verso sem verdade.

Em junho deste ano completam-se trinta anos da primeira edição dos *Vinte poemas*... Trinta anos deste século, trinta anos de terríveis tempestades. Os anos do meu tempo foram mais carregados de invenções e acontecimentos do que toda a história antiga. Bem perto de mim fuzilaram os poetas da Espanha, decapitaram-nos na Alemanha, os aniquilaram na Itália. Vi mares e mares, conheci milhões de homens. Eu mesmo mudei muitas vezes. Quando tento recordar, os meus poemas se superpõem, confundem-se uns com outros, como quando a umidade gruda as folhas dos livros.

Vinte poemas foi editado muitas vezes. Vi muitos casais de namorados antigos que foram unidos por esse livro triste.

Como se manteve o frescor, o aroma vivo desses versos durante todos esses anos que foram como séculos?

Eu não posso explicar.

Para começar, direi que ainda não conheço de memória os números correspondentes a cada poema. Continuo me equivocando entre o 7 e o 9.

Há dois amores fundamentais neste livro, o que impregnava minha adolescência provinciana e o que me esperava mais tarde no labirinto de Santiago.

Os *Vinte poemas* se conjugam, de uma página a outra, oferecendo em um lugar uma chama silvestre ou, em outro, um fundo de mel escuro.

O poema nº 4, por exemplo. Há em Temuco uma longa avenida que se perde nos campos. É talvez o mês de março? Estamos ela e eu sob grandes árvores. De repente uma rajada estremece os campos e as folhagens e nos leva a nos abraçar... Tudo se enche de barulhos, de folhas que se sacodem, o outono se prepara, o vento nos comove...

E isso é tudo.

> É a manhã cheia de tempestade
> no coração do verão.
>
> Como lenços brancos de adeus viajam as nuvens
> o vento as sacode com suas mãos viajantes.
>
> Inumerável coração do vento
> pulsando sobre nosso silêncio enamorado.

O poema "15" me traz à memória a intimidade de um amor mais direto, mais profundo, menos espalhado na natureza... É a garota de Santiago, como nos poemas "5", "7", "11", "15", "14", "17" e "18".

Também o "1" e o "2". O "6" tem um propósito. Incomodava-me naquela época o tabu que se estendia a certas palavras. Resolvi escrever um poema de conteúdo novo, em que rimasse alma com calma.

> Recordo como eras no último outono.
> Eras a boina cinza e o coração em calma.
> Em teus olhos pelejavam as chamas do crepúsculo.
> E as folhas caíam na água de tua alma.

O poema "16" tem uma humilde história que depois causou um pouco de escândalo. Aquela garota de Temuco era uma grande leitora de Rabindranath Tagore e me enviou um volume de *O jardineiro* que ela tinha, todo marcado com cruzinhas, listras, estrelinhas e suspiros. Quis fazer uma paráfrase e versifiquei um daqueles poemas em prosa, agregando-lhe a minha própria substância. Era como um jogo. Mandei-o para ela com o seu livro.

Quando, em maio de 1924, os *Vinte poemas* estavam sendo impressos pela editora Nascimento, para a qual foram recomendados por Eduardo Barrios, eu caminhava uma noite com Joaquín Cifuentes Sepúlveda. Estávamos muito alegres e despreocupados e de repente lembrei que não havia escrito para esse poema uma nota explicativa.

Muito preocupado, implorei a Joaquín Cifuentes que me lembrasse no dia seguinte, para que passássemos juntos na gráfica e escrevêssemos a nota. Joaquín reagiu no ato: "Não seja tolo, Pablo. Será maravilhoso. Você será acusado de plágio no *El Mercurio* e o livro será vendido."

Os livros de poesia raramente chegavam às estantes. Ficavam nos porões. Segui o conselho, cheio de dúvidas, que logo dissipamos alegremente. Passou o tempo e o poema continuou sem a nota.

Em Buenos Aires, foi publicada uma nova edição, com a explicação, como continuou sendo impresso depois.

A acusação chegou um pouco atrasada, vários meses depois do lançamento da edição argentina.

O poema "20" também é da região de Temuco. É um poema de despedida, de ansiedade, de iniciação nas mudanças que iam me afetando.

"A canção desesperada" foi escrita em Porto Saavedra. Escrevendo-a, ouvia o estrondo na barra, os gritos desolados dos pássaros marinhos, o surdo som do mar na desembocadura.

Devo acrescentar que eu não conhecia muitas das sensações descritas nesse livro quando o escrevi.

Acontece a mesma coisa com fragmentos de *Crepusculário*. Em outros terrenos de sensações, continua me acontecendo isso através de todos os meus poemas. De alguma maneira, aparecem elementos premonitórios na poesia. São quase sempre sensações físicas ou pessoais ou indefinidos acontecimentos íntimos. Porém, às vezes, vão mais além de mim mesmo.

Em minha "Ode a Federico García Lorca", muitos anos depois e escrita anos antes da morte de Federico, descrevo um pouco seu trágico final e não consigo lê-lo sem horror.

Em meu poema "Que desperte o lenhador", escrito durante a perseguição, digo este verso aos norte-americanos:

> Não desembarquem
> na China: lá não estará mais Chang, o Mercenário,
> cercado de sua podre corte de mandarins;
> estará esperando-os uma selva de lavradores
> com foices e um vulcão de pólvora.

É claro que todas as profecias políticas são meras possibilidades, mas quando escrevi essas linhas, a United e a Associated Press garantiam ao mundo inteiro que as forças morais e militares daquele que é hoje sultão de Formosa eram indestrutíveis.

No entanto, cuidado com desenvolver perigosamente essas indicações que só lhes dou como detalhes curiosos. A classe dominante elaborou uma falsa ideia do poeta, apresentando-o como uma espécie de peixe cego que nada com destreza mágica nas águas do mistério. Isso é falso. Essa teoria tem o objetivo de isolar o criador de poesia da comunidade humana. Tem o objetivo de quebrar sua ligação com o povo, extinguir suas raízes para transformá-lo em uma planta artificial e débil. Sobretudo os poetas jovens, diante da miserável e sórdida existência, elaboram, sem saber que estão sendo guiados secretamente, a teoria de que são "pequenos deuses", "demônios especiais" ou, em todo caso, seres superiores. Assim vão desarticulando o tesouro mais ou menos grande de seu talento até perderem as vértebras e desaparecerem.

O poeta não é um "pequeno deus" nem arrebatou o fogo celeste, nem procede de uma raça especial, andrógina ou maligna. O poeta é o trabalhador de um ofício. Esse ofício não é mais importante do que os outros. Não é mais arriscado do que os outros, salvo quando enfrenta as forças regressivas.

É necessário ser simples. Eu procuro a simplicidade, a amo, a persigo e sou sincero; se não acreditasse na simplicidade, se não a procurasse, não poderia receber o que os outros me dão nem poderia dar o que me pedem.*

---

* O poeta concluiu essa conferência lendo o poema "O homem invisível", do livro *Odes elementares*. (N. E. estrangeiro).

TERCEIRA CONFERÊNCIA, 22 DE JANEIRO DE 1954

Deixei de propósito fora de minha conferência de ontem o movimento ideológico da Federação dos Estudantes, a revista *Claridad*, muito importante para uma geração, da qual fui redator. Tomás Lago estranhava ontem à tarde essas importantes omissões. Exatamente por serem muito importantes, as recordarei especialmente em outra ocasião.

Essas recordações devem andar com fluidez e tiro delas qualquer obstáculo que, com seu peso, possa deter a corrente. A parte interna, política, daqueles dias, foi confusa e violenta. Examinar seus fatos e consequências é tarefa para um ensaísta.

Durante todo aquele tempo, escrevi incansavelmente.

Em 1925 foram publicados meus livros enigmáticos, sonambúlicos, *El habitante e su esperanza* e *Tentativa del hombre infinito*.

Nem tudo é ruim nesses livros. Têm alguma radiação solar e, em *Tentativa*, há alguns de meus versos de que mais gosto.

Fui entrando com a mesma sinceridade em um recinto escuro. Esses livros são como a corrida antes de voar sobre a terra escurecida de *Residência*. *Tentativa*... ficou sem pontuação para sempre, como até agora escrevem os poetas franceses. Sinto pena ao ver esse livro sem pontos nem vírgulas, como um riacho sem pedrinhas.

O castelhano não se presta a essas brincadeiras. Naquela época, eu estava tão louco que deixei até os erros de impressão, porque achava que expressariam alguma coisa. Besteiras.

No entanto, a visão sombria de *Residência*... é outra coisa. É um livro com subterrâneos, metais e estalactites. Há muitos materiais nobres nele. Mas não consigo lê-lo agora em razão dessa terrível tendência pessimista, angustiada. Não consegui retirá-lo completamente de circulação, mas não o recomendo. Se eu fosse o governo, proibiria que os jovens o lessem.

O poeta Surkov me dizia em Moscou: "A vida é uma luta e não se pode mandar os soldados para o *front* tocando marchas fúnebres para eles."

Essa é a simples verdade. A poesia obscura tem duas explicações. Uma é a pressão do sistema social para que o poeta gagueje ou não fale. Outra é a tradição da obscuridade que vem da poesia simbolista francesa. No entanto, Rimbaud é puramente elíptico. Sempre achei sua maravilhosa alquimia verbal não um produto de magia, mas rápidas anotações de um explorador. Baudelaire é uma espécie de diamante negro, com arestas bem aparadas e frequentemente deslumbrantes.

Depois vem o profissionalismo da obscuridade, com o pequeno elegante Mallarmé. Porém, em dimensão, Mallarmé perto de Góngora é um poeta minúsculo. Góngora é o autor das rosáceas de uma catedral vazia e o introdutor de um labirinto gelado.

O paroxismo de Baudelaire também é algo pequeno diante da grandeza angustiante de Quevedo.

Por isso acho que um dos antídotos contra a obscuridade formalista é a leitura da grandiosa poesia espanhola do Século de Ouro. Muitos dos poetas ainda não haviam sido descobertos e eu publiquei pela primeira vez na Espanha, depois de séculos, as poesias esquecidas do conde Villamediana:

> Silêncio, em teu sepulcro deposito
> rouca voz, surda pena e triste mão
> para que minha dor não cante em vão
> ao vento dado e na areia escrito.

Que bonito, não é mesmo? E algum de vocês o conhecia? Encontrei o livro, de 1634, em um ínfimo sebo da Puerta de Atocha, em Madri. Desde então me acompanha e acabei de doá-lo com todos os meus livros à universidade. Agora todos vocês podem vê-lo. O conde Villamediana, grande amigo de Góngora, foi assassinado por ordem do rei Felipe IV.

Nunca passei pelo lugar do crime, na Plaza Mayor, de Madri, sem um pequeno estremecimento. Dediquei-lhe o poema "O desenterrado", de *Residência na terra*.

Comecei a escrever *Residência na terra* em 1925, no Chile. E continuei escrevendo-o na Birmânia, no Ceilão e em Java.

Há pessoas que acreditam ver uma influência oriental, mística, nesse livro. Eu não acredito. Nunca vi o misticismo teosofista na Índia. Os teósofos que conheci e os estudiosos do ocultismo eram colombianos, argentinos, alemães, norte-americanos. A Índia não se preocupa com esse pulular de adeptos.

Nessa época, a Índia era como um grande elefante deitado. Seus templos me impressionaram, mas sua pobreza era mais desoladora para mim. Recordava-me a miséria da Bolívia, do Peru e do Chile, com suas habitações infernais e sua gente maltrapilha. A gente da Índia, aquele imenso povoado, é simples e maravilhosa. Ali se veem os melhores sorrisos do mundo.

Uma colônia, seja a Índia de ontem ou o Porto Rico de hoje, é sempre triste.

Há um espetáculo terrível para o homem na colonização, uma coisa antinatural e dramática. Não falemos da opressão e da exploração econômica. As menores coisas da vida ficam saturadas de uma atmosfera negativa, contaminam-se com um valor imundo.

Eu nunca fui amante do exotismo literário nem fui apaixonado pela arqueologia.

Porém, as velhas esculturas e pinturas da Índia têm às vezes tanta vida, tanta sensualidade ou tanta meditação que parecem ter conservado, ao longo de dois mil anos de sonho, a palpitação das mãos que lavraram seu esplendor.

Para nós, chilenos, sem passado, sem ruínas grandiosas, é ainda mais impressionante.

Andando pela selva, de repente surge uma figura recostada de Siddhartha Gautama, o senhor Buda. É uma montanha de alabastro ou de mármore. Você se sente pequenininho como uma mosca diante da colossal figura que sorri há dois mil anos. Pelos joelhos quebrados, surgem as árvores que cresceram ali. Atrás da alta cabeça se entretecem os cipós como serpentes negras. E ali, estáticos, estão a beleza e o conhecimento nos olhando com seus olhos seculares.

No entanto, ao voltar à cidade, vemos o pobre povo que alçou sua cultura até essas dimensões encurralado, perseguido, pisoteado por um pequeno grupo de estrangeiros brancos.

A Inglaterra na Índia daqueles dias. Com Shakespeare e com Milton trancados no armário.

A França no Vietnã, igual, igual. E com Victor Hugo, Romain Rolland, a igualdade, a liberdade e a fraternidade, todos trancados no armário.

Na Índia daqueles dias, olhava-se os amigos com receio. Os paus caíam muito depressa sobre a cabeça dos construtores de estátuas.

Eu fiz amizade com os jovens revolucionários, mas me senti muito mal quando eles me disseram: "Talvez você se junte a nós porque os ingleses não querem se juntar a você."

É triste. É uma grande tristeza viver no meio de um povo oprimido.

No entanto, a liberdade nunca detém sua marcha e também chegou para os pequenos escultores de deuses.

No entanto, me senti preso durante aqueles anos, sem saída e extraordinariamente sozinho. No Ceilão, onde vivi muito tempo, às vezes não via um rosto humano durante semanas inteiras. Tinha um cachorro e um mangusto.

Esse mangusto tem sua história. Qual é a pessoa que tenha lido Kipling que não quer ter um mangusto? Como vocês sabem, é o único animal que enfrenta as fortes serpentes venenosas. Ele as ataca imediatamente. As dentadas do ofídio se perdem na pelugem de sal e pimenta do animalzinho. Transformam-se em um novelo sangrento. O mangusto sempre sai vitorioso. Na Índia, dizem que se conhece uma erva misteriosa que o torna imune às mordidas da cobra. Essa luta terrível é um espetáculo corriqueiro nas ruas do país.

Certa vez, na frente da minha casa em Colombo, passou um camponês seguido de um bichinho estranho que eu nunca havia visto. Corria se sacudindo, como aos empurrões. Tinha uma longa, imensa cauda.

Era um mangusto. Naquela época não era maior do que minha mão. Eu vivia sozinho e ele comia em meu prato. Seguia-me por todos os lugares. Só conseguia dormir enrolado entre meu pescoço e meu ombro.

Uma tarde, quando ainda era pequenininho, os garotos do bairro que conheciam e admiravam meu mangusto descobriram uma enorme serpente no pântano. Correram à minha casa e avançamos até o inimigo.

Eu ia na frente com meu mangusto em riste e, atrás, ia um batalhão de garotos morenos. Os que estavam mais vestidos usavam umas tangas. Faziam um zumbido de enxame diante da magnitude da batalha que os esperava.

Quando chegamos ao lugar, avancei sozinho e depositei o mangusto a poucos metros da serpente, que dormia sua sesta tropical.

Foi um minuto de grande expectativa. Meu mangusto se aproximava da serpente. Talvez tenha achado que era algum galho. Porém, de repente, parou. Deu um pulo para trás e, com uma velocidade que eu nunca havia visto, correu entre os meninos até a minha casa, onde o encontrei comendo com prazer um ovo cozido.

Esse episódio diminuiu muito meu prestígio em Wellawatha. Esse é o nome do solitário subúrbio de Colombo, próximo do mar, onde vivi por mais de um ano.

Passeava com meus dois animais debaixo dos coqueiros. Depois de anos, tive meus primeiros amigos, ingleses e nativos. Sua vida era muito complicada por causa das divisões de classe que me recordavam as do Chile.

E assim fui escrevendo *Residência na terra*. O que tem de opressor é o ar encerrado. Vivi como em uma cova. Porém, nesse livro, atingi o domínio mais completo de meu estilo.

É um estilo que logo me abandonaria. Fui deixando para trás meus livros, um por um, substituindo, reconstruindo a cada vez o sentido e a forma. Sou o maior adversário do nerudismo. Como pode existir se eu acabo com ele em cada um de meus livros?

Para mim, um livro é uma coisa muito importante e cada um deles foi um nascimento, um ser mais ou menos completo. Agora vão ver os dois que publicarei este ano. Um se chama *As uvas e o vento*. Será lançado em alguns dias. Logo vocês o verão. É diferente de tudo o que escrevi. Gosto muito dele, mas gosto mais do que estou escrevendo e que será lançado em junho. Chama-se *Odes elementares*. É ainda mais diferente de todos os outros. Um livro cheio de alegria e simplicidade, um livro para todo mundo.

A ideia de um poema cíclico me seduzia em minha adolescência. *Tentativa del hombre infinito* foi o germe de uma longa explicação do universo.

Essa ambição desenfreada é comum à poesia latino-americana. Perdeu muitos poetas de maior ou menor talento. É uma doença sul-americana, de país novo.

Inconscientemente, pretende-se queimar as etapas da cultura e se deformam as bases do trabalho poético envolvendo-o em uma fantasmagoria.

Muitos poetas da América Latina gostariam de ter escrito o *Fausto*. Porém, todo esse sedimento medieval e essa germinação do conhecimento e da ciência que é o *Fausto* é a expressão de séculos de paciência e de modéstia, de intimidade com a inteligência. Não se faz música genial, nem poesia genial, nem descobertas científicas adotando os temas ou as atitudes do que os românticos chamaram de "gênio".

Muitos de nossos homens se perderam na inútil aventura de convencer os demais com uma imagem equivocada de si mesmos.

Além do mais, a ambição dos temas é uma amostra de superficialidade.

Digo isso especialmente aos jovens.

Jamais pretendi me fazer de mestre. Suponho que cada um deve procurar seu caminho, mas há algumas coisas fundamentais e riscos que podem ser percebidos.

Em primeiro lugar, o poeta, sem a vida dos demais, seria um ser inútil. É a vida, a ação, a renovação da sociedade humana que o faz cantar. Os sonhos e os mitos, o onírico, a magia, todas essas palavrinhas são o bazar de fingimentos modernos. A poesia não tem nenhum mistério. Mais misterioso é o pão de cada dia; no entanto, o padeiro não se dá nenhuma importância. Quando os poetas não entendem seus deveres e não querem lutar como os outros homens, inventam destinos e coroas de papel para si.

Dizíamos ontem que a poesia é um trabalho e o poeta, um trabalhador.

Paul Éluard, um dos poetas mais requintados e mais sábios que conheci, me disse certa vez: "Fez-se um fetichismo da qualidade. Temos que voltar a pensar nas coisas e dar valor à quantidade, ao trabalho." Naquele dia (isso foi há três anos e ai, Paul Éluard não existe mais) fizemos a conta das obras de Pablo Picasso. Com lápis e papel, contamos quadros, esculturas, gravuras, cerâmicas, pedras talhadas, litografias, obras literárias. Passavam então de 240 mil.

E Victor Hugo? Possivelmente ele acreditava, na rocha de Guernsey, que se comunicava com a insondável eternidade, mas não é isso o que o salva, e sim sua obra de infinito e bom padeiro, o pão de cada dia que elaborou com piedade, com poesia, com lutas, com dores e com amor.

Na Espanha, foram publicados os dois volumes de *Residência na terra*. Nunca vi maior fraternidade ao meu redor do que a daqueles anos. Não sabíamos que a guerra ia deixar vazios terríveis na fileira da poesia. Agora os poetas da Espanha, os que não foram assassinados, andam por aí, errantes. Não há maior sofrimento para eles.

Mantive e mantenho a guerra contra o fascismo oportunista e cruel do Estado espanhol. Esse não é o lugar para se falar do aspecto político, mas, para mim, não foram apenas consequências desse tipo, mas a dor que carrego, as cicatrizes que sem querer me tocam. Não consigo me esquecer da morte de Federico. Isso não é possível para aqueles que o amaram, para aqueles que estiveram perto de um ser tão deslumbrante, encarnação da poesia criativa.

A Espanha, um pouco antes da Guerra Civil, era uma oficina de poesia. Alberti, Federico, Aleixandre, Miguel Hernández e quantos outros!

Vivíamos uma época de intensa alegria. Federico corria de um lado para outro com sua Barraca. Preocupava-se totalmente com o teatro. No entanto, minha última recordação dele são os sonetos de amor ferido ou de título semelhante que me leu na casa de Manuel Altolaguirre, antes de partir para Granada. Queria que só eu os ouvisse. Por isso fomos para um lugar afastado. Ali os recitou aos sussurros. Achei aqueles sonetos belos e repletos como cachos de uva maduros. Nunca os vi publicados. O que fariam com eles?

Alberti passeava por toda Espanha sua poesia perfumada, cristalina e marinha. Aleixandre trabalhava seriamente. Miguel Hernández começava a mostrar sua cabeça, como se tivesse saído da terra. As vozes de Juan Ramón Jiménez e Antonio Machado eram consideradas as maiores da poesia. No entanto, assim como a geração de Salinas e Guillén havia experimentado a influência intelectual de Juan Ramón Jiménez, meus companheiros espanhóis, Alberti, Lorca etc., diziam que Machado era o verdadeiro caminho. Jiménez quis ser um poeta europeu, uma espécie de Valéry espanhol, um abstracionista da poesia. Isso o perdeu. Aquelas velhas qualidades de trêmulo romanticismo, cor e cheiro de seus primeiros livros, se perderam. Ele foi se ressecando, seu sangue se esvaiu e não canta mais. O poeta que pensa e não canta está perdido. Eu chamo de canto não uma qualidade, mas uma condição natural, um movimento que levanta a forma e o sentido. Sem isso não há poesia.

Em 1935, foram publicados em Madri, por José Bergamín e sua editora Cruz y Raya, os dois volumes de *Residência na terra*.

Minha poesia já era conhecida na Espanha havia muito tempo. Quando vivia na Índia, recebi cartas de Alberti. Pedia-me meus versos. Os poetas espanhóis fizeram seis ou sete cópias à máquina de *Residência*. Eu não sei do que gostavam em minha poesia, muito diferente da deles. A poesia da Espanha continua clássica, cortada em velho cristal de rocha. Alberti é um clássico tão valioso como alguns do século XVIII. Naquela época existiram poetas "divinos", como o divino Herrera. Foram chamados assim os poetas lineares, de perfeição e pureza. Essa tendência continuou na Espanha, principalmente por influência dos poetas andaluzes.

Federico García Lorca teve um gênio extraordinário e tentou romper essa linha de graça dando a sua poesia, a sua última poesia, uma visão mais larga, digamos mais "americana" da vida.

É impossível se dar inteiramente conta da importância de García Lorca. Mataram-no quando mal começava sua obra. Tinha um dom de invenção espantoso. Seria sem dúvida o Lope de Vega da Espanha moderna. Iria entrar também na poesia social.

Federico lia continuamente meus poemas. Às vezes me dizia: "Não quero mais ler seus versos, porque me influenciam." Pessoalmente, era como uma criança mimada, cheio de caprichos e de fantasia criadora. Era impossível se zangar com ele.

Eu recordo, no entanto, que tivemos, um dia, uma desavença. Ele estava dirigindo os ensaios de *Yerma*. Era um diretor muito exigente. Seu tom habitual de permanente alegria desaparecia. Sua direção transformou totalmente a cena espanhola e mudou para sempre o estilo e o destino de mais de um grande intérprete. Telefonaram para ele usando meu nome, sem que eu soubesse, e ele achou que alguma coisa estava acontecendo em sua casa, atribuindo-me um trote que eu não fizera.

Quando me repreendeu, eu reagi vivamente e tratei-o com severidade. Disse-lhe diante de todos que não voltasse a falar comigo.

Naquela mesma noite fomos jantar muito tarde, na taberna de Pascual, na rua Luna, um restaurante popular que frequentávamos muito.

Eu estava ali, conversando com alguém, quando senti que tocavam meu ombro. Era Federico. Eu virei o rosto para não lhe dirigir a palavra. Não se tratava de nada sério, mas eu estava chateado com sua atitude, que achara um pouco presunçosa.

Então tocou insistentemente em meu ombro e eu tive que olhá-lo. "Veja isto", me disse.

Tirou lentamente um lenço e abriu-o como um ilusionista para fazer seu número. Levantou-o mostrando-o a mim e aos amigos. Depois o colocou cuidadosamente no chão. E então se ajoelhou em cima dele me olhando com uma expressão contrita.

Não havia nada a fazer com ele. Sua simpatia era irresistível. Levantei-o do chão e nunca mais tivemos uma desavença.

Porém, a figura mais interessante da juventude, na poesia espanhola, era Miguel Hernández. Já falei em outra ocasião da vida trágica do pastor de Orihuela. Considero-o um pouco meu filho.

Quando veio de sua província, chegou diretamente à minha casa. Havia sido pastor de cabras e tinha um rosto enrugado de camponês. Subia nas árvores e lá de cima imitava para mim, assoviando, o trinado dos rouxinóis.

É o poeta mais abundante que conheci, com um poder verbal ilimitado. Também foi morto sem que pudesse revelar toda a sua grandeza.

Escrevi várias vezes sobre ele. Não consigo afastar do meu coração seu martírio. Todos vocês conhecem minha ideologia política. Nestas conferências tento evitar o que nos separa. Sentimos a cada dia com mais profundidade a necessidade de preencher o vazio, a terra de ninguém que foi imposta à humanidade à revelia dos povos. Devemos nos esforçar para estender os interesses comuns e facilitar o caminho para um entendimento do qual todos precisamos.

No entanto, há coisas que ficaram gravemente encravadas como espinhas na vida que estou lhes narrando e não posso deixar de falar delas. Coube-me vivê-las com toda a força da consciência e do coração.

A morte de Miguel Hernández não se assemelha à de Federico García Lorca. Deu-se uma desculpa para esse assassinato; havia ocorrido nos primeiros momentos encarniçados da guerra, em que a crueldade de uma Guerra Civil pode explodir sem controle em ambos os lados. Porém, como compreender o martírio de Miguel Hernández? Era um jovem poeta, quase desconhecido. Não tinha nenhuma importância na política, no exército. Foi um grande poeta do povo, filho de lavradores, continuou na guerra ao lado dos lavradores.

Ao fim da guerra, foi condenado à morte, mas conseguimos salvá-lo. Já estava livre e, quando se preparava com sua mulher e seu filho para se radicar no Chile, foi preso de novo e andou durante anos de presídio em presídio até que agonizou e faleceu porque só conseguia viver em liberdade.

Houve tempo, pois, para que se provasse que o assassinato de García Lorca não foi premeditado. No entanto, os mesmos que o mataram prolongaram por sete anos a agonia daquele que herdava na Espanha o cetro silvestre da poesia.

E agora, acumulando tercetos, é publicado na Espanha um livro em que querem dizer que Miguel Hernández, se estivesse vivo, estaria com eles, com aqueles que o mataram.

É longe demais.

Não posso permiti-lo. Não se trata de um dever político. Trata-se de um dever do coração. Por isso escrevi em *Canto geral**:

> Chegastes a mim diretamente do Levante. Me trazias,
> pastor de cabras, tua inocência enrugada,
> a escolástica das velhas páginas, um cheiro de
> Frei Luis, de flor de laranjeira, de esterco queimado
> sobre os montes, e em tua máscara
> a aspereza cereal da aveia ceifada
> e um mel que media a terra com teus olhos.
>
> Também o rouxinol em tua boca trazias.
> Um rouxinol manchado de laranjas, um fio
> de incorruptível canto, de força desfolhada.
> Ai, garoto, na luz sobreveio a pólvora
> e você, com rouxinol e com fuzil andando
> sob a luz e sob o sol da batalha.
>
> Já sabes, filho meu, quanto não pude fazer, já sabes
> que para mim, de toda a poesia, você era o fogo azul.
> Hoje sobre a terra coloco meu rosto e te ouço,
> te ouço, sangue, música, panal agonizante.

Passaram-se os anos, muitos, e em meu novo livro, *As uvas e o vento*, escrevi para ele o canto IV. Seu título é "O pastor perdido".

São dois os deveres que me impuseram trazer as presenças dolorosas de Miguel Hernández e Federico García Lorca. Eles representam um fato que

---

* Observação: *Canto geral* foi publicado pela Bertrand, com tradução do Paulo Mendes Campos.

possivelmente determinou a mudança de minha poesia, sobrevindo desde a Espanha. É verdade que minha poesia social revela suas raízes em meus primeiros livros e que talvez eu não pudesse evitar esse destino para minha expressão. A poesia social é apenas a extensão e o aprofundamento do humano, mas a morte trágica dos poetas foi um doloroso incentivo que despertou totalmente minha consciência.

Essa é a primeira razão.

A segunda razão é a amizade. Esses homens foram meus amigos em uma fraternidade que me faz falta.

A amizade é um bom continente para os poetas. Eu tenho uma noção sulista, forte e perpétua da amizade. Nunca perdi amigos. Só a morte os levou.

Ando por aí, pelas ruas de Santiago, com Tomás Lago, sem jamais conversar sobre livros, da mesma maneira que há 34 anos. Publicamos juntos um livro, *Anillos*, cujas páginas contêm uma poesia singular. Depois, seu amor pela terra o levou a reverenciar as gredas de Quinchamalí, as ferramentas campestres, e hoje, do museu mais belo da república, vê todos os dias a cordilheira no meio da criação enternecedora da arte do nosso povo.

Por aí anda Rubén Azócar. Já voltou da ilha que lhe forneceu os temas trágicos de um dos melhores livros escritos no Chile. Por aí andamos quase todas as tardes e dizemos disparates que celebramos mutuamente com gargalhadas iguais às de trinta anos atrás.

Encontro meu compadre Juvencio Valle para não falar. Com ele é possível ficar várias horas com toda tranquilidade. Na Espanha o chamavam de "Juvencio Silêncio".

Para falar comigo, e como tenho tantas coisas diferentes que me preocupam e me escondo por aí para escrever meus versos, as pessoas têm que perguntar onde estou a Homero Arce, como há trinta anos.

Mas também tenho inimigos fiéis que me seguem.

O poeta Vicente Huidobro sempre manteve uma inimizade ativa contra mim, cheia de guerrilhas, de publicações, de acontecimentos.

Um homem assim, intranquilo, monárquico na poesia, mas agora também já se foi sua inimizade e só restam seus versos. Que continue sempre iluminando através deles seu fulgor.

Há outras inimizades que me adornam quase desde minha infância, perseguindo-me com tenazes e vistosas revistas.

O curioso é que essas inimizades são transmitidas como nas montanhas da Calábria, de pais a filhos, a cunhados e sobrinhos. Os sobrinhos fazem revistas cada vez menores. Devem se entreter loucamente com tudo isso. Eu contesto do meu jeito, escrevendo livros mais abundantes, mais trabalhados, mais amplos.

Eu não acho que eu seja um modelo augusto de segurança. Nada disso.

No entanto, nunca publiquei uma linha contra um poeta.

Escolhi inimigos maiores, inimigos da poesia e de todas as vidas.

Acredito que há lugar para todos os poetas na Terra.

Uma vez disse que os elefantes eram maiores do que os poetas e que, no entanto, há lugar para todos eles. Vocês sabem o que me responderam? "Essa frase revela que Pablo Neruda tem complexo de elefante."

Eu não sei o que é complexo de elefante, mas tenho que aguentar tudo isso, tantas pesadas, múltiplas e enfurecidas diatribes. Mas, para carregá-las, tenho sim as forças do elefante.

Não estou falando dos críticos. Em geral a crítica não existe ou é um gênero que vai definhando.

Gosto da crítica simples e criativa, mas esta é cada vez mais rara. Há críticos que se dizem apocalíticos e que vivem fazendo sua própria política, a de seu clã, a de sua família, a dos clubes de luxo e a das sociedades agrícolas. Não gosto deles.

Há críticos que se intitularam marxistas e são amargos e chatos. Posso concordar com eles, mas também não me agradam.

Porém, agradam-me menos ainda os críticos superintelectuais, preocupadíssimos em cortar os cabelos em quatro mechas. Quando leio alguns desses críticos que, a propósito de um pequeno poema, escrevem páginas e páginas complicadas, como essas caixas que se enfiam uma dentro da outra, me aborreço porque sei que, na última caixinha, também não há nada.

Não me refiro aos ditirambos nem aos ataques na crítica, e sim à falta de compreensão, de humanismo. Por algum motivo a palavra humanismo vem de humanidade. E, mesmo que viesse de humanidades, essa também vem de humano.

A esses críticos inumanos escrevi, há pouco, estes versos:
[faltam algumas linhas no original]
[O do poeta] é um ofício delicado porque deve expressar muitos sentidos não expressos, deve ser ele em si mesmo o coro antigo, a afirmação sonora do que muita gente sentiu sem poder se expressar. É um ofício parecido com o do barqueiro. Deve dirigir seu barco e saber se deixar levar pela corrente sem perder a direção. Essa corrente é o profundo do sentido humano, da orientação de seu tempo, e é também a corrente do ritmo que deve nos levar sem perder de vista o objetivo.

Comecei dizendo como a poesia resiste a todas as coisas. Terminarei dizendo como também deve resistir a todas essas influências complicadas que insistem em afastar o poeta da realidade para esmagá-lo. Se este resiste individualmente, solitariamente, com a excelência verbal de sua poesia, é deixado em uma espécie de trono tropical, vestido com seu pobre orgulho.

Resistência significa a difícil simplicidade, o retorno ao simplesmente humano. Este é, pelo menos, meu próprio caminho. Como poderia ser diferente? Já lhes contei de onde venho, da fronteira. Vocês já sabem e conhecem a natureza e os homens, as vidas que cresceram comigo. Se eu não fosse um homem simples, se não tentasse ser um poeta simples, seria desleal com os fundamentos da minha poesia.

Nestes versos fica dito o que penso de tudo isso.

[Refere-se com certeza a sua "Ode ao homem simples"]

QUINTA E ÚLTIMA CONFERÊNCIA, 24 DE JANEIRO DE 1954

Terminaram ontem estas conversas, este ir e vir de seres, coisas e acontecimentos que tocaram de alguma maneira a expressão da minha poesia. Nesta tarde quero que fale somente esta, diretamente a vocês. Neste último bate-papo vamos transformá-la, com a cumplicidade de todos, nesse ato tão desprestigiado que se chama "recital poético" ou declamação de poesias.

Protesto contra esse desprestígio, embora o mencione.

O recitador ou a recitadora são heróis do mundo moderno, heróis mais ou menos amados, mais débeis ou mais fortes, mais sutis ou sonoros, mas continua neles a mais antiga tradição, a da poesia falada.

A recitação poética, mais que o teatro moderno, tem o direito de se declarar herdeira do grande teatro grego, recitativo por excelência.

Perguntei-me muitas vezes quando um poema está concluído. Quando se escreve à mão e o autor lê seu próprio original manuscrito, fica faltando alguma coisa. Quando este é escrito a máquina está mais acabado. Mas falta alguma coisa.

Quando este é publicado em uma revista, agora sim está completo. Mas... sempre falta alguma coisa.

Então sai em livro. Agora sim foi concluído. Aqui os poetas esquecem para sempre seu poema. Já estamos longe dele. Temos outras coisas na cabeça. Queremos escrever algo muito diferente. Aquele poema no livro já parece que morreu.

Então, de repente, o ouvimos. Alguém o lê em voz alta. Alguém o lê bem ou o lê mal. Porém, o fato é que uma voz humana lhe deu seu sentido e o fez viver de novo.

Então, sim, o poema está completo.

Qualquer poesia é feita para ser lida em voz alta. As letras devem ser sentidas na boca, as vogais devem soar, as inanimadas linhas dos livros devem povoar-se de sons.

Só então brotam da poesia seus elementos vitais, seu sentido, seu rumor, erguidos na taça do ritmo.

O ritmo é uma lei inerente à poesia. Não é só o seu vestido, mas seu sangue interno, sua circulação vital.

Na leitura da poesia, é preciso se deixar levar pelo ritmo. E este deve ser poderoso como uma corrente e capaz de levantar seu corpo.

É preciso procurar essa linha de ritmo, é preciso segui-la através dos acidentes, porque ela também guia, abre as portas do conteúdo. No labirinto da poesia, esse fio leva à saída.

Notei que, ao ler versos, as pessoas unem o final com o começo de outro verso. Isso não é bom. Cada final de verso exige uma pausa; se não for assim, vira prosa. Essa pausa não é tão grande como depois de um ponto, nem menor do que a que separa duas estrofes, nem é sempre igual. Mas a poesia exige que a linha rítmica ao final de cada verso se detenha em um pequeno tremor, em uma vacilação da qual surgirá uma nova onda rítmica.

Porém, a poesia atinge sua expressão no coro. A aspiração suprema da poesia é a de ser dita por muitas vozes. O poeta é em si mesmo um coro, expressa em sua obra muitas existências escondidas, e estas querem se manifestar em sua plenitude. O poema ideal é aquele que em um mesmo minuto puderam dizer todos os homens sobre a face da Terra. Essa seria a paz.*

OUTROS TEXTOS AUTOBIOGRÁFICOS

PABLO NERUDA, ESSE DESCONHECIDO**

Como conhecemos pouco os seres humanos. Você me ouve desta vez com curiosidade e eu começo a falar, a falar com você com medo. Minha voz vem de fora, da rua, da noite, minha voz é a de um intruso. Não sei como você vai me receber. Você saiu há pouco de seu ateliê, de sua oficina, de sua sala de jantar, entrou talvez em seu quarto, em seus lençóis, e de repente entra minha voz sem nenhum direito, por arte da magia, porque sim. Eu tenho medo, porque se tenho que falar de amor, talvez você tenha sido mais afortunado do que eu, e, se é mais feliz, minha palavra, minha poesia, não lhe fazem falta. Agora se vou lhe falar de minhas dores, é possível que você conheça mais do que eu os sofrimentos e enquanto você pode cortar minha palavra inútil, eu ficarei com minha voz dançando no ar.

Conhecemos pouco os homens, as mulheres, os velhos e os jovens. De minha parte, devo dizer que de mim se conhece sempre uma parte negra ou branca,

---

* Essa foi a introdução de Neruda ao recital de sua poesia, com o qual encerrou o ciclo de conferências sobre sua vida e sua poesia. Na entrada foi entregue aos ouvintes a "Ode ao ar", impressa, para que se fizesse uma leitura geral. Ao lado de Neruda, estava a folclorista Margot Loyola, com uma *trutruca*, uma espécie de corneta mapuche, e seu violão, e os atores María Maluenda e Roberto Parada.
O recital começou com uma canção mapuche de amor interpretada por Margot Loyola. Quando esta terminou, Neruda leu o poema "A uma estátua de proa", de *Canto geral*. Depois, com um violão ao fundo, o poeta e os atores recitaram as odes a uma castanha no solo, à fertilidade da terra, a um relógio na noite, ao fio, à cebola e a José Miguel Carrera (1810). (N. E. estrangeiro)
** Pelo que o poeta diz nos primeiros parágrafos deste texto, trata-se de uma conferência radiofônica. (N. E. estrangeiro)

uma parte verdadeira ou mentirosa de minha pessoa e de minha vida. Nunca quis ocultar nada, nem do que sou nem do que penso, mas sei que os bons amigos se encarregam de pintar as pessoas, da cabeça aos pés, com tintas simpáticas. E aí chegam os inimigos e cobrem você com tintas antipáticas. Pintam sua roupa, seus sapatos e até sua língua com tinta preta.

Quanto a vocês, homens e mulheres, chilenos grandes ou pequenos, pobres ou ricos, gordos ou magros, chilenos e chilenas de todo tipo e idade, eu resolvi há muitos anos ser só mais um no meio de todos, de ser um composto de gordo e magro, de pobre e rico, de branco e preto, de ser um chileno representativo e vulgar. Não quis me distinguir nunca em nada e, se alguém me distinguiu ou muitos me distinguiram, foi, precisamente, porque não fui nem vaidoso nem modesto, mas um homem normal, um homem comum.

Mas, para mim, esse comum se chama Chile e é o melhor comum do mundo.

Não pensava assim quando cheguei de Temuco, há mais de quarenta anos, com meus versos debaixo do braço.

Estavam na moda coisas que, com o tempo, ficaram para trás. E me parece que ajudei a deixar para trás aquelas modas daqueles tempos.

A primeira era que os poetas se achavam seres superiores, mais longos e mais largos que os demais. Achavam-se super-homens, geniais, misteriosos. Um deles deixou escrita esta frase: "O poeta é um pequeno Deus." Outros se faziam de Diabos sobrenaturais. Acabaram com os escrúpulos e frequentemente se desonraram para parecer interessantes.

Essa superioridade fictícia era uma moda. Eu não gostava dela e procurei um caminho mais simples. Se não pareço com todo mundo, pelo menos tentei parecer.

Esses conflitos entraram em minha poesia. Essa maneira de ser e de não ser, dos que leem, dos que escrevem, dos que são sábios ou acham que são, dos que se chamam, bem ou mal, de intelectuais.

Lembro que até escrevi uns versos que parecem sardônicos, porque zumbem um pouco no ouvido, mas o que zumbe é a verdade.

De vez em quando e ao longe
você tem que tomar um banho de imersão.

Sem dúvida tudo vai muito bem
e tudo vai muito mal, sem dúvida.

Os passageiros vão e vêm,
crescem as crianças e as ruas,
por fim compramos o violão
que chorava sozinho na loja.

Tudo vai bem, tudo vai mal.

As taças se enchem e voltam
naturalmente a ficar vazias
e às vezes de madrugada
morrem misteriosamente.

As taças e aqueles que as beberam.

Crescemos tanto que agora
não saudamos o vizinho
e tantas mulheres nos amam
que não sabemos como fazer.

Que belas roupas usamos!
E que importantes opiniões!

Conheci um homem amarelo
que se achava alaranjado
e um negro vestido de loiro.

Se veem e se veem muitas coisas.

Vi ladrões festejados
por cavaleiros impecáveis
e isso acontecia em inglês.
E vi honestos, famintos,
procurando pão no lixo.

Eu sei que ninguém me acredita.
Mas vi isso com meus olhos.

É preciso tomar um banho de imersão
e da terra fechada
olhar para cima o orgulho.

Então se aprende a medir.
Se aprende a falar, se aprende a ser.
Talvez não sejamos tão loucos,
talvez não sejamos tão sensatos.
Aprenderemos a morrer.
A ser barro, a não ter olhos.
A ser esquecido sobrenome.

Há uns poetas tão grandes
que não cabem em uma porta
e uns comerciantes velozes
que não recordam a pobreza.

Há mulheres que não passariam
pelo olho de uma cebola
e há tantas coisas, tantas coisas,
assim são e assim não serão.

Se quiserem, não acreditem em nada do que digo.

Só quis lhes ensinar uma coisa.

> Eu sou professor da vida,
> vago estudante da morte
> e sei o que não lhes serve
> não disse nada, mas tudo.

> "Não tão alto", *Estravagario*

Também em 1921 existia a moda de Paris. Todos os escritores, pintores, artistas, estavam chegando de Paris ou iam a Paris. Não era bonito, não era elegante viver no Chile. Era estúpido viver no Chile.

Para essa gente, o Chile era feio, era chuvoso ou empoeirado, era triste e entediante. Uma grande escritora da época me disse certa vez em um salão: "Se tivessem que aplicar um laxante no mundo o aplicariam em algum lugar do Chile." Com essas frases engraçadas, disfarçava-se um conceito senhorial, antipopular e cosmopolita, um desprezo que não compartilhei.

Naquela época, neste país e em outros, muitos escritores escreviam em francês, não porque fossem de famílias francesas, mas porque nosso idioma era o idioma dos chilenos, dos que agora são chamados de subdesenvolvidos.

[...]

Que se entenda que não quero me representar como um prodígio: os outros são escuros, eu sou claro. Os outros são maus, eu sou bom. Não, de maneira alguma. Trata-se das predileções, do melhor que queremos ser, do bem que desejamos a todo o mundo. Aquelas modas da época traziam rivalidade e antagonismo. Eu as descartei quando ainda era muito jovem como conduta entre os escritores. Havia algum que se autoproclamava gênio e chamava todos os outros de idiotas. Eu me afastei desses furibundos. Sempre se falou da polêmica que fulano sustenta comigo e até alguns ociosos provocaram uma discussão política sobre essa controvérsia imaginária. Eu nunca desmereci ninguém, nem tirei de ninguém o valor que tenha ou acredite ter. Nunca citei alguém em meus textos para menosprezá-lo, mas, sim, nomeei muitíssimos para enaltecê-los. É um péssimo hábito literário ocupar o Auditório Nacional para dar pauladas na cabeça. Não contem comigo para essas ações grosseiras. Eu nunca encontrei um mineiro preocupado em difamar outros mineiros, mas sim em tirar alguma coisa da mina. Nunca encontrei um carpinteiro que passasse a vida falando mal de outros carpinteiros, mas sim cortando tábuas, pregando pregos, construindo casas e coisas. Gosto disso. Talvez tenha perdido minha vocação e devo ter sido carpinteiro ou pica-pau.

Lá nos bosques de Temuco, na velha selva, entre araucárias e canelas, adquiri um amor pela madeira que me acompanha até agora. No trem conduzido por meu pai, percorrendo os ramais, as solitárias vias férreas, entre Labranza e Carahue, me impregnei de um cheiro de bosque, de tábuas e pranchas, que espero que ainda continue vivo em minha poesia.

Para me despedir, lhes dedico estas linhas:

> Ai, de tudo que conheço
> e reconheço
> entre todas as coisas
> a madeira é minha melhor amiga.
> Eu levo pelo mundo
> em meu corpo, em minha roupa,
> o aroma
> de serraria,
> cheiro de tábua vermelha.
> Meu peito, meus sentidos,
> se impregnaram
> na minha infância
> de árvores que caíam
> de grandes bosques cheios
> de construção futura.

De "Ode à madeira", *Odes elementares*

NOTA EDITORIAL

TEXTOS ADICIONADOS A ESTA EDIÇÃO

1. VIAGEM AO REDOR DE MINHA POESIA

Este texto é formado por dois fragmentos que, provavelmente, são a introdução e o epílogo da conferência-recital que Neruda pronunciou em Santiago ao voltar do México, em 8 de dezembro de 1943, na homenagem que lhe foi feita no Teatro Municipal. O professor Hernán Loyola obteve do escritor Fernando Alegría, que esteve presente naquele recital, uma versão oral de uma afirmação de Neruda que tem sido muito citada: "Se vocês me perguntarem o que é a minha poesia, devo lhes dizer: não sei. Mas se perguntarem à minha poesia ela lhes dirá quem sou eu." Agora publicamos, pela primeira vez, a única versão conhecida em que essa frase aparece escrita: "O que é a minha poesia? Não sei. É mais fácil perguntar à minha poesia quem sou eu."

Incluímos os dois fragmentos, o da introdução e o do epílogo, respectivamente, na introdução e no epílogo desta edição de *Confesso que vivi*.

2. A GAROTA DA VOLTA

Este texto é, claramente, a continuação do episódio da propriedade dos Hernández, com o qual conclui "Infância e poesia", que é a primeira parte de

Confesso que vivi. O texto que agregamos relata a volta do jovem poeta desde o lugar onde foi feito o passeio.

Se o capítulo "O amor junto ao trigo" descreve o tradicional passeio com égua, depois a festa que segue o trabalho do dia e, finalmente, a iniciação sexual do jovem viajante, esta última parte, até agora inédita, narra a volta dessa aventura e tem um certo tom irônico. O jovem Neruda carrega no lombo do cavalo uma garota complacente. É a oportunidade para estrear sua hombridade, recém-adquirida. Porém, a consumação não acontece por um problema ínfimo: não encontra um lugar onde possa amarrar o cavalo.

3. O CAVALO DA SELARIA

Incluímos esse texto por considerar que ele conclui muito bem a primeira parte das memórias, já que relata o retorno do poeta adulto ao mundo de sua infância, que encontra, em alguma medida, alterado, destruído. O único vestígio que permite um reencontro completo é esse cavalo de madeira, que fizera parte de sua vida de pequeno colegial.

Matilde Urrutia, em seu livro *Minha vida com Pablo Neruda*, registra: "Esse cavalo estava em Temuco, em uma loja de ferragens. Quando Pablo ia para o colégio, tinha que passar por aquela rua e sempre o via e acariciava seu focinho. Viveu e cresceu vendo esse cavalo, considerava-o um pouco seu. Toda vez que íamos a Temuco, pedia ao dono que o vendesse, mas tudo havia sido inútil. Tampouco conseguiram nada os amigos do dono do animal, que haviam insistido. Mas, um dia, a serralheria foi incendiada; chegaram os bombeiros e, naturalmente, muita gente, entre eles amigos de Pablo. Depois nos contaram que ali se ouvia um único grito: 'Salvem o cavalo de Pablo! Não deixem o cavalo queimar!' E foi assim que se salvou, foi o primeiro a ser tirado pelos bombeiros. Pouco depois, leiloaram tudo o que havia sido salvo do incêndio. O dono, que sabia da paixão de Pablo pelo cavalo, colocou pessoas para aumentar o preço. Sabia que Pablo não deixaria de arrematar seu cavalo, que obteve por um preço altíssimo."

Atualmente, está na Sala do Cavalo de casa de Isla Negra e é parte da presença do mundo da infância do poeta nesta casa.

4. "VALPARAÍSO FICA MUITO PERTO DE SANTIAGO..."

Este texto, com o qual se inicia o capítulo "O vagabundo de Valparaíso", no começo da terceira seção, "Os caminhos do mundo", foi escrito para as memórias. O resto do capítulo tem origem no artigo "Valparaíso", que Neruda escreveu em 1965 e foi publicado em alemão na revista suíça *DU Atlantis* (Zurique, fevereiro de 1966), com fotografias de Sergio Larraín. A versão original em espanhol foi publicada pela primeira vez nas *Obras completas* de Pablo Neruda (terceira edição, Buenos Aires, Losada, 1968).

Para a edição de *Confesso que vivi*, o artigo de 1965 foi reescrito e agregou-se a ele o texto inicial, do qual agora publicamos uma nova versão, fiel ao manuscrito original, com correções escritas de próprio punho por Neruda. Esse texto tem algumas variações, principalmente de estilo, em relação ao que aparece na edição anterior das memórias. Além disso, no final há alguns parágrafos que foram omitidos na já mencionada edição, e que achamos importantes, já que neles Neruda assume a condição de poeta memorialista, ou seja, do poeta que recorda os episódios de sua vida e escreve suas memórias a partir do presente em sua idade madura e no lugar central de sua existência: Isla Negra. Neste caso, Neruda contempla com nostalgia o Valparaíso perdido dos anos de sua juventude.

5. OS *SONETOS DO AMOR OBSCURO* E O ÚLTIMO AMOR DO POETA FEDERICO

Uma nota manuscrita por Matilde Urrutia esclarece o motivo pelo qual estes textos não foram publicados. Ela diz: "Este artigo foi escrito para as memórias. Conversei muitas vezes com Pablo sobre se deveria incluí-lo ou não. E ele me disse, textualmente: 'O público está suficientemente desprovido de preconceitos para admitir a homossexualidade de Federico sem menosprezar seu prestígio?' Era essa a sua dúvida. Eu também hesitei e não o incluí nas memórias. Aqui está, acho que não tenho o direito de quebrá-lo."

6. O PRESENTE DE NÉVOA

Esse texto foi escrito em 1962. Por ocasião do sexagésimo aniversário de Rafael Alberti, Neruda escreveu essas linhas sobre uma das muitas noites em que foi caminhando de sua casa, em Madri, até a do poeta gaditano. Foi incluído por sua interessante atmosfera de evocação: no meio da névoa que cobre as ruas desertas, Neruda é seguido por um cachorro fantasmagórico. Chega à casa de Alberti, repleta de esculturas de Alberto Sánchez, onde o cão se instala. Esse episódio também foi narrado por Alberti em suas memórias, *La arboleda perdida*, em que recorda que Neruda lhe deu "aquele grande e emaranhado pastor irlandês, que encontrou, com uma pata ferida, em uma noite de neblina madrilenha".

7. RETRATO DE UM ARRIVISTA

Na primeira página desse artigo, sobre González Videla, o maior inimigo político de Neruda, lê-se a seguinte anotação manuscrita a lápis ao pé do texto: "Esta prosa foi escrita para as memórias e se extraviou misteriosamente." Além disso, em um pedaço de papel de mimeógrafo, lê-se a seguinte anotação, escrita a tinta: "Este capítulo/ Esta prosa foi escrita para as memórias, extraviou-se misteriosamente, procurando os originais para este livro foi encontrada." A anotação deve ser de Matilde e o livro de que se fala é, sem dúvida, *El fin del viaje*, uma antologia da obra inédita de Neruda, em que ela trabalhou em 1981.

8. A PUSHKIN

Neruda visita a União Soviética pela primeira vez em 6 de junho de 1949, para participar das comemorações pelos 150 anos de nascimento de Pushkin. Entre recitais e congressos, fez esse texto, escrito como uma carta na qual conta ao grande poeta nacional russo a experiência de participar da celebração de seu próprio sesquicentenário.

9. O JOVEM POETA BARQUERO

Esse texto, de 1956, foi incluído na continuação do capítulo "De agosto de 1952 a abril de 1957" porque é o olhar de Neruda a um jovem poeta no qual ele acha que vê a si mesmo, quando chegou a Santiago no começo dos anos 1920. Além disso, esse texto remete ao sentido da paternidade literária de Neruda, porque Efraín Barquero, como diz *Memoria Chilena*, é considerado, em seus inícios, "o natural continuador da linha de desenvolvimento poético inaugurada por Pablo Neruda".

10. A PERSISTENTE INFLUÊNCIA DAS ÁRVORES

Nesse texto, Neruda fala de sua própria poesia e por isso é especialmente pertinente à décima primeira seção do livro, "A poesia é um ofício", em que se soma aos capítulos "O poder da poesia", "A poesia" e "Vivendo com o idioma". É parte de um texto inédito, destinado, inicialmente, à introdução de uma edição de *Odes elementares*.

11. RELIGIÃO E POESIA

É um texto interessante no qual, a partir das velas que se acendiam em Isla Negra para uma de suas carrancas, Neruda reflete sobre a origem das religiões. Amplia, consideravelmente, o conteúdo dos últimos parágrafos do capítulo "Garrafas e carrancas". Em outras passagens das *Memórias*, Neruda inclui reflexões suscitadas por episódios de sua vida ou observações do mundo. É o que faz, por exemplo, em "Os deuses reclinados", em que reflete sobre o cristianismo e o budismo, a partir de suas experiências no Oriente.

12. LEÓN FELIPE

Neruda escreveu esse texto em julho de 1972, ou seja, quando já começara a trabalhar sistematicamente em suas *Memórias*.

13. O LITERÁRIO ANTAGÔNICO

Um trecho reduzido do conteúdo desse extenso texto já havia sido incluído no capítulo "Inimigos literários", de *Confesso que vivi*, no qual Neruda faz considerações, digamos, gerais, sobre o comportamento de seu grande inimigo literário, a quem chama de Perico de Palothes. No texto que incluímos agora, Neruda conta, mais detalhadamente, algumas proezas de seu legendário antagonista. Essas também são relatadas, muito sinteticamente, nos versos do poema "Coroa do arquipélago para Rubén Azócar", do livro *A barcarola*.

14. SE O ATINGIREM, CANTE

Essa é uma das respostas do poeta aos ataques a sua poesia.

15. A PAISAGEM DO SUL

Foi escrito em 1973, para as *Memórias*, como o autor diz no próprio texto. Achamos que Neruda, que em tantos poemas havia cantado e descrito a natureza austral, dessa vez quis fazer um texto histórico e político, mais centrado na paisagem humana do Sul do Chile.

16. ANDRÉS BELLO

Esse texto parece ser uma das anotações de viagem. Neruda diz que o olhar de mármore de Bello "acompanhou minhas lutas estudantis, meus primeiros versos, meus primeiros amores". Além de vinculá-lo dessa maneira com sua vida, Neruda deu a Bello um papel de grande importância na emancipação cultural da América hispânica. Em uma de suas conferências, disse que Bello começou a escrever antes dele seu *Canto geral*.

17. RECABARREN

Esse texto e o seguinte são parte de uma extensa conferência pronunciada, ao que parece, em algum ato interno do Partido Comunista, em meados dos anos 1960. Em ambos os textos, as figuras desses líderes do movimento operário surgem vinculadas a recordações pessoais da vida de Neruda. Luis Emilio Recabarren é o personagem da história americana mais admirado por Neruda.

18. LAFERTTE

O líder operário Elías Lafertte, com quem Neruda fez, em 1945, sua campanha ao Senado nas províncias do Norte, é outro dos personagens que Neruda admirou e aos quais está unida uma parte importante de sua vida.

19. MAIAKOVSKI

Escrito em junho de 1963, possivelmente por ocasião dos setenta anos do nascimento de Maiakovski. Neruda o considerava um dos autores mais importantes da poesia contemporânea e o descreveu como "um poeta que afundava a mão no coração coletivo e extraía dele a força e a fé para elevar seus novos cantos".

CRONOLOGIA

A presente cronologia foi preparada especialmente para esta edição de *Confesso que vivi* e procura corresponder aos seus conteúdos e seções. Seu principal objetivo é orientar o leitor na vida do poeta. No entanto, o livro nem sempre segue uma ordem cronológica. Há seções, como a décima primeira, que são miscelâneas, os textos que a compõem refletem sobre a poesia, falam de acontecimentos dispersos, de personagens, dos afãs de colecionador do autor etc., de maneira que, neste e em alguns outros casos, a cronologia é independente dos assuntos tratados no livro.

I. O JOVEM PROVINCIANO

1903   4 de outubro: a professora Rosa Neftalí Basoalto se casa com José del Carmen Reyes, filho de José Ángel Reyes Hermosilla, proprietário da fazenda Belén, de cem hectares.

1904   12 de julho: na casa do casal Reyes Basoalto, na cidade de Parral, nasce Ricardo Eliecer Neftalí Reyes Basoalto, que mais tarde adotaria o nome Pablo Neruda.

1904   14 de setembro: Rosa Neftalí Basoalto morre de tuberculose. José del Carmen vai trabalhar na Argentina e deixa o pequeno Neftalí Reyes na fazenda Belén.

1905   Depois de voltar da Argentina, José del Carmen consegue um emprego na ferrovia de Araucanía e se estabelece com seu filho em Temuco. Neruda

	sempre afirmou que seu nascimento como poeta aconteceu nessa região, onde se forma a matriz de sua visão poética do mundo.
1905	11 de novembro: José del Carmen se casa com Trinidad Candia Marverde, com quem já tinha um filho, Rodolfo Reyes Candia, nascido na primavera de 1895. Trinidad acolhe como se fosse seu o pequeno Ricardo Eliecer Neftalí.
1907	Passa a viver com a família Reyes Candia a menina Laura Reyes, nascida de uma relação que o pai — José del Carmen Reyes — teve em Talcahuano com Aurelia Tolrá. Assim, Rodolfo, Neftalí e Laura eram meios-irmãos. No entanto, Trinidad Candia acolheu a todos com o mesmo carinho. Para o poeta, ela foi o paradigma da maternidade e da humilde bondade da gente do povo.
1910	O jovem Ricardo Neftalí ingressa no Liceu de Homens de Temuco.
1917	O diário *La Mañana*, de Temuco, em sua edição de 18 de julho, publica "Entusiasmo y perseverancia", o primeiro artigo do jovem Ricardo Neftalí Reyes. Neste mesmo jornal aparecerão alguns de seus primeiros poemas.
1918	Entre este ano e 1922, Ricardo Neftalí publica artigos em *La Mañana* e *El Diario Austral*, de Temuco, na *Revista Cultural*, de Valdivia, em *Ratos Ilustrados*, de Chillán, e em *Corre Vuela*, de Santiago.
1919	Participa dos Jogos Florais de Maule com o poema "Comunión ideal", que assina com o pseudônimo de Kundalini. É premiado com a "Terceira recompensa".
1920	Fevereiro: viagem de veraneio de Temuco a Bajo Imperial, hoje Porto Saavedra. O encontro do jovem Ricardo Neftalí com o oceano é outro dos momentos-chave para a formação de seu mundo poético.
1920	O jovem poeta conhece Gabriela Mistral, Prêmio Nobel de Literatura de 1945, que chegou a Temuco para assumir o cargo de diretora do Liceu de Meninas.
1920	Julho: é invadida, em Santiago, a sede da Federação dos Estudantes, e começa a caçada a "antipatriotas", que leva à prisão e à morte do poeta Domingo Gómez Rojas. Embora não estivesse no centro dessas perseguições, Neruda as acompanhou de Temuco, onde recebeu o escritor foragido José Santos González Vera.
1920	Adota o nome literário de Pablo Neruda. O poeta afirmava que havia adotado seu pseudônimo literário inspirando-se no escritor tcheco Jan Neruda. Há uma segunda hipótese, do poeta Miguel Arteche, segundo a qual o nome Neruda pode ter sido tirado do romance *Um estudo em vermelho*, da série

Sherlock Holmes, que alude a um concerto da violinista Norman Neruda. Uma pesquisa do médico chileno Enrique Robertson constatou que a violinista Neruda existiu. Além disso, Robertson encontrou partituras assinadas por Pablo Sarasatey de Norman Neruda.

1920   Novembro: recebe o primeiro prêmio nos Jogos Florais de Primavera de Temuco, com seu poema "Salutación a la Reina".

II. PERDIDO NA CIDADE

1921   22 de janeiro: a revista *Claridad*, nº 12, da Federação dos Estudantes, publica, assinada por Fernando Ossorio, pseudônimo de Raúl Silva Castro, uma nota elogiosa sobre Neruda e sua poesia e uma breve seleção de seus poemas.

1921   Março: viaja de trem a Santiago e começa a estudar Pedagogia e Francês na Universidade do Chile.

1921   18 de abril: começa a sua relação amorosa com Albertina Rosa Azócar, uma das principais musas dos *Vinte poemas de amor e uma canção desesperada*. O poeta nunca revelou as identidades das duas principais musas desse livro; o poeta as mencionou apenas, em conferências e memórias, como Marisol e Marisombra, e como Rosaura e Terusa em seu *Memorial de Isla Negra*. Terusa foi Teresa León, seu grande amor da província. Marisombra — Rosaura — é Albertina Rosa Azócar. Isso só se soube em 1974, quando foram publicadas as muitas cartas de amor que enviou a Neruda.

1921   2 de julho: Neruda passa a colaborar regularmente na revista *Claridad*, da Federação dos Estudantes do Chile, a partir de sua 28ª edição.

1921   14 de outubro: recebe o primeiro prêmio no Concurso de Prólogos das Festas da Primavera, com o poema "La canción de la fiesta".

1923   De janeiro a março: o poeta passa as longas férias de verão entre Temuco e Porto Saavedra. Continuará passando suas férias de inverno e verão no Sul do Chile. Essa era, talvez, uma forma de mitigar a pobreza em que viveu nos anos em que estudou em Santiago.

1923   Julho: a editora Claridad, de Santiago do Chile, publica *Crepusculário*, com ilustrações de Juan Gandulfo, Juan Francisco González (filho) e Barak. Esse primeiro livro o consagrou. O crítico Alone, na edição de 2 de setembro de *La Nación*, escreveu uma nota elogiosa que concluiu com um comentário profético: "... podemos justamente esperar que, assim como agora se adianta aos de sua geração e os supera, com o tempo, se o cego destino não se interpuser, estará entre os maiores, e não só desta e de sua época".

1923　Neruda viaja com um grupo de amigos a Valparaíso para se despedir do artista Abelardo Bustamante, o Paschin, e do poeta Alberto Rojas Giménez, que partiam para Paris. Orlando Oyarzún deixou um testemunho dessa viagem, que provavelmente é o mesmo que Neruda menciona no capítulo "O vagabundo de Valparaíso" dessas memórias.

1924　Junho: poucos dias antes de Neruda completar 20 anos, é lançada a primeira edição de *Vinte poemas de amor e uma canção desesperada* que, com o tempo, se transformou em um dos livros de poesia mais lidos, publicados e traduzidos do mundo. No final de agosto de 1924, o poeta não se apresenta para os exames finais do curso de Pedagogia e Francês. Ao abandonar os estudos, rompe com seu pai, que suspende a pequena mesada que lhe enviava de Temuco.

III. OS CAMINHOS DO MUNDO

1924　Conhece Álvaro Hinojosa, que será um de seus grandes amigos. Entre 1925 e 1927 Neruda viajou várias vezes a Valparaíso a convite de Hinojosa.

1925　Novembro: vai viver em Chiloé, a convite de seu amigo Rubén Azócar, que fora nomeado professor em Ancud. Ali, no começo de 1926, Neruda escreve seu único romance, *El habitante y su esperanza*, por encomenda da editora Nascimento.

1926　Janeiro: essa mesma editora publica *Tentativa del hombre infinito* e, depois, o livro de prosa poética *Anillos*, escrito por Neruda em parceria com seu amigo Tomás Lago.

1926　As cartas que o poeta envia a sua irmã Laura informam sua situação: "Minha roupa está em farrapos e não posso andar com ela", diz em 9 de março, e "desde ontem estou sem pensão. Como resolver isso? (...) já estou velho para não comer todos os dias", escreveu em 27 de outubro.

1927　11 de abril: pelo Decreto 372, é nomeado cônsul *ad honorem* em Rangoon, na Birmânia.

1927　Junho: a viagem de Neruda ao Oriente começa na Estação Mapocho, de Santiago, aonde muitos amigos vão se despedir. Ali pega o trem para Val-

	paraíso. Depois de passar alguns dias na casa de Álvaro Hinojosa, os dois pegam outro trem que se conectava com o Ferrocarril Trasandino. Em 15 de junho chegam a Buenos Aires, onde embarcam dois dias depois.
1927	Julho: Neruda e Hinojosa chegam a Madri, depois de desembarcar em Lisboa. Viajam de trem a Paris, onde Neruda se encontra com César Vallejo. Seguem para Marselha e embarcam para o Oriente.
1927	Começo de outubro: Neruda assume as funções de cônsul em Rangoon, a principal cidade da Birmânia, que então fazia parte do império britânico.

IV. A SOLIDÃO LUMINOSA

1927	25 de outubro: envia sua primeira carta ao escritor argentino Héctor Eandi. Começa assim uma correspondência da maior importância para se conhecer a vida do poeta no Oriente.
1927	Novembro: viaja a Madrás, na Índia.
1927	7 de dezembro: em carta a seu amigo, Yolando Pino, menciona o livro *Colección nocturna*, que está escrevendo. Foi o primeiro título que imaginou para *Residência na terra*.
	Janeiro: depois de desempenhar suas primeiras funções consulares, continua viajando com Álvaro Hinojosa. Partem para a Indochina francesa e o Reino do Sião (hoje Tailândia).
	Começo de fevereiro: chegam à China, onde são recebidos por "um inverno com neve, chuva e vento". Em meados de fevereiro, chegam ao Japão.
1928	Março: conhece Josie Bliss, a amante birmanesa que o levará a viver variações passionais que vão do enamoramento ao abandono. Em *Residência na terra*, ela aparece como "bem-amada" e "maldita".
1928	6 de agosto: Diz, em carta ao escritor José Santos González Vera: "Passei de um limite que nunca me achei capaz de ultrapassar e, na verdade, os resultados me surpreendem e me consolam. Meu novo livro se chamará *Residência na terra*. Serão quarenta poemas em verso que quero publicar na Espanha."
1928	Novembro: viaja a Calcutá, onde reencontra Álvaro Hinojosa, de quem se separara em março. Hinojosa estava tentando fazer fortuna na florescente indústria cinematográfica da Índia.
1928	5 de dezembro: é nomeado cônsul em Colombo, capital do Ceilão, atualmente Sri Lanka.

1928	Dezembro: Neruda tem a oportunidade de presenciar a reunião anual do Congresso Nacional da Índia, que se celebrou em Calcutá, e da qual participaram grandes figuras, como Mahatma Gandhi e Jawaharlal Nehru.
1929	Meados de janeiro: viaja de Calcutá a Colombo, onde assume as funções de cônsul. Álvaro Hinojosa o acompanha por um tempo e depois parte para Bombaim.
1929	Novembro: com a intenção de publicar *Residência na terra*, envia os originais à Espanha. Chegam às mãos do ministro conselheiro da Embaixada do Chile, Carlos Morla Lynch, que os entrega a Rafael Alberti. Apesar do entusiasmo deste e de outros poetas espanhóis, não consegue publicá-lo.
1930	Maio: é nomeado cônsul em Cingapura e na Ilha de Java, com residência em Batávia e jurisdição sobre as possessões holandesas do arquipélago da Sonda.
1930	6 de dezembro: o poeta se casa com María Antonieta Hagenaar Vogelzang, holandesa javanesa. Em carta de 15 de dezembro a seu pai, diz: "Para mim, ela reúne todas as perfeições e somos inteiramente felizes (...) María tem um ótimo caráter e nos entendemos às mil maravilhas." No entanto, esse casamento não foi afortunado, e no poema "Itinerários" (*Estravagario*, 1958), Neruda inclui, em suas perguntas sem respostas: "Para que me casei em Batávia?"

V. ESPANHA NO CORAÇÃO

1932	Início de fevereiro: o fechamento do consulado ao qual servia obriga Neruda a voltar ao Chile com sua mulher.
1932	19 de abril: desembarca com sua esposa em Puerto Montt, viajam de trem a Temuco, de onde, depois de uma breve estadia na casa da família do poeta, partem para Santiago. Neruda não tem casa nem trabalho e chega a um país que passa por uma das mais graves crises econômicas e sociais de sua história.
1932	O Ministério das Relações Exteriores lhe dá um trabalho de duas horas em sua biblioteca, onde ganha apenas o suficiente para pagar o aluguel da pensão onde vive com sua mulher.
1932	Julho: é transferido para o Departamento de Extensão Cultural do Ministério do Trabalho, como chefe de biblioteca, e com isso sua situação econômica melhora um pouco.

1933	24 de janeiro: a editora Empresa Letras, de Santiago do Chile, publica *El hondero entusiasta*, livro que o poeta escrevera dez anos antes.
1933	10 de abril: a editora Nascimento publica *Residência na terra* (1925-1931) em uma esmerada edição de apenas cem exemplares.
1933	Agosto: é designado cônsul-adjunto ao Consulado Geral do Chile em Buenos Aires. É um cargo mais importante, mais bem remunerado e com mais atividades do que nos precários consulados do Oriente.
1933	Final de agosto: o casal Reyes Hagenaar chega a Buenos Aires e visita Héctor Eandi, que Neruda, por fim, conhece pessoalmente.
1933	13 de outubro: em uma reunião em homenagem a Federico García Lorca, este e Pablo Neruda se conhecem. É o início de uma grande amizade. García Lorca acabara de chegar a Buenos Aires, para preparar a estreia de sua obra *Bodas de sangue*. O encontro aconteceu na casa do escritor argentino Pablo Rojas Paz e de sua esposa, Sara Tornú.
1933	10 de novembro: no Hotel Plaza, no centro de Buenos Aires, é organizado um animado banquete para festejar Neruda e García Lorca. Ambos fazem um "discurso conjunto" em homenagem a Rubén Darío.
1933	11 de novembro: o poeta é nomeado para um cargo consular em Barcelona.
1934	Maio: chega com sua mulher, que está esperando um filho, em Barcelona, onde assume as tarefas de seu cargo consular. Em 1950, o poeta recordaria a Espanha a que chegou, onde encontrou "uma brilhante fraternidade de talentos e um conhecimento pleno de minha obra".
1934	25 de maio: morre, em Santiago, o poeta Alberto Rojas Giménez, um dos grandes amigos de Neruda, que escreveu em sua homenagem a elegia "Alberto Rojas Giménez viene volando".
1934	31 de maio: Neruda viaja de trem a Madri, onde Federico García Lorca está esperando por ele, na Estação do Norte.
1934	2 de junho: em uma recepção festiva em homenagem a Neruda, organizada por Carlos Morla Lynch em sua casa, o poeta conhece a pintora Delia del Carril, que seria sua segunda esposa.
1934	Julho: Neruda e Miguel Hernández se conhecem em uma das viagens que este faz de sua aldeia natal, Orihuela, a Madri.
1934	18 de agosto: nasce, em Madri, Malva Marina Reyes Hagenaar, única filha do poeta. No dia 25 do mesmo mês, escreve a seu pai para lhe dar a notícia, tentando minimizar os problemas da menina, que corria o risco de morrer.

1934	6 de dezembro. Neruda recita seus poemas na Universidade de Madri. García Lorca o apresenta assim: "Um poeta mais próximo da morte que da filosofia, mais próximo da dor que da inteligência, mais perto do sangue que da tinta."
1934	19 de dezembro: Neruda é comissionado para prestar temporariamente serviços como adido na Embaixada do Chile de Madri, sem prejuízo das funções que desempenha no consulado de Barcelona.
1935	Abril: em Madri, é publicado o folheto *Homenaje a Pablo Neruda de los poetas españoles/ Tres cantos materiales*, pela editora Plutarco que, além dos "cantos materiais", inclui um tributo a Neruda, assinado pelos mais importantes poetas espanhóis do momento, com a exceção de Juan Ramón Jiménez e Juan Larrea.
1935	21 a 25 de junho: participa, em Paris, do Primeiro Congresso Internacional de Escritores para a Defesa da Cultura.
1935	15 de setembro: é lançada em Madri a primeira edição de *Residência na terra I e II*. A obra é publicada em dois volumes pela editora Cruz y Raya, em suas "Ediciones del Árbol".
1935	Outubro: Gabriela Mistral é transferida de Madri para Lisboa e Neruda assume o cargo de cônsul em Madri.
1935	Outubro: É lançado o primeiro número da revista *Caballo verde para la poesia*, dirigida por Neruda. Foram publicadas quatro edições. A quinta e a sexta estavam impressas e encadernadas, mas se perderam por causa da explosão da Guerra Civil.
1935	Novembro/dezembro: a prestigiada revista francesa *Le Mois*, que registra as principais contribuições literárias do mundo, afirma que "... as publicações poéticas mais importantes do ano são, incontestavelmente, os dois volumes de *Residência na terra*, do chileno Pablo Neruda".
1936	18 de julho: começa, com o levante militar liderado pelo general Francisco Franco, a Guerra Civil Espanhola.
1936	Madrugada de 18 a 19 de agosto: o poeta Federico García Lorca é assassinado em Granada.
1936	24 de setembro: a revista *El mono azul* publica, anonimamente, o poema "Canto a las madres de los milicianos muertos", que depois fará parte de *España en el corazón*.
1936	Começo de novembro: Madri é bombardeada. Neruda e Delia del Carril, Luis Enrique Délano e sua mulher, Lola Falcón, vão para Valência, de onde

	o poeta seguirá para Barcelona, ao encontro de sua mulher e de sua filha, que estavam lá desde julho.
1936	7 de dezembro: os consulados de Madri e Barcelona são fechados. Neruda não é transferido para outro cargo. Viaja com a família para Marselha e dali para Monte Carlo, onde se separa de María Antonieta Hagenaar e de sua filha, que irão depois para a Holanda.
1937	Janeiro: vive em Paris com Delia del Carril.
1937	20 de fevereiro: pronuncia uma conferência em memória e homenagem a Federico García Lorca, sob os auspícios da Aliança de Intelectuais. Nessa ocasião, o poeta declara abertamente sua posição favorável à República espanhola e, por isso, o Ministério o notifica de que desaprova suas atividades políticas em Paris.
1937	O poeta e Nancy Cunard fundam e editam, na França, a revista *Los poetas del mundo defienden al pueblo español*, da qual são publicadas seis edições.
1937	Abril: trabalha na Associação de Defesa da Cultura, organizando o II Congresso Internacional de Escritores.
1937	4 a 7 de julho: participa, em Valência e Madri, da mesa diretora do II Congresso Internacional de Escritores para a Defesa da Cultura. Paris foi o ponto de encontro dos delegados estrangeiros, que dali partiram de trem para a Espanha em guerra.

VI. EM BUSCA DOS VENCIDOS

1937	26 de agosto: Neruda, Delia e o casal Raúl González Tuñón e Amparo Mom embarcam em Antuérpia no vapor cargueiro *Arica*. Em 10 de outubro, chegam a Valparaíso. Durante a travessia, o poeta termina seu livro *España en el corazón*.
1937	Outubro: acontecem em Santiago duas grandes manifestações de boas-vindas a Neruda, uma no parque Cousiño e a outra no restaurante Quinta Normal; esta, organizada pelo Pen Club, contou com a presença de cerca de duzentas pessoas.
1937	7 de novembro: no Salão de Honra da Universidade do Chile, é celebrado o ato de fundação da Aliança de Intelectuais do Chile para a Defesa da Cultura. Em seu discurso, Neruda reafirma seu objetivo de lutar contra o fascismo e de se solidarizar com a Espanha leal.

1937	13 de novembro: a editora Ercilla, de Santiago do Chile, publica *España en el corazón*. A primeira edição, de 2.800 exemplares, esgota-se em pouco tempo.
1937	13 de dezembro: no Teatro Municipal de Santiago, a Aliança de Intelectuais do Chile promove seu primeiro ato público, que tem como ponto central a conversa lírica intitulada "Tempestade na Espanha", a cargo de Pablo Neruda e Raúl González Tuñón. O êxito dessa noitada leva os organizadores a repeti-la em 19 de dezembro, em Valparaíso.
1938	6 ou 7 de maio: morre, em Temuco, José del Carmen Reyes, pai do poeta.
1938	1º de agosto: é lançada a revista *Aurora de Chile*, editada pela Aliança de Intelectuais do Chile e dirigida por Pablo Neruda.
1938	18 de agosto: morre, em Temuco, Trinidad Candia Marverde, a "mãezona". A família decide reunir em um mesmo túmulo o pai, falecido três meses antes, e sua esposa. Sob o impacto da dupla perda e da exumação dos restos de seu pai, Neruda escreve "La copa de sangre", um texto autobiográfico de grande importância.
1938	25 de outubro: Pedro Aguirre Cerda, apoiado pela Frente Popular, vence as eleições presidenciais do Chile, derrotando o candidato oficial Gustavo Ross.
1938	7 de novembro: no Mosteiro de Montserrat, na Catalunha, as Ediciones del Comisariado del Ejército del Este, empresa dirigida por Manuel Altolaguirre, publicam *España en el corazón*, em uma primeira edição de quinhentos exemplares.
1939	É formalizada a compra do terreno de Isla Negra e da modesta casa ali construída. O poeta fará sucessivas reformas nessa casa, onde escreveu a maior parte de sua obra.
1939	Começo do ano: o presidente Pedro Aguirre Cerda nomeia Neruda para o cargo de cônsul de segunda classe, com sede em Paris, a partir de 15 de abril. Sua tarefa principal era cuidar dos imigrantes espanhóis.
1939	Março: parte para a França, passando por Buenos Aires e Montevidéu, onde participa do Congresso Internacional das Democracias. Ali pede a ajuda necessária ao transporte dos refugiados espanhóis ao Chile.
1939	Final de abril: chega a Paris. Começa a trabalhar enfrentando as dificuldades impostas pela embaixada, os políticos e a imprensa de oposição ao governo chileno.
1939	Junho: começam, no porto francês de Le Hávre, os trabalhos de recondicionamento do navio *Winnipeg* para o transporte dos refugiados espanhóis.

1939	29 de julho: o chanceler Abraham Ortega comunica ao ministro em Paris que "serão aceitos 1.500 refugiados aptos, com famílias, entendendo-se mulher e filhos, até completar o navio".
1939	4 de agosto: o *Winnipeg* zarpa do cais de Trompe Loup. Leva cerca de 2 mil refugiados espanhóis e 35 chilenos que haviam lutado nas Brigadas internacionais.
1939	30 de agosto: o *Winnipeg* chega a Arica. Ao receber ofertas de trabalho, alguns refugiados optam por permanecer no porto.
1939	2 de setembro: à noite, o *Winnipeg* chega a Valparaíso. O desembarque se deu no dia 3, o mesmo em que explodiu a Segunda Guerra Mundial.
1939	Meados de novembro: antes de regressar ao Chile, o poeta viaja para a Holanda, onde visita sua filha Malva Marina e Maruca Hagenaar.
1939	Começo de dezembro: com Delia del Carril, volta ao Chile no transatlântico *Augustus*, que chega a Valparaíso no dia 29 desse mês.

VII. MÉXICO FLORIDO E ESPINHOSO

1940	1º de janeiro: Neruda e Delia são recebidos em Santiago por artistas, escritores, políticos e refugiados espanhóis.
1940	18 de janeiro: na Espanha, o poeta Miguel Hernández é condenado à morte. No Chile, Neruda procura uma forma de ajudá-lo. Finalmente, Franco comuta a pena máxima por trinta anos de prisão.
1940	19 de junho: Neruda recebe, oficialmente, a notícia de sua nomeação para o cargo de cônsul-geral do Chile no México.
1940	Final de julho: embarca em Valparaíso com Delia del Carril, Luis Enrique Délano e sua esposa, Lola Falcón, no vapor *Yasukuni Maru*.
1940	17 de agosto: no dia 21, o poeta assume seu cargo. Aluga com Delia um apartamento na rua Revillagigedo e depois uma casa, a quinta Rosa María.
1941	Abril: Neruda concede visto de entrada no Chile ao muralista Alfaro Siqueiros, que estava preso por ter participado de uma tentativa de assassinato de Trotski. O Ministério ordena que Neruda cancele o visto. Siqueiros deveria pintar um mural na Escola México de Chillán. Finalmente, admitem que entre no Chile, e o poeta é castigado com a suspensão de seu cargo por um mês, sem remuneração.

1941	Junho: viaja com Delia para a Guatemala, onde conhece Miguel Ángel Astúrias. Dá um recital organizado por jovens poetas, com a autorização do ditador Jorge Ubico.
1941	24 de julho: participa, no México, de uma homenagem a Simón Bolívar organizada pela Universidade Nacional Autônoma. Lê seu poema "Un canto para Bolívar". Um grupo fascista promove desordens.
1941	Final de agosto: rompe com Octavio Paz.
1941	Depois da invasão da URSS pela Alemanha, Neruda participa ativamente de atos de solidariedade e de organizações favoráveis à União Soviética em guerra.
1941	28 de dezembro: em um restaurante de Cuernavaca, Neruda, Delia, Luis Enrique Délano, sua mulher e seu pequeno filho, Poli Délano, são atacados por um grupo de nazistas alemães. O poeta é ferido na cabeça. Toda a imprensa mexicana condena a agressão.
1942	5 de janeiro: morre no México a fotógrafa Tina Modotti, ativa lutadora antifascista. Neruda escreve o poema "Tina Modotti ha muerto", cujos primeiros versos foram gravados no túmulo de Modotti.
1942	Começo de março: viaja a Cuba com Delia del Carril, convidado pelo Ministério da Educação desse país. Ali recebe a notícia da morte do poeta Miguel Hernández, em uma prisão franquista de Alicante.
1942	30 de setembro: em um ato organizado pela Sociedade de Amigos da União Soviética, Neruda lê seu "Canto a Stalingrado", que depois foi impresso em folhas coladas nos muros da Cidade do México.
1943	Fevereiro: viaja com Delia aos Estados Unidos, para participar da festa intitulada "A noite das Américas", realizada em um dos grandes teatros da Broadway.
1943	2 de março: na Holanda ocupada pelos alemães, morre Malva Marina Reyes Hagenaar, filha única do poeta.
1943	2 de julho: o poeta se casa com Delia del Carril, na cidade de Tetecala, no estado mexicano de Morelos.
1943	Junho: morre, no México, Leocádia Felizardo Prestes, mãe do líder comunista Luís Carlos Prestes, que estava preso no Brasil. Os pedidos pela libertação temporária de Prestes, para que assistisse ao enterro, foram recusados. No dia 18, durante o funeral, Neruda lê seu poema "Dura elegía", em que faz duras críticas ao presidente Getúlio Vargas, sem citá-lo. O governo brasileiro protesta. O chanceler chileno diz que o fato é grave. Neruda pede licença de

	seis meses para voltar ao Chile e dar início ao processo de seu afastamento do serviço diplomático.
1943	21 de agosto: recebe o título de doutor *honoris causa* da Universidade de San Nicolás de Hidalgo, de Morelia, capital de Michoacán, um dos estados do México.
1943	27 de agosto: o México se despede de Neruda em El Frontón, um espaço esportivo com capacidade para acolher a multidão que participou da homenagem. Nessa ocasião, leu seu extenso poema "Nos muros do México", que incluiria mais tarde em seu livro *Canto geral*.
1943	Parte com Delia para o Panamá; começa assim sua volta ao Chile, com um longo percurso pelos países da costa do Pacífico.

VIII. A PÁTRIA EM TREVAS

1943	3 de setembro: chega com Delia ao Panamá, onde ficam alguns dias.
1943	8 de setembro: chega a Bogotá, convidado pelo governo do presidente liberal Alfonso López Pumarejo. O senador conservador Laureano Gómez o ataca com alguns versos, aos quais Neruda responde com seus "Tres sonetos punitivos para Laureano Gómez".
1943	15 de outubro: chega a Lima, onde o presidente da República, Manuel Prado, lhe oferece um almoço e lhe dá as condições necessárias para que visite as ruínas incaicas de Machu Picchu.
1943	31 de outubro: depois de viajar durante três dias no lombo de burro, a partir de Cuzco, Neruda, Delia e o deputado peruano Uriel García chegam a Machu Picchu.
1943	4 de novembro: chega a Santiago, onde se incorpora às atividades políticas do Partido Comunista.
1943	21 de maio: recebe o Prêmio Municipal de Literatura, relativo a 1943, concedido pela Prefeitura de Santiago.
1944	Dezembro: embora não seja, oficialmente, militante comunista, o partido o indica como candidato a senador pelas províncias de Tarapacá e Antofagasta.
1945	Janeiro a março: em campanha eleitoral, percorre os pampas com Elías Lafertte, ex-operário do salitre, presidente do Partido Comunista e também candidato a senador. Nas eleições de 4 de março, os dois são eleitos senadores.

1945	24 de maio: recebe o Prêmio Nacional de Literatura.
1945	8 de julho: recebe sua carteira de militante do Partido Comunista.
1945	15 de julho: em São Paulo, no Brasil, no estádio do Pacaembu, é promovida uma homenagem ao dirigente comunista Luís Carlos Prestes, que acabara de sair da prisão, beneficiado por um decreto de anistia. Diante de cem mil pessoas, Neruda lê seu poema "Saludos a Carlos Prestes".
1945	Setembro: afasta-se por um tempo das atividades públicas para descansar em Isla Negra e dedicar-se a escrever um poema sobre Machu Picchu.
1946	21 de julho: uma convenção de centro-esquerda indica Gabriel González Videla para disputar a Presidência da República. Em agosto, Pablo Neruda é nomeado chefe de propaganda da campanha e passa a acompanhar González Videla em suas viagens pelo país.
1946	1º de setembro: no ato de encerramento da campanha, no Estádio Nacional de Santiago, Neruda pede a González Videla que se comprometa a cumprir o programa de governo.
1946	4 de setembro: González Videla vence as eleições presidenciais.
1947	12 de junho: uma greve dos trabalhadores do transporte público de Santiago termina com quatro mortos e dezenas de feridos. González Videla acusa publicamente o Partido Comunista de ter provocado os incidentes. No Senado, Neruda o refuta.
1947	17 de agosto: os mineiros do carvão declaram uma greve sem prazo para terminar. González Videla acusa os comunistas de promoverem greves políticas, rompe com o partido e coloca sob intervenção militar a região do carvão.
1947	14 de outubro: Neruda pronuncia no Senado o primeiro dos três discursos com os quais se transformará no principal adversário do presidente González Videla.
1947	27 de novembro: publica, no jornal *El Nacional* de Caracas, um artigo em que afirma que "a crise democrática chilena é uma advertência dramática para nosso continente". O texto circula em outros países da América Latina com o título de "Carta íntima para milhões de homens".
1947	10 de dezembro: pronuncia no Senado o segundo de seus três discursos contra González Videla.
1947	24 de dezembro: o governo envia à justiça um ofício para que se apresente ao tribunal correspondente um pedido de impeachment do senador Pablo Neruda.

1948	6 de janeiro: Neruda pronuncia no Senado um de seus mais célebres discursos, publicado posteriormente com o título de "Yo acuso".
1948	27 de janeiro: tenta viajar de carro para a Argentina. A tentativa fracassa, assim como uma segunda tentativa de ir a Mendoza e um pedido de asilo político no México.
1948	3 de fevereiro: a Suprema Corte cassa o mandato de senador de Neruda. Ordena-se a prisão do poeta, que começa a viver escondido em diversas casas, onde acaba de escrever *Canto geral*.
1948	28 de fevereiro: María Hagenaar viaja para o Chile, trazida pelo governo com o objetivo de criar mais dificuldades para o poeta. Finalmente, este chega a um acordo financeiro com a ex-esposa.
1948	25 a 30 de agosto: no Congresso Mundial de Intelectuais para a Paz, realizado em Wroclaw, na Polônia, o famoso pintor Pablo Picasso pronuncia o único discurso público que fez em toda a sua vida e propõe uma resolução em defesa de Neruda.
1949	Fevereiro: o poeta chega à aldeia de Futrono, no Sul do Chile. Em uma fazenda madeireira, prepara-se para atravessar a fronteira com a Argentina.
1949	Meados de fevereiro: Neruda, com dois amigos e três tropeiros, cruza a cordilheira a cavalo por um caminho usado por bandidos e contrabandistas.
1949	Começo de março: chega a San Martín dos Andes, na Argentina, de onde viaja para Buenos Aires. Com a ajuda do escritor Miguel Ángel Asturias, que lhe empresta seu passaporte, consegue viajar para a Europa.
1949	25 de abril: aparece de surpresa na cerimônia de encerramento do Primeiro Congresso Mundial pela Paz, em Paris.

IX. PRINCÍPIO E FIM DE UM DESTERRO

1949	Abril/maio: vive em Paris com Delia del Carril.
1949	6 de junho: viaja com Delia à União Soviética. Em Moscou e Leningrado, participa das atividades comemorativas do sesquicentenário do nascimento do poeta Aleksandr Pushkin.
1949	Julho/agosto: viaja pela Europa oriental, participando de congressos, atos e reuniões na Polônia, Hungria e Tchecoslováquia.

1949	Agosto: viaja com Delia ao México, onde participa do Congresso Latino-americano dos Partidários da Paz, realizado entre os dias 3 e 10 de setembro. Reencontra Matilde Urrutia, que conhecera em 1946, em Santiago.
1946	Setembro: o poeta contrai uma tromboflebite. Matilde cuida dele. Reinicia-se, então, uma relação amorosa que se prolongará pelo resto da vida do poeta.
1950	Abril: é lançada, no México, a primeira edição de *Canto geral*. As guardas do livro são ilustradas pelos muralistas mexicanos Diego Rivera e David Alfaro Siqueiros. Enquanto isso, no Chile é impressa uma edição clandestina, com gravuras de José Venturelli. *Canto geral* se transformará em um clássico da poesia universal. Obra monumental e única em sua espécie, é uma grande visão poética da natureza, da história e da cultura da América Latina.
1950	24 de junho: embarca com Delia para a Europa.
1950	Julho: instala-se de novo com Delia em Paris, de onde viaja para a Tchecoslováquia, Romênia, Hungria e União Soviética.
1950	Outubro: a pedido do físico Joliot-Curie, presidente do Conselho Mundial da Paz, viaja a Nova Déli para se reunir com o primeiro-ministro Pandit Nehru, que o recebe friamente e o submete a uma severa vigilância policial. Nas memórias do poeta se esclarecem as causas dessa atitude, que pode ter sido provocada pela rebelião Telangana (1946-1951), um movimento camponês apoiado pelo Partido Comunista da Índia, que foi reprimido pelo governo.
1950	16 a 22 de novembro: participa do Segundo Congresso do Movimento Mundial da Paz, em Varsóvia. Entre os ganhadores dos prêmios que este outorgava, estão três Pablos: Picasso, Robeson e Neruda.
1950	Em dezembro é nomeado membro do Comitê Internacional do Júri do Prêmio Stalin pela Consolidação da Paz entre os Povos.
1951	Começo de agosto: Matilde Urrutia chega a Paris. A partir de então e até que volte ao Chile, o poeta recorre a todo tipo de artifício para estar com sua amada. Viaja a Berlim Oriental, para participar do III Festival Mundial da Juventude, e consegue que Matilde também seja convidada para cantar.
1951	Final de agosto: o poeta viaja a Bucareste. É hospedado na mesma casa que Matilde. Lá escreve os primeiros poemas do que depois seria o livro *Os versos do capitão*.
1951	Setembro: viaja na Ferrovia Transiberiana para a China, como integrante da delegação ao Congresso Mundial da Paz, no qual entregaria o Prêmio

	Stalin a Sung Sin Ling, viúva de Sun Yat Sen, morto em 1925, que lutou pela democracia e foi o primeiro presidente da República Popular da China.
1951	Final de novembro de 1951: viaja privadamente a Nyon, uma pequena cidade às margens do lago Leman, na Suíça, onde fica alguns dias ao lado de Matilde.
1951	Meados de dezembro: viaja a Praga e depois à União Soviética, onde participa das reuniões do júri do Prêmio Stalin.
1952	Final de dezembro: reencontra Matilde em Roma, de onde os dois partem com Delia e um grupo de amigos para Nápoles, onde comemoraram o ano-novo.
1952	11 de janeiro: é notificado pelo Ministério do Interior que deve deixar a Itália. A polícia o leva de trem a Roma. Na estação, encontra-se à sua espera um grande grupo de manifestantes, que consegue uma permissão para levar o poeta a um hotel, onde fica aguardando o resultado das negociações que estavam sendo feitas a seu favor. Em 15 de janeiro, a ordem de expulsão é revogada.
1952	Meados de janeiro: o historiador e naturalista Erwin Cerio coloca à disposição do poeta uma casa em Capri. No dia 23 do mesmo mês, Matilde e Neruda vão passar uma longa temporada na ilha. Ali termina seu livro *Os versos do capitão* e avança no texto de *As uvas e o vento*.
1952	8 de julho: em Nápoles, é concluída a impressão do livro *Os versos do capitão*, em uma edição de apenas 44 exemplares numerados, que não são colocados à venda. Esse livro foi publicado anonimamente até 1962.
1952	Final de julho: viaja com Matilde para Cannes, onde embarcariam para voltar à América do Sul. Antes de sair do porto, é notificado de que estava sendo expulso da França. Na viagem, conhece o arquiteto uruguaio Alberto Mántaras e sua mulher Olga, casal com o qual inicia uma grande amizade.
1952	10 de agosto: chega a Montevidéu e se despede de Matilde, que parte para Buenos Aires. Chega no dia 12 e é recebido por uma grande manifestação promovida na praça Bulnes, no centro de Santiago.

X. NAVEGAÇÃO COM REGRESSO

1952	27 de outubro: ao meio-dia, quando estava viajando em seu carro com Delia, sofre um grave acidente ao se chocar com um caminhão. Tem um

	dos braços temporariamente imobilizado e recebe alta. Delia precisa ficar no hospital.
1952	Novembro: compra, com Matilde, um sítio ao pé da colina San Cristóbal, onde começarão a construir mais tarde a casa batizada de La Chascona, algo como "emaranhado", em homenagem à vasta cabeleira da mulher. Enquanto isso, Matilde ocupa um apartamento na comunidade de Providência. Neruda continua vivendo com Delia na casa de Michoacán.
1952	Começo de dezembro: viaja para a Europa, onde participa, em Viena, do Congresso Mundial da Paz. Depois, assiste às comemorações do 38º aniversário da URSS e das deliberações do Prêmio Stalin.
1953	5 de março: enquanto prepara o Congresso Continental da Cultura, que se realizaria em abril, Stalin morre na URSS. Em Isla Negra, Neruda escreve o poema "En su muerte", em homenagem ao líder soviético.
1953	Abril: é publicado, em Santiago, *Todo el amor*, antologia organizada por Neruda de sua própria poesia amorosa.
1953	De 26 de abril a 3 de maio: é realizado, em Santiago, o Congresso Continental da Cultura. Participam cerca de duzentos delegados de diversos países latino-americanos.
1953	Começo de maio: o muralista mexicano Diego Rivera, que viajara ao Chile para participar do Congresso, pinta um retrato de Matilde, com seu rosto de frente e de perfil, e em cujos cabelos avermelhados aparecem traços de Neruda.
1953	Agosto: percorre o pampa salitreiro com os dirigentes comunistas Elías Lafertte e Salvador Ocampo.
1953	21 de dezembro: é divulgada a notícia de que Neruda é um dos vencedores do Prêmio Stalin para a Consolidação da Paz entre os Povos.
1953	29 de dezembro: por escritura pública, o poeta doa à Universidade do Chile sua biblioteca e sua coleção de conchas marinhas, criando assim a Fundação para o Estudo da Poesia, que levaria seu nome. É uma das ações com as quais Neruda comemorará seus 50 anos.
1954	De 20 a 24 de janeiro: pronuncia uma série de cinco conferências, intituladas "Minha poesia", na Escola de Verão da Universidade do Chile.
1954	Meados de fevereiro: viaja para Goiânia, Brasil, onde participa do Primeiro Congresso Nacional de Intelectuais Brasileiros.
1954	27 de fevereiro: a editora Nascimento publica, em Santiago, a primeira edição de *As uvas e o vento*.

1954	Junho e julho: começam os preparativos do vasto programa de atividades culturais destinadas a comemorar o cinquentenário do poeta. Em 12 de julho, o ato inaugural tem lugar no Salão de Honra da Universidade do Chile.
1954	14 de julho: a editora Losada publica, em Buenos Aires, a primeira edição de *Odes elementares*, com a qual o poeta dá início a um ambicioso projeto literário que, como observou Saúl Yurkievich, pretende que a poesia "amplie seu domínio para englobar todo o mundo" e "para abarcar inteiramente a extensão do real em sua inesgotável variedade". Esse livro será seguido por outros três: *Nuevas odas elementales* (1956), *Tercer libro de las odas* (1957) e *Navegações e regressos* (1959).
1954	10 de agosto: recebe, em Santiago, das mãos de seu amigo Ilya Ehrenburg, o Prêmio Stalin para o fortalecimento da paz entre os povos.
1954	Meados de dezembro: viaja com Delia e Volodia Teitelboim para participar do Segundo Congresso de Escritores Soviéticos. Em 17 de abril pronuncia no Chile uma extensa conferência sobre esse congresso, em que já se insinuava certa abertura cultural na URSS.
1954	Dezembro: participa, em Moscou, das reuniões do júri do Prêmio Stalin. Depois viaja a Estocolmo, para uma reunião do Conselho Mundial da Paz. No dia 30 volta ao Chile.
1955	Fevereiro: rompe definitivamente com Delia del Carril. O poeta se instala em La Chascona, ainda em obras, onde começa a viver com Matilde Urrutia.
1955	Novembro: convidado para a comemoração do centenário da morte do poeta nacional polonês Adan Mickiewicz, Neruda viaja com Matilde para Varsóvia, Cracóvia e Poznan.
1956	De 14 a 25 de fevereiro: é realizado, em Moscou, o XX Congresso do Partido Comunista da URSS, no qual são revelados, pela primeira vez, os crimes da época de Stalin. Em seguida, em vários textos e poemas, Neruda revisará criticamente sua visão de Stalin e sua poesia também passará por modificações.
1957	Final de janeiro: a editora Losada publica, em Buenos Aires, a primeira edição das *Obras completas* de Neruda.
1957	Começo de abril: viaja com Matilde a Buenos Aires. O governo argentino começara a perseguir os comunistas. Em 11 de abril Neruda é preso de madrugada, em uma batida policial. É liberado no dia seguinte. Viajam para Montevidéu.

1957	Abril: enquanto está na capital uruguaia, Neruda é eleito presidente da Sociedade de Escritores do Chile (SECH). Viajam ao Brasil, onde passam uma temporada com Jorge Amado e sua mulher, Zélia Gattai.
1957	Julho: viajam a Colombo, Ceilão, para o Congresso Mundial da Paz, onde reencontram Jorge Amado e Zélia. O poeta volta às ruas e à casa onde vivera há trinta anos.
1957	Julho: viajam com Jorge e Zélia para a Índia, e depois a Rangoon. Voltam à China. Sobem o rio Yangtsé em um barco no qual comemoram o aniversário de 53 anos do poeta.
1957	Setembro e outubro: Neruda e Matilde visitam vários países da Europa Oriental e depois vão para Paris, onde, em 4 de outubro, recebem a notícia da proeza tecnológica do Sputnik, o primeiro satélite artificial colocado na órbita terrestre, com o qual os soviéticos inauguram a era espacial. Esse capítulo da história contemporânea despertou um grande interesse em Neruda e se transformou em um dos temas de sua poesia.

XI. O PODER DA POESIA

1958	Junho: Neruda viaja pelo país participando do lançamento da segunda candidatura de Salvador Allende à Presidência da República.
1958	18 de agosto: a editora Losada publica, em Buenos Aires, a primeira edição de *Estravagario*, que inaugura uma nova etapa de sua obra, na qual Neruda abandona as certezas utópicas e opta por uma visão ambivalente e antidogmática na vida.
1959	3 de janeiro: embarca com Matilde para a Venezuela. Em 18 de janeiro chegam ao porto de La Guaira.
1959	26 de janeiro: se reúne com Fidel Castro em Caracas, na Embaixada do Chile.
1959	Novembro: a editora Universitária de Santiago publica uma edição privada de *Cem sonetos de amor*, livro de poemas dedicado a Matilde Urrutia.
1960	Março: em Montevidéu, embarca com Matilde para a Europa, no *Louis Lumiére*, onde também viaja Vinicius de Moraes. Os poetas escrevem sonetos que se dedicam mutuamente.
1960	21 e 22 de maio: dois terremotos seguidos destroem uma parte das regiões Central e Sul do Chile. Neruda, que está na Europa, escreve o poema

	"Cataclismo" e toma providências para publicá-lo em uma edição de luxo, ilustrada por pintores famosos, e destina a receita às vitimas chilenas.
1960	Escreve "Pequena história dos *Vinte poemas de amor*", como prólogo da edição especial que a editora Losada publicará por ocasião do primeiro milhão de exemplares da obra.
1960	Meados de novembro: embarcam em Marselha com destino a Cuba, onde chegam em 5 de dezembro. Neruda faz conferências e recitais. A editora Casa de las Américas publica *Canción de gesta*, dedicado à Revolução Cubana, com 25 mil exemplares. Ernesto Guevara recebe o poeta à meia-noite, em seu escritório do Banco Central.
1961	26 de junho: a editora Losada publica, em Buenos Aires, o livro de poemas *Las pedras de Chile*, ilustrado com fotografias de Antonio Quintana.
1961	18 de setembro: no dia da Independência Nacional do Chile, Neruda inaugura "La Sebastiana", sua casa no porto de Valparaíso.
1961	31 de outubro: a editora Losada publica, em Buenos Aires, *Cantos cerimoniais*.
1962	16 de janeiro: a revista *O Cruzeiro Internacional* inicia a publicação da série "As vidas do poeta. Memórias e recordações de Pablo Neruda".
1962	30 de março: é realizada a cerimônia na qual Neruda passa a fazer parte, como membro acadêmico, da Faculdade de Filosofia e Humanidades da Universidade do Chile. O poeta Nicanor Parra faz o discurso de boas-vindas.
1962	Começo de abril: viaja com Matilde ao Uruguai e seguem para a Itália, onde Neruda conhece Alberto Tallone, mestre da arte da tipografia, que fará várias edições da obra de Neruda.
1963	Recebe o Prêmio San Valentino pela versão em italiano de *Vinte poemas de amor*.
1963	29 de setembro: discursa em uma concentração de cerca de três mil pessoas no parque Bustamante, de Santiago, e critica duramente a chamada "Revolução Cultural" chinesa.
1964	Fevereiro: conclui a tradução de *Romeu e Julieta* para a encenação com a qual o Teatro da Universidade do Chile comemorará o quarto centenário do nascimento de Shakespeare.
1964	Julho: com um vasto programa de atividades, é comemorado o aniversário de 60 anos do poeta.
1964	Entre 2 e 12 de julho: em Buenos Aires, a editora Losada publica em volumes separados as cinco seções de *Memorial de Isla Negra*, a autobiografia poética de Neruda.

1964	10 de outubro: o Instituto de Teatro da Universidade do Chile estreia a tradução e adaptação de Neruda de *Romeu e Julieta*, dirigida por Eugenio Guzmán, com música de Sergio Ortega.
1964	Dezembro: o selo Editora Universitária de Buenos Aires (Eudeba) publica *Genio y figura de Pablo Neruda*, de Margarita Aguirre, o primeiro livro biográfico do poeta.
1965	27 de março: em Haia, Holanda, morre María Antonieta Hagenaar, a primeira esposa de Neruda.
1965	Março: viaja para a Europa com Matilde. Chegam a Paris em 16 de abril, depois vão a Moscou e, convidados pelo governo húngaro, a Budapeste, onde Neruda encontra Miguel Ángel Asturias. Os dois haviam aceitado a encomenda de escrever suas impressões sobre o país. Daí nasce o livro *Comiendo en Hungria*.
1965	19 de maio: participa do Congresso Nacional de Escritores, organizado pela República Democrática Alemã, em comemoração do vigésimo aniversário do fim do nazismo.
1965	1º de junho: recebe o título de doutor *honoris causa* em Filosofia e Letras da Universidade de Oxford. É o primeiro poeta da América Latina a receber a distinção.
1966	21 de março: o dramaturgo Arthur Miller convida Neruda para participar, como convidado de honra, do Congresso do Pen Club, em Nova York, de 12 a 18 de junho. No começo de junho parte com Matilde para os Estados Unidos, onde se transforma em uma das estrelas do congresso, do qual participam delegados de 150 países.
1966	18 de junho: dá um recital no Banco Interamericano de Desenvolvimento, em Washington, e grava alguns de seus poemas para a Biblioteca do Congresso.
1966	4 de julho: chegam ao Peru. Neruda dá conferências em Lima e em Arequipa; a receita é destinada às vítimas de um recente terremoto. Almoça com o presidente Fernando Belaúnde e recebe a máxima condecoração peruana: a Ordem do Sol.
1966	12 de julho: no dia em que completa 62 anos, volta com Matilde ao Chile.
1966	31 de julho: uma carta aberta a Pablo Neruda, assinada por mais de cem artistas e intelectuais cubanos, é publicada em Havana e difundida pelo resto do mundo. A carta critica a participação de Neruda no Congresso do Pen Club, seu almoço com o presidente do Peru e a condecoração que recebeu. Como observou o professor Hernán Loyola, para Neruda aquela

foi "uma agressão gratuita" e "uma grave ofensa a sua trajetória e a sua dignidade revolucionárias..." Em 1º de agosto, o poeta publica um telegrama de resposta aos cubanos.

1966   Em Buenos Aires, a editora Losada publica *Neruda: el viajero inmóvil*, de Emir Rodríguez Monegal, uma biografia do poeta que inclui a análise de algumas de suas obras.

1966   Setembro: a editora Lumen publica, em Barcelona, *Una casa en la arena*, livro de poemas e textos em prosa de Neruda sobre sua casa em Isla Negra, com fotografias de Sergio Larraín.

1966   28 de outubro: Neruda e Matilde se casam no civil em Isla Negra.

1966   1º de novembro: é lançado o livro *Arte de pássaros*, editado pela Sociedade de Amigos da Arte Contemporânea, com ilustrações dos pintores Nemesio Antúnez, Mario Carreño, Héctor Herrera e Mario Toral.

1967   14 de outubro: em Santiago, o Instituto de Teatro da Universidade do Chile estreia a única obra teatral escrita por Neruda: *Fulgor e morte de Joaquín Murieta. Bandido chileno injustiçado na Califórnia em 23 de julho de 1853*. A música é de Sergio Ortega, a direção de Pedro Orthous e a coreografia de Patricio Bunster.

1967   24 de novembro: viaja a Parral, a cidade em que nasceu, para receber o título de "Filho ilustre", outorgado pela prefeitura.

1967   4 de dezembro: a editora Losada publica, em Buenos Aires, *A barcarola*.

1968   Janeiro: o poeta soviético Yevgeny Yevtushenko visita o Chile e, com Neruda, dá um recital no Estádio Nataniel de Santiago, em russo e espanhol. Há cerca de sete mil pessoas presentes.

1968   24 de abril: com o artigo "Escarabagia dispersa" inicia a série de textos que serão publicados quinzenalmente, durante dois anos, na revista *Ercilla*, de Santiago, sob o título genérico de "Reflexões de Isla Negra".

1968   12 de julho: comemora seu sexagésimo quarto aniversário em Isla Negra. Projeta começar a escrever suas memórias a partir da série de artigos biográficos publicados pela revista *O Cruzeiro Internacional* em 1962.

1968   22 de agosto: parte com Matilde para Montevidéu. Seguem para o Brasil. Em São Paulo, Neruda inaugura um monumento a Federico García Lorca. Depois visita Salvador, Congonhas, Petrópolis, Ouro Preto e Brasília, onde se encontra com o criador da capital brasileira, Oscar Niemeyer.

1968   Outubro: viajam do Brasil para a Colômbia, onde Neruda e Miguel Ángel Asturias participam do júri do Primeiro Festival de Teatro Universitário de Manizales.

| 1968 | Novembro: a editora Losada publica, em Buenos Aires, o livro *Las manos del día*. |
| 1968 | Apresenta a seu editor, Gonzalo Losada, seu projeto de construir Cantalao, um lugar onde escritores e artistas pudessem passar temporadas trabalhando em suas obras, em um terreno que já comprara perto de Isla Negra. |

XII. PÁTRIA DOCE E DURA

1969	Janeiro e fevereiro: participa das campanhas eleitorais dos candidatos do Partido Comunista nas eleições parlamentares de março.
1969	Julho: a editora Nascimento publica, em Santiago, o livro *Ainda*.
1969	Agosto: a Sociedade de Arte Contemporânea publica, em Santiago, *Fin de mundo*, em uma edição ilustrada por Mario Carreño, Nemesio Antúnez, Pedro Millar, María Martner, Julio Escámez e Osvaldo Guayasamín.
1969	19 de agosto: a Biblioteca Nacional inaugura, em Santiago, uma exposição bibliográfica da obra de Pablo Neruda.
1969	21 de agosto: a Universidade Católica do Chile lhe outorga o título de doutor *scientiae et honoris causa*.
1969	30 de setembro: o Partido Comunista proclama Neruda seu candidato à Presidência da República nas eleições de 1970. O tema de sua campanha será "Pela Unidade Popular".
1969	Outubro: em campanha, viaja por grande parte do território nacional, de Arica a Lota. Em dezembro, visita Temuco e Punta Arenas. No começo de 1970, é recebido no porto de Valparaíso por uma grande concentração popular.
1970	Janeiro: renuncia à candidatura em favor de Salvador Allende, que passa a ser o único candidato da esquerda.
1970	A editora Lord Cochrane publica, em Santiago, uma edição de luxo de *Vinte poemas de amor e uma canção desesperada*, ilustrada com aquarelas de Mario Toral.
1970	Abril: parte para a Europa com Matilde. Em Moscou, participa das comemorações do centenário do nascimento de Lenin. Depois viajam a Londres, para o festival Westminster Poetry.
1970	23 de junho: embarcam em Cannes de volta à América. No dia 24 chegam a Barcelona, onde fazem uma breve escala e reveem o escritor Gabriel García Márquez.

1970	Começo de julho: fazem uma escala na Venezuela, onde Neruda participa, em Caracas, do III Congresso Latino-americano de Escritores. Depois seguem para o Peru, onde o poeta dá um recital em benefício das vítimas do terremoto de 31 de maio e se reúne com o presidente Velasco Alvarado.
1970	Meados de julho: voltam ao Chile. Neruda participa ativamente da campanha eleitoral de Salvador Allende, que triunfa nas eleições de 4 de setembro.
1970	A editora Losada publica, em Buenos Aires, *La espada encendida* e *Las piedras del cielo*.
1970	A Sociedade de Arte Contemporânea publica, em Santiago, o livro *Maremoto*, ilustrado com xilogravuras coloridas de Carin Oldfelt.
1971	Janeiro: viaja à Ilha de Páscoa, onde fica cerca de dez dias filmando um dos capítulos da série *História e geografia de Pablo Neruda*, que Hugo Arévalo dirigiu para o canal 13 da Universidade Católica. Seu livro *A rosa separada*, que seria publicado em 1972, é produto dessa viagem.
1971	21 de janeiro: o Congresso aprova a nomeação de Pablo Neruda para embaixador do Chile na França.
1971	20 de março: chega a Paris com Matilde. No dia 26 apresenta suas credenciais ao presidente Georges Pompidou.
1971	12 de julho: comemora seu sexagésimo sétimo aniversário.
1971	Setembro/outubro: procura um lugar tranquilo, afastado da cidade, para escrever. Em Conde-sur-Iton, na Normandia, a uma hora e meia de Paris, encontra um antigo casarão, que fizera parte de uma propriedade senhorial.
1971	21 de outubro: Neruda recebe do embaixador da Suécia em Paris, Gunnar Hägglöff, o comunicado oficial de que lhe fora concedido o Prêmio Nobel de Literatura. O texto da Academia Sueca dizia que Neruda era "o poeta da humanidade violentada", acrescentando que ele próprio fora perseguido várias vezes e que em sua obra estava a comunidade dos oprimidos em todos os lugares.
1971	Final de outubro: o poeta é operado no hospital Cochin, de Paris. O doutor Raúl Bulnes, amigo de Neruda e seu vizinho em Isla Negra, viaja do Chile para acompanhar a operação. Depois desta, Neruda vai descansar por um tempo na casa que comprou e batizou de "La Manquel".
1971	Começo de dezembro: viaja com Matilde para Estocolmo, onde, no dia 10, é realizada a cerimônia de entrega do Prêmio Nobel. No jantar oficial, Neruda pronuncia um breve discurso, em nome de todos os laureados desse ano, e depois seu discurso pessoal de agradecimento.

1971	31 de dezembro: comemora o ano-novo com um grupo de amigos na casa La Manquel.
1972	Janeiro: é divulgado que o compositor grego Mikis Theodorakis recebeu de Neruda a autorização para musicar seu *Canto geral*. O oratório seria concluído e estrearia na Grécia em 1974, depois da morte do poeta.
1972	Fevereiro: participa das reuniões da delegação chilena com representantes do Clube de Paris para renegociar a dívida externa do país.
1972	10 de abril: pronuncia o discurso inaugural da comemoração do cinquentenário do Pen Club de Nova York.
1972	25 de abril: viaja com Matilde a Moscou, onde fica internado em uma clínica do dia 26 desse mês a 5 de maio.
1972	Maio: a editora Losada publica, em Buenos Aires, *Geografía infructuosa*.
1972	Meados de junho: viaja a Londres para participar do Festival Internacional de Poesia. Nessa ocasião, se encontra e se reconcilia com Octavio Paz.
1972	28 de junho: volta a Paris, onde precisa se hospitalizar por alguns dias.
1972	12 de julho: celebra seu sexagésimo oitavo aniversário com um jantar na embaixada. Além disso, convida alguns amigos para irem a La Manquel. Participam desses festejos, entre outros, Julio Cortázar e sua mulher, Ugne Karvélis, Gabriel García Márquez, Carlos Fuentes, Mario Vargas Llosa, Jorge Edwards, Poli Délano e o chanceler chileno Clodomiro Almeyda.
1972	Meados de julho: é submetido a uma intervenção cirúrgica de caráter paliativo.
1972	Julho: Laura Reyes, irmã do poeta, chega a Paris com Homero Arce, a quem Neruda pedira que o ajudasse na preparação de suas memórias.
1972	26 de outubro: reúne-se com o presidente da França, Georges Pompidou.
1972	28 de outubro: é eleito membro do Conselho Consultivo da Unesco, posição que deveria ocupar por quatro anos.
1972	20 de novembro: volta ao Chile de avião com Matilde.
1972	5 de dezembro: é realizado, no Estado Nacional de Santiago, um ato de homenagem ao Prêmio Nobel do poeta, que é recebido pelo vice-presidente da República, Carlos Prats. O presidente Allende está fora do país, cumprindo uma agenda internacional.
1972	31 de dezembro: espera o ano-novo com um grupo de amigos em sua casa La Sebastiana, de Valparaíso.
1973	O governo de Allende, através da Corporação de Melhoramento Urbano, a Cormu, se compromete a realizar o projeto Cantalao, o último sonho do

poeta: um lugar perto do mar, onde escritores e artistas pudessem passar temporadas trabalhando. O projeto ficou a cargo dos arquitetos Raúl Bulnes, Carlos Martner e Virginia Plubins, e contou com a participação ativa de Neruda.

1973   2 de fevereiro: o presidente Salvador Allende e sua esposa chegam a Isla Negra para visitar Neruda. Também estão presentes o secretário do Partido Comunista, Luis Corvalán, e o senador Volodia Teitelboim. Nessa ocasião, Neruda anunciou sua renúncia ao cargo de embaixador na França.

1973   16 de fevereiro: a editora Quimantú publica, em Santiago, *Incitación al nixonicidio y alabanza de la revolución chilena*, com setenta mil exemplares.

1973   Apesar de seu estado de saúde, Neruda continua escrevendo. Trabalha na conclusão de suas memórias e de sete livros de poesia. Com sua publicação, esperava comemorar seu septuagésimo aniversário, em 12 de julho de 1974.

1973   Começo de abril: no Hotel Miramar, em Viña del Mar, onde repousa depois de se submeter a uma sessão de radiação de cobalto, o poeta dita ao jornalista Luis Alberto Mansilla um texto em homenagem a Pablo Picasso, falecido no dia 8 daquele mês.

1973   Meados de abril: Matilde viaja a Paris para providenciar o transporte dos pertences que haviam deixado na embaixada e colocar à venda a casa La Manquel.

1973   12 de julho: comemora seu sexagésimo nono aniversário em Isla Negra, com poucos amigos, que recebe na cama.

1973   30 de agosto: mais uma visita de Luis Alberto Mansilla. O poeta o convida para lhe ditar uma contribuição às comemorações do nonagésimo aniversário do doutor Alejandro Lipschutz.

1973   11 de setembro: o poeta e Matilde ficam sabendo pelo rádio e pela televisão do golpe militar, do bombardeio do Palacio de La Moneda e da morte do presidente Allende.

1973   14 de setembro: dita a Matilde um texto de conclusão de suas memórias. A casa de Isla Negra é invadida por uma patrulha militar.

1973   19 de setembro: a saúde do poeta piora. Viaja de ambulância para Santiago, acompanhado por Matilde. É internado na Clínica Santa María. Entra em estado febril.

1973   23 de setembro: o poeta deixa de existir às 22 horas e 30 minutos. É velado em sua casa La Chascona, que está em estado deplorável em razão dos atos de vandalismo de que foi alvo.

1973   25 de setembro: Pablo Neruda é sepultado no Cemitério Geral de Santiago. Apesar da intimidadora presença militar, ao cortejo vai se somando, espontaneamente, uma grande quantidade de pessoas e, com isso, o funeral do poeta se transforma na primeira manifestação de repúdio ao governo militar.

ÍNDICE ONOMÁSTICO

As indicações Foto referem-se ao encarte colorido.

Aga Khan 327
Aguirre Cerda, Pedro 179, 184, 202, 406, 474
Aguirre, Margarita 138, 316, 354, 419, 486
Aguirre, Sócrates 315
Ai Ching 251, 268, 276, 277, 280, 281, 283, 285, foto 27
Alba, duques de 293, 294, 295
Alberti, Rafael 96, 98, 145, 146, 148, 149, 154, 157, 160, 161, 165, 166, 173, 174, 175, 176, 232, 248, 326, 442, 460, 470
Alderete (jornalista da France Press) 228
Alegría, Ciro 389
Alegría, Fernando 457
Aleixandre, Vicente 96, 146, 149, 442
Alessandri Palma, Arturo 80
Alexandrov (cineasta) 247
Alicatta 256
Alighieri, Dante 332
Allende, Salvador 318, 360, 365, 403, 404, 406, 408, 409, 410, 411, 412, 413, 414, 415, 416, 484, 488, 489, 490, 491, foto 32, foto 45
Almeyda, Clodomiro 490
Alone (pseudônimo de Hernán Díaz Arrieta) 77, 427, 467
Alonso, Amado 348
Altolaguirre, Manuel 146, 148, 153, 159, 442, 474
Altolaguirre, Paloma 149
Alvarado, Edecio 432
Álvarez del Vayo, Julio 180, 185
Amado, Jorge 275, 279, 280, 283, 285, 376, 484, foto 22, foto 27
Andreiev, Leonid Nikolaievich 66, 314, 423
Annunzio, Gabriele d' 337, 341
Antúnez, Nemesio 230, 260, 487, 488
Aparicio, Antonio 147
Apollinaire, Guillaume 67, 73
Aragon, Louis 160, 161, 164, 181, 187, 229, 247, 248, 290, 291, 360, 382

Aramburu, Pedro Eugenio 271
Aráoz Alfaro, Rodolfo 354
Araya, Juan Agustín 423, 425
Arce, Homero 15, 74, 446, 490
Arciniegas, Germán 399
Arenales, Angélica 194
Arévalo, Hugo 489
Argensola, Bartolomé Leonardo 143, 147
Argensola, Lupercio Leonardo de 143, 147
Arguijo, Juan de 143
Arrau, Claudio 128
Arzivachev 314, 423
Asterio (relojoeiro) 272
Asturias, Miguel Ángel 195, 227, 228, 268, 476, 479, 486, 487, foto 33
Auden, Wystan Hugh 161
Azeff, Yevno Fishelevich 396
Azócar, Albertina Rosa ("Rosaura") 467
Azócar, Rubén 343, 344, 446, 462, 467, 468

Baera (professor) 243
Balmaceda, José Manuel 414, 415
Balzac, Honoré de 406
Barquero, Efraín 269, 270, 461
Barrios, Eduardo 427, 434
Basoalto, Rosa 28, 465
Baudelaire, Charles 45, 349, 353, 397, 420, 437
Bécquer, Gustavo Adolfo 173
Beebe, William 261
Beecham, Sir Thomas 162
Belaúnde, Fernando 389, 486
Bellet, Jorge 219, 220, 222,
Bello, Andrés 369, 370, 462
Beniuc, Mihai 292
Bennet, Arnold 403

Berceo, Gonzalo de 308
Bergamín, José 146, 442
Beria, Lavrenti Pavlovich 381
Berling, Gösta 359
Bertaux, Pierre 231
Betancourt, Rómulo 385, 386
Bianchi, Víctor 94, 95, 222, 226
Blest Gana, Alberto 406
Bliss, Josie 116, 117, 125, 276, 469
Bloch, Jean Richard 164
Blum, León 178
Bolívar, Simón 367, 368, 370, 476
Bonaparte, Napoleão 97, 196, 248
Borejsza, Jerzy 329, 330, 331
Boscán, Juan 333
Bose, Subhas Chandra 112
Botana, Natalio 156
Boureanu, Radu 292
Bragança, duquesa de 96
Brampy 121, 130, 131, 134, 136, 137
Brandt, Willy 361
Brecht, Bertolt 248
Brik, Lily 383
Brunet, Marta 127
Buda 112, 113, 114, 274, 275, 438
Buffalo Bill 32, 41
Bulnes, Raúl 218, 489
Bunster, Martín 421
Bunster, Patricio 487
Burke, Maud Alice, Lady Cunard 162, 163
Bustamante, Abelardo 468
Byron, Lord George Gordon 173

Caballero, José 147
Cabezón, Isaías 68, 426

Calderón de la Barca, Pedro 147
Camacho Ramírez, Arturo 360
Candia Marverde, Trinidad 30, 466, 474
Candia, Micaela 29
Capablanca, José Raúl 138
Cárdenas, Lázaro 375
Caro, Rodrigo 143
Carol II, rei da Romênia 292
Carpentier, Alejo 160, 390
Carreño, Mario 487, 488
Carrera, José Miguel 367, 368, 450
Carril, Delia del 164, 259, 268, 469, 471, 472, 473, 475, 476, 479, 483, foto 11, foto 15
Carroll, Lewis 161
Carvajal, Armando 128
Casanova, Giovanni Giacomo 255
Castro, Fidel 385, 386, 387, 388, 484
Catarina da Rússia, imperatriz 368
Cavalcanti, Guido 332
Céline, Louis-Ferdinand 176
Cerio, Erwin 257, 258, 481
Cernuda, Luis 146, 149
Cervantes, Miguel de 308, 323
Chalmers (ex-comunista) 396
Chaucer, Geoffrey 309
Chiang Kai-chek 284
Chu En Lai 251
Chu Teh 251, 252
Churchill, Winston 403
Cifuentes Sepúlveda, Joaquín 353, 427, 434
Codovila, Vittorio 377, 378, 379
Colón, Cristóbal 152
Comandante Carlos, *ver* Vidale, Vittorio
Cóndon, Alfredo 98, 153
Corbière, Tristan 100
Cortázar, Julio 340, 361, 490
Corton-Moglinière 166

Corvalán, Luis 402, 491
Cotapos, Acario 16, 327
Crevel, René 157
Cruchaga Tocornal, Miguel 177
Cruchaga, Ángel 431
Cunard, Nancy 16, 161, 162, 163, 473

Darío, Rubén 97, 142, 143, 144, 308, 339, 471
Debray, Régis 388
Deglané, Bobby 150
Délano, Luis Enrique 472, 475, 476
Délano, Poli 479, 490
Demaría, Alfredo 65
Desnoes, Edmundo 392
Desnos, Robert 157
Díaz Arrieta, Hernán, *ver* Alone
Díaz Casanueva, Humberto 148
Díaz Pastor, Fulgencio 326
Diego, Gerardo 96
Donoso, José 340
Dostoievski, Fiodor Mjailovich 42
Dreda, Jan 268
Drieu La Rochelle, Pierre 176
Du Bellay, Guillaume 333
Ducasse, Isidore, *ver* Lautréamont
Durruti, Buenaventura 395

Eandi, Héctor 469, 471
Edwards, Joaquín 427
Edwards, Jorge 359, 407, 490
Egaña, Juan 315, 423
Ehrenburg, llya Grigorievich 59, 164, 165, 192, 232, 237, 240, 247, 248, 249, 250, 251, 253, 254, 268, 289, 291, 310, 354, 382, 383, 483
Ehrenburg, Luba 382

Einstein, Albert 177
Eisenstein, Sergei Mikhailovich 383
Eliot, T. S. 307
Éluard, Paul 149, 150, 217, 246, 247, 308, 312-313, 426
Emar, Juan *ver* Yáñez, Alvaro
Emerson, Ralph Waldo 29
Emi Siao 251, 268, 283, 285
Endre, Ady 332
Ercilla y Zúñiga, Alonso de 28, 35, 356
Escámez, Julio 488
Escobar (militante comunista) 218
Escobar, Zoilo 86
Espinosa, Pedro de 148

Fadeiev, Aleksandr Aleksandrovich 240
Falcón, Lola 472, 475, foto 17
Fantomas 231
Fauré, Gabriel 126
Fedin, Konstantin Aleksandrovich 240
Felipe, León 171, 172, 197, 334, 335, 461
Fernández Retamar, Roberto 392
Fernández, Joaquín 232
Figueroa, Inés 260
Fonseca, Ricardo 217
Foppens, Franóis 322
Franck, César 126, 127, 128
Franco, Francisco 149, 154, 167, 169, 293, 392, 395, 398, 472, 475
Fraser, George Sutherland 307
Frei, Eduardo 410, 411, 412, 414
Fuentes, Carlos 340, 390, 490

Gable, Clark 216
Gallegos, Rómulo 358
Gandhi, Mahatma 111, 242, 246, 470
Gandulfo, Juan 65, 314, 423, 467
García Lorca, Federico 65, 78, 141, 142, 144, 145, 148, 150, 151, 152, 153, 155, 154, 156, 157, 158, 176, 326, 434, 443, 444, 445, 471, 472, 472, 473, 487, foto 10
García Lorca, Francisco 153
García Márquez, Gabriel 340, 360, 384, 488, 490, foto 41
García Rico, Eugenio 321
García, Uriel 477
Garfias, Pedro 183, 184
Gascar, Alice 260
Gasperi, Alcide de 257
Gattai, Zélia 275, 279, 280, 281, 484
Gauguin, Paul 91
Gaulle, Charles de 198, 200
Gide, André 399
Girondo, Oliverio 268
Giroux, Françoise 229, 230
Goebbels, Joseph Paul 291
Goethe, Johann Wolfgang von 352
Gómez de la Serna, Ramón 147
Gómez Rojas, Domingo 64, 466
Gómez, Juan Vicente 96, 212
Gómez, Laureano 477
Góngora, Luis de 147, 161, 173, 308, 322, 323, 333, 339, 437
González Tuñón, Raúl 161, 473, 474, foto 11
González Vera, José Santos 65, 66, 466, 469
González Videla, Gabriel 211, 212, 213, 220, 414, 460, 478
González, Galo 217
González, Juan Francisco 467
González, Pedro Antonio 427
Goya, Francisco de 144, 192, 294

Gray, Thomas 306
Gris, Juan 63, 338
Guayasamín, Osvaldo 488
Guevara, Álvaro "Chile" 71, 72, 73
Guevara, Ernesto "Che" 354, 387, 388, 396, 397, 485
Guillén, Jorge 149, 157, 442
Güiraldes, Ricardo 244
Guo, Moruo, *ver* Kuo Mo Jo
Gutiérrez, Joaquín 255
Guttuso, Renato 256, 257
György, Somlyó 332

Hagenaar Vogelzang María Antonieta 138, 470, 473, 479, 486, foto 8
Hägglöff, Gunnar 489
Hauser, Caspar 266
Heine, Heinrich 177, 353
Hernández (família) 16, 44, 47, 48, 49, 366, 457
Hernández, Miguel 144, 145, 146, 149, 154, 159, 160, 168, 326, 442, 444, 445, 471, 475, 476
Herrera Petere, José 198, 443
Herrera y Reissig, Julio 149
Herrera, Emilio 183
Herrera, Héctor 487
Hertz, Richard 138, 139
Hikmet, Nazim 237, 242, 354, 375
Hinojosa, Álvaro 74, 468, 469, 470
Hitler, Adolf 72, 139, 176, 177, 186, 187, 197, 282, 338, 384, 395, 409
Ho Chi Minh 277
Hölderlin, Friedrich 210, 310
Hollander, Carlos 316, 317
Horacio (Quintus Horatius Flaccus) 313, 422

Hugo, Victor 262, 438, 441
Huidobro, Vicente 93, 97, 166, 167, 308, 337, 338, 339, 351, 446
Huxley, Aldous 162, 200
Huxley, Julian 200

Ibarra, Joaquín 322
Ibsen, Henrik 42
Iglesias (tenista temucano) 398
Illyés, Gyula 332
Indy, Vincent d' 126

Jammes, Francis 67
Jarpa, Onofre 414
Jasão 285
Jebeleanu, Eugen 292
Jiménez, Juan Ramón 143, 147, 148, 442, 472
Joliot-Curie, Frédéric 242, 243, 245, 246, 480
Jovane, Francesco foto 35
Joyce, James 104, 148
József, Attila 332
Juanito 265, 266

Karvélis, Ugne 490
Keats, John 148
Kipling, Rudyard 294, 439
Kiria (mangusto) 120, 130, 136, 137
Kirsanov, Semion 237, 354
Kish, Egon Erwin 197
Korneichuk, Aleksandr 230
Kruchev, Nikita 297
Kruzi (garota judia) 131, 132, 133
Kuo Mo Jo 247
Kutvalek 268

Labarca, Santiago 65
Lacasa, Luis 146
Lafertte, Elías 371, 372, 373, 374, 463, 477, 482
Laforgue, Jules 323, 349, 353
Lagerlöf, Selma 164
Lago, Tomás 359, 436, 446, 468
Lange, Norah 268
Larra, Raúl 268
Larraín, Sergio 459, 487
Larrazábal, Wolfgang 385
Larrea, Juan 472
Lautréamont, conde de 149, 309, 323, 349
Laval, Pierre 187
Lawrence, D. H. 123
Legarreta (pseudônimo de Neruda) 221
Lehmbruck, Wilhelm 138
Lemort, Dominique 260, 328
Lenin (Vladimir Ilich Ulianov) 235, 296, 339, 378, 488
León, María Teresa 160
León, Teresa ("Terusa") 467
Leopardi, Giacomo 333
Levi, Carlo 256
Li (intérprete na China) 253, 284
Lipschutz, Alejandro 491
López Pumarejo, Alfonso 477
Losada, Gonzalo 488
Loyola, Hernán 457, 486
Loyola, Margot 450
Lucrecio (Titus Lucretius Carus) 313, 422
Luis de Granada, frei 143
Luis de León, frei 152
Lundkvist, Artur 360

Machado y Morales, Gerardo 301
Machado, Antonio 138, 143, 147, 442
Machado, Manuel 143
Maiakovski, Vladimir Vladimirovich 174, 236, 314, 339, 349, 379, 380, 383, 422, 463
Maigret, Jules 231
Malaparte, Curzio 206
Mallarmé, Stéphane 210, 420, 437
Mallo, Maruja 147, 154
Malraux, André 167
Maluenda, María 450
Mann, Thomas 177
Manrique, Jorge 173, 291, 306
Mansilla Víctor 103, 131, 134, 135
Mansilla, Luis Alberto 491
Mántaras, Alberto 481
Mao Dun 251
Mao Tsé-tung 281, 282, 284, 381
Maqueira, Tulio 144, 145
Marc, Franz 138
Marcenac, Jean 360
Marín, Arellano 180, 181, 182
Marín, Juan 245
Marinello, Juan 350, 391
Maritain, Jacques 410
Martner, Carlos 491
Martner, María 488
Mason, Carlos 29
Matisse, Henri 321
Matta, Roberto 360
Maugham, Somerset 131, 403
Mauny, conde de 124
Medioni, Gilbert 198
Melgarejo, Mariano 212
Mella, Julio Antonio 301, 302
Membrives, Lola 141
Mery, Hernán 414

Meza Fuentes, Roberto 65
Mickiewicz, Adam 483
Mikoian, Anastas Ivanovich 381
Millar, Pedro 488
Miller, Arthur 376, 471
Miranda, Francisco 368, 369
Mistral, Gabriela 42, 213, 308, 318, 335, 336, 354, 359, 425, 466, 472, foto 26
Modotti, Tina 301, 302, 476
Molière 322
Molina La Hite, Alfredo foto 9
Molina Núñez, Julio 315, 423
Molotov (Viacheslav Mijailovich Scriabin) 381
Mom, Amparo 473, foto 11
Monge (cuteleiro) 29
Montagnana, Mario 198
Moore, Georges 162
Moore, Marianne 391
Mora, Constancia de la 197
Moraes, Vinicius de 484
Morante, Elsa 256
Moravia, Alberto 256
Moreno Villa, José 198
Morla Lynch, Carlos 160, 470, 471
Munthe, Axel 258
Murga, Romeo 58, 431

Negrín, Juan 180, 185
Nehru, Pandit Jawaharlal 111, 112, 242, 244, 245, 246, 247, 470
Nehru, Pandit Motilal 111, 244
Neruda, Jan 466
Neruda, Norman 467
Nerval, Gérard de 310
Niemeyer, Oscar 487

Niemöller, Martin 177
Nixon, Richard 71
Novoa (Valparaíso) 84, 85

O'Higgins, Bernardo 367, 368, 369
Ocampo, Salvador 482
Ocampo, Victoria 70, 390
Oldfelt, Carin 489
Oliver, María Rosa 268, foto 27
Orozco, José Clemente 192, 328
Ortega, Abraham 186, 475
Ortega, Sergio 486, 487
Orthous, Pedro 487
Ospovat, Lev 348
Ossietzky, Karl von 177
Ossorio, Fernando 467
Otero Silva, Miguel 19, 360, 362, 363
Otero, Lisandro 392
Ovídio 298, 313, 422
Oyarzún, Aliro 78, 315, 423, 424, 425, 428
Oyarzún, Orlando 468

Pacheco, Horacio 36
Palothes, Perico de 342, 343, 344, 345, 462
Parada, Roberto 450
Pascal, Blaise 320
Pasternak, Boris Leonidovich 236, 237, 383
Pasteur, Louis 97
Paz, Octavio 166, 476, 490
Pedro, o Grande 235
Pérez Jiménez, Marcos 297
Perón, Eva 226
Perón, Juan Domingo 226, 227, 271, 378

Petőfi, Sándor 173
Petrarca, Francesco 332, 333
Picasso, Pablo 147, 228, 229, 230, 237, 242, 448, 260, 441, 479, 480, 491, foto 20
Pino, Yolando 469
Plubins, Virginia 491
Poe, Edgar Allan 397
Poliziano, Angelo 332
Pompidou, Georges 489, 490
Pound, Ezra 176
Powers (budista californiano) 114, 115
Powers, Francis Gary 305
Prado, Manuel 477
Prado, Pedro 427
Prats, Carlos 490
Prestes, Leocádia 375, 476
Prestes, Luís Carlos 280, 374, 375, 377, 476, 478
Prieto, Miguel 198
Primo de Rivera, José Antonio 96, 410
Proust, Marcel 126, 127
Pushkin, Aleksandr 173, 235, 236, 240, 241, 305, 460, 479

Quasimodo, Salvatore 332, 333
Quevedo y Villegas, Francisco de 126, 144, 147, 152, 307, 309, 313, 322, 323, 333, 339, 422, 437
Quintana, Antonio 485, foto 31

Rabelais, François 309
Raman, Chandrasekhara Venkata 242
Ramírez, Pedro 226, 227
Rango, orangotango 109
Rapín, Rafael 157, 158
Recabarren, Luis Emilio 81, 209, 371, 372, 373, 374, 406, 411, 427, 463

Redl, Alfred 197
Rejano, Juan 198
Reverdy, Pierre 307, 329, 421
Reyes, Abadías 28
Reyes, Alfonso 189
Reyes, Amós 28, 290
Reyes, Bernardo foto 1
Reyes, Joel 28, 290
Reyes, José Ángel 28, 290, 465
Reyes, José del Carmen 29, 30, 32, 33, 34, 35, 37, 40, 41, 60, 62, 77, 197, 224, 282, 290, 344, 345, 455, 465, 466, 474
Reyes, Laura 34, 37, 121, 268, 466, 490, foto 4
Reyes, Malva Marina 471, 476
Reyes, Oseas 28, 290
Reyes, Rodolfo 466
Ricci, Paolo 256, 259
Rilke, Rainer Maria 399
Rimbaud, Isabelle 323
Rimbaud, Jean-Arthur 100, 126, 310, 323, 420, 437
Rivera, Diego 192, 193, 194, 301, 480, 482
Rocambole 42
Roces, Wenceslao 197
Rockefeller, John Davidson 114
Rodríguez Luna, Antonio 198
Rodríguez Marín, Francisco 151
Rodríguez Monegal, Emir 348, 390, 487
Rodríguez, Pepe 219, 220, 221, 222
Rojas Giménez, Alberto 66, 67, 68, 69, 74, 421, 425, 426, 468, 471
Rojas Paz, Pablo 471
Rojas, Manuel 65, 66
Rokha, Pablo de, *ver* Palothes, Perico de
Rolland, Romain 438
Romero, Elvio 268

Rommel, Erwin 193
Ronsard, Pierre de 186, 248, 333
Rosenberg, Ethel e Julius 396
Ross, Gustavo 474
Rothschild, Alphonse de 290, 291
Ruiz, Juan, Arcipreste de Hita 309
Rulfo, Juan 340

Sabat Ercasty, Carlos 78, 79, 428
Sabato, Ernesto 340, 390
Saint-Saëns, Camille 126
Salazar, António de Oliveira 96
Salgari, Emilio 32, 40
Salinas, Pedro 148, 157, 442
San Martín, José Francisco de 367, 368, 369
Sánchez, Alberto 175, 460
Sánchez, Celia 386
Santa Cruz, Domingo 128
Saure, Georges foto 5
Savich, Ovadi 354
Schneider, René 409
Schubert, Franz Peter 126
Schweitzer, Daniel 65
Seferis, Georgios 357, 358
Seghers, Anna 177, 197, 247
Segura Castro, O., *ver* Araya, Juan Agustín
Serrano Plaja, Arturo 147
Shakespeare, William 229, 333, 438, 485
Shelley, Percy Bysshe 148
Shostakovitch, Dmitri Dmitrievich 383
Siddhartha Gautama, *ver* Buda
Silva, Álvaro de 104, 105
Silva, José Asunción 300, 353
Silva Castro, Raúl, *ver* Ossorio, Fernando
Simenon, Georges 355
Simonov, Konstantin 230, 286, 297

Siqueiros, David Alfaro 193, 194, 360, 475, 480
Siqueiros, Jesús 93
Sitwell, Edith 73
Sobrino, Eladio 178
Solar, Claudio 432
Somoza, Anastasio, "Tacho" 297
Soustelle, Jacques 198, 200
Spender, Stephen 161
Stalin, Josef 248, 249, 282, 381, 382, 383, 481, 482, 483
Stendhal 291
Streicher, Julius 177
Sue, Eugène 309
Sun Yat Sen 247, 252, 481
Sung Sin Ling 247, 251, 252, 481
Supervielle, Jules 230, 231
Surkov, Alexei 436
Swift, Jonathan 162

Tagore Rabindranath 104, 433
Tallone, Alberto 485
Tamayo, Rufino 194
Tchaikovski, Piotr Ilich 93, 94
Tchecov, Anton Pavlovich 42
Teitelboim, Volodia 15, 483, 491, foto 27, foto 43
Theodorakis, Mikis 490
Thielman, María 31
Thomas, Dylan 310
Tieng Ling 251, 284
Tikhonov, Nikolai 230
Titov, Guerman 297
Tolrá, Aurelia 466
Tolstoi, Lev Nikolaievich 42
Tomic, Radomiro 411, 412, 413
Toral, Mario 487, 488

Tornú, Sara 471
Torre, Carlos de la 322
Torres, Aldo 432
Triolet, Elsa 181, 290
Tristán, Flora 91
Trotski, Lev 193, 346, 475
Trujillo, Rafael Leónidas 297, 399
Twain, Mark 229

Ubico, Jorge 194, 195, 476
Unamuno, Miguel de 67, 69
Urrutia, Matilde 18, 19, 250, 257, 258, 259, 260, 268, 271, 272, 280, 281, 324, 325, 355, 359, 361, 363, 386, 387, 400, 405, 458, 459, 460, 480, 481, 482, 483, 484, 485, 486, 487, 488, 489, 490, 491, foto 25, foto 27, foto 37

Valdivia, Alberto 66, 69, 70
Valéry, Paul 358
Valle-Inclán, Ramón del 143, 147
Valle, Juvencio 432, 446
Valle, Rosamel del 148, 431
Vallejo, César 97, 98, 166, 334, 469
Vargas Llosa, Mario 340, 490
Vargas Vila, José María 42, 337
Vargas, Getúlio 375, 376, 476
Vasallo, Carlos 361
Vega, Garcilaso de la 333
Vega, Lope de 443
Velasco Alvarado, Juan 489
Velázquez, Diego 144
Venturelli, José 230, 480
Verdi, Giuseppe 128

Verne, Julio 353
Vial, Sarita 272
Viaux, Roberto 414
Vicuña, Carlos 314, 423
Vidale, Vittorio 198, 255, 301
Vignole, Omar 70, 71
Villamediana, conde de 420, 437
Villar, Amado 143
Vinteuil, Jean 126, 127
Vishinski, Andrei Yanuarievich 239, 381

Wagner, Richard 126
Wendt, Lionel 122, 123
Whitman, Walt 309, 349, 401
Wilson, Blanca 32
Windsor, duque de (príncipe de Gales) 162
Winter, Augusto 41, 430, 431
Winzer 124, 125
Woolf, Leonard 122
Woolf, Virginia 122

Yáñez, Álvaro 62, 63
Yáñez, Eliodoro 62, 63
Yáñez, Herminia 62, 63
Yeats, William Butler 164
Yegulev, Sacha 66, 314, 423
Yevtushenko, Yevgeny 487
Yurkievich, Saúl 483

Zaldívar, Andrés 413
Zhdanov, Andrei 237
Zweig, Arnold 177

Este livro foi composto na tipografia
Minion Pro, em corpo 11/15, e impresso em
papel off-white no Sistema Digital Instant Duplex
da Divisão Gráfica da Distribuidora Record.